A EDUCAÇÃO SUPERIOR E O SISTEMA DE RESERVAS NA ÍNDIA
AVANÇOS, RETROCESSOS, PERSPECTIVAS E UTOPIAS

Editora Appris Ltda.
1.ª Edição - Copyright© 2024 dos autores
Direitos de Edição Reservados à Editora Appris Ltda.

Nenhuma parte desta obra poderá ser utilizada indevidamente, sem estar de acordo com a Lei nº 9.610/98. Se incorreções forem encontradas, serão de exclusiva responsabilidade de seus organizadores. Foi realizado o Depósito Legal na Fundação Biblioteca Nacional, de acordo com as Leis nºs 10.994, de 14/12/2004, e 12.192, de 14/01/2010.

Catalogação na Fonte
Elaborado por: Dayanne Leal Souza
Bibliotecária CRB 9/2162

L732e 2024	Lima, José Wilson Ferreira A educação superior e o sistema de reservas na Índia: avanços, retrocessos, perspectivas e utopias / José Wilson Ferreira Lima. – 1. ed. – Curitiba: Appris, 2024. 451 p. ; 23 cm. – (Coleção Educação, Tecnologias e Transdisciplinaridades). Inclui referências. ISBN 978-65-250-6867-1 1. Política educacional. 2. Política de reservas. 3. Marcadores de diferenças. 4. Identidades. 5. Desenvolvimento humano. I. Lima, José Wilson Ferreira. II. Título. III. Série. CDD – 379

Livro de acordo com a normalização técnica da ABNT

Appris editora

Editora e Livraria Appris Ltda.
Av. Manoel Ribas, 2265 – Mercês
Curitiba/PR – CEP: 80810-002
Tel. (41) 3156 - 4731
www.editoraappris.com.br

Printed in Brazil
Impresso no Brasil

José Wilson Ferreira Lima

A EDUCAÇÃO SUPERIOR E O SISTEMA DE RESERVAS NA ÍNDIA
AVANÇOS, RETROCESSOS, PERSPECTIVAS E UTOPIAS

Appris editora

Curitiba, PR
2024

FICHA TÉCNICA

EDITORIAL
Augusto Coelho
Sara C. de Andrade Coelho

COMITÊ EDITORIAL
Ana El Achkar (Universo/RJ)
Andréa Barbosa Gouveia (UFPR)
Antonio Evangelista de Souza Netto (PUC-SP)
Belinda Cunha (UFPB)
Délton Winter de Carvalho (FMP)
Edson da Silva (UFVJM)
Eliete Correia dos Santos (UEPB)
Erineu Foerste (Ufes)
Fabiano Santos (UERJ-IESP)
Francinete Fernandes de Sousa (UEPB)
Francisco Carlos Duarte (PUCPR)
Francisco de Assis (Fiam-Faam-SP-Brasil)
Gláucia Figueiredo (UNIPAMPA/ UDELAR)
Jacques de Lima Ferreira (UNOESC)
Jean Carlos Gonçalves (UFPR)
José Wálter Nunes (UnB)
Junia de Vilhena (PUC-RIO)

Lucas Mesquita (UNILA)
Márcia Gonçalves (Unitau)
Maria Aparecida Barbosa (USP)
Maria Margarida de Andrade (Umack)
Marilda A. Behrens (PUCPR)
Marília Andrade Torales Campos (UFPR)
Marli Caetano
Patrícia L. Torres (PUCPR)
Paula Costa Mosca Macedo (UNIFESP)
Ramon Blanco (UNILA)
Roberta Ecleide Kelly (NEPE)
Roque Ismael da Costa Güllich (UFFS)
Sergio Gomes (UFRJ)
Tiago Gagliano Pinto Alberto (PUCPR)
Toni Reis (UP)
Valdomiro de Oliveira (UFPR)

SUPERVISORA EDITORIAL
Renata C. Lopes

PRODUÇÃO EDITORIAL
Adrielli de Almeida

REVISÃO
Camila Dias Manoel

DIAGRAMAÇÃO
Andrezza Libel

CAPA
Carlos Pereira

REVISÃO DE PROVA
Stephanie Ferreira Lima

COMITÊ CIENTÍFICO DA COLEÇÃO EDUCAÇÃO, TECNOLOGIAS E TRANSDISCIPLINARIDADE

DIREÇÃO CIENTÍFICA
Dr.ª Marilda A. Behrens (PUCPR)

Dr.ª Patrícia L. Torres (PUCPR)

CONSULTORES
Dr.ª Ademilde Silveira Sartori (Udesc)

Dr. Ángel H. Facundo
(Univ. Externado de Colômbia)

Dr.ª Ariana Maria de Almeida Matos Cosme
(Universidade do Porto/Portugal)

Dr. Artieres Estevão Romeiro
(Universidade Técnica Particular de Loja-Equador)

Dr. Bento Duarte da Silva
(Universidade do Minho/Portugal)

Dr. Claudio Rama (Univ. de la Empresa-Uruguai)

Dr.ª Cristiane de Oliveira Busato Smith
(Arizona State University /EUA)

Dr.ª Dulce Márcia Cruz (Ufsc)

Dr.ª Edméa Santos (Uerj)

Dr.ª Eliane Schlemmer (Unisinos)

Dr.ª Ercilia Maria Angeli Teixeira de Paula (UEM)

Dr.ª Evelise Maria Labatut Portilho (PUCPR)

Dr.ª Evelyn de Almeida Orlando (PUCPR)

Dr. Francisco Antonio Pereira Fialho (Ufsc)

Dr.ª Fabiane Oliveira (PUCPR)

Dr.ª Iara Cordeiro de Melo Franco (PUC Minas)

Dr. João Augusto Mattar Neto (PUC-SP)

Dr. José Manuel Moran Costas
(Universidade Anhembi Morumbi)

Dr.ª Lúcia Amante (Univ. Aberta-Portugal)

Dr.ª Lucia Maria Martins Giraffa (PUCRS)

Dr. Marco Antonio da Silva (Uerj)

Dr.ª Maria Altina da Silva Ramos
(Universidade do Minho-Portugal)

Dr.ª Maria Joana Mader Joaquim (HC-UFPR)

Dr. Reginaldo Rodrigues da Costa (PUCPR)

Dr. Ricardo Antunes de Sá (UFPR)

Dr.ª Romilda Teodora Ens (PUCPR)

Dr. Rui Trindade (Univ. do Porto-Portugal)

Dr.ª Sonia Ana Charchut Leszczynski (UTFPR)

Dr.ª Vani Moreira Kenski (USP)

APRESENTAÇÃO

Esta pesquisa é orientada pelo propósito de compreender e avaliar a relação que se estabeleceu entre a política pública da educação superior e a do sistema de reservas na Índia, partindo da perspectiva de o país ser emoldurado por vários elementos identitários e marcadores de diferenças, dentre os quais se destacam a cultura, a religiosidade, as tradições e, em especial, o regime de castas. Nesse vasto ambiente de experiências sociais, políticas e religiosas, a política educacional e a política de reservas de vagas para o ingresso no ensino superior e para acesso ao mercado de trabalho são dois importantes vetores presentes na intrigante e complexa sociedade indiana, que se entrelaçam de tal modo, em dependência, intensidade e influência, que é praticamente impossível estudá-los isoladamente.

A investigação quanto à relação que se formou entre essas políticas públicas tem o objetivo de estabelecer se elas favoreceram o desenvolvimento social e econômico do país e se contribuíram para a elevação e o aperfeiçoamento do nível existencial das pessoas, com a qualificação do desenvolvimento humano no contexto do cenário internacional atual.

A Índia colonial, após longo período de dominação britânica, conquistou sua independência no ano de 1947, de modo que, aos 26 de janeiro de 1950, sua Constituição entrou em vigor. Criado o Estado independente, inicialmente denominado República Soberana Socialista Secular Democrática, no ano de 1976, mediante ato de emenda constitucional, esse Estado passou à denominação de República Democrática Soberana. Mas, apesar dessa alteração nominal, o fato é que suas diretrizes mais importantes e fundamentais permaneceram inalteradas, consagrando princípios e garantias para o povo indiano, principalmente em relação a: i) justiça social, econômica e política; ii) liberdade de pensamento, expressão, crença, fé e adoração; além de iii) fraternidade como instrumento de garantia da dignidade humana e unidade da nação (com o sentido de união e respeito mútuo).

Segundo a perspectiva inaugural, o Estado indiano surgiu em meio à necessidade de que houvesse uma ampla revolução social, econômica, política, religiosa etc. Daquele ponto em diante, esperava-se por reformas não apenas no nível das estruturas públicas básicas (infra e superestruturas) ou sociais (educação, saúde e mercado de trabalho, principalmente), mas, especialmente, por reformas humanitárias que elevassem as condições existenciais dos indianos. O povo deveria desfrutar, doravante, dos bens, recursos e direitos decorrentes da efetiva aplicação dos princípios de justiça, liberdade e fraternidade. Diante desse conjunto de pretensões (alguns julgavam, à época, que seriam muito ambiciosas), o legislador constituinte dispôs sobre um amplo sistema de reservas, especialmente dirigido para as classes sociais menos favorecidas, assim consideradas as pessoas e os grupos social, econômica e educacionalmente excluídos. Surgia, naquele momento histórico e singular da Índia independente, um sistema de reservas (cotas) destinado a facilitar o acesso das pessoas excluídas ao sistema educacional, ao mercado de trabalho e às atividades legislativas, nas várias esferas da atuação política (assembleias legislativas locais, estaduais e federal). Ou seja, ali surgia, mediante uma configuração bastante peculiar, apropriada às tradições da cultura indiana, a política de reservas (*Reservation Policy*).

Entretanto, passado algum tempo, percebeu-se que muitas foram as distorções que o sistema de reservas apresentava, circunstância que forçou fosse repensado. Por conseguinte, no ano de 2002, mediante a edição de emenda constitucional, o legislador incrementou o ordenamento jurídico, criando um modal de direito fundamental: o direito à educação. A nova norma constitucional impôs ao Estado o dever de prover a educação, gratuita e obrigatória, para todas as crianças com idade entre 6 e 14 anos, mediante regulamentação infraconstitucional, a qual somente ocorreu no ano de 2010. Desse modo, não apenas estava criado o direito, mas também estava instituída a política educacional (*Educational Policy*), apesar do longo período do vácuo legislativo — desde a entrada em vigor da Constituição (1950) e a regulamentação do direito à educação (2010), passaram-se 60 anos.

É importante destacar que, para o enfrentamento e o correto exame das políticas de reservas e educacional, no caso da Índia devem ser considerados, entre outros aspectos: i) trata-se do país mais populoso no contexto mundial contemporâneo; ii) sua população caracteriza-se por inúmeros elementos identitários e diversos marcadores de diferenças; iii) seus valores morais são a um só tempo sagrados e profanos; e, especialmente, iv) a tradição milenar do regime de castas. Portanto, dispor sobre políticas públicas, em cumprimento ao mandamento constitucional, não se reduz ou se condiciona apenas a implementar comandos normativos derivados do ordenamento jurídico. É preciso considerar, primeiro, que os resultados esperados são especialmente condicionados, em grande medida, pelas influências religiosas e pelo regime de castas.

Nessa perspectiva, também deve ser levada em consideração a circunstância de que o pertencimento às castas baixas ou inferiores (*Lower Castes*) funciona, ambiguamente, como fator de exclusão e de inclusão. Por essa ótica, são muitas as pessoas e os grupos que buscam ser classificados como social, econômica e educacionalmente atrasados, de modo que tenham acesso às políticas de favorecimento, ditas inclusivas, como o são as políticas de reservas e a educacional. Todavia, essas mesmas pessoas e esses mesmos grupos buscam alcançar níveis sociais mais elevados, de modo a escaparem dos estigmas sociais pejorativos, depreciativos e, até mesmo, humilhantes. Para tanto, eles rejeitam a classificação como integrantes das castas baixas, trocam de religião (geralmente, passam do hinduísmo para o islamismo, o cristianismo etc.) e, quando podem, estudam no exterior, isso porque possuir um diploma de graduação expedido por instituições de ensino superior estrangeiras é mais vantajoso para o propósito de se obter emprego no mercado de trabalho indiano. Nessa perspectiva, alimentam a pretensão de se elevarem à classificação das castas altas ou superiores (*Upper Castes*).

Reservas e educação são, em resumo, dois importantes setores da atuação estatal caracterizados por sua natureza complexa e fundamental, mas que, ao mesmo tempo, têm sido estrategicamente politizados, são ineficientes e dispendiosos, além de carregarem a marca da conflituosidade, que tem se intensificado e se destacado como um espaço gerador de exclusões, apesar do discurso de ocasião, interessado e pretensioso, que se afirma inclusivista.

Então, é nesse cenário, entre pretensões e realidade, que este estudo busca determinar, objetivamente, se a sociedade indiana alcançou um nível aceitável de desenvolvimento social e econômico e se as destacadas políticas públicas contribuíram para a elevação e o aperfeiçoamento do nível existencial das pessoas em termos de melhorias do desenvolvimento humano.

Para tanto, assume-se como ponto de partida a compreensão de que a Índia não se limita a ser apenas mais um país no contexto global; na verdade, é país que se define, sem dúvida, como um dos mais complexos e abrangentes laboratórios de produção de conhecimentos e estratégias de controles sociais, articulações políticas, normatizações jurídicas, domínios religiosos etc., contando com uma vasta e quase ilimitada gama de experiências, teóricas e práticas, sobre as relações humanas e sociais, amadurecidas há alguns longos milênios.

O autor

LISTA DE SIGLAS

AA   Ações Afirmativas

AAC&U   *Association of American Colleges and Universities*

AB   *Accreditation Board*

AIBE   *All India Bar Examination*

AICTE   *All India Council for Technical Education*

AMU   *Aligarh Muslim University*

ATIs   *Administrative Training Institutes*

BCI   *Bar Council of India*

BHU   *Banaras Hindu University*

BRICS   Brasil, Rússia, Índia, China e África do Sul

BSE   *Boards of Secondary Education*

CABE   *Central Advisory Board of Education*

CCH   *Central Council of Homeopathy*

CCIM   *Central Council for Indian Medicine*

CIET   *Central Institute of Educational Technology*

COA   *Council of Architecture*

COVID   *Coronavirus Disease*

DARE   *Department of Agricultural Research and Education*

DCI   *Dental Council of India*

DEB   *Distance Education Bureau*

DEC   *Distance Education Council*

DISE   *District Information System for Education*

DMEO   *Development Monitoring and Evaluation Office*

EFA   *Education for All*

EWS   *Economically Weaker Sections*

FICCI	*Federation of Indian Chambers of Commerce and Industry*
G20	*Group of 20*
GDP	*Gross Domestic Product (cf. PIB)*
GER	*Gross Enrolment Ratio*
GNH	*Gross National Happiness*
GNI	*Gross National Income*
GNP	*Gross National Product*
HD	*Human Development*
HDI	*Human Development Index*
HEIs	*Higher Education Institutions*
HSE	*Higher Secondary Education*
ICAR	*Indian Council of Agricultural Research*
IGNOU	*Indira Gandhi National Open University*
IIMs	*Indian Institutes of Management*
IISc	*Indian Institute of Science*
IITs	*Indian Institutes of Technology*
ILO	*International Labour Organization*
IMF	*The International Monetary Fund*
INC	*Indian Nursing Council*
IQ	*Intelligence Quotient*
IRIF	*Inter-Regional Inequality Facility*
ISI	*Indian Statistical Institute*
JNU	*Jawaharlal Nehru University*
LFPR	*Labour Force Participation Rate*
M&E	*Monitoring and Evaluation*
MCI	*Medical Council of India*
MDGs	*Millennium Development Goals*

MHRD	*Ministry of Human Resource Development*
MOBCs	*Most Other Backward Classes*
MPI	*Multidimensional Poverty Index*
MU	*Mysore University*
NAAC	*National Accreditation Association Council of India*
NBA	*National Board of Accreditation*
NCBC	*National Commission for Backward Classes*
NCERT	*National Council of Educational Research and Training*
NCHMCT	*National Council for Hotel Management and Catering Technology*
NCRI	*National Council of Rural Institute*
NCTE	*National Council for Teacher Education*
NERIE	*North-East Regional Institute of Education*
NIC	*National Intelligence Council*
NIE	*National Institute of Education*
NITs	*National Institutes of Technology*
NKC	*National Knowledge Commission*
NMC	*National Medical Commission*
NOC	*No Objection Certificate*
NPE	*National Policy of Education*
OASI	*Social Security Old Age and Survivors Insurance*
OBCs	*Other Backward Classes*
OECD	*Organisation for Economic Co-Operation and Development*
OMS	Organização Mundial da Saúde
ONGs	Organizações não governamentais
PCI	*Pharmacy Council of India*
PIB	Produto Interno Bruto (*cf.* GDP)
PIP	*Poverty and Inequality Platform*
PLFS	*Periodic Labour Force Survey*

PNUD	*United Nations Development Programme*
PPPs	*Purchasing Power Parities*
PSSCIVE	*Pandit Sundarlal Sharma Central Institute of Vocational Education*
PWCIL	*PricewaterhouseCoopers International Limited*
QCI	*Quality Council of India*
R&D	*Research & Development*
RCI	*Rehabilitation Central of India*
RIEs	*Regional Institutes of Education*
RTE Act	*Right of Children to Free and Compulsory Education Act* (2009)
S&T	*Science and Technology*
SAI	*Sports Authority of India*
SARS	*Severe Acute Respiratory Syndrome*
SCs	*Scheduled Castes*
SE	*Secondary Education*
SOEs	*State-Owned Enterprises*
SSA	*Sarva Shiksha Abhiyan – Education for All*
STs	*Scheduled Tribes*
TWB	*The World Bank*
UEE	*Universalization of Elementary Education*
UGC	*University Grants Commission*
UNDP	*United Nations Development Programme*
UNESCO	*United Nations Educational, Scientific and Cultural Organization*
UNFPA	*United Nations Population Fund*
UNICEF	*United Nations International Children's Emergency Fund*
UNO (UN)	*United Nations Organization*
USA	*United States of America*
VCI	*Veterinary Council of India*

SUMÁRIO

PARTE I
A ÍNDIA PÓS-INDEPENDÊNCIA E A EXPANSÃO DO SISTEMA DE CASTAS

1
INTRODUÇÃO 19

2
A ÍNDIA COMO ESTADO INDEPENDENTE 29
2.1 A polêmica política de reservas 33
2.2 A igualdade como princípio constitucional 40
2.3 Critérios para a concessão das reservas 46
2.4 O sistema de castas: da vedação constitucional ao continuísmo 51

3
SISTEMAS MODELADORES DA ARQUITETURA SOCIAL INDIANA ... 61
3.1 A função operacional do racismo 68
3.2 Casteísmo: base da organização e do controle social 78
3.3 Dalitismo: marca da subalternidade 85

4
CLASSES SOCIAIS TRADICIONALMENTE ATRASADAS 93
4.1 *Scheduled Castes* e *Scheduled Tribes* 95
4.2 *Other Backward Classes* 99

5
ENGENHARIA DA *UNTOUCHABILITY* 109
5.1 O mecanismo da *untouchability* 112
5.2 A discriminação persistente 114

6
FUNDAMENTOS DOS SISTEMAS DE CLASSIFICAÇÃO 119
6.1 Reexaminando o sistema *varna* 121
6.2 Reexaminando o sistema de castas 130

7

RESERVAS: UMA ESTRATÉGIA POLÍTICA.............................145

7.1 Propriedade conceitual das reservas...........................147

7.2 A questão das minorias e suas reservas 151

7.3 A problematização das reservas 155

PARTE II
POLÍTICA EDUCACIONAL E DESENVOLVIMENTO
HUMANO NA ÍNDIA

8

FORMAÇÃO E DESENVOLVIMENTO DO SISTEMA EDUCACIONAL NA ÍNDIA: HISTÓRIA DE AVANÇOS E RETROCESSOS 165

9

ORGANIZAÇÃO DA EDUCAÇÃO BÁSICA: ENTRE A PERSPECTIVA A REALIDADE..177

9.1 Nível elementar 183

9.2 Nível secundário 189

10

EDUCAÇÃO SUPERIOR..201

10.1 Estrutura e organização do sistema de ensino superior 208

10.2 Performance da educação superior: críticas e interpretações.................224

11

QUALIDADE DA EDUCAÇÃO 247

11.1 Da igualdade para a qualidade da educação 254

11.2 Igualdade como princípio geral da ordem jurídica 256

11.3 Múltiplas formas de abordagem da igualdade............................266

12

MERITOCRACIA VERSUS IGUALDADE DE OPORTUNIDADES 279

12.1 O trinômio mérito-castas-reservas...........................285

12.2 Polêmicas generalizadas sobre o mérito 292

12.3 Meritocracia versus democracia 295

12.4 Discursos comuns sobre o mérito............................299

13

DESIGUALDADE DE RENDA E MERCADO DE TRABALHO: COMO DIALOGAM? 303

13.1 Primeiro indicador: desigualdade de renda 310

13.2 Segundo indicador: desigualdade no mercado de trabalho 314

14

PROJEÇÕES PARA O DESENVOLVIMENTO ECONÔMICO, SOCIAL E HUMANO NA ÍNDIA 325

14.1 Perspectivas do desenvolvimento social e humano no ambiente global 327

14.2 Perspectivas do desenvolvimento social e humano na Índia..................333

14.3 Human *Development Index* e o atual ranking de desenvolvimento na Índia 340

14.4 Dados da pesquisa econômica na Índia (2022-2023): a visão do Estado 344

14.5 Panorama atual do desempenho social e econômico na Índia 359

15

CONSIDERAÇÕES FINAIS...365

REFERÊNCIAS..373

NOTAS DE FIM 445

PARTE I

A ÍNDIA PÓS-INDEPENDÊNCIA E A EXPANSÃO DO SISTEMA DE CASTAS

INTRODUÇÃO

A Índia é um país singular emoldurado por vários elementos identitários e marcadores de diferenças, dentre os quais se destacam a cultura, a religiosidade, as tradições e outras particularidades que o tornaram um ambiente plural e inigualável. Constitui-se em um espaço multidimensional, em vários aspectos, até mesmo quanto aos seus problemas existenciais (logística, infraestrutura, mercado de trabalho etc.), que atingem, em regra, cifras exponenciais. Como sociedade, é um agrupamento humano que impressiona pela vastidão numérica da população, pela variedade de idiomas e religiões e, especialmente, pela pobreza extrema, apesar de não ser o país economicamente mais pobre no contexto internacional. Reúne, provavelmente, a maior concentração de comunidades urbanas, rurais e tribais com características que são, ao mesmo tempo, semelhantes e diversas. Seus valores morais são, a um só tempo, sagrados e profanos, fazendo com que ciência, cultura, religião, administração pública e diversos aspectos culturais sejam referências para o conhecimento e aprendizado da humanidade.

Foi nesse ambiente, que reúne tradições milenares e culturas diversas, que surgiram expressões de valores humanos representadas pelos nomes de Mohandas Karamchand Gandhi (Mahatma Gandhi, 1869-1948, líder pacifista) e Bhimrao Ramji Ambedkar (Dr. Ambedkar, 1891-1956, líder dos *Dalits* ou *Untouchables*, foi ministro da Justiça no período 1947 a 1951), para citar apenas dois filhos da nação mais populosa do planeta, que souberam, com muito esforço, abnegação e diplomacia (estratégia política) conduzi-la rumo à independência e ao combate à discriminação social.

Hoje, a independência do país é fato consumado, mas o combate à discriminação de casta, gênero, religião, classe social etc. permanece algo com o duplo viés de ter justificado a positivação de normas, com a pretensão de se alcançar a igualdade entre os indivíduos, mas que, na prática, se mantém perene por ser um modo hábil de excluir e incluir de forma harmoniosamente interessada. Daí, em razão de possuir características muito peculiares e, até certo ponto, inusitadas e extravagantes, "a Índia é uma combinação desajeitada, inauspiciosa e deselegante de diferenças, que sobrevive e funciona notavelmente bem como uma unidade política com um sistema democrático" (Sen, 2000, p. 185).

Isso não foi um elogio, mas uma crítica.

Todavia, a Índia é Estado e, como tal, tem o encargo de operacionalizar políticas públicas voltadas para a promoção da igualdade dos indivíduos e sua educação formal, entre outras várias políticas que são impostas a qualquer Estado no cenário mundial contemporâneo. Como modal de política pública, a educação há de ser compreendida como uma instituição social que tem por finalidade promover e viabilizar a transmissão de conhecimentos e habilidades de uma geração para outra, quase sempre por meio do ensino compulsório nas escolas, públicas e privadas. Nesse ponto, é preciso e oportuno fixar que educação tem o sentido de processo formal pelo qual alguns tipos de conhecimentos e habilidades são transmitidos por intermédio de um currículo acadêmico pré-programado e, em geral, obrigatório até uma determinada idade (Giddens; Sutton, 2017, p. 127).

O estudo que se seguirá é uma proposta despretensiosa, porém intrigante e complexa, necessária e esclarecedora, que tratará, conjuntamente, de dois importantes vetores, sensíveis e atuais, que circunscrevem a ordem social e política da Índia: i) a política de reservas (ou cotas); e ii) a política educacional.

Estes temas são de interesse atual e desafiador, principalmente por envolver teorias e práticas políticas importantes no contexto global, com maior ou menor profundidade, que podem variar de um país para outro, mas que estão presentes, indeclinavelmente, nas pautas legislativas e administrativas, especialmente configuradas pela necessidade de se atender aos interesses recorrentes dos indivíduos e respectivas sociedades, de modo a conciliá-los com as exigências do desenvolvimento humano, social e econômico. Para melhor compreensão, o conceito de sociedade corresponderá ao das instituições e relações sociais estruturadas entre uma grande comunidade de pessoas que não pode ser reduzida a um mero acúmulo ou agregação de indivíduos (Giddens; Sutton, 2017, p. 37). Essa simplificação é proposital, pois o conceito apresentado mostra-se suficiente, claro e objetivo, não havendo necessidade de maiores desdobramentos em torno de perspectivas mais sofisticadas, que busquem teorizações mais complexas, como as relacionadas com a teoria crítica, a etnometodologia, o feminismo, o funcionalismo, o interacionismo, o marxismo, o estruturalismo ou o weberianismo (Urry, 2000, p. 7).

Já nesta introdução, basta considerar que na sociedade indiana a política educacional e a de reservas são importantes vetores que se entrelaçam de tal modo, em dependência e intensidade, que é praticamente impossível investigá-los isoladamente. Não só por isso, mas, visando ao melhor aproveitamento do estudo, é imperativo que sejam examinados atendendo-se a uma forma sistematizada e organizada, e seguindo uma metodologia que revele o atual estágio em que são vivenciados e aplicados, de modo a determinar, objetivamente: i) se essa sociedade alcançou um nível aceitável de desenvolvimento social e econômico; e ii) se as referidas políticas contribuíram para a elevação e o aperfeiçoamento do *status quo* das pessoas consideradas individualmente, segundo o que se espera, na atualidade, em termos de desenvolvimento humano.

Nesse aspecto, convém destacar que o desenvolvimento humano na Índia é tido, a priori, como muito diversificado, havendo regiões demográficas que apresentam melhores níveis de desempenho nas áreas de educação, saúde, reforma agrária etc. do que outras (Sen, 2000, p. 113).

Por isso, é simplesmente arriscado e imprudente investigar a política de reservas e a educacional isoladamente, sem que se faça o devido avanço investigativo também sobre a outra, sabendo que a Índia pode ser compreendida como importante centro, no moderno contexto mundial, para a avaliação do nível do avanço social decorrente do emprego do sistema de reservas, sendo, provavelmente, o país que mais tem a oferecer ao resto do mundo, em termos de subsídios concretos, acerca da relação próxima que envolve a educação, principalmente a do nível superior, o sistema de reservas e o desenvolvimento social e humano, ressalvando-se que, apesar da forte retórica pró-educação presente no movimento nacionalista indiano, a expansão da educação na Índia tem sido considerada muitíssimo lenta (Dreze; Sen, 2015, p. 131).

Reservas e educação são dois importantes setores da atuação estatal pública, revelados por sua natureza complexa e fundamental, mas que, ao mesmo tempo, têm sido estrategicamente politizados, são ineficientes e dispendiosos, além de disporem da marca da conflituosidade, que tem se intensificado e se destacado como um ambiente gerador de exclusões, apesar do discurso de ocasião, interessado e pretensioso, que se afirma inclusivista. Aqui, discurso foi empregado em seu sentido vulgar, que equivale ao modo de falar e pensar sobre um assunto, com o intuito de estruturar a compreensão e as ações das pessoas sobre determinado tema (Giddens; Sutton, 2017, p. 7).

Por isso, é preciso situar, adequadamente, a educação como espécie de política pública, não sendo prudente limitar sua importância apenas por ela constar de um texto constitucional, como ocorre no Brasil, em que foi definida como direito social (Brasil, 2022, Art. 6º), o qual deve ser prestado pelo Estado e pela família com o objetivo de promover o desenvolvimento do indivíduo, prepará-lo para o exercício da cidadania e qualificá-lo para o trabalho (Brasil, 2022, Art. 205).

Esse paralelo é importante, mas não é suficiente.

Rigorosamente, devido aos sucessivos desvios históricos de gerenciamento e erros políticos incontáveis, a educação no Brasil é, inegavelmente, produto de comércio, onde a obtenção de um diploma tem sido mera consequência da obtenção do desempenho formal escolar mínimo (na maioria dos casos, pode-se falar em desempenho medíocre) e, no caso específico da educação privada, esse desempenho quase sempre está associado à comprovação da quitação das mensalidades.

A luta pela democracia é uma tarefa política e ao mesmo tempo educacional. Para se alcançar a elevação da cultura democrática, é fundamental o reconhecimento de que a educação deve ser tratada como bem civil e não simplesmente como um modal de investimentos comerciais ou para afirmar a noção de um bem privado, que tem por base tão somente o cumprimento de necessidades individuais. Reduzir a educação superior a um mero apêndice da atividade empresarial é algo que conflita com o imperativo de se educar pessoas que sejam capazes de sustentar e desenvolver esferas públicas democráticas e inclusivas (Giroux, 2003, p. 56).

Analiticamente, é imperativo que o Estado se ajuste às forças que não possa controlar, mas às quais tenha de reagir, pois, comparativamente, embora o navio possua instrumentos de controle, o comandante, ao navegar, não controla as ondas ou o vento, forças que, apesar de poderem ser estudadas e compreendidas objetivamente, não são controláveis, fazendo com que o comandante (aqui o Estado) que as ignora ou as desafie possa levar o navio a encalhar ou a naufragar (Desai, 2003, p. 396).

Com esse olhar, o estudo sobre as reservas e a educação superior na Índia revelará os elementos que servirão para a exploração do conhecimento relacionado, especialmente identificando os avanços e retrocessos, as perspectivas e as utopias como os principais núcleos discursivos reveladores da trajetória do desenvolvimento social e econômico do país como Estado independente e como consequência da adoção do sistema de reservas direcionado em favor da parcela da população considerada excluída, menos favorecida ou simplesmente marginalizada (marginalização é um processo institucional e sistêmico pelo qual as pessoas são intencionalmente excluídas, negadas e isoladas da participação econômica, sociopolítica e cultural).

Na Índia, fala-se, habitualmente, em *Sarva Shiksha Abhiyan* (SSA), que é a expressão de uma política pública estatal, empregada no sentido de campanha pela educação universal, com a pretensão de envolver a atuação conjunta dos governos estaduais e central, e de modo a estabelecer um modelo educacional abrangente, universal e de qualidade (Dreze; Sen, 2015, p. 137-138).

O SSA foi introduzido no ano de 2001 como uma iniciativa dos governos visando à universalização da educação fundamental. Quando foi proposto, o principal objetivo do programa era fazer com que todas as crianças dos 6 aos 11 anos de idade concluíssem o ensino fundamental até o ano de 2007; e que todas as crianças dos 6 aos 14 anos de idade completassem oito anos de escolaridade até o ano de 2010. Esse programa cobriu todo o país e deu ênfase, em especial, à educação das mulheres, das crianças integrantes das *Scheduled Castes* (SCs) e das *Scheduled Tribes* (STs), e das crianças com necessidades especiais. Foi implementado de modo a abranger, prioritariamente, as áreas em que não houvesse nenhuma escola ou as áreas em que as escolas estivessem situadas muito distantes das comunidades a serem beneficiadas (Sreekanthachari; Nagaraja, 2013, p. 118).

Desde o início, o objetivo de fornecer educação para todas as pessoas relacionava-se ao impacto empoderador e redistributivo que a educação pode proporcionar. Em razão disso, até recentemente, a alfabetização e a questão relacionada ao acesso à escola tinham precedência sobre o conteúdo curricular, pois considerava-se a escola uma instituição sucedânea da família, filiada ao Estado ou dependente dele, com o objetivo socializador e, sobretudo, profissionalizante, estabelecida, preponderantemente, devido à necessidade de preparar profissionais, uma vez que a família não apresentava condições para tal propósito. Entretanto, mudanças na conjuntura econômica passaram a exigir a progressiva especialização da mão de obra, fazendo com que o processo educativo envolvesse, em sua maior extensão, a preparação dos indivíduos para a realização de atividades econômicas e produtivas quando se tornassem adultos (Castro, 1985, p. 96). Mas, apesar dos esforços para incorporar todas as camadas da população ao sistema educacional, por meio de mecanismos como as reservas, espécie de discriminação positiva, e a educação regular, grande número de pessoas em idade escolar permaneceu excluído, mantendo-se, portanto, sem escolaridade (Lall, 2005, p. 4).

Diante disso, torna-se desafiadora a exploração crítica e analítica de temas paralelos, aqui tratados como os avanços, os retrocessos, as perspectivas e as utopias, com a pretensão de identificar os níveis qualitativo e quantitativo do desenvolvimento em que a Índia se encontra posicionada na atualidade, após ter adotado medidas de naturezas variadas (constitucional, legislativa, política, judicial e até mesmo religiosa) dirigidas às classes menos favorecidas. Nesse contexto, entenda-se por classe o "tipo de estratificação baseado nas condições econômicas, manifesto, morfologicamente, no consumo e, politicamente, ligado a estruturas de dominação" (Castro, 1985, p. 144) ou, ainda, a "posição econômica relativa aos grandes grupos sociais, definida em relação à ocupação, posse de propriedades e riqueza, ou escolhas de estilo de vida" (Giddens; Sutton, 2017, p. 143). É importante salientar que, nesse sentido ou em qualquer outro, as classes sempre se definem por oposição entre si e redundam em relações de poder (Ghohmann; Figaro, 2014, p. 67). Consequentemente, pode-se resumir que a "classe ocorre quando os homens sentem e articulam a identidade de seus interesses entre si, contra outros homens cujos interesses diferem" (Gaedtke, 2015, p. 67).

Feitos esses esclarecimentos, a finalidade de se desenvolver estudo dessa natureza no Brasil tem a ver com o compromisso de estudar, avaliar, delimitar e construir conhecimento técnico e isento acerca da correlação que há entre a política educacional, pública e privada, e a política de reservas, valendo-se da experiência de um país como a Índia, cujas políticas adquiriram relevância desde o primeiro momento em que se tornou uma unidade estatal independente, há mais de 70 anos. O know-how ou a base de conhecimento acumulado desde então sobre a implantação e o desenvolvimento dessas políticas tem significativo valor teórico e pragmático diante da mesma política implantada no Brasil, onde, não obstante, o tempo de existência e maturação ainda é relativamente curto, desqualificando-a para um estudo mais aprofundado. A Índia é, para o mundo, um extenso laboratório, com rico conteúdo social, político, estratégico, cultural etc., que pode servir de referência para todas as pessoas que se interessarem em buscar conhecimento com base em fatos e experiências reais, que acontecem, que se renovam e se dinamizam todos os dias, incessantemente.

Para o Brasil, em especial, é importante que se aprenda com as experiências internacionais, especialmente no contexto que relaciona a educação pública ao sistema de reservas, na medida em que há um déficit de conhecimento acadêmico em torno desses dois temas, bastando considerar que aqui, tal como ocorreu na Índia, a educação nunca evoluiu em termos minimamente aceitáveis e porque as reservas têm sido consideradas, em importantes pesquisas recentemente desenvolvidas naquele país asiático, como modelo de política pública fracassada ou simplesmente como uma aposta com viés preponderantemente eleitoreiro, predisposta à conquista do voto e à troca de favores por diminutas conquistas individuais, que somente têm alcançado pouquíssimos destinatários envolvidos pelo sistema. Nesse aspecto, é oportuno explicar que a indulgência política no processo de reservas na Índia produziu a passagem de uma ideia inicialmente nobre para uma estratégia com o objetivo de atrair e elevar a conquista dos votos populares e, por isso, muitas críticas têm sido feitas acerca dos critérios para o direcionamento das reservas. Esta explicação tem sido empregada atualmente no meio político e acadêmico indiano principalmente pelas pessoas que fazem oposição ao sistema de reservas em desprestígio ao mérito individual[1].

Examinando esse ponto de vista, verificou-se que em muitos casos as classes social e economicamente atrasadas não o são propriamente no sentido prático e real, pois basta que se atribua a uma casta a qualificação de atrasada para que os seus integrantes obtenham lucros em nome das reservas (Soren, 2021, p. 514).

Por falar em castas, tem-se, resumidamente, que são um "tipo de estratificação de base étnica, ligado aos laços de parentesco e atividade ocupacional hereditária" (Castro, 1985, p. 142), impondo-se destacar que elas têm sido muito importantes para os indianos, mesmo no mundo moderno, particularmente porque seus diferentes grupos têm diferentes razões para manter o sistema de castas em curso. Acerca disso, há referências ainda recorrentes na Índia moderna, a exemplo das castas superiores que querem manter o sistema e usá-lo como instrumento de opressão das castas inferiores, de modo a conservar o regime de dominação. Entretanto, isso não é diferente com os grupos pertencentes às castas inferiores que, supostamente, odeiam o sistema de castas, uma vez que também querem usar a sua identidade de casta para obter benefícios nas esferas do poder e da política e, ao mesmo tempo, querem dar um basta na opressão e na dominação lhes são impostas pelas castas superiores (Kamboju, 2020, p. 703)[2].

Contudo, nesse ambiente polarizado por disputas, inúmeras e infindáveis, evidencia-se a atuação dos indivíduos vinculados às castas dominantes, pois, historicamente, eles acreditam ter como sua a tarefa de corrigir, dirigir, disciplinar e policiar os indivíduos das castas dominadas, as mais baixas. Agem, diligentemente, de modo a evitar qualquer insurgência ou violação da parte de quem ocupa os níveis mais baixos. Apesar de ser uma situação contraditória, essa é a realidade indisfarçável e intraduzível da moderna sociedade indiana. E, por isso, diz-se que o sistema de casta se sustenta pela própria inércia e pelo interesse da casta superior em preservá-lo (Wilkerson, 2021, p. 260, 278).

Ademais, a percepção sobre o que são os grupos deve ser adequadamente esclarecida e bem compreendida, pois trata-se de um importante referencial para o estudo das castas, ao mesmo tempo que também apresenta certo grau de complexidade. Há grupos, como os ditos nacionais, familiares, religiosos e profissionais, que são reconhecidos por todos e até mesmo garantidos institucionalmente, havendo outros, entretanto, que são definidos na razão direta do comportamento de seus membros. Acolha-se como exemplo a escola. Há nas escolas, no meio de certas classes de crianças, divisões que se estabelecem em razão da idade, do sexo, da raça e da religião. Essas subdivisões são fundamentadas nas categorias sociais existentes e podem decorrer a pretexto de algumas serem grandes e outras pequenas, circunstância que levará à formação de dois grupos distintos, cujos membros são solidários entre si (Perlman; Olbrechts-Tyteca, 2014, p. 367). Essa referência aos grupos é particularmente exemplificativa da realidade social e organizacional que envolve as castas, e, diante de sua singularidade e suas características quase exclusivas, não se pode deixar de mencionar, pois a verdade é uma só: membros de uma casta (grupo A) não se misturam com membros de outra casta (grupo B).

Pode-se resumir, nesta introdução, que a sociedade indiana foi fragmentada em uma sofisticada hierarquia que reúne várias castas e é sancionada religiosamente. Na fragmentação resultante, os brâmanes (grupo dominante) foram posicionados no ápice do sistema hierárquico, sendo seguidos por outras castas elevadas. Na parte inferior, foram posicionadas as *Other Backward Classes* (OBCs). Entretanto, abaixo e fora dessa fragmentação, foram posicionadas as *Scheduled Castes*. Nesse sistema, a especialização ocupacional e a endogamia são suas principais características e, tendo os brâmanes constituído a *intelligentsia* tradicional, as castas mais avançadas engajaram-se na administração, aplicação da lei e no comércio, enquanto as *Other Backward Classes* constituíram o componente primário do campesinato. Já as *Scheduled Castes* foram confinadas aos níveis subalternos e inferiores, exercendo ocupações artesanais, braçais e impuras (Dasgupta; Pal, 2018, p. 1).

A bem dizer, o propósito deste estudo pode ser sintetizado como forma de auxiliar o entendimento sobre o que se passa e o que se pode esperar, concretamente, no Brasil quanto à relação que une a educação pública e o sistema de reservas (aqui, sistema de cotas), com base em experiências já consolidadas e sobejamente amadurecidas por 75 anos na Índia pós-independência, partindo da compreensão de que lá se atingiu, em certo grau, um bom nível de experiências esclarecedoras sobre a prática das reservas e da relação que mantêm com a política educacional, as quais podem ser referências úteis, mesmo que apenas no plano comparativo, diante da realidade brasileira, considerada em perspectiva.

Metodologicamente, estabeleceu-se como estratégia principal que a pesquisa será suportada, em sua essência, por estudos teóricos, qualitativos e argumentativos produzidos por destacados setores envolvidos com a pesquisa e que têm se ocupado de investigar o atual padrão social, econômico e, principalmente, o funcionamento do mercado de trabalho no território indiano, valendo-se da quantificação do desenvolvimento local, aliado às políticas públicas voltadas para a educação e distribuição das reservas, visando ao acesso à educação superior e ao mercado de trabalho. Portanto, as informações e os dados mais relevantes sobre esses temas foram extraídos diretamente da vasta produção literária especializada. Trata-se, desse modo, de se construir conhecimento genuíno segundo o levantamento e a organização do conhecimento e das experiências concretas de quem vive, trabalha e pesquisa, diretamente, no ambiente social, jurídico, político e religioso indiano. Para tanto, a literatura especializada foi fartamente revisada e reproduzida em uma linguagem direta e acessível.

Pelo método qualitativo, a abordagem da pesquisa busca o conhecimento aprofundado, explorando o raciocínio e os processos de tomada de decisões (Giddens; Sutton, 2017, p. 53). Nesse contexto, deu-se primazia à compreensão das influências e da percepção da realidade estrangeira e o que ela pode fornecer em termos de desafios epistemológicos e metodológicos para o estudo do direito, na linha internacional, marcada por diferenças sociais, políticas, jurídicas e culturais (Carvalho, 2013, p. 77).

Além disso, serão exploradas referências teóricas complementares, não menos importantes, produzidas fora do território indiano, mas que mantêm vínculo próximo com essa sociedade e com suas necessidades e seus comprometimentos, como é o caso de algumas agências internacionais, a exemplo da *Organisation for Economic Co-Operation and Development* (OECD), *The World Bank* (TWB), *United Nations Educational, Scientific and Cultural Organization* (UNESCO) e *United Nations Organization* (UNO), entre outros centros internacionais reconhecidos pela qualidade e abrangência de suas pesquisas sociais e econômicas.

Também é importante destacar o caráter argumentativo que servirá de orientação ao desenvolvimento da pesquisa, entendendo-se que os discursos argumentativos, todos eles, fazem parte de uma controvérsia que refuta, apoia, contesta, sustenta ou contradiz um dado posicionamento (Fiorin, 2017, p. 29). Ao empregar o recurso argumentativo, primou-se pela renúncia ao emprego da força e buscou-se estimular a livre adesão do leitor, mediante persuasão racional que lhe favoreça a liberdade de juízo e, portanto, de escolhas (Perelman; Olbrechts-Tyteca, 2014, p. 61).

Este não é um estudo que assumirá posição favorável ou contrária à política de reservas, mas pretende munir o leitor interessado pelo assunto de elementos e dados para que cada um possa estabelecer suas próprias conclusões, ou, no mínimo, possa subsidiar reflexões com base em um conjunto de conhecimentos objetivamente expostos, partindo da realidade e das experiências vivenciadas pelo país mais populoso e multidiverso do planeta.

A ÍNDIA COMO ESTADO INDEPENDENTE

O surgimento da Índia como Estado independente foi o resultado de fatores e ações combinadas capazes de reunir interesses dos mais variados segmentos sociais, políticos e religiosos, muitos considerados fortemente antagônicos entre si. Para libertar-se do Império Britânico, a Índia colonial, ou Índia britânica, desenvolveu intensos movimentos populares, com ou sem organização, mas quase todos estimulados pelo propósito comum de estabelecer a independência, pois acreditava-se, de modo generalizado, que somente assim se poderia elevar e qualificar os padrões sociais, estimular as reformas e aperfeiçoar o sistema educacional, inserir, em maior quantidade, a população no mercado formal de trabalho, combater doenças e aparelhar um sistema operativo de saúde pública, além de outras inúmeras políticas públicas reputadas essenciais.

O movimento inicial sustentava que a busca pelo status de liberdade conduziria, naturalmente, à satisfação de importante valor humano, a dignidade. A ideia-raiz era a de que, ao se ponderar sobre a dignidade humana, a possibilidade de o indivíduo se reconhecer como participante da humanidade comum, como ser humano, elevaria o componente primordial da identidade individual. Esse reconhecimento trata a dignidade humana como um valor ou merecimento existencial, imputado à identidade da pessoa ou da espécie (Khateb, 2011, p. 10, 17), mas é também um conceito multifacetado, presente na religião, na filosofia, na política e no direito, além de constituir um valor fundamental subjacente às democracias constitucionais de modo geral (Barroso, 2014, p. 63).

Houve na Índia um intenso e consistente movimento nacional que pode ser considerado um dos maiores movimentos de massa que a sociedade moderna já viu. Foi um movimento virtuoso e vitorioso, que reuniu e uniu milhões de pessoas de todas as classes e ideologias em uma ação política, que colocou de joelhos o poderoso Império colonizador britânico. As ações desse movimento, se comparadas com as revoluções britânica, francesa, russa, chinesa, cubana e vietnamita, são de grande relevância para todos aqueles que desejarem alterar uma estrutura política e social existente.

Na Índia, vários aspectos desse movimento, especialmente a estratégia política de Mahatma Gandhi, foram particularmente relevantes, porque influenciaram movimentos de outras sociedades, que também funcionavam dentro dos limites do império da lei e que se caracterizavam por possuir uma inspiração política democrática de natureza civil-libertária (Chandra et al., 2016, p. 1).

Mas, de fato, foi o movimento nacional indiano que forneceu o único exemplo histórico real de um tipo de estrutura política democrática que fora substituída ou transformada com sucesso. Esse movimento é, ainda hoje, exemplo de como o espaço constitucional oferecido pela estrutura existente poderia ser usado. Não se rejeitou completamente esse espaço, já que tal rejeição em sociedades democráticas acarreta altos custos em termos de influência hegemônica e muitas vezes leva ao isolamento, mas entrou nele, isto é, no espaço constitucional, e usou-o de forma eficaz em combinação com a luta para derrubar a estrutura colonial preexistente (Chandra et al., 2016, p. 1-2).

É provável que o movimento nacional indiano seja um dos melhores exemplos, se não o melhor, da criação de um ativismo extremado com um objetivo comum, no qual diversas correntes políticas e ideológicas puderam existir, funcionar e, simultaneamente, continuar lutando pela hegemonia política. Naquele momento, embora o intenso debate sobre todas as questões básicas fosse permitido, a diversidade e a tensão não enfraqueceram a coesão e o poder de destaque do movimento, mas, ao contrário, a diversidade e a atmosfera de liberdade e debate tornaram-se a principal fonte de sua força. De fato, o caminho que a Índia trilhou desde o ano de 1947 teve raízes profundas na luta pela independência. As características políticas e ideológicas que tiveram impacto decisivo no desenvolvimento pós-independência foram em grande parte legadas da luta pela liberdade (Chandra et al., 2016, p. 2).

Decisivamente, a luta pela libertação da Índia teve seu desfecho com a transferência do poder no ano de 1947, o que se tornou possível pelo *Indian Independence Act*, de 18 de julho de 1947, que ratificou a mudança. A Índia tornou-se Estado livre por meio desse ato, que ficou conhecido singularmente como "transferência de poder" (Chakrabarty, 2008, p. 1).

Mas, para se chegar a esse estágio, foi necessária a combinação de três grandes influências ideológicas consideradas críticas na política indiana, que foram: o colonialismo, o nacionalismo e a democracia.

Sabe-se que a articulação colonial, nacionalista e democrática permanece um ponto crucial na compreensão da política indiana, mesmo após a descolonização. Nesse contexto, dois aspectos precisam ser considerados. O primeiro é que, embora o colonialismo e o nacionalismo fossem antagônicos, não há dúvida de que o primeiro provocou consequências, fazendo com que o segundo emergisse como uma poderosa forma de ideologia útil para a articulação das vozes dos colonizados. O segundo é que o colonialismo também conduziu a um lento e contínuo processo de democratização ao envolver gradualmente as pessoas até então favoráveis à administração estrangeira. O Estado colonial havia permitido a adoção de medidas de representação para interesses de alguns indianos cuidadosamente selecionados. Mas, ao mesmo tempo, também garantiu que o Estado operasse em um nível afastado da sociedade que governava. Por meio da conjugação de motivos, que incluía interesses próprios e compromissos ideológicos, o governo colonial introduziu princípios de representação apropriados para seu governo na legislatura colonial (Chakrabarty, 2008, p. 2).

Foi entre dezembro de 1946 e novembro de 1949 que cerca de 300 indianos se reuniram e realizaram inúmeras discussões sobre o futuro político do país. As reuniões desse grupo, uma espécie de assembleia constituinte, ocorreram em *New Delhi*, apesar de os participantes terem vindo de toda a Índia e de serem vinculados a diferentes partidos políticos. Essas discussões resultaram na elaboração da Constituição indiana, que entrou em vigor aos 26 de janeiro de 1950. De uma perspectiva formal, a importância da adoção do direito constitucional revelou-se fundamental, na medida em que esse direito corresponde ao conjunto das normas dotadas de superioridade hierárquica em relação às demais normas do sistema jurídico ao qual fornece fundamento de validade (Barroso, 2015, p. 76-77).

Para exemplificar uma parte da situação que foi enfrentada, havia o problema da unidade nacional associado aos problemas do desenvolvimento. Por ocasião da independência, a grande maioria dos indianos vivia em aldeias. Eles eram agricultores e camponeses que dependiam das monções para a sobrevivência. Mas essa dependência também se verificava no setor não agrícola da economia rural, pois, se as colheitas falhassem, barbeiros, carpinteiros, tecelões e outros grupos não seriam pagos por seus serviços. Na perspectiva urbana, os trabalhadores das fábricas viviam em favelas superpovoadas e sem acesso à educação e à assistência médica. Obviamente, o novo Estado que surgia teria de retirar suas massas da pobreza, aumentar a produtividade agrícola e promover novas indústrias geradoras de empregos.

Mais recentemente, para se ter um dado concreto, apurou-se que no ano de 2006 havia um quinto da população masculina indiana (na faixa dos 15 aos 24 anos de idade) e um quarto da população feminina (nessa mesma faixa etária) ainda incapazes de ler e escrever (Dreze; Sen, 2015, p. 82).

Esta é apenas uma breve referência para que se possa balizar o passado e o presente da Índia.

Diante desse cenário, a unidade e o desenvolvimento teriam de se ajustar. Entretanto, a realidade positivou a construção de dois contos de fada: um deles referia-se à desvalorização integral do setor público, diante de supostas virtudes do setor privado; o outro se referia à desvalorização do setor privado em oposição ao setor público, diante do imaginário mundo dos servidores públicos empenhados no cumprimento de seus deveres sociais com admirável eficiência e humanidade (Dreze; Sen, 2015, p. 102).

Além disso, acaso as divisões entre as diferentes classes não fossem sanadas, isso poderia resultar em conflitos violentos e custosos, tendo-se castas altas lutando contra castas baixas, hindus contra muçulmanos, e assim por diante. Ao mesmo tempo, caso os proveitos do desenvolvimento econômico não atingissem as grandes massas da população, isso poderia criar outras divisões, por exemplo, entre ricos e pobres, entre cidades e campo, e entre regiões prósperas e regiões atrasadas. Percebe-se que ainda hoje o desenvolvimento econômico é fator importante por propiciar a ampliação das oportunidades sociais abertas a todas as pessoas. Consequentemente, na medida em que essas oportunidades são comprometidas, direta ou indiretamente, por regulamentações e controles contraproducentes, por restrições às iniciativas econômicas e pelo sufocamento da concorrência, suas vantagens geradoras de eficiência à remoção desses obstáculos devem ser revistas como objetivo extremamente prioritário (Dreze; Sen, 2020, p. 25).

Com essas considerações, o fato histórico crucial é que o *Indian Independence Act* (1947) estabeleceu que seriam constituídos dois novos domínios independentes, a Índia e o Paquistão, também chamados *The New Dominions*. O *Indian Independence Act* (1947), promulgado pelo Parlamento britânico, recebeu a aprovação real aos 18 de julho de 1947. Com esse ato oficial, foram criados dois domínios independentes: i) a Índia (hindu) e ii) o Paquistão (muçulmano), sendo este último dividido, por sua vez, em dois territórios, denominados Paquistão Ocidental e Paquistão Oriental. Em consequência, as províncias, que até então eram administradas diretamente pelos britânicos, passaram a se vincular a um ou a outro desses dois novos

Estados, dependendo se a maioria da população fosse hindu ou muçulmana. Com isso, o Paquistão foi criado no dia 14 de agosto de 1947, e a Índia independente foi criada no dia 15 de agosto de 1947, sendo constituídos em Estados independentes (British Government, 1947).

Sem demora, a primeira Constituição da Índia foi adotada aos 26 de janeiro de 1950. Em seu preambulo, o novo Estado foi designado *Sovereign Socialist Secular Democratic Republic*; atualmente, denomina-se *Sovereign Democratic Republic*, de acordo com o *Forty-Second Amendment Act* (1976), e assumiu o compromisso de garantir aos seus cidadãos: i) a justiça social, econômica e política, a liberdade de expressão, de crença, fé e adoração; ii) a garantia da igualdade de status e de oportunidades; e iii) a promoção da fraternidade, da dignidade da pessoa, da unidade e integridade da nação (The Constitution of India, 2022, p. 32).

O sistema político adotado pela Assembleia Constituinte foi o federalismo parlamentarista. Entretanto, a Constituição não descreveu a nova sociedade política como uma Federação, mas como uma União de estados (Art. 1º) (Mehra, 2007, p. 75).

De modo muito específico, logo após a independência, o governo central da Índia, ou simplesmente a União, estabeleceu algumas importantes comissões, com o objetivo de acompanhar e gerenciar setores específicos ligados à atividade educacional. Destacaram-se, dentre tais comissões, a *University Education Commission* (1948-1949), a *Secondary Education Commission* (1952-1953), a *University Grants Commission* (1956) e a *Kothari Commission* (1964-1966), as quais atuavam com a finalidade de desenvolver propostas para a modernização do sistema educacional. Todas essas comissões buscavam a indianização da educação e o equilíbrio do sistema educacional em face das barreiras sociais, religiosas, econômicas, culturais e políticas existentes, de modo a superar e substituir o antigo sistema britânico de educação (Chowdhury, 2021, p. 564).

2.1 A polêmica política de reservas

Logo após a independência, teve início na Índia um intrincado jogo de disputas políticas que perduram até os dias atuais. Consequentemente, com o reconhecimento e respeito aos direitos fundamentais, doutrinariamente abarcado pelo regime denominado de constitucionalismo, que é tanto um conjunto de limitações impostas ao poder político quanto um conjunto de imperativos que devem orientar a ação e a abstenção estatal

(Kateb, 2011, p. 33), o Estado constitucional implantado passou a exigir a adoção de políticas públicas irrenunciáveis e indispensáveis. Nesse aspecto, a construção de um modelo de sistematizações dirigidas para a abordagem das políticas públicas passou a ser um fator que deveria contribuir para a criação de fórmulas organizacionais que servissem à estruturação do poder público e fossem capazes de melhorar a sua intervenção. Deveria tornar as intervenções desse poder mais efetivas e racionais, como também deveria facilitar a aceleração do processo de modernização, de redução das desigualdades e de inclusão social (Bucci, 2013, p. 37).

Mas, ao lado disso e como consequência, as estruturas sociais, notadamente as relacionadas com as classes, passaram a disputar benefícios que até hoje são amplamente discutidos nas pautas das agremiações políticas, acadêmicas, sociais e religiosas. A instituição das reservas para acesso à educação superior (*Reservation in Education*) e ao mercado de trabalho (*Reservation in Employment*) foi decorrência de mandamento constitucional, imediato e expresso. Entretanto, o desempenho desse modal de política compensatória não atingiu os resultados esperados em termos qualitativos, embora se possa afirmar que, do ponto de vista quantitativo, o resultado alcançado possa ser considerado apenas satisfatório. Nessa discussão, é importante destacar que a sociedade indiana permanece particularmente marcada por alto grau de desigualdade, que se estabeleceu com base no princípio da máquina de casta, reconhecido dispositivo de natureza excludente (Jaiswal; Chauhan, 2019, p. 159).

Ao fazer constar as reservas no texto constitucional como garantia e direito materialmente constitucional, o Estado indiano deu vida a uma criação jurídica muito particular, isso porque, embora a prática constitucional da maioria dos países tivesse inserido em seus respectivos textos constitucionais normas não materialmente constitucionais, não se pode olvidar que cada povo tem circunstâncias políticas e históricas que lhes são particulares. Exemplificando com alguns casuísmos, Reino Unido e Israel não têm uma Constituição escrita; a Índia estabeleceu, imediatamente após a independência, um texto constitucional com 395 artigos, em um dos quais positivou as reservas, embora não dispusesse expressamente sobre a proteção do direito à educação; o direito constitucional suíço protege os pássaros; e o da Bélgica regula o uso das línguas (Barroso, 2015, p. 76).

Diante desse quadro, chama atenção o fato de que as leis promulgadas desde o período colonial parecem não ter atingido, idealmente, o objetivo pretendido de erradicar as castas e suas desvantagens. Era de se esperar uma resposta razoável para se ter ao menos uma reavaliação dos pressupostos básicos da ideia do sistema de castas subjacente ao quadro jurídico-normativo da Índia. Isso, porém, não aconteceu. Ao contrário, percebe-se que as leis, versando sobre as reservas baseadas nas castas, para acesso a empregos e vagas universitárias, estão sendo regularmente expandidas em todo o país. Com algumas exceções, os políticos não se atrevem a argumentar pela redução ou pelo abandono das reservas baseadas nas castas, ou por outra opção de sistema de reservas para os diferentes grupos de castas, apesar dos efeitos disfuncionais amplamente divulgados e a consequente insatisfação dentro da sociedade em geral quanto ao sistema até então vigente. No atual modelo, os candidatos aos empregos e às vagas universitárias não competem pelo mérito, e os padrões de entrada (admissão nas universidades) são muitas vezes radicalmente assimétricos entre beneficiários e não beneficiários das reservas (Shah, 2017, p. 111)

De fato, a Índia, nos dias atuais, está rejeitando o sistema de castas e está tentando se livrar de seus efeitos. Existe um sistema de reservas para as castas mais baixas que se assemelha à política de Ações Afirmativas (AA) dos Estados Unidos, sabendo-se que para as pessoas mais pobres esse sistema pode significar um futuro promissor. Mas, paralelamente a isso, não se pode ignorar a sempre presente condição de superpopulação no país, que muito dificulta a integração dos mais pobres e ameaça a própria ideia de integração bem-sucedida deles com o restante da sociedade. As condições sociais e econômicas, aliadas à superpopulação, dificultam que as pessoas encontrem empregos. Além dessa situação geral, há a infeliz circunstância de que, desde algumas centenas de anos, foi negada a educação às castas inferiores, não lhes sendo concedido nenhum acesso ao conhecimento e preparo para o acesso ao mercado de trabalho. À luz dessa deficiência quase absoluta, as castas mais baixas não foram adequadamente preparadas, como as pessoas das castas mais altas, para que pudessem competir pelos empregos disponíveis. Portanto, os integrantes das castas mais altas tiveram acesso ao trabalho, enquanto os das castas mais baixas permaneceram escondidos e esquecidos (Rao, 2010, p. 101).

Essa deficiência ou completa ausência da educação formal, em relação a grupos ou classes sociais mais desfavorecidas, inibiu quaisquer perspectivas de atingimento do bem-estar coletivo, também tratado como um bem comum. Desse modo, entendendo-se por bem comum o conjunto das condições objetivas que outorgam às pessoas a possibilidade de realizar os fins inseridos em sua natureza e de levar uma vida virtuosa (Isräel, 2009,

p. 6), por certo o distanciamento involuntário delas do acesso à educação formal é, provavelmente, o meio mais eficaz e atuante no sentido de manter incontáveis grupos, quando organizados sob a forma de castas, classes, raças ou simples agrupamentos urbanos, rurais ou tribais, excluídos dos bens e valores sociais que, em tese, deveriam estar disponíveis e acessíveis a toda a coletividade, sem exceções.

A busca pelo propósito legítimo de o Estado justificar a política de reservas baseada nas castas tem sido em vão até agora. É indiscutível que o argumento central e dominante para a ação afirmativa baseada na classe é de que ela possibilitará a passagem do atual sistema, inadequado de igualdade formal de oportunidades, para um sistema genuíno de igualdade real de oportunidades, sob o qual os indivíduos nascidos em circunstâncias muito diferentes poderão desenvolver todo o seu potencial natural (Kahlenberg, 1996, p. 83).

Mas, qualquer que seja a proposta de igualdade de oportunidades, é preciso considerar:

I. Fatores diferenciadores como idade, sexo, talentos especiais, deficiências etc. fazem com que as pessoas tenham, geralmente, oportunidades e qualidade de vida muito divergentes, até mesmo quando compartilham o mesmo conjunto de bens e/ou favorecimentos (Sen, 2000, p. 89-90); e

II. A igualdade de oportunidades pressupõe a igualdade de capacidades, em que a pobreza significa carência de realização mínima de algumas das capacidades mais elementares (Dupas, 1999, p. 29).

O fracasso em alcançar esse propósito estatal legítimo tem levado muitos pensadores a questionar o sentido da igualdade na Constituição. A compreensão do princípio da igualdade como proibição de discriminação tem grande apelo ao temperamento individualista, entendido não apenas no sentido de que os direitos são conferidos a todos os indivíduos, mas, mais propriamente, no sentido de que as reivindicações e os interesses dos indivíduos merecem consideração da sociedade por direito próprio, e não porque o indivíduo pertence a este ou àquele grupo. De acordo com esse entendimento, a participação no grupo deveria ser irrelevante para o valor das reivindicações que os indivíduos fazem na sociedade. Se for assim, a interpretação antidiscriminatória da igualdade não deve determinar a admissibilidade da classificação com base nas classes naturais, em que natural não se refere às origens biológicas, mas ao fato de que as classes não foram formalmente criadas pela lei para a satisfação de interesses dos particulares. O princípio antidiscriminação não deve depender, de forma alguma, do reconhecimento de classes ou grupos sociais, impondo-se evitar fazer desses grupos ou classes uma unidade básica da sociedade ou dar peso aos interesses individuais em razão de seu pertencimento a alguma classe ou grupo (Agarwala, 1990, p. 132).

O fato determinado é que, ao menos conceitualmente, a igualdade de oportunidades existe quando os indivíduos têm oportunidades iguais durante a vida para desenvolver ao máximo seus talentos naturais, desde que decidam dedicar tempo e esforço para fazê-lo. Concretamente, porém, enquanto alguns nascem pobres e desprivilegiados, outros nascem ricos e privilegiados. Nesse sentido, apesar de as leis antidiscriminação poderem ser vistas como necessárias, elas não são suficientes para fazer com que todos os indivíduos atinjam, igualitariamente, as oportunidades substantivas (Kahlenberg, 1996, p. 83, 85).

Noutra linha de abordagem, segundo a perspectiva crítica mais recente, pode-se categorizar o sistema educacional indiano como extraordinaria-mente diverso, pois, por um lado, conta com um pequeno grupo de crianças privilegiadas com boas oportunidades educacionais, ao passo que, por outro lado, a maior parte da população sujeita-se a uma escolarização precária ou deficiente em vários aspectos, principalmente nos materiais. Desse modo, o sistema educacional apresenta-se dividido entre privilegiados e não privilegiados, cuja seleção não decorre propriamente de uma tentativa organizada de exclusão, mas por diferenciações que somente são explicadas em razão das desigualdades econômicas e sociais, funcionalmente vincu-ladas aos fatores classe, casta, gênero, origem, privilégio social etc. (Dreze; Sen, 2015, p. 148-149). Logo, a crítica que se faz é que as oportunidades de se adquirir cultura e qualificações não deveriam se sujeitar à classe social que o indivíduo ocupa, impondo-se que o sistema educacional, público e privado, deveria atuar de modo a demolir, eficientemente, as barreiras existentes entre as classes (Rawls, 2008, p. 88). É importante ter em conta que, quanto mais o sistema educacional for diferenciado ou estratificado, mais se intensificará a tendência para que o sistema ocupacional (trabalho e emprego) e outros sistemas também sejam estratificados (por exemplo, a saúde pública) (Townsend, 1979, p. 398).

Como desdobramento desse sofisticado esquema político, a concor-rência pelas reservas e pela busca de efetividade quanto à política educacional superior, com qualidade e ampla cobertura (universalidade), passou a ser, e assim permanece, um tema complexo, que envolve debates incessantes e inconclusivos na Índia pós-independência. A propósito, nesse contexto, a educação formal na Índia apresenta dois importantes marcadores que a caracterizam: i) a limitação de sua cobertura; e ii) os padrões deficientes. Não por acaso, a educação oferecida, na maior parte das instituições regulares, notabiliza-se pela falta de qualidade, estando esse marcador presente mesmo nas escolas reconhecidas como as melhores nas principais cidades, como *New Delhi, Chennai, Calcutta* e *Bangalore* (Dreze; Sen, 2015, p. 140-141).

É importante citar que a política de reservas foi inicialmente estabelecida para durar dez anos após a vigência da Constituição e que teve como objetivo inicial a elevação social das *Scheduled Castes* e das *Scheduled Tribes*. Mas, apesar dessa previsão, além de ter sido uma política contínua, ninguém tomou nenhuma medida para alterá-la ou revisá-la, e a razão por trás disso é justamente o fato de que a população das *Scheduled Castes* e *Scheduled Tribes* chegou a alcançar o patamar de quase 33% dos votos no sistema eletivo.

Desse modo, fazer mudanças na política de reservas, contrárias aos interesses das *Scheduled Castes* e *Scheduled Tribes*, pode gerar perdas significativas e, por isso, as coisas devem permanecer como estão (Jangir, 2013, p. 128). Além disso, tem-se que concretamente, e não apenas teoricamente, o sistema de castas é tão fundamental ao espírito do povo indiano que quaisquer mudanças a favor ou contra o sistema de reservas geram tumultos e desordem política em todo o país (Singh, 2019b, p. 1).

Dito isso, e antes de seguir e tratar diretamente sobre a constituição do Estado indiano independente, fundado sob a égide dos direitos fundamentais e na perspectiva específica da política educacional e do sistema de reservas, convém dimensionar o importante fator que é o crescimento populacional.

É importante considerar, em primeiro plano, que o rápido crescimento populacional tem agravado o desafio de erradicar a pobreza, potencialmente prendendo países e comunidades em um círculo vicioso em que o crescimento econômico pode não acompanhar as demandas geradas; e, portanto, o eventual aumento da renda per capita pode ser insuficiente para erradicar a pobreza, acabar com a fome e a desnutrição, e garantir o acesso universal a saúde, educação e outros serviços essenciais. Ao mesmo tempo, a pobreza, a falta de educação e a desigualdade de gênero podem privar os indivíduos de oportunidades e escolhas, limitando a capacidade de controlarem a fertilidade e perpetuando os altos níveis de gravidez, muitas vezes começando cedo na vida e garantindo o rápido e contínuo crescimento da população (UN, 2021, p. 21). O referencial quantitativo da população, como dado numérico, é de suma importância na avaliação de políticas públicas e é, provavelmente, no caso da Índia, o referencial mais peculiar que caracteriza sua sociedade e deve ser, por essa razão, o primeiro a ser destacado[3].

De acordo com o relatório do *Census of India* (1951), a população total do país era, na manhã de 1º de março daquele ano, de 356.879.394 indivíduos (Officer of The Registrar General, 1951, p. 2). Já o censo realizado no ano de 2011 apurou uma população total da ordem de 1.210.855.000 indivíduos; e, para o ano de 2021, a estimativa era a de que atingiria o patamar de 1.361.343.00 indivíduos (Ministry of Health & Family Welfare, 2019, p. 24, 43). Portanto, no intervalo em que foram realizados os censos e as pesquisas populacionais complementares, entre os anos de 1951 e de 2021 (70 anos), a população na Índia cresceu no extraordinário patamar de 281,46%. Atualmente, ela é a maior população humana do planeta, tendo superado a da China.

Mas a implantação de políticas severas que favorecessem o nivelamento social e econômico, conforme determinado pela Constituição do novo Estado, exigiria um ambiente de crescimento interno, consistente e robusto, para atender aos elevados custos das políticas necessárias para dar o devido suporte educacional à população. Nesse aspecto, é importante ressaltar que as posições jurídicas prestacionais, observadas pela perspectiva político-constitucional, são posições claudicantes, que reclamam sempre para sua otimização e efetivação, em linguagem mais administrativista, uma reserva econômica possível e robusta (Canotilho, 2004, p. 52).

Cumpre observar que, nesse contexto, o mundo desenvolvido caiu em uma recessão severa e prolongada (depressão econômica), e somente China e Índia permaneceram sozinhas entre as principais economias que registraram crescimento, com as demais economias esperando que esses gigantes emergentes pudessem ajudar a tirar o resto do mundo de seu atoleiro profundo. No entanto, esses países são ainda muito frágeis e estão no meio de dramáticas reformas estruturais em andamento. Essa circunstância é suficiente para que se perquira qual o grau de sucesso que uma política de reservas poderia alcançar, quando inserida em um contexto econômico desfavorável, diante da fragilidade da estrutura social vigente e do quadro deficiente e ineficiente do sistema educacional (Dougherty; Vittorio, 2009, p. 53).

Ademais, embora a política de reservas seja voltada, ideologicamente, para a ampliação dos espaços democráticos, tem-se verificado uma clara polarização da sociedade em torno das castas, com uma guerra de posições, em que os partidos políticos e as instituições estão divididos por castas, que se tornaram uma espécie de âncora ideológica em torno da qual o discurso passou a ser conduzido (Ilaiah, 2006, p. 2.447). E, por falar em espaço democrático, importa considerar que a democracia é a ideologia dos tempos atuais, talvez não por convicção nem por hábito, mas por falta de alternativas. Consequentemente, caberia indagar se as reservas são democráticas, ou, ainda, se os interessados nelas não estão agindo impelidos tão somente pelo espírito oportunista. Aqui, deve-se entender que o oportunismo, como atitude ética, envolve o interesse como finalidade e as circunstâncias como meios (Zagrebelshy, 2011, p. 36, 104).

Enfim, tem-se constatado concretamente que a política de reservas não ajudou as grandes massas de *dalits* a melhorar sua situação, e, até ao contrário, contribuiu para criar uma classe microscópica entre eles. Desse modo, embora o sistema tenha sido originalmente projetado para promover a elevação de grupos inteiros, na melhor das hipóteses ele apenas provou ser de alguma ajuda na mobilidade social individual às custas da estagnação do próprio grupo. Apesar de se ter registrado algum progresso em relação a essas pessoas, ainda assim o caminho foi cercado por muitos problemas. E, mesmo com suas limitações, a política de reservas trouxe algumas mudanças positivas para os *dalits* e alguns povos tribais. A mobilidade individual foi uma das mudanças positivas, tendo os *dalits* e os povos tribais ganhado status, embora tenham pagado um alto preço por isso. Em síntese, para alguns políticos e pensadores da classe acadêmica, uma vez que as reservas produziram alguns retornos sociais positivos, tornou-se imperativo o fortalecimento do investimento nessa política, implementando-a como se pretendia originalmente e fazendo com que os objetivos consagrados na Constituição pudessem ser mais bem executados (Jogdand, 2007, p. 331-332).

2.2 A igualdade como princípio constitucional

Assim foi e ainda tem sido desde que a Índia se tornou um Estado independente: trata-se de uma organização política, social e economicamente frágil, carecedora das mais básicas estruturas de apoio (infraestrutura), como a educação pública, para citar um exemplo, o que faz com que o seu nível de desenvolvimento humano ocupe baixíssimos índices em comparação às demais sociedades no cenário atual[4].

Mas, ainda que se considere como fator precedente favorável, isto é, o empreendimento de políticas desenvolvimentistas em um ambiente de Estado independente, o fato a considerar é que a Constituição estabeleceu garantias que o Estado e a sociedade não poderão ignorar, por se tratar de uma unidade política regida pelo Estado democrático de direito e por um texto constitucional moderno e alinhado com a ordem jurídica internacional. Especificamente no campo da educação, desde o início do século XIX, a aprendizagem passou a ser equiparada à escolarização formal e sistemática, fazendo com que a criação de meios para acessá-la tenha se tornado uma meta fundamental do Estado. A forma clássica do sistema de educação pública, com escolas financiadas e regulamentadas pelo Estado, com ensino gratuito e uma burocracia administrativa, ocorreu primeiro na Europa, nos Estados alemães, na França, na Holanda, na Suíça e, depois, no continente norte-americano (Mehrotra, 2000, p. 5).

Bem se sabe que, na história moderna, foram com as sociedades europeias e a americana que a ideia de igualdade comum a todos os homens conseguiu transpor o espaço religioso para conquistar o universo político e o jurídico (Barros, 2016, p. 78). Na Índia, o processo de conquista desse espaço ocorreu desde que se tornou independente. Entretanto, a questão atual a se definir é, nesse caso particular, se o espaço religioso foi efetivamente transposto ou se ainda exerce pressão decisiva em confronto com o poder político e jurídico.

Com o estabelecimento do Estado indiano, organizado segundo a promulgação de sua carta política, pode-se extrair quatro princípios que, particularmente, se complementam e dão forma ao quadro do direito à igualdade (*Right to Equality*), com os seguintes desdobramentos:

I. Direito à igualdade perante a lei (*Equality Before Law*);

II. Proibição à discriminação (*Prohibition of Discrimination on Grounds of Religion, Race, Caste, Sex or Place of Birth*);

III. Igualdade de oportunidades em matéria de empregos públicos (*Equality of Opportunity in Matters of Public Employment*); e

IV. Abolição da intocabilidade (*Abolition of Untouchability*).

É claro que há vários outros princípios que dão consistência ao quadro geral do constitucionalismo indiano. Entretanto, os supradestacados possuem conteúdo e carga objetiva suficientes para as análises subsequentes que serão enfrentadas.

O princípio da igualdade perante a lei (*Equality Before Law*) está previsto no Art. 14 da Constituição e tem o sentido mais específico de que o Estado não poderá negar a nenhuma pessoa a igualdade perante a lei ou a igual proteção das leis dentro do território nacional (The Constitution of India, 2022, p. 37).

A importância de se buscar a proteção à igualdade, conferindo-lhe o status de norma fundamental, tem a ver e se intensifica ainda mais diante da circunstância de que as desigualdades geralmente funcionam em conjunto e seu impacto é mais severo em relação às pessoas desamparadas em um ou mais aspectos. Exemplo disso são os setores carentes da sociedade que têm dificuldades de obter acesso à educação formal, cujas carências são mais agravadas, acaso pertençam a uma casta inferior, pois ficam expostos aos preconceitos socialmente prevalecentes (Jha *et al.*, 2013, p. 35).

A proibição à discriminação é objeto do Art. 15 (*Prohibition of discrimination on grounds of religion, race, caste, sex or place of birth*). De acordo com o mandamento em questão, é proibida a discriminação em razão da religião, raça, casta, sexo ou local de nascimento (origem). Isso significa que o Estado não poderá discriminar nenhum cidadão com base em nenhum desses fatores, e assegura que ninguém será exposto ou submetido, apenas com base na religião, raça, casta, sexo ou local de nascimento, a nenhuma limitação, responsabilização, restrição ou condição no que diz respeito, por exemplo, ao acesso a locais abertos, como lojas, restaurantes, hotéis e ambientes destinados à diversão pública ou à utilização de poços, piscinas, casas de banho, balneários, estradas e resorts mantidos, total ou parcialmente, com os recursos do Estado ou que sejam destinados ao uso do público em geral. A vedação à discriminação, nesses termos, não impedirá que o Estado adote provisões especiais destinadas especificamente às mulheres e às crianças, assim como, de igual modo, não o impedirá de adotar provisões especiais destinadas ao avanço de nenhuma classe social e educacionalmente em desvantagem, como as *Scheduled Castes*, as *Scheduled Tribes* e as *Other Backward Classes*. Nesse contexto, entende-se por setores economicamente mais fracos do corpo social [*Economically Weaker Sections* (EWS)] aqueles que venham a ser periodicamente identificados pelo Estado com base na renda familiar e em outros indicadores de desvantagens sociais e econômicas (The Constitution of India, 2022, p. 37-38).

A esses grupos ou setores do corpo social considerados mais fracos em razão de sua condição econômica, educacional, ou ainda em razão de quaisquer outros fatores, serão dirigidas as políticas públicas focalizadas, ou seja, aquelas que buscam atingir grupos previamente identificados como merecedores de atendimento mediante políticas públicas específicas, mas de difícil alcance, por estarem esses grupos fora da rede de proteção social organizada e mantida pelos setores administrativos de atendimento (Chrispino, 2016, p. 77).

O Art. 16 da Constituição trata sobre a igualdade de oportunidades em matéria de acessibilidade aos empregos públicos (*Equality of Opportunity in Matters of Public Employment*). Essa norma impõe que o Estado promova a igualdade de oportunidades para todos os cidadãos em questões relativas ao acesso a empregos ou nomeações para quaisquer cargos administrados pelo Estado. Com isso, nenhum cidadão poderá se tornar, apenas com base na religião, raça, casta, sexo, descendência, local de nascimento ou residência, inelegível ou ser discriminado em relação à possibilidade de acesso aos empregos ou cargos administrados pelo Estado (The Constitution of India, 2022, p. 39-40).

Essa proteção, entretanto, não impedirá que:

I. O parlamento edite leis que estabeleçam requisitos de residência no Estado ou no território da União antes de se efetivar a contratação ou nomeação;

II. O Estado adote reservas de nomeações em favor de quaisquer classes atrasadas que se entenda não estejam adequadamente representadas nos serviços públicos;

III. O Estado adote reservas em matéria de promoção de pessoal, com a consequente antiguidade, para quaisquer classes de cargos em favor das *Scheduled Castes* e das *Scheduled Tribes*, que não estejam adequadamente representadas nos serviços públicos;

IV. O Estado possa considerar quaisquer vagas reservadas, não preenchidas em um determinado ano, como uma parte separada do quantitativo de vagas a ser preenchido em qualquer outro ano ou anos seguintes e que nesse quantitativo não seja considerado no cômputo das vagas do ano em que serão preenchidas.

A garantia de igualdade de oportunidades em matéria de acessibilidade aos empregos públicos impede que o governo, na qualidade de empregador, exija que uma pessoa professe uma religião específica ou que pertença a uma denominação confessional particular (The Constitution of India, 2020, p. 39-40).

Outra particularidade a ser observada é que, algum tempo depois, norma semelhante à do Art. 16 estava sendo tratada no Ocidente como igualdade universal de oportunidades (*Universal Equal Opportunities*). Nos Estados Unidos, por exemplo, essa questão foi tratada como o mito fundador da ética americana do trabalho. Mito relacionado, antes de mais nada, com os avanços do direito social sob o *New Deal* de Roosevelt, e depois com o reconhecimento dos direitos civis na década de 1960, que se transformou parcialmente em realidade jurídica (Cusset, 2008, p. 16).

Outra garantia importante, relacionada com a intocabilidade, foi a sua abolição e vedação de sua prática, sob qualquer forma ou pretexto (*Abolition of Untouchability*). Consequentemente, qualquer prática discriminatória ou que torne vulnerável a pessoa em decorrência da intocabilidade estará passível de punição como crime, nos termos da lei. Essa é a garantia contida no Art. 17 (The Constitution of India, 2022, p. 40).

Como desdobramento desse conjunto de princípios-garantias, chegou-se à positivação do direito à educação (*Right to Education*) previsto no Art. 21-A, inserido no texto permanente da Constituição por meio do *Eighty-Sixth Amendment Act* (2002). De acordo com essa emenda, o Estado deverá proporcionar educação gratuita e obrigatória para todas as crianças dos 6 aos 14 anos de idade, nos termos a serem regulamentados por lei (The Constitution of India, 2022, p. 42).

Todos esses direitos e princípios se encontram expressos na Constituição indiana em sua Parte III, que corresponde ao capítulo dos direitos fundamentais. Com isso, e por expressa definição constitucional (Art. 12), para a correta aplicação desses direitos, a noção de Estado compreende o governo e o parlamento central da Índia, os governos e as casas legislativas estaduais, além de todas as autoridades locais e demais autoridades dentro do território ou sob o controle e jurisdição do governo indiano (The Constitution of India, 2022, p. 37).

A essa altura, já se tendo estruturado o Estado indiano e disposto acerca de um conjunto de garantias constitucionais voltadas para a proteção dos chamados direitos fundamentais, faltava, ainda, tratar de algumas disposições especiais relacionadas a certas classes ou grupos sociais. Para tanto, a Parte XVI da Constituição foi destinada a essa finalidade. Nela, o legislador constituinte estabeleceu o regramento básico que levou à instituição do sistema de reservas destinado a atender grupos ou classes considerados social e economicamente atrasados, isto é, cujos integrantes fossem considerados prejudicados, desqualificados ou excluídos da ordem social e, especialmente, impossibilitados de ter acesso à educação de qualidade e ao mercado de trabalho (The Constitution of India, 2022, p. 221-234):

I. O primeiro passo dado nesse sentido foi a criação de comissões específicas para cada grupo social a ser oportunamente catalogado (programado ou listado). Foram instituídas três comissões nacionais, sendo uma para cada classe: a comissão nacional para as *Scheduled Castes* (Art. 338), denominada *National Commission for the Scheduled Castes*; a comissão nacional para as *Scheduled Tribes* (Art. 338-A), denominada *National Commission for the Scheduled Tribes*; e a comissão nacional para as *Other Backward Classes* (Art. 338-B), denominada *National Commission for Backward Classes*;

II. O objetivo dessas comissões é investigar as condições das classes social e educacionalmente atrasadas dentro do território da Índia, apurar as dificuldades que seus indivíduos vivenciam e fazer recomendações quanto às medidas a serem adotadas pela União ou por qualquer Estado, de modo a remover as dificuldades e melhorar as condições existenciais. As comissões devem ainda indicar as subvenções a serem concedidas pela União ou pelos Estados e quais as condições para sua concessão (Art. 340).

As comissões têm o compromisso de investigar e monitorar todas as questões relacionadas às medidas de proteção fornecidas em favor das *Scheduled Castes* e das *Scheduled Tribes*, sob a égide da Constituição ou de qualquer outra lei ou ordem do governo em vigor, e avaliar a efetividade de tais medidas. Nesse contexto, o Estado deve atender, com cuidado especial e prioritário, aos interesses educacionais e econômicos das classes mais fracas e, em especial, das castas e tribos classificadas, protegendo-as da injustiça social e de todas as formas de exploração.

Nesse particular, com base em estudos, projeções políticas e dados apurados pelas comissões nacionais, a Constituição determinou, no ano de 1982, que 15% e 7,5% das vagas, no setor público e nas instituições de ensino mantidas pelo governo, deveriam ser reservadas aos candidatos oriundos das *Scheduled Castes* e das *Scheduled Tribes*, respectivamente, por um período de cinco anos, após o qual o sistema de reservas deveria ser revisado. Apesar disso, esse período estabelecido para a vigência das reservas foi rotineiramente estendido pelos governos. Por conseguinte, a Suprema Corte decidiu que as reservas não poderiam exceder 50% das vagas existentes, pois considerou que isso violaria a igualdade de acesso garantida pela Constituição, e, devido a isso, fixou esse limite para as reservas. Não obstante esse regramento delimitador, ainda existem leis estaduais que ultrapassam o limite de 50% e estão em discussão na Suprema Corte. Para ilustrar com exemplos, i) o patamar das reservas baseadas nas castas chegou a 69% no estado de *Tamil Nadu*; e, ii) no ano de 1990, o então primeiro-ministro, Sr. Vishwanath Pratap Singh, anunciou que mais 27% dos cargos governamentais seriam reservados para as *Other Backward Classes*, além dos 22,5% já reservados para as *Scheduled Castes* e *Scheduled Tribes* (Jangir, 2013, p. 126-127).

Convém esclarecer que, atualmente, a proteção de que trata o Art. 16 da Constituição fixa, expressamente, que as reservas destinadas para a ocupação de cargos públicos ou para as nomeações de cargos no governo estão sujeitas ao limite máximo de 10% dos postos de cada categoria (The Constitution Of India, 2022, p. 40).

2.3 Critérios para a concessão das reservas

A outra discussão em torno do sistema de reservas e dos critérios utilizados é a de que, embora as desvantagens entre grupos e indivíduos devam ser minimizadas, as diversas formas de desvantagens não justificam a adoção da mesma solução ou prescrição política. O problema que há na decisão do governo de estender as reservas no ensino superior para outras classes atrasadas é que ele ignora a dimensão dessas classes e se concentra apenas nas diferenças existentes nos resultados. Essa lacuna torna-se ainda mais acentuada pela decisão do governo de reservar vagas no ensino superior sem criar oportunidades para os grupos desfavorecidos nos níveis iniciais do ensino, de modo que os talentos possam ser cultivados desde as idades mais juvenis e para que as diferenças decorrentes das condições de fundo sejam minimizadas ao longo dos anos. O mérito da abordagem da capacidade individual é que, embora se enfatize a necessidade de tornar os bens sociais básicos disponíveis a todos, ele destaca o valor de se criar um ambiente no qual os indivíduos possam desenvolver seus talentos e capacidades e atuar como agentes livres. Desse modo, para se afastar da simples política do clientelismo, essa seria a melhor maneira de minimizar as desvantagens e nutrir o caráter democrático (Mahajan, 2008, p. 29).

Por outro ponto de vista, a introdução do sistema de reservas experimentou resistência significativa de grupos que não foram classificados como socialmente atrasados. Questões sobre a discriminação e o mérito foram levantadas, mas ainda não foram, até os dias atuais, adequadamente debatidas. A política de reservas levou a uma mudança intensa, bastante repentina e forçada no clima da diversidade nos ambientes de trabalho do setor público, principalmente a diversidade dos grupos sociais, que veio acompanhada da diversidade de formações profissionais, status econômico, práticas tradicionais e culturais (Jain; Bhardwaj, 2016, p. 248-249).

Até este ponto, deu-se destaque a alguns dos aspectos mais relevantes sobre o processo que levou à independência da Índia e, também, à instituição do sistema de reservas destinado à parcela mais carente de sua população. Observa-se, aqui, o sistema de reservas como consequência de um direito positivado e institucionalizado, compreendendo-se que é institucionalizado na medida em que a sua aplicação e modificação são executadas ou reguladas por instituições estabelecidas (Raz, 2012, p. 4). Essas instituições, públicas em sua maioria, são e permanecerão sendo aquelas formalmente instituídas e mantidas pelo Estado, como as dos sistemas de ensino e as do mercado de trabalho, apesar de as castas serem uma construção de matriz preponderantemente religiosa e mística.

Com isso, já é possível identificar alguns fatores e debates típicos que estão relacionados entre si, na medida em que envolvem questões comuns quanto à distribuição das reservas tanto para o acesso ao ensino superior como para o acesso ao mercado de trabalho. Diante desse cenário inaugural, destacam-se algumas observações e críticas inerentes à repercussão que a adoção das reservas gerou desde que a Índia se tornou Estado independente:

I. "Justiça social" e "política de reservas" são expressões importantes que não devem ser negligenciadas nas sociedades modernas. São expressões intimamente associadas e de igual relevância. Na Índia, a noção de justiça social é um tema amplo e, se vier em associação com o termo "reserva", novamente torna a questão mais complicada e desafiadora. Isso pode ser explicado, resumidamente, nos termos seguintes: na história das reservas, uma coisa é comum em quase todos os países que estabeleceram algum tipo de reserva, pois que neles havia a estratificação social decorrente de fatores como casta, raça, religião, cor, etnia, idioma etc. Em tempos passados, reserva significava, simplesmente, reserva para certos empregos, reserva para morar em certas áreas ou reserva para praticar certa profissão, e era vinculada às pessoas com base em sua casta, raça, religião, cor, idioma, etnia etc. A aplicação da reserva era, para alguns, um tipo de humilhação e, para outros, motivo de orgulho. Entretanto, a discussão mais importante a respeito da reserva é que nela não há propriamente justiça social, mas induzimento à discriminação (Murali, 2021, p. 56);

II. As relações sociais discriminatórias, hostis ou desiguais entre membros de grupos desfavorecidos e membros de grupos dominantes podem derivar de uma variedade de crenças relacionadas aos grupos. Partindo desse entendimento, a Constituição da Índia vedou a prática da discriminação, qualquer que seja o fator: religião, raça, casta, sexo, origem etc. (Chauchard, 2014, p. 1);

III.A adoção das reservas baseadas nas castas foi apenas uma intervenção constitucional para combater os crimes sociais perpetrados por ricos privilegiados ou mesmo por grupos economicamente pobres, mas de casta superior, contra as comunidades de castas inferiores. Desde que houve a necessidade de reservas para se erradicar a pobreza, os movimentos globais contra a fome, que reconheceram a pobreza como um fenômeno inibidor, consideraram-nas como um método para melhorar as condições das pessoas classificadas como economicamente fracas. Mas uma categorização econômica da desigualdade não pode endossar as reservas como o caminho preferido, uma vez que os argumentos apresentados, em favor da rejeição, podem ser simplesmente considerados como o fracasso de um Estado capitalista neoliberal, incapaz de fornecer as condições iguais de trabalho, educação e oportunidades (Mandal, 2021, p. 267);

IV.As reservas para o acesso às instituições de ensino superior e ao mercado de trabalho, sem o necessário fortalecimento da estrutura da educação básica no país, não têm o potencial para erradicar os problemas enfrentados pelas classes mais carentes. Levando esse argumento adiante, os partidários contrários às reservas nos níveis mais elevados (educação superior), sem um precedente conjunto de habilidades básicas já desenvolvidas, impulsionaram a visão sobre a precariedade persistente das instituições de ensino por causa das ações afirmativas (Ratan, 2014, p. 9). Como é de amplo conhecimento, o objetivo das reservas de empregos na Índia consiste em trazer melhorias ao bem-estar daqueles que estão, e que estiveram por muito tempo, econômica e socialmente deprimidos. Entretanto, a raiz do problema está nas muitas escolas primárias e secundárias disfuncionais existentes nas vilas e nas cidades, caracterizadas pela ausência de materiais didáticos, professores e, em muitos casos, até de salas de aula. São nessas escolas que a aprendizagem é sufocada para milhões de crianças. Para agravar o problema dessas escolas disfuncionais, tem-se a pobreza dos pais, muitos dos quais pertencentes às *Scheduled Castes* ou às *Scheduled Tribes*, que não dispõem dos mínimos recursos para manter seus filhos nas escolas. Aliado a isso, devido também à má qualidade da educação, esses pais não veem razão para fazer sacrifícios pela educação de seus filhos. Ou seja, eles não se sentem estimulados (Borooah; Dubey; Iyer, 2007, p. 443-444);

V. A instituição das reservas para as classes atrasadas na Índia é um acontecimento que serve para ilustrar como as escolhas políticas podem resultar de processos interdependentes duradouros, e não de escolhas estratégicas claramente definidas em um determinado momento. Esse caso é exemplificativo de como os formuladores de políticas empregaram medidas compensatórias ao tentar projetar instituições. Em muitos casos, assim como neste, não existe uma escolha institucional correta ou melhor, mas uma série de soluções possíveis, cada qual carregada com suas próprias vantagens e desvantagens (Jensenius, 2015b, p. 86);

VI.Os redatores da Constituição objetivaram alcançar como resultado uma política de reservas que se pudesse considerar minimamente razoável, mas, na prática, essa política de discriminação protetora não conseguiu atingir seu objetivo em muitas esferas da sociedade, em conformidade com as disposições constitucionais. A política de reservas hoje existente não resolveu muitos problemas, entre os quais a não aplicabilidade da *Creamy Layer*, o casteísmo, as reservas para a promoção no caso de empregos, a existência de pessoas mais ricas dentro das *Scheduled Castes*, das *Scheduled Tribes* e das *Other Backward Classes*, e a inclusão irrefreável de mais e mais castas na categoria das classes atrasadas como decorrência da forte pressão política (Gupta, 2018, p. 45).

Para melhor compreensão, *Creamy Layer* é a expressão empregada na política indiana para indicar os indivíduos relativamente avançados, economicamente mais fortes e com melhores níveis de educação, porém pertencentes às *Other Backward Classes*. Por essa razão, eles não são elegíveis para os programas de benefícios educacionais e profissionais patrocinados pelo governo. Essa expressão foi introduzida pela *Sattanathan Commission*, no ano de 1971, que determinou que as *Creamy Layer* deveriam ser excluídas das reservas. Ou seja, *Creamy Layer* faz referência aos indivíduos que, apesar de pertencerem a uma classe considerada atrasada, são avançados social, econômica e educacionalmente. Por conseguinte, as pessoas que se enquadram nessa categoria não são elegíveis para obterem os benefícios educacionais e profissionais patrocinados pelo governo, a exemplo das reservas para a educação e para o mercado de trabalho. Por conseguinte, diz-se que o conceito de *Creamy Layer* é aplicável apenas aos integrantes das *Other Backward Classes*[5] (Kumar, 2017, p. 20.492).

Sabe-se que a Índia é, politicamente, uma entidade organizada sob a forma da união de estados e territórios. Ou seja, ela é uma federação. A assembleia constituinte redigiu a Constituição com inspiração nos textos das Constituições das principais democracias contemporâneas, como França, Alemanha, África do Sul, Irlanda, Canadá, Austrália, Japão e Estados Unidos. A Constituição adotou como princípios a democracia, a igualdade, o socialismo e a laicidade, englobando a dignidade humana com valor e garantindo direitos fundamentais a todos os cidadãos. A Constituição também adotou o sistema de reservas, que pode ser compreendido como o ato de reservar um número fixo de vagas em cargos governamentais, executivos e legislativos, e em instituições educacionais para a parte mais fraca da sociedade. Essa parte mais fraca do corpo social (*Weaker Section*) corresponde às pessoas que são social e educacionalmente atrasadas devido à falta de recursos e ao sistema de castas predominante na sociedade. Consequentemente, a política de reservas foi introduzida como modal de ação afirmativa, com o propósito de garantir a igualdade e a representação adequada das classes atrasadas perante todos os serviços prestados pelo Estado (Kumar, 2021b, p. 1).

É importante ressalvar que a base em que se inspirou a Constituição, quanto à definição e garantia dos chamados direitos fundamentais, teve origem em textos correlatos de outros países. Nesse passo, destacam-se dois importantes textos constitucionais, precedentes, de vertente ocidental: i) a *Bill of Rights* (Virgínia, Estados Unidos, 1776), que serviu de modelo imediato para uma série de outras declarações de direitos, e ii) a *Déclaration des Droits de l'Homme et du Citoyen* (França, 1789), que pode ser referida como o marco mais importante da história dos direitos fundamentais (Pieroth; Schlink, 2012, p. 38-39).

Com isso, partindo-se da compreensão de que existem na sociedade partes mais fracas, é imperioso definir quais critérios ou indicadores podem ser considerados desvantagens transgeracionais e arraigadas que as famílias ou os indivíduos enfrentam, na medida em que padrões puramente de renda podem indicar pobreza de renda, mas não indicam, necessariamente, que sejam esses fatores os que mantêm os baixos padrões de vida, as barreiras na participação política ou toda uma série de outros padrões cruciais que reflitam a fraqueza econômica (Shariff; Bhat, 2019, p. 6). Nesse contexto, vale considerar que a abordagem do bem-estar, analisada conforme a renda, tem gerado dificuldades, principalmente devido à diversidade existencial dos seres humanos (Sen, 2000, p. 89).

2.4 O sistema de castas: da vedação constitucional ao continuísmo

Alguns parâmetros para mensurar o atraso social e educacional das classes atrasadas (*Socially and Educationally Backward Classes*), conforme disposto no Art. 366 (26-C) da Constituição, podem ser extraídos de indicadores socioeconômicos e da religião, e de algumas taxas específicas, como as de alfabetização geral, alfabetização feminina, participação no trabalho formal em geral e participação feminina no trabalho formal[6].

Consequentemente, o fato relevante a ser considerado é que o sistema de castas foi o responsável direto por originar o sistema de reservas. E esse sistema, aprioristicamente, teve a finalidade de facilitar o acesso a cargos nas esferas governamentais, nas instituições educacionais e até mesmo nos órgãos legislativos para determinados setores da população, ao argumento de que eles enfrentaram a injustiça histórica devido à identidade de casta que os caracterizava. Desse modo, as reservas, como modal de ação afirmativa baseada em cotas, tem o sentido de discriminação positiva, da qual se extraem a causa e a consequência. Mas, apesar disso, é indiscutível que o sistema de castas tem atuado de modo a rejeitar as próprias raízes da igualdade fundamental, pela qual se reivindica o igual valor moral de todos os humanos. O sistema de castas atribui às pessoas um valor social diferente, com base em suas ocupações. Ao negar às pessoas a liberdade de mudar de ocupação, o sistema estagnou a sociedade e contribuiu, decisivamente, para a perpetuação da supremacia das castas superiores, fazendo com que o sistema, mais do que qualquer outro fenômeno social ou político, atuasse mais intensa e decisivamente sobre os destinos dos indianos (Jha *et al.*, 2013, p. 36).

De certo modo, o sistema de castas está entranhado na sociedade como um elemento identitário, sendo, provavelmente, o elemento identitário mais expressivo da sociedade indiana, reconhecido como tal não apenas no ambiente interno, mas também no internacional. Por essa perspectiva, cabe questionar: qual o papel que a identidade desempenha na vida dos indivíduos?

Entende-se, por exemplo, que o reconhecimento da identidade e o seu significado dependem da associação muito particular das pessoas pertencentes a uma vasta gama de grupos (nacionais, religiosos, profissionais etc.) e da relação que mantêm com eles. Nesse sentido, parece inquestionável que a ideia subjacente das castas traduz exatamente esse vínculo dos indivíduos reunidos, de acordo com sua casta de pertencimento, aos seus respectivos grupos (Raz, 2004, p. 34).

É importante observar que o sistema de casta é, paradoxalmente, um mecanismo que se sustenta até os dias atuais, apesar de sua aceitação e sua rejeição nunca terem alcançado caminhar lado a lado. Percebe-se que há grupos que vivem dentro do sistema de castas que o afirmam ser estável e incontestado, unido pela religião e, mais destacadamente, pela crença na reencarnação[7]. Esses grupos acreditam que as pessoas estão sujeitas ao carma de suas vidas pregressas, ou seja, acreditam que sofrem castigos ou colhem os frutos de suas ações em vidas anteriores, de modo que, quanto mais fielmente seguirem as regras de suas castas de nascimento, mais se elevarão em suas posições nas vidas futuras (Wilkerson, 2021, p. 89).

Mas o sistema de castas também é uma construção artificial que criou um modo próprio de classificação do valor humano e determinou a suposta supremacia de alguns grupos em detrimento da suposta inferioridade de outros grupos, e tem como referência a ancestralidade e alguns traços muitas vezes inalteráveis, que, em princípio, seriam neutros no plano abstrato, mas que, não obstante, assumem significado de vida ou morte diante de uma hierarquia que favorece a casta dominante concebida pelos antepassados. Esse sistema empregou limites rígidos, muitos até arbitrários, como meio de manter os grupos separados, diferenciados uns dos outros, em seus respectivos lugares (Wilkerson, 2021, p. 30).

Ainda hoje, independentemente dos esforços de importantes e genuínos reformadores, visando à erradicação das discriminações baseadas nas castas, tem sido impossível eliminar os sinais e efeitos da exploração secular das castas inferiores. O status ritual, o controle/descontrole dos recursos e do poder produtivo, as noções peculiares de pureza de sangue e da natureza do trabalho contribuíram para a permanência das diferenças dentro do sistema de castas e de sua natureza hierárquica (Vishwanath; Palakonda, 2016, p. 56).

Quanto à hierarquia das castas, isso nada tem a ver com a moral ou com sentimentos, pois trata-se de uma relação com o poder, do que derivam questões do tipo: quais são os grupos que o têm e quais não? Quais os recursos de que dispõem? Qual casta é merecedora deles, qual não, quem pode ou não os adquirir e controlá-los? O respeito, a autoridade e os pressupostos de competência: a quem devem ser ou não ser atribuídos? (Wilkerson, 2021, p. 30-31).

De qualquer modo, é preciso não esquecer que as castas e as classes são universais, e a medida de harmonia que prevalece dentro de uma sociedade depende em toda parte do grau em que a estratificação é sancionada pelo seu código de moralidade. Sabe-se que, no longo período entre a dissolução da aristocracia e a chegada de uma nova, não se observou um padrão acordado pelo qual a divisão em classes pudesse ser justificada. Daí, o conflito sobre a distribuição de privilégios e recompensas perpetuou-se, e, em nenhum assunto, o sentimento foi mais forte do que o dinheiro (Young, 1958, p. 152).

Na Índia, atribui-se ao Mahatma Jotirao G. Phule o estabelecimento, originariamente, da ideia de um sistema de reservas baseado nas castas. Ele é reconhecido, ainda nos dias atuais, como um importante reformador social no século XIX, tendo trabalhado incessantemente pela educação das mulheres e dos *dalits*, pela elevação dos desprivilegiados e dos oprimidos, e, ainda, pela reforma da estrutura social. Nesse aspecto, é relevante destacar que, em termos gerais, a busca pela estruturação social foi o ponto comum em que a evolução humana se cruzou com a história. E, com isso, muitas mudanças ocorreram na estrutura social humana em todas as três principais raças nos últimos 15 mil anos (Wade, 2015, p. 10).

A *Phule's Ideology*, conforme ficou conhecida a doutrina de Mahatma Jotirao G. Phule, baseou-se na identificação com as massas camponesas e no apego aos valores revolucionários de igualdade e racionalidade. Entendia-se que uma ideologia completa deveria conter não apenas valores básicos, mas também uma explicação do estado ou da condição atual da sociedade e também deveria servir como guia para a ação propulsora de mudanças. Como ideologia de massa, a *Phule's Ideology* expressava não apenas um impulso para a abolição do sistema de castas, mas também uma explicação de como ele surgiu (Omvedt, 1971, p. 1.972).

Mas, apesar de todos os esforços, o sistema de reservas atualmente existente teve seu marco no ano de 1933, quando o então primeiro-ministro britânico, Ramsay MacDonald, apresentou o *Communal Award*, uma proposta que previa o estabelecimento de eleitorados separados para muçulmanos, sikhs, cristãos indianos, anglo-indianos, europeus e *dalits*. Mais adiante, após longas negociações, com a intervenção de Mahatma Gandhi, foi assinado o *Pacto Poona*, no qual ficou decidido que haveria um único eleitorado hindu, mas com algumas reservas específicas. O governo britânico pretendia, com isso, garantir a observância dos direitos constitucionais das minorias e manter a tranquilidade no Estado colonial (Biswas, 2018b, p. 49).

Credita-se a David Goodman Mandelbaum a definição de alguns aspectos relevantes para se entender de forma mais adequada a arquitetura social das castas. Para tanto, ele as tratou como um sistema, no qual cada ordem somente poderia ser entendida em termos de suas relações com as outras ordens. Nesse sentido, o estudo das castas baseou-se no conceito geral de sistema, que foi empregado na definição das dimensões e da natureza do sistema de castas. Entenda-se, primeiro, por sistema social o conjunto de grupos que atuam juntos para desempenhar uma função. Os grupos, por sua vez, são formados por pessoas que juntas desempenham papéis semelhantes no funcionamento do sistema. Os grupos são interdependentes para a realização de suas funções e são interdependentes em uma ordem específica de comportamentos. Ainda para o fim de análise, é útil distinguir entre sistema social e sistema cultural. Nesse contexto, os atores que participam de um comportamento recíproco e regulado constituem o sistema social. Já o sistema cultural consiste em regras e padrões de conduta dos atores, e inclui as funções estabelecidas e seus requisitos, com todas as normas, expectativas e referências impessoais que os atores usam em sua conduta conjunta. Cada um dos grupos componentes de um sistema social é composto de pessoas que desempenham funções semelhantes na operação do sistema. A função desempenhada é representada pelo conjunto de expectativas aplicadas a uma pessoa de uma determinada posição social e o comportamento dela corresponde à ação que decorre das expectativas. No sistema social, cada pessoa desempenha uma variedade de funções de acordo com o contexto e a natureza da ação na qual está envolvida. A escolha de uma ou outra função pode ser afetada pela percepção do contexto da ação e da natureza dos atores. Como todos os sistemas sociais envolvem comunicação e as partes de um sistema são interdependentes, a mudança que afeta uma parte tende a afetar todo o sistema (Mandelbaum, 1959, p. 145).

Deve-se ressaltar, contudo, que essa interdependência não é absoluta. Há casos em que se relativiza, podendo-se citar que a linguagem comum ou a conduta de casta é usada também por grupos de um sistema local, como muçulmanos e cristãos, cuja ideologia religiosa rejeita a casta. Entretanto, eles usam essa linguagem quando operam dentro do sistema local e podem desconsiderá-la em certos contextos, como, por exemplo, dentro da mesquita (Mandelbaum, 1959, p. 147).

Os princípios básicos de organização das castas são usados na maior parte do planeta, incluindo a ênfase na endogamia e na ordem social hierárquica. Pode-se dizer, metaforicamente, que temas como estes fornecem as regras do jogo social. Essas regras são usadas em configurações locais. Os sistemas sociais de castas são sistemas locais, cada um parcialmente independente e parcialmente interligado com outros sistemas locais. Um sistema social local inclui as pessoas de uma aldeia ou de um agrupamento de aldeias, que, juntas, formam uma comunidade, e inclui membros auxiliares de outras aldeias que participam do sistema para determinados fins, especialmente de recrutamento para o casamento e para manter a integridade das partes do sistema local (Mandelbaum, 1959, p. 145).

Na linha desse entendimento, tem-se o princípio fundamental de toda ordem social estratificada, de que a maioria dos que se casam deve se casar entre seus iguais. Essa regra pode ser chamada, de acordo com o tipo de estratificação envolvida, de classe, casta ou endogamia (Davis, 1941, p. 376).

É importante observar que, diferentemente da perspectiva ocidental, o casamento é um sacramento. Na Índia, de acordo com a lei hindu tradicional, o casamento é um sacramento, e não um contato civil. É um *sanskara* ou cerimônia de purificação para todos os hindus. Os livros religiosos hindus prescrevem o casamento como um dever, porque o homem solteiro não pode realizar alguns dos rituais religiosos mais importantes. Assim, o casamento na Índia é o cumprimento de um dos sagrados deveres religiosos. A união é sagrada e indissolúvel na vida e continua mesmo após a morte do marido (Barman, 2018, p. 426).

Com base nesses referenciais, e considerando ainda que "a sociedade humana é baseada nas realizações individuais e estará condenada acaso seus indivíduos venham a ser transformados apenas em uma roda dentada da máquina social" (Bertalanffy, 2010, p. 81), pode-se assumir o sistema de castas como uma máquina e cada indivíduo indiano tão somente como uma roda dentada que, entretanto, apresenta graves defeitos.

A palavra "casta" não é aplicada com frequência nos Estados Unidos, sendo o seu emprego mais usual na Índia e na Europa feudal, embora nas últimas décadas estudiosos e antropólogos a tenham empregado nos Estados Unidos. Rigorosamente, a palavra "casta" tornou-se sinônimo de Índia, apesar de não ser um termo próprio da cultura indiana. Trata-se de uma palavra de origem portuguesa, a qual, como termo renascentista, significa raça ou linhagem. Na prática, uma vez que os portugueses foram um dos primeiros povos a atuar como mercadores entre os europeus, tendo presença marcante no Sul da Ásia, eles aplicaram o termo "casta" relacionando-o ao povo indiano, após observarem as divisões hinduístas. Desse modo, apesar de o termo "casta" estar associado frequentemente à Índia, ele surgiu das interpretações que os europeus deram ao que observaram (Wilkerson, 2021, p. 36, 79). Isto faz algum sentido, pois toda interpretação é filha de seu tempo e interpretar é, na melhor forma de dizer, o ato de entender um fenômeno conforme o seu contexto (Grondin, 2012, p. 143).

De outra perspectiva, diz-se que a ortografia atual da palavra "casta" é baseada na palavra francesa *"caste"*, que apareceu próximo ao ano de 1740 nas academias, e dificilmente foi empregada antes do século XVIII. A palavra "casta" foi aplicada a uma raça combinada de europeus, negros e outras raças, mas não em seu sentido indiano. Agora, de fato, o uso indiano é o principal e influenciou todos os outros usos. Em resumo, a sociedade indiana é baseada nas castas e os seus indivíduos pertencem às castas (Hiwrale, 2020, p. 79-80).

A casta (ou *jati*, em hindu) é um sistema hierárquico social e religioso, em razão do qual são determinados os casamentos e as respectivas funções sociais. Nessa ordem, compreendem-se as quatro castas fundamentais:

I. *Brahmans*: sua principal função social é o exercício das atividades sacerdotais;

II. *Kshatriyas*: desempenham as funções sociais reservadas à nobreza e à prática da guerra (militares em geral);

III. *Vaishyas*: exercem as atividades liberais (o comércio em geral); e

IV. *Shudras*: cuja função é o desempenho das atividades braçais.

Há, com isso, em um extremo, classes mais elevadas e nobres, formadas pelos sacerdotes e guerreiros, e, no outro extremo, classes subalternas ou baixas, que abrangem o povo em geral. Mas é importante observar que, em quaisquer desses níveis, elevados ou subalternos, os indivíduos estão vinculados a uma casta. Partindo desse critério de classificação, casta pode assumir o sentido de grupo de pessoas, devidamente nominado, que se caracteriza pela prática endogâmica, pela associação hereditária e por possuir um modo específico de vida que, às vezes, mantém a tradição de uma ocupação particular, geralmente associada a um ritual, em um sistema hierárquico (Subedi, 2013, p. 52).

Dessa forma, a casta, tal como a classe, a raça, a etnia e o gênero, é uma categoria que estabelece a hierarquia e a diferenciação social em muitas sociedades, e disso decorrem alguns princípios que são específicos do sistema de castas: i) a especialização hereditária, que associa a casta a uma atividade comercial ou profissão (tipo de ocupação); ii) a hierarquia que estabelece o status social, com direitos e deveres, desigualmente dividido e determinado pela posição do grupo de pertencimento; iii) a repulsão mútua entre os grupos sociais, com sua divisão em fragmentos opostos, o isolamento no nível do grupo e o mecanismo para evitar alianças e relações com os grupos de fora, como a endogamia, os conceitos de poluição e os tabus alimentares (Subedi, 2013, p. 57). Apesar disso, sendo um grupo fechado, a casta é diferente da classe, e sua especialização funcional está organicamente ligada à hierarquia (Harrington; Marshall; Müller, 2006, p. 49).

Apesar de a raça e a casta serem, igualmente, marcadores de diferenças, impõe-se ressalvar, na linha do entendimento do Dr. Bhimrao Ramji Ambedkar, que o sistema de castas não delimita divisões raciais, pois que esse sistema é uma divisão social da população de uma mesma raça (Hofbauer, 2020, p. 219). A essa altura, é importante esclarecer que raça ou o qualificativo racial não mais equivale à hereditariedade biossomática, porquanto representa a percepção das diferenças físicas, no fato de que essas diferenças têm incidência sobre o estatuto dos grupos e dos indivíduos, e nas relações sociais (Poutignat; Streiff-Fenart, 2011, p. 41).

Advogado e político, Bhimrao Ramji Ambedkar, também conhecido como Dr. Ambedkar, apelidado de *Babasaheb*, nasceu no ano de 1891, na vila *Mhow*, no estado de *Madhya Pradesh*, situado no Centro da Índia. Nasceu em uma família da casta *Mahar* originária da casta *Maharashtra*, cujas funções tradicionais incluíam, em particular, limpar as carcaças de animais mortos. Os integrantes dessa casta eram considerados pela maioria dos hindus como intocáveis. Dr. Ambedkar serviu ao exército britânico e viveu em uma cidade de guarnição, onde pôde se beneficiar do acesso mais fácil à educação. As suas qualidades intelectuais eram extraordinárias e foram rapidamente detectadas por seus professores, um dos quais deu conhecimento desse fato a um marajá local (*Maharaja of Baroda*), o qual financiou seus estudos no prestigioso

Elphinstone College, em *Bombay*, e depois também na *Columbia University* (*New York*). Finalmente, Dr. Ambedkar obteve doutoramento em Economia pela *London School of Economics* (UK) no ano de 1922. Ao retornar à Índia, tornou-se membro da Ordem dos Advogados de *Bombay*, e lá se estabeleceu como advogado. Dr. Ambedkar deixou uma profunda impressão na sociedade indiana, por pelo menos três razões principais: i) teve grande influência na elaboração da Constituição; ii) introduziu pessoas consideradas intocáveis no centro da vida política; e, finalmente, iii) iniciou a renovação do budismo na Índia, tendo ainda sido o autor de um conjunto de escritos cujo impacto na sociedade foi tão grande quanto os escritos de Gandhi e Nehru, embora o perfil sociológico de seus leitores fosse muito diferente (Naudet, 2009, p. 1-2).

O Dr. Ambedkar não concordava com a noção de que a casta era uma divisão racial, pois para ele estava claro que muitas das ideias sobre raça eram baseadas em afirmações de diferenças biológicas e pela segregação por cores. Ele sustentava que o sistema de castas era uma divisão social de pessoas da mesma raça. Sua posição diante da questão raça/casta tornou-se um importante discurso, especialmente no âmbito dos fóruns de direito internacional que tratavam sobre a discriminação racial. Diante desse entendimento, a Índia, manifestando-se em vários fóruns internacionais, posicionou-se com firmeza, argumentando que casta não seria uma questão de raça (Kudekallu, 2020, p. 1.108). Contribuindo com essa discussão, é comum que se faça referência às raças mencionando as pessoas como negras, brancas, latinas, asiáticas ou indígenas. Contudo, o que está por trás desses rótulos são incontáveis séculos de história e também da atribuição de pressupostos e valores associados aos traços físicos dentro de uma estrutura hierárquica dos seres humanos (Wilkerson, 2021, p. 31).

Nesse contexto, entretanto, não se pode ignorar o fato de que, pragmaticamente, casta e raça não são sinônimas, mas também não são mutuamente excludentes, pois podem coexistir na mesma cultura e servir de reforço uma à outra. A casta é fixa e rígida e, considerada como ferramenta, é uma poderosa infraestrutura que mantém cada grupo em seu devido lugar. Desse modo, admite-se, por exemplo, que o emprego de características hereditárias para diferenciar capacidades e valores próprios de um grupo é o meio mais engenhoso já concebido para uma cultura atuar de modo a gerir e manter o sistema de castas (Wilkerson, 2021, p. 32-33).

Desse ponto de vista, é pertinente registrar que coisas e eventos dependentes de simbolizações compreendem ideias, crenças, atitudes, sentimentos, atos, padrões de comportamento, costumes, códigos, instituições, obras e formas de arte, linguagens, ferramentas, implementos, máquinas, utensílios, ornamentos, fetiches, amuletos etc. Essas coisas e esses eventos dependentes de simbolizações podem ser e tradicionalmente têm sido referidos a dois contextos fundamentalmente diferentes para fins de observação, análise e explicação. Esses dois contextos podem ser apropriadamente chamados de somáticos e extrassomáticos. Quando um ato, objeto, ideia ou atitude é considerado no contexto somático, é a relação entre essa coisa ou esse evento e o organismo humano que é significativo. Desse modo, a casta é um elemento da cultura indiana, fortemente relacionado aos indivíduos, sob a forma simbólica de ideia, crença, instituição e até mesmo como padrão de comportamento, que a tornou um poderoso instrumento da engenharia social voltada para a dominação (White, 1959, p. 246-247).

Diante da hierarquização e da diferenciação social generalizadas, e partindo de uma perspectiva evolutiva, é inquestionável que as raças humanas são todas variações muito semelhantes do mesmo *pool* genético. Entretanto, a questão sem resposta que paira sobre todas as ciências sociais, e que em grande parte ainda não foi convenientemente abordada, é como explicar o paradoxo de que as pessoas individualmente são tão semelhantes ao mesmo tempo que as sociedades humanas diferem tanto umas das outras de modo tão visível em suas realizações culturais e econômicas (Wade, 2015, p. 240). Nessa linha, raça é conceito que significa e simboliza os conflitos e interesses sociopolíticos em referência a diferentes tipos de corpos humanos. Essa perspectiva da ideia de raça começou a tomar forma justamente com o surgimento de uma economia política mundial (Winant, 2000, p. 172).

Ou seja, foram o início da integração econômica global, o surgimento do império marítimo, a conquista das Américas e a ascensão do comércio de escravos no Atlântico que geraram os elementos-chave da genealogia das raças. Na sequência, o conceito desenvolveu-se ao longo do tempo como uma espécie de bricolagem histórico-mundial, um processo de acréscimo que era em parte teórico, mas muito mais prático (Winant, 2000, p. 172).

Partindo desse ponto, tornou-se evidente, nos tempos mais recentes, que etnia e raça figurem entre as categorias mais comuns que os seres humanos contemporâneos têm utilizado para organizar suas ideias sobre quem são, avaliar suas experiências e comportamentos, e compreender o mundo ao seu redor. Não obstante, em algumas sociedades, os laços étnicos e raciais tenham se tornado mais salientes do que em outras, é fato evidente que eles estão entre os conceitos organizadores fundamentais do mundo contemporâneo (Cornell; Hartmann, 2007, p. 12).

Mas, ainda que falte uma base biológica para a concepção de raças humanas distintas, a raça ainda exerce um poder monumental como categoria social. Em muitas sociedades, a ideia de raças biologicamente distintas permanece uma fixação na mente popular, uma base da ação social, um fundamento da política governamental e, muitas vezes, uma justificativa para o tratamento diferenciado de um grupo em relação a outro. Mesmo alguns acadêmicos e intelectuais ainda aceitam as categorias raciais como naturalmente dadas e delineadas, recorrendo à genética como explicação para a desigualdade. Entre os seres humanos, mesmo os considerados mais racionais e científicos, há a tendência de assumir categorias raciais e levá-las a sério, e assim o fazem por razões sociais, não biológicas. Raças, como grupos étnicos, não são estabelecidas por algum conjunto de forças naturais, mas são produtos da percepção e classificação humana. Em suma, são construções sociais (Cornell; Hartmann, 2007, p. 24).

Essa reunião conceitual que enlaça sociedade humana e biologia é tratada como sociobiologia e compreendida como um antídoto para o racismo, na medida em que enfatiza os seres humanos como universais e, portanto, uma espécie com unidade biológica (Yudell, 2014, p. 187). Em outras palavras, e diante da ampla investigação científica moderna sobre as raças humanas, é forçoso reconhecer que a constituição de seu conceito é muito mais uma construção social com forte apelo econômico e político e nada, ou quase nada, de conteúdo biológico importante.

Por último, convém observar que algumas experiências mais recentes, como foram as ocorrências segregacionistas na África do Sul, nos Estados Unidos e na Alemanha, são referências da conjugação entre ciência e Estado na objetivação das raças. Essas experiências deveriam ser suficientes para convencer a todos de que, tal como o Estado moderno deve ser laico e impessoal em sua relação com os cidadãos, deve também ser desracializado em suas políticas públicas (Lewgoy, 2006, p. 57).

3

SISTEMAS MODELADORES DA ARQUITETURA SOCIAL INDIANA

Racismo e casteísmo são antigos marcadores de diferenças ainda presentes no mundo moderno. Entretanto, é preciso entendê-los e situá-los, adequadamente, no ambiente próprio de suas existências, evitando-se equipará-los ou torná-los conceitos e práticas intercambiáveis. A maioria dos atores históricos que fizeram analogias entre raça e casta demonstrou pouca ou nenhuma consideração pela complexidade interna da raça ou da casta; apesar de evidenciarem alguma preocupação com o impacto político das analogias raça/casta, ignoraram o que se perdeu ao traduzir particularidades das confusões da identidade, do estatuto e da hierarquia nas palavras "raça" e "casta" e, depois, traduziram novamente estas palavras. O perigo da dupla tradução é sintetizado pela própria palavra "casta". É importante considerar que a natureza enraizada da raça e da casta, além da dimensão do seu significado local, milita contra as comparações transnacionais (Slate, 2011, p. 63).

O racismo é um comportamento que continua sendo praticado, perene e flagrantemente, em todas as sociedades, em todos os estratos sociais e em todas as ordens geopolíticas contemporâneas. Ele ataca o sistema normativo abrangente, corrói todos os aspectos dos valores humanos fundamentais e representa a negação mais cruel e incisiva da igualdade humana ordenada pela sabedoria coletiva em torno das divindades, espiritualidades e mundanidades. O racismo, em todas as suas formas, é, por um lado, um problema de Direitos Humanos sub-reconhecido nos dias atuais. Dispondo de várias definições, ele ameaça a vida e os direitos de milhões de pessoas em todo o mundo e, apesar de ser proibida a discriminação racial por meio de convenções jurídicas internacionais, os governos continuam a perpetuá-la e a permiti-la impunemente, fazendo com que os atos individuais de racismo sejam comuns e sua eliminação continue uma promessa não realizada (Bradley, 2019, p. 2). Por outro lado, em contraponto, os Direitos Humanos são, nominal ou referencialmente, aqueles atribuídos com iguais valores a todas as pessoas unicamente em virtude de sua humanidade. A justificativa ordinária para esses direitos é que eles se destinam a proteger a dignidade humana (Margalit, 1998, p. 39). Nessa medida, racismo e Direitos Humanos podem ser categorizados como duas grandezas marcantes no mundo contemporâneo e que, apesar de antagônicas, são indissociáveis.

A persistência do racismo e das desigualdades dele decorrentes tem explicação.

A desigualdade racial é um fenômeno sistemático mais bem compreendido em termos de homeostase dinâmica, o que significa dizer que existem múltiplos determinantes do equilíbrio da estratificação social em uma sociedade, como riqueza, status, prestígio, poder, autoridade, autonomia e oportunidade, para citar alguns. Logo, em uma sociedade estratificada, a exemplo da indiana, americana, brasileira etc., existem mecanismos que posicionam os grupos hierarquicamente e de forma estável, mediante o emprego de um ou de alguns desses determinantes. Isso faz com que mudanças em parte do sistema sejam ajustadas para outro lugar, de modo que o *status quo* seja mantido, e, assim, o racismo mantém-se persistentemente (Haslanger, 2017, p. 17).

De outra perspectiva, poucos conceitos nas ciências sociais foram tão diluídos em conteúdo por seu uso excessivo, tão contaminados pela agenda política dos usuários e tão confusos por múltiplos, e às vezes contraditórios, significados quanto o termo "racismo". Os críticos contestam, por exemplo, a suposição de que o racismo é uma característica da maioria, de modo que, por definição, uma vítima de racismo nunca pode ser considerada racista (Banton, 2018, p. 92).

Sabendo que o racismo pode ser definido como um sistema pelo qual os indivíduos ou as instituições exercem, intencionalmente ou não, o poder contra um grupo racial definido como inferior, estudos sociais desenvolvidos nos últimos 20 anos apontaram para a distinção entre as formas sutis e flagrantes pelas quais o racismo tem se manifestado na sociedade. Um tipo é o racismo flagrante, caracterizado pela inferioridade inerente aos negros, com as leis e normas sociais que apoiam essas atitudes. O outro tipo é o racismo sutil, caracterizado pelo emparelhamento de crenças e normas positivas explicitamente declaradas, que apoiam o igualitarismo com sentimentos negativos persistentes em relação aos negros, que estão enraizadas na história americana e nos estereótipos sociais. Daí, por causa de normas generalizadas contra a expressão explícita de preconceito racial, a prevalência do racismo flagrante diminuiu, mas houve a prevalência do viés sutil, que aumentou (Carter; Murphy, 2015, p. 270).

Já o casteísmo, ou simplesmente regime de castas, é, ao lado do racismo, um importante marcador de diferenças sociais, que não tem sido afetado pelos discursos e medidas legislativas de Direitos Humanos. Ambos, racismo e casteísmo, prosseguem na trilha da dominação, alimentando a relação binária superioridade-inferioridade[8]. A discriminação decorrente do sistema de castas é, na atualidade, um clássico caso de violação crônica e persistente dos Direitos Humanos, que atinge, massiva e incisivamente, direitos de primeira ordem, como os políticos, civis, sociais, culturais, econômicos etc. As várias violações de Direitos Humanos decorrentes das práticas discriminatórias resultantes das diferenças de castas podem ser exemplificadas como violações diretas aos direitos a vida, segurança, liberdade pessoal, liberdade religiosa, igualdade de acesso aos bens comuns e participação na política e na justiça, educação e identidade cultural, oportunidades de escolha de empregos, condições de trabalho etc. Pode-se ainda mencionar que tais discriminações, em flagrante violação aos Direitos Humanos, tornam-se visíveis com a prática de trabalhos forçados e escravos, na imposição de tratamentos cruéis, desumanos e degradantes, como também com a limitação do acesso a saúde, alimentação, água, saneamento, habitação etc.

O casteísmo pode ser definido, objetivamente, primeiro como um modo de investimento na preservação da hierarquia, com a finalidade de manter as posições, as vantagens e os privilégios, e, segundo, como um modo de alguns indivíduos se elevarem aos outros ou de os manterem abaixo de si. Para os grupos que ocupam as castas marginalizadas, e que por isso estão em um patamar mais baixo, o casteísmo tem o propósito de impedi-los de se equipar e de ter sucesso, forçando-os a permanecer sob as graças das castas dominantes, estratégia que serve para manter a estrutura inalterada (Wilkerson, 2021, p. 83). Ou seja, o casteísmo consagra a desigualdade e pode ser definido como uma forma de inferiorização (Dhanda, 2022, p. 481).

As consequências decorrentes do racismo e do casteísmo não se circunscrevem apenas aos aspectos já destacados, pois que atingem ainda o livre direito à escolha e prática religiosa. Nesse caso, para se ter uma referência atual, a literatura tem dado destaque ao quantitativo de pessoas que na Índia são levadas à mudança de suas respectivas religiões. Em outras palavras, isso significa que a Índia tem falhado, sistematicamente, em defender os Direitos Humanos de seu povo, especialmente em relação aos *dalits*. Aí, basta observar que para eles a segregação atua em todas as esferas da vida, sendo forçados a sobreviver em condições mais degradantes e desumanas. Logo, com o propósito de escapar do estigma social marcante, muitas pessoas oprimidas (*dalits*) vem se convertendo a outras religiões, mas, apesar da conversão, elas não deixam de ser *dalits* diante das novas religiões que assumiram. Consequentemente, existem *dalits sikhs*, cristãos e muçulmanos, além, obviamente, de *dalits* hindus. Disso serve o exemplo de que, na prática, mesmo após decorridos mais de 70 anos desde a independência do país, os *dalits* ainda são impedidos de entrar em alguns dos mais comuns templos religiosos e, caso tentem, são severamente reprimidos com agressões físicas, espancamentos, humilhações etc. (Bagde, 2020, p. 27).

Melhor esclarecendo, o fenômeno da conversão religiosa entre os *dalits* representa não apenas uma mudança na identidade religiosa, mas também serve como um meio potente de capacitação social e emancipação das estruturas opressivas do sistema de castas. A decisão de conversão é motivada pelo desejo de dignidade, igualdade e libertação das amarras da hierarquia social, levando os *dalits* a procurar refúgio em religiões e sistemas de crenças alternativos. As conversões refletem a procura consciente de significado entre os *dalits* à medida que navegam pelas complexidades do seu ambiente social e se envolvem num processo transformador que transcende a mera filiação religiosa. As conversões estão profundamente enraizadas nas lutas históricas e contemporâneas pela justiça social e representam uma mudança de paradigma de sujeitos passivos para buscadores proativos de mudança social e dignidade (Lal, 2023, p. 292).

Esse nível de violação dos Direitos Humanos em relação aos *dalits*, verificado na ordem das costumeiras práticas raciais e das castas, não exonera sequer as crianças e dá forma à arquitetura social indiana. É certo que as crianças *dalits* também estão sujeitas a abusos de seus Direitos Humanos, como, por exemplo, ao trabalho em regime de servidão, apesar de essa prática ser proibida. A observação sistemática tem evidenciado que as famílias dos *dalits*, ao ficarem endividadas com agiotas, por terem contratado serviços de saúde de emergência ou pelas necessidades diárias de sustento, entregam suas crianças, que passam a ser exploradas e forçadas a trabalhar como forma de saldar essas dívidas. Assim, em razão dos salários propositadamente baixos que as crianças recebem, elas raramente ganham dinheiro suficiente para saldarem as dívidas e se libertarem das obrigações assumidas pelos pais. E, no caso das meninas *dalits*, há outro gravame, pois elas são frequentemente selecionadas para a prática *Devadasi*, que significa o casamento com determinadas divindades. Uma parte do ritual *Devadasi* impõe que as meninas sirvam nos templos e prestem serviços sexuais para os oficiantes do local (Hanchinamani, 2001, p. 15).

Para melhor compreensão, a prática *Devadasi* é aquela em que meninas de castas inferiores, com idade geralmente entre 5 e 6 anos, são casadas com uma deusa hindu, em nome da qual são sexualmente exploradas pelos líderes do templo e por outros indivíduos de castas superiores. O termo *"Devadasi"* é uma palavra sânscrita, que se traduz literalmente como Escrava de Deus. Essa prática é particularmente interessante e difícil de ser combatida, pois sua ocorrência situa-se em uma encruzilhada que envolve religião, pobreza e normas sociais (Shingal, 2015, p. 108).

De acordo com o *Center for Human Rights and Global Justice*, a prática *Devadasi* é aquela na qual uma menina, geralmente antes de atingir a puberdade, é cerimoniosamente casada com uma divindade ou com um templo. Geralmente, as servas ou escravas de Deus pertencem à comunidade *dalit*. Uma vez entregue a essa prática, a menina não pode se casar com terceiros fora do ritual, sendo forçada a se tornar prostituta para membros das castas superiores e, eventualmente, chega a ser leiloada em um bordel urbano. Essa prática milenar continua a legitimar a violência sexual e a discriminação, que se situam na interseção entre casta e gênero. Embora a Índia tenha adotado medidas para abolir a prática e reabilitar as crianças *Devadasis*, esses esforços não tiveram sucesso. As iniciativas legislativas são mal implementadas e até mesmo são ignoradas. A percepção social das *Devadasis* como mulheres sexualmente disponíveis para os homens torna mais difícil que elas abordem a polícia com reclamações de violência sexual. Além disso, sabe-se que a própria polícia as explora (CHR&GJ, 2007, p. 31).

Diante desse quadro, não há exagero ao se afirmar que na Índia os marcadores sociais das diferenças, decorrentes do racismo e do casteísmo, são os principais modeladores da arquitetura social existente.

A propósito, tratando-se do racismo, a distinção entre o conhecimento prático e o teórico ajuda a resolver alguns mal-entendidos que surgem, por exemplo, quando a mesma palavra é usada com significados diferentes. Por esse viés, é importante que o estudo da política social esteja enraizado no conhecimento prático predominante para que suas recomendações sejam dirigidas aos formuladores das políticas e ao público em geral. É preciso que se empregue a linguagem comum e que se levem em conta as dificuldades que podem surgir de suas ambiguidades. Assim, palavras como "antissemitismo", "islamofobia", "multiculturalismo", "raça" e "racismo" são, atualmente, centrais para a designação dos tipos de relações sociais que as pessoas podem desenvolver e das atitudes às quais desejam se opor. Essas palavras são usadas com muitos significados diferentes, os quais mudam frequentemente (Banton, 2018, p. 4-5).

O racismo é exemplo de uma das ideologias de dominação, pela qual a suposta superioridade biológica ou cultural de um ou mais grupos raciais é usada para justificar ou prescrever o tratamento inferior ou a posição social de outros grupos. Por intermédio do processo de racialização, os padrões percebidos de diferença física, como a cor da pele ou o formato dos olhos, são usados para diferenciar grupos, constituindo-os assim como as suas raças. Mas o racismo é analiticamente distinto da discriminação racial e da desigualdade racial, pois, enquanto a discriminação racial diz respeito ao tratamento desigual das raças, a desigualdade racial diz respeito aos resultados desiguais, como os obtidos com renda, educação, saúde etc. E, embora o racismo esteja frequentemente relacionado em ambos os processos, as desigualdades raciais contemporâneas e as formas de discriminação nem sempre são o resultado imediato do racismo contemporâneo. A sociologia do racismo investiga as relações existentes entre esses três fenômenos (racismo, desigualdade e discriminação), perguntando quando, como, por que e até que ponto eles se reproduzem. Hoje, vivendo na era dos pós-direitos civis, com o racismo sendo amplamente condenado, há um desafio para os cientistas sociais, que é o de conceituar e medir suas manifestações mais sutis e difusas, além de seus efeitos duradouros (Clair; Denis, 2015, p. 857).

No plano macro, as organizações racistas recusam-se, na maioria das vezes, a ser designadas como tal, e, por isso, reivindicam o título de nacionalistas, alegando que as duas noções não podem ser equiparadas. Mas a verdade é que os discursos que envolvem raça e nação nunca estão muito distantes, ainda que seja sob a forma de repúdio. Assim, basta observar, por exemplo, a presença de imigrantes em solo francês apontada como a causa de um racismo antifrancês. Percebe-se, em casos como esse, que a própria oscilação do vocabulário sugere que, pelo menos nos Estados nacionais já constituídos, a organização do nacionalismo em movimentos políticos individuais tem o racismo, inevitavelmente, como seu elemento subjacente (Balibar, 1991, p. 37).

Outra faceta importante é o conceito de racismo institucional desenvolvido nos Estados Unidos. Considera-se que o funcionamento da sociedade e de suas instituições reproduz o racismo por meio de suas estruturas, que automaticamente dominam certas comunidades e grupos. Logo, extrai-se uma característica importante do racismo institucional, cujo mecanismo pode existir sem que as pessoas que exercem o poder sejam elas mesmas racistas. O olhar para o racismo institucional permite uma abordagem mais holística da maneira como as pessoas sujeitas a ele são afetadas. Práticas institucionais, políticas, representações e normas culturais, além do legado da opressão histórica, são todas formas de racismo estrutural que, recorrentemente, têm levado a desigualdades raciais profundamente enraizadas (Liger; Guhteil, 2022, p. 48).

Convém observar que o termo "racismo" tem sido frequentemente usado como sinônimo de preconceito (sentimentos ou afetos tendenciosos), estereótipos (pensamentos e crenças tendenciosas, generalizações falhas), discriminação (tratamento diferenciado ou ausência de tratamento igualitário) e fanatismo (intolerância ou ódio). Essa prática conceitualiza, implicitamente, o racismo como um conjunto de processos psicológicos e sociais básicos, subjacentes às psicologias dos indivíduos, ou seja, estereótipos, preconceitos e discriminações meramente aplicados ao contexto de raça. Embora às vezes especificado, o contexto da raça não é necessariamente tratado como distintivo na pesquisa sociopsicológica. Mas, em vez disso, as consequências psicológicas e os antecedentes do racismo são tipicamente extrapolados conforme os paradigmas de pesquisas do tipo minoria versus maioria; baixo status versus alto status; subordinado versus dominante; e fora do grupo versus dentro do grupo. Essa abordagem pode encobrir o papel específico que a raça, inserida nos contextos históricos e culturais, desempenhou na organização de quais pessoas e identidades compõem, recorrentemente, os grupos marginalizados e os dominantes (Salter; Adams; Perez, 2018, p. 150).

Bem a propósito disso, é recorrente nas ciências políticas fazer-se referências a termos como "liberalismo", "anarquismo", "autoritarismo", "conservadorismo", "monarquismo", "feminismo", "ambientalismo", em que claramente se destaca o sufixo "ismo". Esses "ismos", originalmente filosóficos, são frequentemente utilizados para designar as características de cada uma dessas comunidades, ou para identificar subcorrentes dentro delas. Os "ismos" são inerentes às práticas acadêmicas e científicas, mas, eventualmente, são utilizados sem a devida atenção para certos tipos de controle que eles podem exercer sobre tais práticas (Dittrichi, 2019, p. 512).

Nesse sentido, racismo, casteísmo e dalitismo são formas modernas e sofisticadas, nas quais o sufixo "ismo" aparece com dois possíveis significados: ou como formador de resultados de ação, ou como formador de nomes que indicam uma maneira de pensar, a doutrina que alguém segue ou uma ideologia (Centurion, 2016, p. 105). Consequentemente, o tratamento dado ao racismo, ao casteísmo e ao dalitismo não foge ao convencionalismo das doutrinas de dominação, acentuadamente caracterizadas pelas relações de poder e de controle que os grupos mais fortes exercem sobre ou em relação aos grupos socialmente desprotegidos. Por isso se diz, resumidamente, que a dinâmica das relações sociais está destinada a se desenvolver por meio de um perpétuo conflito organizacional em que diferentes atores lutam pelo controle das partes do sistema (Lopez, 2022, p. 3).

3.1 A função operacional do racismo

Na prática, as cidadelas do racismo ainda estão vivas em todos os cantos do mundo, e a Índia não é uma exceção. Mas, apesar disso, a Índia tem sido vítima em toda a sua trajetória existencial, desde o estágio do colonialismo, quando o racismo foi a parte inalienável de sua história de governança. Como reflexo dessa particularidade, ainda hoje os indianos que vivem nos Estados Unidos, no Reino Unido, no Canadá, na Austrália e em outras várias partes do mundo estão submetidos a crimes raciais atribuíveis às tendências emergentes do discurso político de extrema direita nesses países. Enquanto isso, a Índia permanece entregue impunemente a essa prática, embora possa ser considerada uma nação favorecida pela ampla diversidade cultural, que se distribui por 29 estados (províncias autônomas) e sete territórios (províncias administradas pelo governo federal).

A Índia é um país imerso na diversidade, acentuadamente caracterizada pelo multiculturalismo e pluralismo:

I. Na sociologia, o multiculturalismo descreve a maneira pela qual uma determinada sociedade lida com a diversidade cultural. Com base no pressuposto subjacente de que os membros de culturas, muitas vezes diferentes, podem coexistir pacificamente, o multiculturalismo expressa a visão de que a sociedade é enriquecida pela preservação, pelo respeito e até pelo incentivo à diversidade cultural. Na área da filosofia política, o multiculturalismo refere-se às formas pelas quais as sociedades optam por formular e implementar políticas oficiais que lidam com o tratamento equitativo de diferentes culturas. O multiculturalismo define uma sociedade predominantemente composta por grupos com diferentes raízes étnicas, geográficas, religiosas e culturais que buscam ocupar posições iguais nos mercados de trabalho e ter acesso aos bens de capital (Broekman, 2003, p. 2);

II. O pluralismo é uma interpretação da diversidade social e pode ser compreendido como uma postura cultural, política ou filosófica. Em qualquer uma dessas versões, o pluralismo oferece uma explicação da interação social entendida como uma interação de posições conflitantes e concorrentes que não podem ser facilmente reduzidas umas às outras, classificadas permanentemente em uma única ordem ou reduzidas a um único arranjo institucional (Yumatle, 2014, p. 1);

III. A pluralidade de ideias é um retrato da sociedade, sendo necessário que, para que se tenha de fato uma sociedade justa, livre e democrática, a legislação e os tribunais acompanhem essa pluralidade. No entanto, há acordos mínimos a serem observados no sentido de não se impor aos grupos minoritários a ideologia da maioria e, simultaneamente, de não se aceitarem ideias que objetivem a própria inexistência, aniquilação e subjugação dos mesmos grupos minoritários por uma maioria autoritária (Kreuz; Santano, 2022, p. 259).

No caso da Índia, o governo reconhece que o seu povo descende das raças *australoid, mongoloide, europoide, caucasiana* e *negroide*, as quais têm representação proporcional em todas as esferas da vida nacional no país (Ahmad, 2017, p. 1). Por essa perspectiva, estudos atuais das relações entre raça e casta apontam que a sociedade ocidental moderna é, caracteristicamente, diferente de qualquer outra sociedade previamente existente, sendo denominada sociedade burguesa ou sociedade de empresários. Trata-se de um sistema agressivamente explorador e lucrativo em comparação com todos os sistemas antigos, que se baseavam principalmente na produção suficiente para a existência. Na civilização ocidental, há basicamente o desejo ilimitado de explorar os meios de produção, mas, embora no sistema de castas isso não seja, aparentemente, tão pronunciado, o fator marcante desse sistema é baseado no oportunismo competitivo (Cox, 1945, p. 360).

De qualquer modo, o embate entre o racismo e a proteção aos Direitos Humanos permanece sem resolução, ao mesmo tempo que as sociedades modernas, quaisquer que sejam suas denominações, continuam a explorar e humilhar, irrefreavelmente, os membros que a integram. Extrai-se dessa relação contingente o ensinamento modular de que a sociedade decente, se houver, é aquela que se esforça contra as condições que possam constituir justificativa para que os seus membros se considerem humilhados. Em tais sociedades, suas instituições não agem de maneira a dar às pessoas sob sua autoridade sólidas razões para se considerarem humilhadas. Então, de forma simples e direta, a sociedade decente pode ser definida como a que não viola os direitos das pessoas que dela sejam dependentes (Margalit, 1998, p. 10-11, 28).

Mas, retornando ao ponto anterior, verifica-se haver diferenças significativas entre raça e casta como marcadores das relações que se desenvolveram nos tempos modernos, à medida que o próprio sistema explorador se desenvolveu. As relações ou os problemas raciais são variantes dos problemas modernos da classe política, isto é, são decorrentes da exploração do trabalho, com a exploração de outros fatores de produção (Cox, 1945, p. 360-361). Além disso, não é suficiente distinguir entre classe e raça ou simplesmente argumentar que em algumas sociedades a raça é mais importante do que a classe. Um esquema teórico que lida com a dominação racial deve enfocar não apenas a interação entre classe e raça, mas também entre a base econômica e o quadro institucional, principalmente no setor público (Burawoy, 1974, p. 523).

De qualquer modo, a interseção dos fatores casta, classe, gênero, religião etc., que dá à pobreza na Índia sua face social distinta, implica que, em última análise, a casta não pode ser examinada independentemente. É importante considerar, nesse contexto, que na Índia, por meio da produção e reprodução da desigualdade sistêmica, dominação e perseguição, o sistema de castas e o casteísmo constituem os principais exemplos de racismo sem raças (Baber, 2022, p. 153).

Hoje, as riquezas de capitais do país, como terras, edifícios, finanças etc., estão em grande parte nas mãos das castas superiores, enquanto as castas inferiores participam da economia, modestamente, como trabalhadores assalariados, formando, desse modo, uma classe econômica inferior. Por conseguinte, verifica-se que a renda per capita e o acesso às ocupações de alto status diminuem à medida que se avança no sentido dos níveis hierárquicos mais inferiores e que o retorno de fatores como a melhor educação ou a propriedade de bens de capital diminuem à medida que se eleva a condição de pobreza. A esse mecanismo denominou-se desigualdade graduada. No mais, agregando-se as disparidades na ocupação, na educação e nos ativos (riqueza de capital) a um Índice de Desenvolvimento de Casta, demonstrou-se que o grau de desigualdade da casta não melhora, e, às vezes, até é agravado, em razão da maior riqueza ou do crescimento mais rápido de diferentes estados indianos. Estatisticamente, na Índia, a casta em que uma pessoa nasce permanece entre os determinantes mais importantes de suas oportunidades de vida. Por essa razão, afirma-se que o sistema de castas é plástico e fluente (Mosse, 2018, p. 423).

Para entender a sociedade indiana, é importante desvendar seu sistema de castas. Esse sistema prevalece entre todas as religiões e está enraizado no hinduísmo, a religião majoritária, que compreende aproximadamente 80% da população[9]. Historicamente, o sistema de castas é um modo de estratificação hierárquica de ocupações e de expectativas sociocomportamentais que são atribuídas desde o nascimento, e tem fronteiras patrilineares e intransponíveis. Os homens não podem alterar sua posição dentro dessa estrutura social, e, para as mulheres, essa mudança somente é possível mediante o casamento (Sarkar, 2022, p. 814). É inegável que, em muitos países desenvolvidos, o casamento, como instituição, mudou profundamente de uma situação que defende o ideal do ganha-pão da dona de casa para outra, que é cada vez mais do tipo igualitário de gênero. A ascensão da homogamia ou hipogamia é, portanto, concomitante com essa tendência (Lin; Desai; Chen, 2020, p. 1.216).

De uma perspectiva organizacional, tem-se que a produção na economia de castas é realizada pelas associações de produtores hereditariamente especializados, que têm o direito ao gozo pacífico de sua especialidade e o dever sagrado de executá-la com fidelidade e contentamento. Entretanto, devido às castas, eles não têm a oportunidade alternativa de trabalhar nas indústrias que geram os maiores retornos remuneratórios (Cox, 1945, p. 361). De qualquer modo, deve-se acrescentar que, embora o sistema de castas não seja mais obrigatório, ele ainda é observado em muitas áreas. Com isso, mesmo na atual estrutura social, há quem defenda que as castas podem ser classificadas, mais validamente, como estruturas de classes, com classe média, classe média alta e assim por diante, do que como estrutura de castas (Jain, 2015a, p. 269). Na linha desse entendimento, as estruturas de classes constituem as linhas qualitativas essenciais de demarcação social das trajetórias históricas de mudança social (Wright, 1985, p. 31).

Não obstante, tem-se admitido, quase que em caráter absoluto, que nenhuma tendência é mais forte, especialmente nos degraus inferiores da escala social hindu, do que os processos incessantes de diferenciação e fusão de castas e subcastas, por um lado, e da mudança rápida e frequente dos costumes das castas, por outro lado, que são essencialmente superficiais. Embora as restrições desagradáveis do sistema de castas sejam frequentemente rejeitadas, a proteção que esse sistema garante aos membros individuais de cada grupo ou subgrupo é, apenas, a própria manutenção do sistema, marcado pela profunda estagnação e imobilidade social (Mukerjee, 1937, p. 385).

No que respeita à mobilidade social, tem-se que defini-la, no contexto indiano, é um exercício particularmente difícil, especialmente porque as castas são um caso especial de grupos de status. Em contraste com os casos frequentes em que o reconhecimento social está diretamente ligado à posição de classe, a noção de casta modifica a relação entre status social e classe. As castas são grupos de status fechado, no sentido de que impõem obrigações profissionais, religiosas e sociais altamente restritivas. Nesse caso, não é a classe, definida pela posse ou não de bens materiais ou qualificações profissionais de um certo tipo, que define o status, mas é o status dado ao nascimento que define a classe. Em tal situação, a mobilidade social é extremamente difícil de ser alcançada por um indivíduo isoladamente. Somente o grupo, como um todo, pode ver seu status evoluir. É por isso que a Índia é, muitas vezes, considerada o arquétipo de uma sociedade fechada, onde o status é atribuído, em oposição a uma sociedade aberta, onde o status é adquirido (Naudet, 2010, p. 1).

Entende-se por mobilidade social, abstraindo-se de qualquer vinculação com o sistema de castas ou de classes sociais, o movimento inter e/ou intrageracional para cima ou para baixo de indivíduos de um papel institucional para outro, situados no espaço social tridimensional (Runciman, 2018, p. 53). Mobilidade social também pode ser compreendida como o movimento de indivíduos e grupos entre diferentes posições socioeconômicas. Daí, surge a noção de mobilidade vertical, que significa subir ou descer na escala socioeconômica. Portanto, costuma-se dizer que as pessoas cuja renda, capital ou status aumenta se movem ascendentemente, enquanto aquelas cuja posição econômica ou status piora se movem descendentemente (Giddens; Sutton, 2017, p. 159).

Como sistema, a casta projeta influências que vão além do contexto social e da atividade econômica privada. Serve de referência que a política eleitoral na Índia pós-independência teve uma forte influência do componente de casta, com os partidos políticos direcionando recursos públicos para castas específicas em troca de seus votos. A política de castas estende-se desde o nível local e, embora seja do conhecimento comum que os políticos locais visam a suas respectivas castas, há evidências demonstrando que a cooperação dentro da casta pode aumentar a oferta de bens públicos. Além disso, a importância da casta na economia e na política da Índia não deve ser uma surpresa, dada a sua estrutura de sociedade estratificada em quatro classes hierárquicas (*varna*), com uma grande subpopulação totalmente excluída. Ademais, dentro de cada uma dessas classes hierárquicas, estão milhares de castas ou *jatis*. Com isso, seguindo a regra da sociedade hindu, os indivíduos devem se casar dentro de sua própria casta, do que resultam evidências de ordem genética, indicando que essa regra tem sido rigorosamente seguida por mais de 2 mil anos. Em decorrência dessa constatação, estima-se que cada casta reúna, aproximadamente, 250 mil membros, ocupando uma ampla área que abrange inúmeras aldeias e, às vezes, locais urbanos. Por conseguinte, a segregação espacial dentro das aldeias acarreta um alto grau de conexão social local, com agrupamentos de castas ligados uns aos outros por laços de casamento ao longo de muitas gerações (Munshi, 2019, p. 781-782).

Essa modelagem ou arquitetura social incomum deu origem a redes econômicas organizadas em torno de castas específicas, que são excepcionais em tamanho e objetivos. Enquanto essas redes relativizaram o consumo de seus membros em face das flutuações da renda durante séculos, mais tarde elas expandiram o domínio de suas atividades para o mercado de trabalho urbano e para os negócios privados, quando novas oportunidades surgiram sob o domínio colonial. As redes de castas continuaram a desempenhar um papel importante na economia indiana após a independência. Nesse período, testemunhou-se, em paralelo, o estabelecimento de programas de ações afirmativas mais agressivos do mundo, cujo objetivo declarado era o de eliminar as desigualdades históricas decorrentes do sistema de castas. Consequentemente, um programa de ação afirmativa muito mais visível foi explicitamente direcionado para os grandes grupos de castas historicamente desfavorecidos, dando-lhes acesso preferencial ao ensino superior, empregos públicos e representações políticas. A consequência disso foi que esses grupos, ao trabalharem em conjunto, moldaram a evolução da moderna economia indiana (Munshi, 2019, p. 782).

As projeções mais recentes têm demonstrado que houve convergência na educação, nas ocupações, na renda e no acesso aos recursos públicos em favor dos grupos de castas nas décadas após a independência, e que parte dessa convergência se deveu, provavelmente, à ação afirmativa. Não obstante, argumentou-se, por um lado, que as redes de castas poderiam ter desempenhado um papel mais equalizador, especialmente se tivessem explorado as oportunidades que se tornaram disponíveis na economia globalizante, e, por outro lado, argumentou-se ser possível que, em algum momento no futuro, os programas de ação afirmativa baseados nas castas não serão mais necessários. De qualquer modo, as evidências atuais disponíveis indicam que a discriminação de casta, principalmente nos mercados de trabalho urbanos, é baseada nas diferentes características socioeconômicas entre as castas superiores e inferiores. Com base nessa percepção, estima-se que esse tipo de discriminação poderá desaparecer, desde que haja convergência entre os grupos de castas. Há a previsão de que as redes de castas e a correspondente política também perderão sua relevância quando a economia de mercado e o sistema político democrático começarem a funcionar com eficiência. Nesse ínterim, entretanto, é importante compreender e acompanhar os resultados positivos e negativos decorrentes do envolvimento das castas em uma variedade de esferas econômicas (Munshi, 2019, p. 782).

Diante dessas considerações, quanto ao modo peculiar do racismo indiano ou, mais propriamente, do racismo de castas, não é difícil perceber que o poder influenciador das ideologias de superioridade/inferioridade, com seu apego às diferenças, deixou legado. Indiscutivelmente, as estruturas e os sistemas projetados para dominar e subjugar os seres humanos, nos tempos da escravidão, do colonialismo, do imperialismo e do apartheid, tiveram efeitos contínuos, fazendo com que, atualmente, o uso de mecanismos políticos, sociais, econômicos, militares e culturais para perpetuar relações de poderes desiguais continue um sério desafio para muitos que desejam a verdadeira justiça social, a satisfação dos Direitos Humanos e da liberdade para todos (January-Bardill, 2003, p. 21).

Essa continuidade de efeitos, e talvez, em muitos casos, podendo-se falar em perpetuidade de efeitos, é bem característica do racismo à moda indiana. Basta considerar, por exemplo, que as restrições à mobilidade social e econômica impostas por tal sistema permanecem em vigor indeterminadamente, apesar das mudanças significativas que ocorreram na estrutura econômica dos países nos quais as comunidades têm sido discriminadas com base na descendência ou origem. A esse respeito, pesquisas indicam, por exemplo, que a discriminação com base na descendência pode se manifestar na classe média, nas ocupações tradicionais e não tradicionais, e nos mercados de trabalho contemporâneos, a exemplo da indústria da tecnologia da informação, por meio de disparidades salariais persistentes e práticas contratuais discriminatórias contra os indivíduos considerados de castas inferiores. Nessa ordem, estudos baseados em mecanismos de controle dos Direitos Humanos indicam que, quando imigrantes de castas inferiores se estabelecem em outros países, levam consigo o status da casta e da discriminação agregadas (UN, 2017b, p. 12).

Consequentemente, o que se está pondo em discussão é que a discriminação com base na descendência tem profundas implicações para a capacidade das comunidades afetadas de viver uma vida digna e desfrutar de todos os Direitos Humanos em igualdade com os outros. Os grupos afetados muitas vezes permanecem invisíveis às políticas públicas e às alocações orçamentárias nacionais. O trabalho infantil, por exemplo, é ainda muito comum e as crianças de castas inferiores sofrem altos níveis de analfabetismo. Para as mulheres, a casta atua como um multiplicador, agravando sua experiência de pobreza e discriminação. Aliado a isso, a marginalização das comunidades afetadas pela discriminação com base na descendência é exacerbada pelo profundo estigma associado ao seu baixo status. Logo, a estigmatização das comunidades também é perpetuada por estereótipos negativos na mídia, nos livros didáticos e na internet, o que contribui para o desempoderamento dessas comunidades (UN, 2017b, p. 15).

Partindo desse ponto e comparando o racismo indiano com aquele que moldou a sociedade norte-americana, verifica-se que, apesar de haver profundas e significativas diferenças sociais e culturais entre os respectivos países, o racismo praticado é, em linhas gerais, o mesmo, especialmente quanto às suas consequências perenes.

Sabe-se que, por quase toda a sua história, os Estados Unidos excluíram as pessoas de cor dos principais acessos para as oportunidades econômicas, por meio de decisões políticas explícitas. Sobre isso, tem-se argumentado que o racismo não decorre apenas ou principalmente do ódio ou da ignorância, mas especialmente porque a política conduziu a história das ideias racistas na América, fazendo com que, por gerações, as pessoas de ascendência africana vivessem e morressem no cativeiro. Essa realidade perdurou mesmo após a Guerra Civil e a abolição da escravatura, pois os negros foram submetidos a formas legalizadas de discriminação que lhes restringiram onde poderiam viver, se e onde poderiam frequentar a escola e quais os tipos de trabalho que poderiam exercer. Aliás, mesmo após a concessão do direito constitucional ao voto, franqueado aos homens pela 15ª Emenda no ano de 1870[10] e às mulheres pela 19ª Emenda no ano de 1920[11], as barreiras ao exercício desse direito limitaram drasticamente a capacidade de as pessoas negras mudarem as leis opressivas que lhes obstruíam as oportunidades (Brown *et al.*, 2019, p. 2).

Mas, independentemente da localidade, o racismo produziu e ainda produz consequências não superadas. Apesar de terem modos e prática existenciais particulares, grupos de castas inferiores são quase invariavelmente indistinguíveis pela aparência física dos grupos de castas superiores. Ou seja, não se trata da questão de ser preto ou branco. Para a maioria dos *outsiders*[12], os aspectos visuais que, de outras formas, acompanham a raça ou a etnia geralmente estão quase completamente ausentes, e as grandes disparidades econômicas entre os grupos de castas baixas e altas também se perdem sob uma paisagem aparentemente homogênea da pobreza, que pode ser bastante enganosa. Isso faz, à primeira vista, com que se conclua que todos sofrem igualmente. Mas, por uma observação mais atenta, a discriminação revela-se mais ativa e presente em relação à alocação de empregos, terras, recursos, infraestruturas básicas e até mesmo na prestação de segurança física. Um olhar mais atento às vítimas de violências físicas, trabalhos forçados e outros abusos graves revela a incidência desproporcional desses atos nas castas das mais baixas ordens. Além disso, o estado de perpétua dependência econômica desses grupos também permite que os abusos fiquem impunes. A linguagem usualmente empregada para descrever as características dos grupos de casta baixas nos exemplos mencionados é surpreendente em sua similaridade, apesar da variação na origem geográfica, com o são as ideias predominantes de poluição/pureza e de sujeira/limpeza. Essas designações são usadas para justificar a segregação física e social dos grupos de castas inferiores do resto da sociedade, sua exclusão de certas ocupações e seu monopólio involuntário sobre ocupações e tarefas ditas impuras. Devido a isso, a exploração de trabalhadores das castas inferiores e a atribuição rígida de ocupações degradantes com base na casta mantêm as populações das castas inferiores em uma posição de vulnerabilidade econômica e física. Há ainda o triplo fardo combinado de casta, classe e gênero que garante que as mulheres das castas inferiores sejam efetivamente mantidas distantes das proteções legais (Human Rights Watch, 2001, p. 2). Disso se conclui que exploração e dominação são as fontes dos interesses das classes antagônicas. São o elo causal entre o bem-estar de uma classe e as privações da outra, conferindo ao antagonismo um caráter objetivo (Jakopovich, 2014, p. 4).

Sabe-se ainda que as referências acadêmicas e institucionais quanto à existência de um racismo à moda indiana podem variar quanto ao conteúdo argumentativo que se empregue, o que é algo bastante compreensível. Entretanto, no plano interno, a Índia, como sociedade e Estado, manifestou-se no cenário internacional de modo anacrônico. A casta continua a ser vista como uma questão doméstica da Índia, que admitiu existir um quadro de discriminação racial. Apesar disso, a Índia sacrificou seu importante papel como agente interlocutor internacional contra o racismo, por entender e argumentar que casta não é raça (Keane, 2022, p. 228).

Para se estabelecer um paralelo e se ter um suporte normativo de referência, convém considerar que, nos termos do Art. 1º da *International Convention on the Elimination of All Forms of Racial Discrimination* (ICERD), adotada no ano de 1965, discriminação racial tem o significado de qualquer distinção, exclusão, restrição ou preferência baseada em raça, cor, descendência ou origem nacional, ou étnica, que tenha por objetivo ou efeito anular ou prejudicar o reconhecimento, gozo ou exercício, em igualdade de Direitos Humanos e liberdades fundamentais no campo político, econômico, social, cultural ou em qualquer outro campo da vida pública. Para os propósitos normativos, a ICERD é considerada o único instrumento jurídico internacional que trata especificamente das questões abrangentes da discriminação racial (Tanaka; Nagamine, 2001, p. 1-2).

Ressalta-se, mais uma vez, que casta não tem uma definição precisa e não se encontra presente nos tratados internacionais, muito provavelmente por ser uma ocorrência pontual, tipicamente indiana, apesar de na prática não o ser. "Casta" é uma palavra derivada do português, com o sentido de linhagem, e os termos indianos mais próximos desse sentido são *"varna"*, que significa cor ou classe, e *"jati"*, que significa nascimento. Entretanto, o primeiro termo é empregado, geralmente, para se referir ao sistema de castas. Já o segundo descreve qualquer grupo que tenha características comuns, como as relacionadas ao nascimento. A casta é, desse modo, uma forma de estratificação social caracterizada pela endogamia e transmissão hereditária de um modo de vida que, muitas vezes, inclui ocupação, reputação em uma hierarquia, interação social habitual e exclusão. Decisivamente, apesar de existirem sistemas de castas em numerosas regiões, sua instância etnográfica paradigmática é a divisão da sociedade indiana em grupos sociais inflexíveis, com raízes nos registros históricos que persistem até os dias atuais (Gupta, 2018, p. 2).

Baseando-se em estudos antropológicos, há uma vertente que endossa a visão de que a casta teve sua origem na ocupação, isto é, que determinadas atividades ocupacionais foram organizadas e lentamente guiadas até se tornarem exclusivas e estratificadas nas castas. Outros, porém, afirmam a unidade essencial na raça, mas negam, enfaticamente, que a distinção racial seja a base da casta. Por isso, considera-se que a Índia contém um povo de uma única raça, distribuído, entretanto, entre várias castas (Ghurye, 1957, p. 5).

3.2 Casteísmo: base da organização e do controle social

Foi devido ao seu contexto normativo inovador que a Constituição indiana favoreceu um notável, porém parcial, afastamento do passado. Por um lado, o sistema de castas impôs novas estruturas às experiências diárias dos indivíduos, principalmente em suas perspectivas existenciais fundamentais e no julgamento que faziam uns dos outros. Por outro lado, a Constituição atuou com a pretensão de remover as impurezas da sociedade e inaugurou outras formas de liberdade. Porém, apesar de ter sido radical nesse objetivo, a Constituição foi profundamente antagônica em relação às formas não legais de autoridade exercidas em toda a sociedade (Grinsell, 2010a, p. 208).

Ainda hoje, não obstante o esforço combativo, as noções de pureza e poluição persistem como ideias que, não obstante a disseminação da educação e o advento dos estilos de vida modernos, somam-se às inseguranças religiosas e sociais, o que faz com que a mudança de comportamento seja invariavelmente lenta, exigindo outras mudanças no ambiente político, econômico, social e cultural (Thorat; Joshi, 2020, p. 45). Além disso, a política social das castas concentra-se nas desvantagens de grupos específicos, tratando a casta como um problema estático ou residual, por meio de provisões corretivas, proteções, salvaguardas e tratamento de reclamações, e não como um problema relacional dinâmico, que pode estar sujeito ao dever geral de o Estado abordar a desigualdade e a discriminação na economia e na sociedade (Moose, 2018, p. 424).

As disposições sobre a igualdade contidas na Constituição, com sua afirmação ousada de estabelecer um novo padrão de igualdade social, representaram a aspiração de que a nação se libertaria das estruturas e formas de discriminação que caracterizaram o passado. A nova doutrina constitucional sobre a política de reservas avançou no histórico das discriminações passadas e enfatizou que a Constituição marcaria o estabelecimento de uma nova ordem política na qual as antigas formas de opressão seriam finalmente extintas (Grinsell, 2010a, p. 208).

Entretanto, não é isso o que a realidade vem demonstrando.

Para se ter um exemplo, basta considerar que estudos recentes e baseados nos currículos acadêmicos revelaram, primeiro, que os candidatos a empregos oriundos das castas inferiores (*Lower Castes*) receberam menos chamadas de retorno para os empregos pretendidos do que os candidatos das castas altas (*Upper Castes*), independentemente do tipo de trabalho ou gênero. Como segundo exemplo, a condição de pertencimento às castas inferiores reduz sistematicamente o retorno das chamadas mais para os empregos no *front office* da administração do que para os empregos de atendimento ao cliente. Terceiro, o pertencimento às castas inferiores também reduz o retorno das chamadas mais para as candidatas (sexo feminino) do que para os candidatos (sexo masculino). Ou seja, o efeito das castas inferiores para as candidatas que se candidataram a empregos no *front office* da administração é significativamente mais prejudicial (Siddique, 2008, p. 32).

A persistente lacuna econômica entre os grupos de castas superiores e inferiores também pode ser identificada nas diferenças das castas, no acesso desigual aos serviços públicos e na contínua discriminação econômica e social. Há, em adição, outras formas de diferenças que merecem análise, como as que são baseadas nas preferências comportamentais e nos traços de personalidade. Nesse campo específico de análise, apurou-se que as *Scheduled Castes* e as *Other Backward Classes* se saem pior do que as castas superiores em várias dimensões do comportamento e da personalidade, como na realização educacional, no desempenho no mercado de trabalho e na vida em geral. Consequentemente, essas diferenças tendem a exacerbar as diferenças econômicas e sociais já existentes entre os grupos de castas superiores e inferiores (Dasgupta *et al.*, 2016, p. 9). Percebe-se, com isso, que a casta continua sendo uma variável importante, até mesmo crítica, na maneira como as desigualdades são estruturadas e reproduzidas. As desigualdades generalizadas e persistentes não se tornaram individualizadas ou de natureza puramente econômica, pois continuam a ser sociais e culturais (Jodhka, 2015, p. 12).

Nessa linha de abordagem, há estudos que demonstram que as reservas afetam os resultados das políticas e da provisão de bens públicos ao redistribuírem os recursos em favor dos beneficiários. Entretanto, devido aos efeitos multifacetados dessa atuação, incluindo os aumentos em alguns tipos de recursos e as reduções em outros, é uma questão empírica definir se as reservas realmente proporcionam benefícios líquidos à população (Chin; Prakash, 2010, p. 5).

Há, além disso, a questão da aparência. Isso significa que apenas aparentemente a opressão baseada nas castas estaria acontecendo em um ambiente hostil à sua presença, na medida em que se tem sustentado, apenas retoricamente, que a Índia é um Estado há muito rotulado de "a maior democracia do mundo", possuindo uma Constituição progressista e protetora, um sistema legislativo moldado de forma a proibir e punir atos de discriminação com base nas castas, diversos programas de ações afirmativas, que incluem reservas constitucionalmente obrigatórias em favor dos *dalits*, além de uma infinidade de medidas destinadas a garantir a elevação econômica dos *dalits* e, ainda, uma campanha agressiva de liberalização para impulsionar o crescimento econômico do país (Narula, 2008, p. 255). No entanto, justamente por ser apenas um projeto, a revolução prometida pelo movimento de independência (ano de 1947) parece já ter sido condenada à alienação desde o momento de seu maior triunfo: o momento de sua fundação (John, 2012, p. 1).

Na realidade, os problemas relacionados com as castas persistem e intensificaram-se.

Devido à acumulação de desvantagens cognitivas e comportamentais existentes entre os indivíduos adultos dos grupos excluídos, verificou-se a necessidade de se redesenhar a estrutura atual da política de ações afirmativas na Índia. Por exemplo, uma vez que as lacunas raciais nas habilidades cognitivas surgem cedo e tendem a persistir, e que a relação entre as habilidades e o desempenho acadêmico é significativa, há um forte argumento para direcionar as intervenções na primeira infância para complementar os recursos familiares, em termos de recursos financeiros e de atenção dos pais, para as crianças que vivem em ambientes desfavorecidos. Entende-se que os maiores retornos para os grupos desfavorecidos de reduzida capacidade são acumulados com base em programas para a primeira infância, em comparação com os programas aplicados apenas no fim da adolescência. Por isso, sobressai a importância de se investir maciçamente na primeira infância e, seguidamente, aplicar os recursos complementares nas idades posteriores, a fim de se colherem os benefícios dos primeiros investimentos. Nessa linha, a melhor opção política seria investir em programas voltados para atender diretamente o desenvolvimento das habilidades entre os indivíduos desfavorecidos durante a infância e a adolescência (Dasgupta *et al.*, 2016, p. 9).

Seja como for, a medida da disparidade entre as famílias, no contexto da desigualdade e da pobreza, levanta importantes questionamentos.

Questiona-se, por exemplo, no contexto das famílias agrupadas de acordo com alguma característica imutável, como a raça nos Estados Unidos e a casta na Índia: são as famílias de alguns grupos raciais ou de castas que apresentam maior probabilidade de se encontrarem na parte inferior do que famílias de outros grupos? E: a capacidade de gerar recursos para essas famílias depende de atributos relevantes, como a educação e os ativos (bens de capital), e também de atributos não relevantes, como a identidade de grupo? (Borooah *et al.*, 2014, p. 279).

Para enfrentar esses questionamentos, a abordagem deve contextualizar a divisão da sociedade indiana em vários grupos sociais delineados pelas castas e religiões. Há, primeiro, o sistema de castas, que estratifica os hindus, que constituem aproximadamente 80% da população, em grupos de castas mutuamente excludentes, cuja adesão é determinada inteiramente pelo nascimento. De forma ampla, pode-se pensar nos quatro grupos: *brahmans*, *kshatriyas*, *vaishyas* e *shudras* (Borooah *et al.*, 2014, p. 279).

Em seguida, há aquelas pessoas, hindus, principalmente, e muitas outras que se converteram ao budismo ou ao cristianismo, mas os hindus pertencentes a uma das quatro castas destacadas consideram-nas como estando fora do sistema de castas, porque são *untouchables*, no sentido de que o contato físico com elas, assim como a aceitação de comida ou água, é ato poluente ou impuro. Daí, em resposta ao peso do estigma social e do atraso econômico suportado pelas pessoas pertencentes às castas dos intocáveis, a Constituição permitiu o estabelecimento de disposições especiais para elas. Para tanto, o Art. 341 incluiu uma lista de castas com direito a benefícios, e todos os grupos incluídos nessa lista e nas modificações subsequentes são referidos como *Scheduled Castes*. Para todos os efeitos práticos, o termo "*Scheduled Castes*" é representativo das castas dos intocáveis. O Art. 342 também incluiu uma lista de tribos com direito a benefícios semelhantes, e todos os grupos incluídos nessa lista e nas modificações subsequentes são referidos como *Scheduled Tribes* (Borooah *et al.*, 2014, p. 279).

Então, conjecturando-se em termos mais amplos, tem-se que a lei indiana de igualdade é assombrada pelo espectro da casta (Grinsell, 2010b, p. 318), ou, ainda, que a casta é a infraestrutura das divisões e da arquitetura da hierarquia humana (Wilkerson, 2020, p. 3).

Por conseguinte, e com respaldo no entendimento de que as castas deram forma (arquitetura) e suporte à organização social e política indiana, não é de se negar que também tenham influenciado o cenário econômico.

Ou seja, o casteísmo ou regime de castas moldou, como agente ativo, a sociedade e o próprio Estado, fazendo-os inclinar-se ao dito regime. Para os críticos, muitos observadores esperavam mudanças nas atitudes sociais e interpessoais decorrentes do caminho do desenvolvimento econômico do país. No entanto, como o Dr. Ambedkar observou há quase 70 anos, as políticas econômicas por si só não trariam igualdade e dignidade para as mulheres e os *dalits* e, apesar de a Índia ter procurado o caminho do crescimento econômico, abrindo sua economia fechada e transformando-a em uma economia global liberal, está claro que ainda há muito trabalho a ser feito para acabar com o patriarcado e a discriminação de casta, podendo-se concluir que o legado do Dr. Ambedkar ainda está inacabado (Thorat *et al.*, 2020, p. 3).

Dessa forma, mesmo considerando um cenário econômico de crescimento, não se pode ignorar os reflexos que as castas continuam projetando, com indiscutível influência nos resultados, a exemplo do que ocorre no mercado de trabalho. Por essa ótica, há que se considerar que as cidades (ambiente urbano) representam a fuga da labuta rural e o risco de humilhação e redução à mera pobreza. Assim, convém observar, no campo da força do trabalho industrial, que os migrantes rurais experimentam certa mobilidade, espaços de trabalho e grupos de amizade. Nesse esquema, as experiências individuais de mobilidade sem casta são uma realidade. Entretanto, os conjuntos de dados nacionais indicam que a diversificação trazida pelo desenvolvimento não quebrou a associação das castas superiores com as profissões de status mais elevados; e dos *dalits* com o trabalho manual e ocasional. Esses dados, na verdade, expuseram as paredes invisíveis que impedem a mobilidade ocupacional dos *dalits* em relação às funções tipificadas pelas castas ou serviços de baixo custo, a exemplo da construção civil e da carpintaria, para outros mais lucrativos. Sob condições de maior mobilidade entre as gerações, especialmente nas áreas urbanas, os estudos mostram que a persistência intergeracional de ordem ocupacional é maior entre os *dalits*, e suas ascensões ocupacionais são mais frágeis, estando sujeitas à mobilidade descendente, especialmente nas áreas rurais. Além disso, nas interseções entre castas e gênero, as mulheres *dalits*, com taxas de participação comparativamente mais altas na força de trabalho, embora em declínio, são particularmente restritas na mobilidade profissional. Elas, apesar de muitas vezes serem representadas como tendo relativa liberdade de gênero, em comparação com as mulheres das castas superiores, enfrentam condições de trabalho intensamente exploradas (Moose, 2018, p. 427).

Ainda com foco neste ponto, alguns estudos recentes têm evidenciado a baixa e decrescente participação feminina na força de trabalho. Com 27%, a participação feminina na força de trabalho da Índia é a menor em 170 de 188 países, segundo levantamento realizado pela *International Labour Organization* (ILO) no ano de 2016[13], o que gerou consequências negativas para o desenvolvimento, uma vez que o trabalho das mulheres tem o potencial de contribuir para o crescimento econômico (Coffey *et al.*, 2018, p. 48).

A esse respeito, em termos globais, a ILO apurou que a taxa de participação da força de trabalho para as mulheres (de 49,4%) foi 26,7% menor do que a taxa dos homens no ano de 2017. Subjacente a essa lacuna, houve uma tendência de queda nas taxas de participação combinadas de homens e mulheres, que diminuíram de 65,7% no ano de 1997 para 62,9% no ano de 2017. Assim, um fator a ser considerado nessa análise é que, entre os anos de 1997 e 2007, a taxa de participação masculina caiu muito mais do que a feminina, diminuindo a diferença entre os dois; apesar disso, entre os anos de 2007 e 2017, ambos permaneceram estáveis, com a diferença. Outro fator é o de que a maior diferença de gênero nas taxas de participação, da ordem de 30,6%, foi constatada em relação às mulheres nos países emergentes, e a segunda maior ocorreu nos países desenvolvidos, com taxa de 16,1% (ILO, 2017b, p. 5).

O que se percebe com isso é que o regime de casta, como agente ativo, tem sido um fator determinante do status dos indivíduos, seja na perspectiva da ordem econômica, seja das relações de trabalho e, até mesmo, da organização familiar, de modo que certas linhagens, ao caírem em desgraça, são cortadas e tornam-se castas separadas. Mas, da mesma forma, são possíveis fusões entre castas que se consideram quase iguais socialmente. Ou seja, as posições das castas, umas em relação às outras, são constantemente renegociadas com base na mudança de suas riquezas, poder, status, comportamento ritual e pelo patrocínio de outros fatores importantes, como a capacidade de mobilização política, a educação e a localização geográfica. Assim, há paralelos perceptíveis entre as castas como os determinantes de status e os *pools* de casamento na Índia, e os grupos raciais, religiosos e étnicos como determinantes de status e *pools* do casamento nos Estados Unidos (Elder, 1996, p. 21).

O casteísmo é, desse modo, uma forma grave e generalizada de discriminação social que resulta em grandes danos emocionais, financeiros e, geralmente, físicos para aqueles que o vivenciam (Rajadesingan *et al.*, 2019, p. 401-402). Devido a esse regime, a desigualdade de castas e o preconceito continuam a ser a realidade que define a Índia contemporânea e, ao contrário do que se supõe, não perdeu sua importância diante das novas forças econômicas. Nessa medida, a importância da identidade de casta continua sendo um mercado baseado no mérito (Mittal, 2020, p. 240). E, mesmo com os avanços das políticas compensatórias, que buscaram resultados mais favoráveis para os grupos marginalizados, as mulheres, entre os grupos étnicos e raciais, permaneceram consideravelmente mais desfavorecidas economicamente e sofreram maiores desigualdades do que homens (Islam *et al.*, 2021, p. 1). É importante referir que o casteísmo é, também, um importante agregado da religião hindu, de modo que ambos se suportam mutuamente, devendo-se considerar que por trás das concepções enganosas do hinduísmo como uma categoria homogênea, uma religião compartilhada por cerca de 80% da população indiana, há uma extensa variedade de práticas e representações hindus. Desse modo, com outros critérios, como as tradições sectárias ou regionais, as afiliações de casta são cruciais para a diversidade estrutural do hinduísmo. Além disso, no campo da exploração científica, hinduísmo e casta são exemplos paradigmáticos de um grande paradoxo que assombra as ciências sociais preocupadas com a realidade existencial indiana (Claveyrolas, 2022, p. 236).

Por tudo isso, pode-se sintetizar o casteísmo segundo a compreensão da sociedade indiana definida, muitas vezes, por seu modo específico de segmentação mutuamente social e religiosa: o sistema de castas, fundado na ideologia hindu da pureza, regula a hierarquia e a complementaridade das diversas castas, e é baseado em proibições de contato físico, comensalidade e casamentos mistos, além de práticas rituais e da limitação do exercício de atividades profissionais (Claveyrolas, 2019, p. 1). Ideias de pureza, ocupacional ou cerimonial, que foram um fator na gênese da casta, são a própria alma da ideia e prática da intocabilidade. O fato de que, na criação da humanidade, a última ordem mencionada como tendo sido criada com base nos pés do Criador ser a dos *Shudras*, e que não houve nenhuma outra classe de seres humanos criados posteriormente, acrescenta carne e sangue às ideias de cerimonialidade e pureza ocupacional para corporificar a teoria e a prática da intocabilidade (Ghurye, 1957, p. 241).

Em síntese, o fundamento da intocabilidade teve suas raízes na tradição religiosa e bíblica da sociedade indiana. Nessa ordem, o Dr. Ambedkar argumentou que a intocabilidade foi uma imposição, e não uma escolha, empregada para garantir a segregação compulsória (Sanil, 2023, p. 270).

3.3 Dalitismo: marca da subalternidade

Partindo desses esclarecimentos, cumpre entender quem são os *dalits* e o que é o dalitismo.

A palavra *"dalit"*, em sentido literal, significa oprimido, e tem sido empregada, frequentemente, como sinônimo de intocável. Essa palavra também denomina a categoria social dos grupos sem casta da Índia, sendo empregada, igualmente, para se referir aos párias. Trata-se de uma designação atribuída às pessoas tradicionalmente qualificadas como intocáveis. Na essência, os *dalits* compõem uma população mista, que agrega vários grupos de castas que vivem não apenas na Índia, no Sul da Ásia, mas em todo o mundo. Existem, ainda, outros diferentes termos usados para se referir aos *dalits*, como *Ash Prash*, que significa Intocáveis, e *Harijans*, que significa Filhos de Deus. Etimologicamente, a palavra *"dalit"* é originária da forma sânscrita *dalit*, que significa pisado, oprimido, esmagado ou quebrado em pedaços. Essa palavra foi usada pela primeira vez por Mahatma Jotirao G. Phule, importante referência das classes atrasadas e de outras classes no século XIX (Sunder, 2015, p. 83).

Sabe-se que, segundo a crença hindu, a origem das classes oprimidas, também conhecidas como párias, intocáveis ou *Harijans*, está na lei divina do carma, ou seja, a justa retribuição da alma individual por seus atos, bons ou maus, durante as sucessivas reencarnações (Baader, 1937, p. 399).

Os intocáveis ou *dalits* são os grupos mais marginalizados e, devido a isso, eles normalmente desempenham atividades consideradas ritualmente impuras, como lavanderia, a limpeza de banheiros, a irrigação e o recolhimento de resíduos e carcaças de animais. É sabido, no entanto, que a condição desumana em que eles vivem não foi uma decisão deles, mas uma consequência, uma vez que foram forçados a viver nessas más condições (Gandham; Sreedevi, 2021, p. 129).

Historicamente, a luta dos *dalits* contra a opressão e a exploração é de longa data. Eles sempre foram punidos pelos atos que não cometeram, mas tão somente porque estavam no caminho dos *brahmans*. Sempre que eles constituíam uma ameaça à hegemonia e às pretensões bramânicas, eram punidos severamente. Atualmente, eles constituem a parte marginalizada da sociedade, também porque sempre lhes foram negados os recursos existenciais mínimos, materiais e intelectuais. Assim sendo, os *dalits* decidiram parar de seguir as práticas tão desiguais na sociedade e deram início ao seu próprio movimento em busca do status de igualdade que tanto lhes foi negado (Sutradhar, 2014, p. 94).

Com isso, a vitimização dos *dalits* pode ser vista como consequência da relação diádica entre as castas superiores opressoras e as castas inferiores estigmatizadas. Nesse contexto, a reificação ou processo de coisificação veio operando constante e sistematicamente, moldando e mudando as experiências. Então, na medida em que os *dalits* se encarregaram de representar a própria vida e as experiências de viver em suas respectivas castas, a vitimização coletiva passou a ser reificada por meio de vários caminhos de negociação, com significados expressos sob diferentes formas (Vyas; Panda, 2019, p. 110-111).

Outro aspecto importante nessa abordagem é que a ideologia *dalit* é de confronto, se não de ódio. A que isso levará ainda é duvidoso, mas, se conseguir espalhar sua influência para setores ainda maiores da população, isso poderá exacerbar a violência. No entanto, há uma chance de que isso possa desaparecer, pois as pessoas estão mais preocupadas com a questão do pão com manteiga, porquanto os intocáveis sabem perfeitamente que pertencem à sociedade indiana, que não têm uma cultura própria e que compartilham a maioria dos valores do povo com quem vivem. A maioria dos *dalits* sabe que a intocabilidade é um problema do passado e que seu futuro está em uma melhor integração social (Deliège, 2002, p. 14).

É preciso, agora, considerar, analiticamente, as três mais importantes e mais visíveis relações que há entre os *dalits* e as contingências a que estão expostos:

I. Social: a exclusão, baseada na intocabilidade da casta, ocorre quando ao membro de uma comunidade é negado o direito de entrada em locais públicos, como templos, escolas, hospitais, moradias etc., quando há restrições ao acesso às instituições de ensino, ou quando há tratamento desigual em relação ao ensino. Os intocáveis praticam algumas atividades culturais identificáveis separados do restante da sociedade, tendo por essa razão separados os seus deuses, sistema de casamento e de criminalização, além de possuírem uma cultura alimentar diferente das outras pessoas (Kadun; Gadkar, 2014, p. 83);

II. Econômica: ocorre a negação da igualdade de direitos e de oportunidades para os grupos das castas inferiores, principalmente quanto ao acesso às terras agrícolas e aos empregos. Também são negadas as necessidades sociais essenciais, como educação, saúde e habitação, o que leva a uma renda mais baixa e eleva a pobreza entre os *dalits*. Na prática da exclusão econômica, os *dalits* têm de pagar juros mais elevados pelos empréstimos tomados no mercado de crédito (Kadun; Gadkar, 2014, p. 83);

III. Educacional: as discriminações nas escolas assumem a forma de negação de acesso ao ensino e ao desenvolvimento das habilidades entre as crianças *dalits*. Isso reduz a qualidade dos recursos humanos e reduz também a empregabilidade quanto aos empregos de qualidade, forçando-os a recorrer aos trabalhos manuais assalariados de baixa remuneração nas atividades agrícolas e não agrícolas. A negação da educação leva a uma alta taxa de analfabetismo, baixa alfabetização funcional, altas taxas de evasão e desenvolvimento limitado de habilidades. A discriminação na educação pode causar alta representação em empregos subalternos, baixos salários, baixa renda e, finalmente, alta pobreza (Kadun; Gadkar, 2014, p. 83).

Nesse contexto, e ainda enfrentando a questão peculiar do atraso social dos grupos excluídos, é importante ressaltar que a casta não é produto da raça. Para se ter uma avaliação adequada sobre isso, há quem defenda que a relação entre casta e raça está firmemente estabelecida, de modo que *"racial caste"* e *"color caste"* são expressões que têm sido frequentemente empregadas (Fárek, 2023, p. 61). Mas, conforme mencionado anteriormente, esse entendimento não é certo nem definitivo.

A conexão entre casta e raça foi estabelecida por alguns dos primeiros analistas externos da Índia, que a relacionaram com a invasão ariana e com o fato de que os membros das castas brâmanes eram frequentemente de pele clara, enquanto os membros das castas camponesas baixas eram muitas vezes escuros ou exibiam traços aborígenes. Existe alguma base realista para esta observação, mas é de valor limitado para a explicação da casta. Ao longo dos séculos certas populações foram subjugadas por outras, e os vestígios históricos disso podem ser vistos claramente em muitos lugares. Mas, na maioria das vezes, não há conexão óbvia entre castas e características raciais e, em qualquer caso, a complexidade dos sistemas de castas não pode ser explicada por um marcador tão grosseiro quanto a raça (Quigley, 2002, p. 146-147).

A par dessas considerações, é oportuno questionar: diante do quadro de profunda repulsa e, em muitos casos, de ódio social aberto e explícito, as castas baixas e outros grupos de excluídos estão sendo, de algum modo, atendidos e favorecidos com as reservas legalmente instituídas?

De fato, as reservas tornaram-se, hoje, um grande problema social que necessita de uma solução mais aprofundada. Até agora, a maioria dos governos empregou as reservas mais para a obtenção de benefícios políticos e menos com o propósito de beneficiar o povo. São poucas as provas disponíveis na Índia de que as reservas teriam ajudado as castas mais baixas. Ademais, é importante considerar, em primeiro lugar, que o mesmo tipo de solução não pode ser implementado em todas as regiões do país, porque os diferentes estados têm problemas diferentes. Em segundo lugar, é imperativo que o governo obtenha dados atualizados e realize novos estudos sobre o sucesso da política de reservas. Para se ter um exemplo, tem-se que a *Mandal Commission* usou dados do censo do ano de 1930 para a concessão das reservas em datas mais recentes.

Por outra perspectiva, quando as reservas são usadas para alcançar a diversidade racial, também são impostos custos sociais que devem ser balanceados com os benefícios educacionais eventualmente obtidos. Um dos maiores custos é a legitimação de um fenômeno do qual todos deveriam fugir: dos estereótipos raciais e das castas. A mensagem que as políticas de diversidade enviam é que os estereótipos agora são permitidos, que a raça pode ser usada como substituta de pontos de vistas, que se pode olhar para a cor da pele e se ter uma boa ideia de como alguém pensa, sente ou age, e, mais importante de tudo, que se pode legitimamente agir sobre esse estereótipo (Kahlenberg, 1996, p. 55-56).

No momento, a questão a enfrentar é como obter a solução certa para os problemas das pessoas, e não apenas implementar mais reservas. De acordo com a Constituição, não deve haver discriminação com base em religião, raça, casta, sexo e local de nascimento, mas as políticas de reservas impensadas estão apenas alterando o direito básico de cada indiano. As reservas estão dividindo os indianos em castas ou grupos, de modo que, se não forem adequadamente tratadas, poderão gerar um impacto severo no clima social do país. O que se tem percebido, de forma generalizada, é que a consciência baseada nas castas deseja que haja mais divisões de castas.

Alguns críticos e pensadores admitem que a ascensão das *Other Backward Classes* é certamente um dos principais desenvolvimentos decorrentes da política indiana dos últimos tempos. As *Other Backward Classes* são castas do sistema social que estão situadas acima da dos intocáveis, porém abaixo das castas mais elevadas (*brahmans* e *kshatriyas*) e da intermediária (*vaishya*). As *Other Backward Classes* já formam, atualmente, a maior parte da casta dos *Shudras* (a quarta categoria do sistema *varna*), dentro do arranjo social hindu clássico, e os seus integrantes exercem atividades profissionais, na maioria dos casos, como camponeses ou artesãos, e representam cerca da metade da população, apesar de estarem ocupando, até agora, uma posição social caracteristicamente subalterna. A ascensão das *Other Backward Classes* é, no entanto, uma circunstância que põe em questionamento a dominação das castas superiores na esfera pública (Jaffrelot, 2000, p. 68), na medida em que a intocabilidade não desapareceu e ainda é praticada em aldeias e em localidades atrasadas, havendo relatos de constantes atrocidades contra essas castas em diferentes partes do país (Bemal, 2006, p. 56).

Embora os *Shudras* não sejam intocáveis, a posição que ocupam na base da hierarquia tradicional os restringiu aos trabalhos de baixa qualificação, sendo eles considerados grupos *Economically and Socially Backward*. A extensão do sistema de reservas para essa categoria da população, agora chamada de *Other Backward Classes*, operou-se de forma muito gradual, e foi deixada aos governos dos estados uma grande liberdade para legislar sobre essa matéria (Gille, 2013, p. 6). A título de reforço ilustrativo, estima-se que entre 75% e 80% da população das *Scheduled Castes* e *Scheduled Tribes* da Índia está classificada na categoria econômica abaixo da linha pobreza, e que as *Other Backward Classes* formam como um todo 52% da população total da Índia (Barman, 2009, p. 99).

Além da intocabilidade e do desprezo social característico, não só os *dalits* são extremamente pobres, com quase metade deles vivendo abaixo da linha de pobreza, mas também são quase totalmente dependentes das castas dominantes para sua subsistência com o trabalho agrícola ou urbano. Isso tem levado muitos *dalits* a buscarem maior independência econômica, tanto como um fim em si quanto como um meio para outros fins, como, por exemplo, para a obtenção de poder político e de oportunidades educacionais. Recentemente, algumas agências internacionais de desenvolvimento, entre elas algumas instituições religiosas, adotaram a estratégia de conceder financiamentos em favor de uma variedade de organizações de base dos *dalits*, engajadas em atividades de desenvolvimento comunitário. Essas atividades se concentram em áreas como indústrias de pequena escala, promovem a aquisição de novas habilidades e educam os *dalits* sobre como tirar proveito da assistência provida pelo governo, de modo a desenvolver o setor cooperativo. Atualmente, estima-se que 75% da população *dalit* ainda é rural e, portanto, essas atividades devem ser realizadas aldeia por aldeia. Mas, quanto a isso, algumas aldeias enfrentam a oposição das aldeias de membros das castas dominantes, que querem manter os *dalits* como uma fonte de mão de obra barata, empobrecida e dependente (Tayyab, 2015, p. 137).

No passado, a contribuição do Dr. Ambedkar, então ministro da Justiça do governo central da Índia, no período de 1947 a 1951, foi fundamental para a compreensão dos *dalits*. Antes de iniciar sua cruzada contra a intocabilidade e o sistema de castas, ele estudou a civilização hindu e o sistema de castas. Por causa de sua luta contra a injustiça, Dr. Ambedkar dedicou grande parte de sua literatura com o objetivo de iluminar o funcionamento do sistema de castas e elucidar a gênese do conceito de intocabilidade. Ele entendia que a incapacidade das castas inferiores de remover seus opressores se deveu à própria internalização da hierarquia e das qualidades inerentes à desigualdade baseada nas castas (Adhav, 2021, p. 4.457).

Em uma sociedade onde um grupo é política, social e economicamente dominante, membros de grupos estigmatizados são constante e fortemente bombardeados com mensagens negativas sobre suas próprias habilidades e valores intrínsecos. Essa circunstância levou esses indivíduos a internalizarem as mensagens negativas, o que contribuiu para impedi-los de atingir seu potencial máximo, além de ter reforçado as mensagens negativas, que, por sua vez, reforçaram os sistemas opressores (Holt-Giménez; Harper, 2016, p. 5).

Consequentemente, é fundamental entender o cerne da estrutura social indiana, conhecer a essência da prática da intocabilidade e o status dos intocáveis na Índia.

A prática da intocabilidade deve ser enfrentada sob critérios definidos. Em primeiro lugar, é importante saber se o sistema de castas ortodoxo seguido na Índia tem alguma explicação sobre a prática da intocabilidade ou tem alguma projeção sobre o status dos intocáveis. Isto pode ser conseguido mediante a realização de um extenso trabalho de campo. Em segundo, é importante rever os livros religiosos hindus e as várias explicações conceituais, pois o Ocidente considerou que a religião hindu seria a causa da prática da intocabilidade. Além do pano de fundo do sistema de castas construído pelos ocidentais, também é importante entender a identificação dos intocáveis na sociedade, e isso precisa ser analisado. Se os próximos estudos se concentrarem nessas razões e fatos práticos, talvez os aspectos diretivos para a prática da intocabilidade possam ser mais claramente identificados (Barki, 2016, p. 260).

Entretanto, apesar de a definição de grupos como intocáveis tenha sido formalmente abolida pela Constituição (1950), e uma série de salvaguardas legais tenha sido introduzida para obliterar a discriminação baseada nas castas, a prática secular de intocabilidade continua uma realidade para mais de 200 milhões de *dalits*, e a segregação com base na intocabilidade continua a moldar as relações sociais até hoje, especialmente na Índia rural (Prasad, 2021, p. 133).

Concordando com esse entendimento, afirma-se que, embora a intocabilidade tenha sido abolida e proibida pela Constituição, sua prática com a imposição de prejuízos sociais às pessoas em razão de seu nascimento, em certas castas, continua uma parte muito usual, principalmente na área rural. Exemplo disso é que aos intocáveis é proibido usar os poços de outros grupos, visitar templos, beber e comer das mesmas panelas desses outros grupos. A maioria *dalit* continua vivendo na extrema pobreza, não possui terras e não tem oportunidades para alcançar melhores empregos ou educação de qualidade. As crianças *dalits* enfrentam discriminação na vida escolar e também constituem a maioria das pessoas vendidas em cativeiros para pagar dívidas contraídas por seus pais perante os principais credores das castas dominantes (Singh, 2015, p. 139).

Em acréscimo, impõe-se considerar que a casta sempre foi vista como a ordem definidora da Índia e, em razão disso, os *dalits* ainda carregam o fardo angustiado de um longo e ininterrupto legado da mais profunda degradação social. Prova disso é que eles ocupam, regularmente, a parte inferior de quase todos os parâmetros relacionados ao bem-estar econômico ou à qualidade de vida (Javaid; Majid; Zahid, 2014, p. 12).

Convém mencionar, em reforço a algumas considerações anteriores, que o dalitismo não é uma circunstância presente apenas nos tempos modernos. Não, ele se originou há muito tempo e se fortaleceu com o regime colonialista que dominou a Índia em seu passado não muito distante. O Estado colonial indiano sempre se orgulhava de ser moderno em contraste com a sociedade hindu, que era considerada supersticiosa e dominada por castas. É verdade que a sociedade hindu era estratificada com base nas castas, mas havia meninos de castas inferiores frequentando escolas. Todavia, apesar de a estratificação em todas as sociedades ter se enfraquecido com o advento da modernidade, no caso da Índia o Estado colonial alimentou e fortaleceu ativamente o sistema de castas. Embora houvesse liberais britânicos, reformadores indianos e missionários que apoiassem a educação dos *dalits* e de outras castas inferiores, a oposição do Estado colonial tornou isso difícil, pois construiu políticas educacionais coloniais que fortaleceram ativamente os preconceitos das castas superiores e o sistema de castas (Rao, 2019, p. 105).

A lacuna educacional gerada como consequência da política colonial pode ser encontrada em todo o sistema educacional, com a proporção de sucesso entre *dalits* e não *dalits* permanecendo em uma taxa baixa e constante ao longo da escolaridade primária, secundária e pós-secundária. Embora grandes melhorias tenham sido feitas para aumentar as taxas de matrícula na Índia, as estatísticas mostram que houve pouco progresso na redução da lacuna educacional entre as castas. A falta de sucesso em aumentar as taxas de matrícula primária para os *dalits* nos últimos 150 anos é uma evidência de que poucos projetos tiveram sucesso em aumentar a igualdade social dentro do sistema de castas indiano (Fraser, 2010, p. 4).

O que bem caracteriza a situação peculiar do dalitismo pode ser observado com base em privação de recursos em todas as esferas da vida social, econômica e política, que gerou um estado de imensa opressão e degradação. As razões básicas para o status degradado dos *dalits* são o sistema de castas, que levou à intocabilidade, ao monopólio de recursos e ao monopólio de conhecimentos. Consequentemente, os *dalits* são extremamente pobres e mais da metade de sua população vive abaixo da linha de pobreza (Sutradhar, 2014, p. 92). Como desdobramento desse estado situacional, tem-se ainda a mencionar, a título de exemplo, que as mulheres *dalits* são um dos grupos sociais mais desfavorecidos e socioeconomicamente atrasados, situando-se no fundo da maioria dos indicadores de desenvolvimento (Mangubhai, 2013, p. 446).

Esse conjunto de causas e consequências deu forma ao que a literatura denominou dalitismo, e que assim tem sido tratado até os dias atuais. O dalitismo é tanto a ideologia quanto é o nacionalismo das massas perseguidas e reprimidas da Índia.

CLASSES SOCIAIS
TRADICIONALMENTE ATRASADAS

A literatura tem apresentado o sistema de castas da Índia como uma assembleia fechada, cujos membros estão estritamente confinados e limitados em suas escolhas de emprego e nas possibilidades de relacionamento social. O status de uma pessoa na sociedade de castas é decidido pelo seu nascimento e dificilmente poderá ser transcendido. Desse modo, um grupo de trabalho especializado pode funcionar, por exemplo, como uma casta dentro de uma sociedade livre de tais distinções. Em geral, a casta serve para manter o status na ordem social indiana. Na linha desse entendimento, destaca-se que cada pessoa se encontra, ao nascer, em determinada situação em alguma sociedade específica, e a natureza dessa situação repercute de maneira substancial em suas perspectivas de vida. Essa observação aplica-se com exatidão aos contornos da organização social de castas indiana (Rawls, 2008, p. 16).

Ao se perquirir sobre o tratamento interdependente entre o sistema de castas e o sistema *varna*, não se obteve nenhuma explicação satisfatória quanto a sua origem. A casta é uma questão de princípio, cujo sistema é baseado na ocupação e no status social das pessoas. Fabricantes de carruagens, oleiros, ferreiros etc. gozavam de status mais elevado na sociedade quando havia alta necessidade dessas profissões. No entanto, com o passar do tempo, a profissão de fabricante de carruagens desapareceu, pois dela não mais havia necessidade. Com isso, muitas castas deixaram de existir uma vez que suas profissões foram substituídas por outras tecnologias ou deixou de haver a necessidade daquilo que produziam. O status das castas depende das necessidades sociais de suas profissões específicas, pois este é um sistema prático: a casta tem sua profissão adaptada e exercida para o seu sustento. Todas as castas da Índia têm uma ou outra profissão tradicional. Entretanto, muitas profissões estão desatualizadas, pois, em muitos casos, a necessidade de suas habilidades profissionais deixou de ser sentida pela sociedade. Certo ainda que há outras profissões que simplesmente foram substituídas pelas tecnologias modernas. Contudo, quanto a muitas outras profissões, eliminadas há muito tempo, verificou-se que a respectiva casta se manteve. É irônico, neste caso, que, com o desaparecimento ou a mudança de qualquer profissão, a casta também deveria desaparecer ou ser alterada, mas nem sempre é isso o que acontece. Conclui-se, em linhas gerais, que a casta implica profissão. Seguindo essa lógica, às vezes os nomes das castas sugerem claramente as profissões que as pessoas exercem para sua subsistência, o que evidencia a característica típica desse sistema, que é ser flexível e horizontal (Sonawani, 2017, p. 24). Na teoria contemporânea, os sociólogos geralmente consideram que classe e ocupação transitam essencialmente no mesmo terreno teórico. Entendem que a operacionalização mais comum da classe é explicitamente em termos de uma tipologia de ocupações. Haveria, desse modo, ocupações profissionais e técnicas constituindo a classe média alta, outras ocupações de colarinho branco compondo a classe média propriamente dita e ocupações manuais compondo a classe trabalhadora (Wright, 1980, p. 177). De qualquer modo, considera-se que a formação da classe se afigura como tema central dentro da teoria das classes sociais (Aguiar, 2009, p. 11).

No passado, o status ou a dignidade da profissão dependeria, naturalmente, do status financeiro ou da autoridade que o tempo lhe proporcionasse. Havia altas e baixas no status, a depender das variáveis circunstanciais, econômicas e políticas. Entretanto, o fato a ser considerado é que muitas pessoas foram perdendo suas respectivas profissões durante o declínio da civilização indiana, à medida que o comércio exterior gradualmente estagnou e se agravaram as condições climáticas. Naturalmente, as pessoas voltaram-se para o exercício de outras atividades profissionais para garantir a sobrevivência. Mas, diante desse novo cenário, ninguém pode alegar que seus ancestrais sempre pertenceram à mesma casta a que pertencem agora; e, por isso, o orgulho da casta é um sentimento antinatural e desnecessário (Sonawani, 2017, p. 25).

É por causa dessa construção hierárquica em operação há cerca de 3 mil anos, com sua ordem crescente de deficiências, que houve e continua havendo uma esmagadora maioria de pessoas na Índia que permanece social, econômica, educacional e politicamente atrasada. As vítimas desse atraso arraigado e desse persistente sistema de exclusão integram as atuais *Scheduled Castes, Scheduled Tribes* e as *Other Backward Classes*, compondo grupos que são genericamente chamados de "classes sociais atrasadas". Mas, apesar disso, a natureza e a magnitude do atraso de cada classe não são as mesmas (Deane, 2009, p. 33-34).

Castas programadas (listadas ou catalogadas) correspondem a castas, raças ou tribos, ou partes ou grupos de tais castas, raças ou tribos, que são consideradas pelo Art. 341 como castas programadas para os propósitos definidos pela Constituição (Art. 366, 24). Tribos programadas (listadas ou catalogadas) correspondem a tribos ou comunidades tribais, ou partes ou grupos de tais tribos ou comunidades tribais, que são consideradas pelo Art. 342 como tribos programadas para os propósitos definidos pela Constituição (Art. 366, 25).

Procedendo a um exame analítico, tem-se que o crescimento inclusivo na Índia exige que todos os grupos sociais tenham iguais acessos aos serviços prestados pelo Estado e iguais oportunidades de ascensão econômica e social. E, para atingir esse objetivo, um mecanismo que pode contribuir é a visibilidade. Sabe-se que a crescente visibilidade dos *dalits* na Índia contemporânea e no exterior tem sido acompanhada pela ascensão da *intelligentsia dalit*. Então, desde a década de 1990, ativistas e intelectuais *dalits* têm ingressado na academia, marcando a chegada de um novo grupo social na esfera pública (Rawat; Satyanarayana, 2016, p. 8).

É necessário garantir que não haja discriminação contra nenhum grupo, classe ou casta. Na Índia, entretanto, grupos sociais como as *Scheduled Castes*, as *Scheduled Tribes*, as *Other Backward Classes*, além de outros grupos minoritários, têm sido historicamente desfavorecidos e tornados vulneráveis, mas há, além destes, outros grupos que também foram discriminados e vêm sofrendo inúmeras privações, como as pessoas com deficiências, idosos, crianças de rua, mendigos e vítimas de abuso de substâncias. Devido a isso, a Constituição contém disposições especiais com as quais busca promover o desenvolvimento desses grupos marginalizados, a exemplo da norma contida no Art. 341 quanto às *Scheduled Castes*, no Art. 342 quanto às *Scheduled Tribes* e no Art. 340 quanto às *Other Backward Classes*. Entretanto, apesar do incremento dessas normas, com expressa regulamentação normativo-constitucional, o crescimento, individual e coletivo, não pode ser assegurado sem o necessário melhoramento do ambiente, o fornecimento de água potável, a implantação de banheiros e a criação de oportunidades educacionais e de empregabilidade, além do acesso aos serviços públicos essenciais etc. (Planning Commission, 2008, p. 101).

4.1 *Scheduled Castes* e *Scheduled Tribes*

Destaca-se, pela perspectiva normativa, a Parte XVI da Constituição da Índia, que contém as disposições especiais relativas a certas classes da organização social, referidas como grupos ou castas, às quais têm sido deferido tratamento diferenciado por razões históricas, pois que experimentaram desvantagens de várias ordens, até mesmo, e especialmente quanto ao acesso à educação de qualidade e ao mercado de trabalho. Por isso, valendo-se de um ambiente jurídico de compensações e com propostas revolucionárias e inovadoras, a Constituição positivou um conjunto de regramentos com os quais tem a pretensão de estabelecer o nivelamento desses grupos em desvantagens, quando comparados às demais camadas do estrato social.

A primeira disposição desse quadro normativo está contida no Art. 341 da Constituição, que trata sobre as *Scheduled Castes* (castas listadas, programadas ou catalogadas). De acordo com essa norma, o presidente da União poderá, em relação a qualquer estado ou território da União, e quando for um estado, após consulta ao respectivo governador, mediante notificação pública, especificar as castas ou as raças, ou partes de/ou grupos dentro das castas ou raças, que serão consideradas castas listadas em relação ao estado ou ao território da União, conforme o caso. Já o Parlamento, por sua vez, poderá incluir ou excluir, mediante lei, da lista de castas especificadas em conformidade com a notificação pública expedida pelo presidente, qualquer casta ou raça, ou parte de/ou grupo dentro de qualquer casta ou raça.

Em contraste com a classificação religiosa da sociedade, a classificação constitucional da população indiana é diferente. Nos termos do Art. 341 da Constituição, os ex-intocáveis passaram a integrar uma lista ou tabela oficial e beneficiaram-se das reservas nos estabelecimentos de ensino público e nas vagas de cargos públicos. Essas castas agora são chamadas de *Scheduled Castes*. Além de todos os ex-intocáveis, que seguem o hinduísmo, fazem parte dessa lista aqueles que se converteram ao budismo e ao sikhismo como meio de escaparem da discriminação. No entanto, aqueles que se converteram ao cristianismo e ao islamismo não fazem parte da programação e, portanto, não foram favorecidos com as reservas. Nos últimos tempos, essas comunidades de convertidos ao cristianismo e ao islamismo têm exigido os benefícios das reservas, por entenderem que a conversão não ajudou a abandonarem suas respectivas identidades de casta anteriores. Elas continuam a enfrentar a exclusão e a discriminação imposta pelos hindus e pelos convertidos das altas castas dentro de sua religião, o que gera o sentimento de serem social e economicamente marginalizadas (Thorat; Joshi, 2020, p. 37).

De igual modo, a norma contida no Art. 342 da Constituição dispõe, quanto às *Scheduled Tribes* (tribos listadas, programadas ou catalogadas), que o presidente da União poderá, em relação a qualquer estado ou território da União, e quando for um estado, após consulta ao respectivo governador, mediante notificação pública, especificar as tribos ou comunidades tribais, ou partes de/ou grupos dentro das tribos ou comunidades tribais, que serão, para os fins da Constituição, consideradas tribos listadas em relação ao estado ou território da União, conforme o caso. De forma idêntica, o Parlamento poderá incluir ou excluir, mediante lei, da lista de tribos especificadas em conformidade com a notificação pública expedida pelo presidente, qualquer tribo ou comunidade tribal, ou parte de/ou grupo dentro de qualquer tribo ou comunidade tribal.

Como parâmetro quantitativo, tem-se que as *Scheduled Castes* constituem 16,23% e as *Scheduled Tribes* constituem 8,3% da população da Índia, respectivamente, tratando-se de pessoas que no passado foram socialmente ostracizadas e exploradas economicamente, sendo-lhes negada a dignidade humana e o senso de valor próprio. O que se tem afirmado atualmente no nível político é que o desenvolvimento socioeconômico e a proteção das *Scheduled Castes* e das *Scheduled Tribes* contra a discriminação e a exploração têm sido uma alta prioridade do governo (Planning Commission, 2008, p. 101, 106).

Em face das circunstâncias que envolvem práticas discriminatórias e violências de vários gêneros, duas importantes legislações vigoram com a finalidade de proteger as pessoas pertencentes às classes classificadas, que são o *Protection of Civil Rights Act* (1955) e o *Scheduled Castes and Scheduled Tribes (Prevention of Atrocities) Act* (1989).

O *Protection of Civil Rights Act* (1955) é uma lei que prescreve punições para a pregação e a prática da intocabilidade. As transgressões passíveis de punição são a imposição de deficiências sociais, a recusa em admitir pessoas em hospitais, a recusa à venda de bens ou à prestação de serviços e quaisquer outras ofensas que se vinculem ou sejam decorrentes da intocabilidade (Legislative Department, 1955).

O *Scheduled Castes and Scheduled Tribes (Prevention of Atrocities) Act* (1989) é uma lei que tem a finalidade de prevenir a prática de crimes atrozes cometidos por pessoas que não integram as *Scheduled Castes* e as *Scheduled Tribes* contra os integrantes dessas classes. São exemplos de crimes dessa natureza as condutas descritas como forçar pessoas a beberem ou comerem qualquer substância não comestível ou desagradável; lesionar, insultar ou aborrecer pessoas despejando excrementos, resíduos, carcaças ou qualquer outra substância desagradável em suas acomodações ou vizinhanças; remover à força as roupas das pessoas, obrigá-las a desfilar nuas ou com o rosto ou corpo pintado, ou a praticar atos similares que sejam depreciativos à dignidade humana; ocupar ou cultivar a propriedade de pessoas ou desapropriá-las indevidamente de suas terras ou acomodações, ou interferir no livre gozo dos direitos sobre a terra ou o uso da água; obrigar pessoas ao exercício da mendicância ou impor-lhes trabalhos forçados ou a servidão; forçar ou intimidar pessoas quanto ao livre exercício do voto; promover ação judicial falsa, maliciosa ou vexatória; prestar informação falsa a servidor público, induzindo-o a ferir ou a aborrecer pessoas; insultar ou intimidar com o propósito de humilhar; agredir ou usar de força contra mulheres, desonrá-las ou ultrajá-las; dominar a vontade da mulher para explorá-la sexualmente; corromper a água de nascente ou reservatório destinado ao uso das pessoas; negar passagem, impedir ou obstruir o acesso de pessoas a determinado local ou recurso público; forçar pessoas a deixaram suas casas, vilas ou qualquer outro local onde tenham residência (National Legislative Bodies, 1989).

No entanto, apesar dessas disposições normativas, as atrocidades e os crimes contra grupos vulneráveis, especialmente contra as mulheres, continuam a ocorrer em todas as partes do país e em graus variados. De acordo com o *National Crime Records Bureau Report* 2005, os crimes contra integrantes desses grupos foram, principalmente, agressões seguidas de ferimentos e estupros (Planning Commission, 2008, p. 103).

Quanto à extensão, de acordo com o *Census India of* 2011, a população total do país naquele ano atingiu o patamar de 1.210.569.573 habitantes; desse total, 201.378.086 eram integrantes das *Scheduled Castes* (16,635%) e 104.281.034 eram integrantes das *Scheduled Tribes* (8,614%). Com esses dados, tem-se que ao menos 25,249% da população indiana integrava as *Scheduled Castes* e as *Scheduled Tribes*, o que representaria uma população de 305.656.711[14]. Entretanto, atualizando-se esses números com base nos registros constantes do site *Countrymeters.info/pt/India*, verifica-se que a população da Índia no ano de 2024 atingiu a marca de 1.449.885.617 indivíduos[15], fazendo com que apenas a população das *Scheduled Castes* e das *Scheduled Tribes* atingisse o patamar de 366.081.619 indivíduos, o que supera, com folga, a atual população dos Estados Unidos (340.961.103)[16], desde que se considere que o percentual de 25,249% se mantém relativamente estável.

Da perspectiva administrativa, partindo de um cenário de incontáveis problemas a exigir encaminhamentos e soluções, foram criados setores governamentais especializados por áreas de atuação. O *Department of Personnel & Training* é o órgão responsável pela implementação das políticas de reservas nos serviços e postos do governo central voltadas a atender às classes atrasadas, as economicamente fracas e as pessoas com deficiências. O *Ministry of Social Justice and Empowerment* é o órgão com atribuições para gerir a política geral, planejar e coordenar programas, incluindo projetos especiais direcionados para a capacitação social, educacional e econômica das *Scheduled Castes*, com a concessão de bolsas de estudos, albergues, escolas residenciais, além de treinamentos de habilidades, empréstimos e subsídios para o autoemprego. O *Ministry of Tribal Affairs* é responsável pela política geral, pelo planejamento e pela coordenação de programas, incluindo projetos especiais voltados ao empoderamento social, educacional e econômico das *Scheduled Tribes*, com a concessão de bolsas de estudos, albergues, escolas residenciais, além de treinamentos de habilidades, empréstimos e subsídios para o autoemprego. Por último, tem-se o *Department of Disability Affairs*, que tem a incumbência de promover a política geral, o planejamento e a coordenação de programas e projetos especiais que favoreçam o empoderamento social e econômico e o bem-estar das pessoas com deficiências.

É importante destacar que as políticas de ação afirmativa na Índia operam em três esferas principais, a saber, na nomeação e promoção em serviços governamentais, na admissão em instituições públicas de ensino e nos assentos reservados nas casas legislativas. Nos serviços governamentais, há reservas para as *Scheduled Castes* e as *Scheduled Tribes*, atendendo-se à proporção de sua participação na população, no serviço público, nas empresas públicas, nos órgãos estatutários e nas agências voluntárias. Na educação, há reservas de vagas para alunos das *Scheduled Castes* e das *Scheduled Tribes* em todas as instituições de ensino administradas pelo governo. Na representação política, os círculos eleitorais são reservados para as *Scheduled Castes* e a *Scheduled Tribes*, tanto na legislatura central quanto nas estaduais, atendendo-se às proporções de suas respectivas participações na população. Em cada caso, ainda existem disposições complementares destinadas a aumentar a capacidade das *Scheduled Castes* e das *Scheduled Tribes* de modo a aproveitar as oportunidades que lhes sejam oferecidas (IRIF, 2006, p. 1).

4.2 *Other Backward Classes*

Com as *Scheduled Castes* e as *Scheduled Tribes*, as *Other Backward Classes* são consideradas classes sociais atrasadas. Nesses três casos, os atrasos são baseados nas castas. No entanto, também há casos em que os atrasos decorrem de habilidades físicas (*Differently Abled*) e de diferenças religiosas (*Based on Religion*). As OBCs não sofreram a intocabilidade, mas foram vítimas de privações sociais, econômicas e educacionais. Ao mesmo tempo, as OBCs não formam um grupo homogêneo. Elas encontram-se divididas em várias religiões, incluindo o islamismo e o cristianismo. Atualmente, a implementação da *Creamy Layer* para excluir os indivíduos integrantes das OBCs mais prósperas é um passo importante para a integração dos pobres e marginalizados (Singh; Goyal, 2014, p. 62).

A existência de classes mais fracas e atrasadas (*Weaker Sections*) é um fenômeno global e as sociedades de muitos países desenvolvidos possuem essa marca como característica: "nos países mais ricos é demasiado comum haver pessoas imensamente desfavorecidas, carentes das oportunidades básicas de acesso aos serviços de saúde, educação funcional, emprego remunerado ou segurança econômica e social" (Sen, 2000, p. 29). A sociedade indiana é, contudo, um bom exemplo, por ter grande parte de sua população como mais fraca, mesmo no século XXI. Paradoxalmente, apesar de a Índia ser considerada a maior democracia do mundo, é também a sociedade que possui a maior parcela da população classificada como mais fraca e marginalizada. No contexto dessa sociedade, a parcela marginalizada e mais fraca não é definida apenas em termos de castas, mas também em termos de gênero, grau de educação, economia, religião, cultura etc. Estas parcelas são formadas, em larga escala, por mulheres, crianças, pessoas com deficiências, refugiados, migrantes, minorias religiosas, *Scheduled Castes, Scheduled Tribes*, diversos grupos qualificados como *Economically and Socially Backward Classes*, minorias sexuais e muitas outras (Padma; Swetha; John, 2018, p. 468).

De acordo com o governo, são consideradas minorias as comunidades definidas como tal pelo governo central, a exemplo das comunidades de muçulmanos, sikhs, cristãos, budistas, jains e zoroastrianos, assim definidas pelo *National Commission for Minorities Act* (1992), *Section* 2C (Ministry of Minority Affairs, 1992). Mas, além destas, a literatura registra outros grupos que também são considerados minorias e, devido a isso, recebem benefícios decorrentes das reservas, como vítimas de terrorismo, filhas solteiras, filhos ou filhas de combatentes da liberdade, pessoas com deficiências, personalidades do esporte, indianos não residentes, ex-militares das Forças Armadas, dependentes de militares das Forças Armadas mortos em serviço, repatriados, filhos de titulares do *Green Card* e idosos (Soren, 2021, p. 512).

Diante desse quadro, e da dimensão que o conceito de classe pode abranger, Pierre Bourdieu (1987, p. 1) questionou: classe é um construto analítico ou uma categoria popular?

Em regra, o termo "classe" tem o sentido de estratificação social e define o estrato ou conjunto de pessoas que compartilham um status ou uma posição social e econômica semelhante. Essa forma de estratificação é relativamente aberta em comparação com as outras formas de estratificação como a casta. A rigor, mas não absolutamente, as sociedades há muito se dividiram em diferentes grupos distintos, social e economicamente variantes, fabricando com isso um processo de competição. A estratificação é uma forma de desigualdade social padronizada, mediante a qual os recursos sociais são distribuídos de forma desigual, dependendo da posição estrutural, que se intitula com base em padrões amplamente reconhecidos. A diferenciação é ampla, tem regularidade e baseia-se em certas características específicas e identificáveis, como a raça, a classe e o gênero. Além disso, identifica-se a estratificação com base em poder, prestígio e propriedade, que definem o status social e afetam o acesso aos recursos (Parveen *et al.*, 2015, p. 3.829). Nessa relação, as desigualdades decorrem das formas pelas quais os exploradores, em razão de seus direitos e poderes excludentes sobre os recursos, conseguem se apropriar do excedente gerado pelo esforço dos explorados.

Uma classe é considerada atrasada, se seus membros são econômica, social e educacionalmente menos privilegiados em comparação às outras classes dessa mesma sociedade. As classes atrasadas na Índia podem ser mais bem compreendidas, desde que se compreenda o caráter fundamental de sua constituição, que consiste na reunião de vários grupos de status fechado. Apesar dessa característica, as classes atrasadas não constituem um todo, como se formassem uma unidade, mas uma variedade de grupos sociais com múltiplas posições socioeconômicas dentro da hierarquia social. Esses grupos ou classes sofreram desvantagens e deficiências antigas e derivadas, principalmente, do próprio sistema de castas. Por isso, o baixo status, a pobreza e o analfabetismo são alguns problemas que esses grupos herdaram devido ao status adquirido por terem nascido em uma casta baixa ou tribo. Entende-se que a "classe pressupõe certo grau de fechamento social e depende das chances regulares de vida e dos padrões de mobilidade ocupacional" (Santos, 2004, p. 58).

Nesse ponto, é importante distinguir casta e classe.

A casta, enquanto sistema, é uma forma de organização social que combina ocupação, endogamia, cultura, classe e poder político. Mas a casta não deve ser tratada como forma equivalente à classe, uma vez que os membros pertencentes a uma casta são considerados semelhantes, em razão da função que desempenham ou mesmo de sua cultura. Nesses termos, é fato que a sociedade indiana tem sido frequentemente associada ao sentido de casta. Mais, ainda que seja assim, nem todos os membros de uma classe poderão ser considerados semelhantes.

No plano normativo, não se encontra uma definição clara e apropriada para classes atrasadas. Todavia, apesar de a Constituição não fazer nenhuma referência expressa em termos conceituais, ela contém dispositivos que denunciam a existência do atraso e de outras circunstâncias semelhantes. O Art. 15(4) faz menção ao atraso social e educativo[17]; no Art. 16(4) há referência às classes atrasadas e a suas representações inadequadas nos serviços públicos[18]; no Art. 23 a referência diz respeito à proibição da prática de trabalhos forçados[19]; o Art. 46 faz referência à parte mais fraca da população[20]; e, ainda, o Art. 342-A(1) faz referência ao poder que tem o presidente da União para especificar, em listas, as classes educacionalmente atrasadas[21] (The Constitution of India, 2022).

Nessa medida, ao menos pela ótica da organização social, jurídica e econômica indiana, e tentando responder ao questionamento de Bourdieu, os fatos demonstram que o sentido de classe na Índia se confunde com as categorias populares classificadas (listadas ou catalogadas), segundo a posição social que os seus membros ocupam, dando origem a grupos ou classes denominados de *Scheduled Castes, Scheduled Tribes, Other Backward Classes* etc.[22]

Verifica-se, ainda, que as expressões *"Backward Classes"* e *"Weaker Sections"* estão presentes ao longo do corpo textual da Constituição, a qual definiu *Economically Weaker Sections* como os setores da população que o Estado identifique, periodicamente, tomando como referência a renda familiar e outros indicadores de desvantagens (Art. 15) (The Constitution of India, 2022)[23].

Diante disso, para melhor circunstanciar as questões polêmicas que surgiram em torno especificamente das *Other Backward Classes*, convém que se faça uma análise criteriosa dos acontecimentos segundo a ordem cronológica.

No ano de 1953, a *Kalelkar Commission* apresentou ao governo central o *Report of the Backward Classes Commission*[24], expediente que identificou os primeiros grupos atrasados (*Backward Classes*), além das *Scheduled Castes* e das *Scheduled Tribes* em nível nacional. No relatório preliminar, o então presidente da comissão, Kaka Saheb Kalelkar, expressou seu convencimento pessoal quanto à reserva de cargos no serviço público. Kalelkar afirmou que, definitivamente, era contra a reserva de cargos no governo para qualquer comunidade pela simples razão de que os serviços não eram destinados aos servidores, mas sim à sociedade como um todo, e que a administração devia contar com os serviços dos melhores homens disponíveis, os quais podiam ser encontrados em todas as comunidades. Afirmou, ainda, que a reserva de postos para certas comunidades atrasadas seria tão estranha quanto a reserva de pacientes para determinados médicos. Os pacientes não se destinariam a fornecer uma clientela adequada ou proporcional a todos os médicos, quaisquer que fossem suas respectivas qualificações (Government of India, 1955, p. viii).

A *Kalelkar Commission* preparou uma relação contendo 2.399 castas e comunidades atrasadas distribuídas em todo o país, e, entre elas, 837 foram classificadas como as mais atrasadas. De acordo com a comissão, os fatores relevantes foram considerados na classificação das classes atrasadas, tomando como referência suas ocupações e profissões tradicionais, o percentual de alfabetização, o avanço social geral, a população estimada da comunidade e sua distribuição ou sua concentração em certas áreas. Contudo, o governo central não aceitou as recomendações e o relatório nunca foi implementado (NCBC, 2005, p. 5-6).

Anos depois, o *Mandal Commission Report of* 1980[25] estimou que as *Other Backward Classes* representavam 52% da população e classificou 1.257 comunidades como atrasadas. Em razão disso, recomendou que as reservas existentes, que eram destinadas apenas para as *Scheduled Castes* e as *Scheduled Tribes*, fossem elevadas de 22,5% para o patamar de 49,5%, para incluir e favorecer as *Other Backward Classes* (Government of India, 1980). Seguiu-se a isso que no ano 1991 o governo central implementou a recomendação contida no relatório da *Mandal Commission* e assegurou 27% dos cargos civis para os integrantes das *Other Backward Classes*.

Apesar deste movimento, que levou ao aumento do percentual de reservas para as categorias desfavorecidas, o sistema reagiu e, no ano de 1992, a Suprema Corte julgou o processo *Indra Sawhney vs. Union of India and Others*, tendo decidido que o teto de 50% de reservas não poderia ser violado por nenhum estado. Essa decisão foi um importante marco na questão das reservas. Entre outros apontamentos, o Tribunal destacou alguns aspectos fundamentais na decisão e definiu, por exemplo, que as classes atrasadas de que trata o Art. 16(4) da Constituição não podiam ser identificadas apenas com base em critérios econômicos, devendo-se incluir o critério da casta de origem. Distinguiu, ainda, que as classes atrasadas de que trata o Art. 16(4) eram diferentes das classes sociais e educacionalmente atrasadas referidas no Art. 15(4). Prosseguindo no julgamento, o Tribunal definiu que as classes consideradas *Creamy Layer* fossem excluídas do conjunto de classes atrasadas (Supreme Court of India, 1992, p. 194).

A Suprema Corte ainda destacou: i) excluindo castas e tribos programadas, as outras classes atrasadas, ou seja, as *Other Backward Classes*, constituem quase 52% da população indiana; ii) o objetivo do Art. 16(4) da Constituição é promover o empoderamento das comunidades atrasadas, permitindo que tenham participação no aparato administrativo e na governança da comunidade; iii) para a exclusão da *Creamy Layer*, é permitido o emprego de critérios indicativos da condição econômica ou medida de avanço social; e, ainda, que iv) a exclusão da *Creamy Layer* é um benefício social, de modo que qualquer medida, legislativa ou executiva, para remover tais pessoas, individual ou coletivamente, é constitucionalmente válida (Supreme Court of India, 1992, p. 194).

Além disso, há importantes definições que se podem extrair desse julgamento, que são os termos "reserva vertical" e "reserva horizontal", os quais foram cunhados pela bancada constitucional da Suprema Corte, no mencionado acórdão *Indra Sawhney and Others v. Union of India* do ano de 1992. O Tribunal denominou reserva vertical a ferramenta política empregada para acomodar as disposições de proteção de nível superior dispostas no Art. 16(4) da Constituição, que assegura a reserva de cargos públicos em favor de qualquer classe atrasada que não esteja adequadamente representada nos serviços prestados pelo Estado. A reserva horizontal, por sua vez, foi definida como uma ferramenta política empregada para acomodar as disposições de proteção de nível inferior disposta no Art. 16(1) da Constituição, que assegura a igualdade de oportunidades para todos os cidadãos em matéria de empregos ou para nomeações aos cargos públicos (Sönmez; Yenmex, 2022, p. 1.147).

Com essas considerações, é possível formar um juízo razoável acerca do grau de complexidade e profundidade que é tratar da associação do sistema de castas com a concessão de benefícios, entre os quais o relativo ao acesso à educação, num ambiente onde se tem um crescente número de classes ou grupos sociais que ou se consideram desprivilegiados, deprimidos, excluídos etc., ou assim são considerados por agentes do Estado, em muitos casos motivados pela perspectiva de obtenção de favorecimentos, como, por exemplo, a conquista do voto no processo eleitoral. A realidade demonstra, enfim, que nem pelo lado desses grupos nem pelo lado do Estado, representado por seus agentes políticos, executivos e legisladores, há neutralidade alguma. Todos têm seus próprios interesses e isso tem conduzido a um processo de multiplicação de castas e subcastas, fazendo com que, no atual estágio, todos, de algum modo, queiram ser classificados como integrantes das classes atrasadas (*Backward Classes*), e, quando já integrantes de uma delas, lutem com o objeto de serem considerados uma classe ainda mais atrasada, ou seja, *Most Other Backward Classes* (MOBCs).

A casta é um tema recorrente e do mais profundo interesse, porque trata de uma organização social[26] que, sendo essencialmente indiana, tem sido a principal característica dessa civilização por muitos séculos, circunstância que não apenas a fragmentou, como também a distinguiu do resto do mundo como modelo ou sistema incomparável. Como resultado prático e marcante desse sistema, enquanto em outros países grupos menores se fundiram e formaram nações, os grupos na Índia não tenderam à união nacional, mas à desintegração cada vez mais acentuada, culminando nos dias atuais com a formação de incontáveis grupos mutuamente excludentes, que, uma vez separados, nunca mais se juntarão. Conforme já frisado, existem mais de 2 mil grupos principais, além de incontáveis subdivisões menores, razão pela qual é usual referir-se que na Índia há castas e subcastas (MacDonell, 1914, p. 230).

De fato, pode-se assumir que a característica historicamente importante do sistema de castas, ainda observável nos dias atuais, é justamente a formação frequente de novas castas, circunstância que, em parte, é devida principalmente à adoção por membros de uma casta de novas ocupações, que dão origem a subdivisões e acabam formando novas castas distintas ou subcastas. Todavia, as novas ocupações não explicam, isoladamente, a formação das novas castas, pois, ao que se tem conhecimento, há um número considerável de castas que tiveram origem tribal e que mantêm seus respectivos nomes e tradições tribais (MacDonell, 1914, p. 232-233).

Ao lado dessa característica, há outra que parece ser insuperável, que diz respeito justamente à imobilidade social, de modo que, uma vez integrante de uma casta, essa condição torna-se inalterável. Da comparação entre o sistema de escravidão e o de castas, tendo como referência o arranque econômico, percebe-se que, quando o escravo negro foi capaz de ganhar dinheiro suficiente, ele foi incluído na dobra externa da escravidão. Entretanto, no sistema de castas, mesmo quando uma pessoa intocável ou de casta inferior ganha dinheiro suficiente, ainda assim ela permanecerá na posição social de origem como intocável, e nunca será considerada igual a alguém de casta superior (Gurawa; Chauhan, 2021, p. 343).

Com essas considerações, a definição da ordem jurídica e política formada em torno das *Other Backward Classes* e de outras minorias pode ser apresentada, circunstancial e resumidamente, nos seguintes termos:

I. A Índia é, frequentemente, rotulada como a maior democracia do mundo, possuidora de uma Constituição controladora, protetora e progressista, de um sistema legal destinado a combater, punir e controlar os atos discriminatórios com base na casta, de programas baseados em ações afirmativas, que incluem mandato para reservas e superabundância de medidas destinadas a assegurar a elevação dos grupos atrasados, e de uma campanha para alimentar o crescimento econômico por meio de uma política de liberalização econômica agressiva. Mas, inegavelmente, a casta é social, política e academicamente tão importante na Índia quanto a raça nos Estados Unidos; a classe na Grã-Bretanha; e a facção na Itália. A casta é o fato primordial da vida no subcontinente indiano e o próprio núcleo ou essência da civilização sul-asiática. Quando se deu o processo de elaboração da Constituição, os constituintes preocuparam-se com o secularismo; tanto foi assim que nenhuma religião foi declarada constitucionalmente como uma fé nacional, pois não estavam dispostos a deixar o país seguir o caminho da Irlanda ou do Paquistão quanto à religião. Consequentemente, a Constituição não fez nenhuma referência às escrituras sagradas, a deuses ou a conceitos de pureza. Mas, ironicamente, previu disposições sobre os avanços das *Scheduled Castes*, das *Scheduled Tribes* e, posteriormente, das *Other Backward Classes*, fazendo com que os governos estaduais e central reconhecessem a existência das castas. Historicamente, algumas castas e classes foram realmente privadas de iguais oportunidades para terem acesso à educação e ao desenvolvimento social, pois foram envolvidas pela falsa ideologia do sistema *varna* prevalente nos tempos antigos. Assim, para possibilitar a igualdade de status e de oportunidades para sociedade como um todo, foi necessário fazer concessões de privilégios em favor das *Backward Classes* (Chaudhry, 2010, p. 1);

II. Durante algum tempo, o sistema de castas desempenhou bem a sua função, mas, depois, ele se degenerou e, ao invés de realizar melhorias sociais, causou danos à sociedade. O fato é que no curso de sua existência esse sistema desenvolveu um sentimento insular e tornou as pessoas indevidamente conscientes de suas respectivas castas, fazendo com que, em muitos casos, os interesses das castas recebessem maior prioridade e sobrepusessem-se aos interesses nacionais. Na Índia, o movimento das classes atrasadas teve início nos primeiros momentos do século XX, e sua principal característica foi ter a casta como base. Primeiro, as classes atrasadas formaram associações e instalaram-se em diversas partes do país, tendo como objetivo impor suas posições e pressionar os governos com reivindicações, como a obtenção de designações para cargos e ocupações nos serviços públicos. Em seguida, o movimento atuou com o objetivo de alcançar a justiça social para os setores mais fracos da sociedade, e os seus esforços alcançaram o ponto máximo com a validação do sistema de reservas para os setores socialmente carentes, nos termos da Constituição (Manjunatha; Narasimhamurthy, 2019, p. 61-63). Pode-se concluir que a Constituição buscou estabelecer um modo de vida que está de acordo com os ideais de democracia, especialmente ao proporcionar meios de justiça social, econômica e política às pessoas, apesar de a sociedade ser heterogênea e apresentar profundas divergências de natureza econômica, social e cultural. Precedentemente, os idealizadores da Constituição tinham ciência de que na sociedade havia castas que foram abusadas socialmente, condenadas economicamente a viver na penúria e limitadas educacionalmente a aprender o ofício ou a ocupação da família. Por isso, os constituintes entenderam ser necessário incluir disposições no texto constitucional que abrissem exceções às disposições gerais, para garantir a igualdade e permitir que o governo ajudasse as *Backward Classes* a se nivelarem com o resto da sociedade (Manjunatha; Narasimhamurthy, 2019, p. 64);

III. Um problema não resolvido é o uso das castas como unidades ou classes que são consideradas atrasadas, e o uso da classificação da casta ou de sua posição social como medida de atraso. Embora desaprovem as castas, os tribunais deram pouca orientação aos estados quanto ao uso das limitações na seleção das classes atrasadas. O fracasso dos tribunais em deixar clara a distinção entre castas como unidades e castas como categorias dificultou a solução desse problema. Ao que se pôde concluir, por um lado, que a discriminação compensatória foi um sucesso parcial, mas bastante custoso, principalmente porque a quantidade de preferências oferecidas foi amplamente superestimada. Por outro lado, a discriminação compensatória conseguiu acelerar o crescimento de uma classe média dentro das demais classes desfavorecidas (Power, 1985, p. 575);

IV. Na Índia britânica (pré-independência) foram decretadas políticas preferenciais para as *Backward Classes*, que incluíam comunidades classificadas como atrasadas, de intocáveis, tribais e algumas comunidades de não hindus. Embora houvesse políticas preferenciais para as *Backward Classes*, sua definição exata não foi claramente articulada. Posteriormente, a Constituição (pós-independência) também incorreu no mesmo erro, uma vez que não definiu quais seriam, de maneira específica, as *Other Backward Classes*. No entanto, depois que as *Scheduled Castes* foram listadas como uma categoria separada, elas passaram a ser usadas em dois sentidos: primeiro, como o conjunto de todas as comunidades que precisavam receber tratamento preferencial, e, segundo, como castas inferiores na hierarquia socioeconômica. Deve-se observar que estes dois usos se sobrepõem, mas, apesar disso, a identificação exata dos grupos e das comunidades a serem consideradas como *Other Backward Classes* permanece repleta de muita controvérsia (Deshpande; Ramachandran, 2014, p. 5).

5

ENGENHARIA DA *UNTOUCHABILITY*

Muitos biólogos consideram o toque como o maior sentido do corpo; e a pele como o órgão mais importante. Paradoxalmente, a pele não foi estudada com grandes detalhes até meados do século XX. Também há uma surpreendente falta de função da pele na poesia e, quando encontrada na prosa, na maioria das vezes, está associada a patologias, como manchas, espinhas, e assim por diante. Isso é irônico, considerando o fato de que, embora possamos aprender a viver sem nossos outros sentidos, como ver e ouvir, é impossível viver sem ter a sensação do toque (Sarukkai, 2009, p. 39).

Ao iniciar essa nova discussão, é preciso ter em conta que a realidade de um povo e de seu país é resultado de experiências acumuladas, com ganhos e perdas decorrentes das escolhas que, no passado, foram consideradas convenientes, oportunas e possíveis. É claro que a Índia nos dias atuais não se compara com aquela que existiu, por exemplo, ainda sob o domínio britânico. Todavia, a Índia e sua atual ordem política, social, econômica e religiosa são produtos derivados de um processo histórico de longa duração, do qual as opções existentes em cada momento possibilitaram a construção da ordem vigente, que conta com um sistema social e político fortemente vinculado a preconceitos de origem (nascimento) e religiosos.

Na Índia, são fortes os vínculos grupais, especialmente porque são decorrentes de um sistema muito peculiar, adotado segundo critérios de diferenciações pessoais muitíssimos profundos. As castas de origem atribuíram às pessoas qualidades e defeitos, superioridade e inferioridade, aproximações e repulsas dentro e entre os grupos. Ali ocorreu talvez o mais notável, extraordinário e complexo sistema de construção social baseado na repulsa mútua e no desprezo entre os diferentes grupos, forjando com isso as marcas que melhor definem e caracterizam o povo indiano.

Para se entender o que são os *dalits* e o que vem a ser a intocabilidade, é preciso primeiro saber que estas são formas-atribuições impostas por pessoas contra outras pessoas, mas que, em relação a si mesmas, têm em comum as mesmas crenças e a mesma origem nacional. *Dalits* e não *dalits* são todos indianos. Portanto, as discriminações, as violências e o profundo sentimento de repulsa são aspectos inerentes à personalidade coletiva dos indianos.

Segundo a ideia de que há castas superiores e inferiores, criou-se o argumento para a qualificação de algumas pessoas como mais inferiores do que as das castas tradicionalmente ditas inferiores. No passo seguinte, como resultado de contínuos processos políticos e administrativos, deu-se início a um mecanismo interminável de classificações e de sucessivas e constantes novas classificações das pessoas e de seus grupos, com a atribuição de denominações e de supostos benefícios. Daí, a qualificação das pessoas como intocáveis passou a ser não apenas uma questão social, mas uma questão propriamente de Estado, uma estratégia política.

Considerando que as configurações sociais emergiram de um arranjo político, ainda hoje mal resolvido, as pessoas na Índia são legalmente rotuladas, razão pela qual é comum referir-se a um ou outro grupo como *dalits*, intocáveis ou párias. Eles são párias e pobres porque, de acordo com os arquitetos da hierarquia de castas, não estão aptos a ser incluídos na estrutura das quatro castas da sociedade hindu tradicional. Com base nesse status, eles foram obrigados a suportar tipos extremos de privações sob a forma de opressão durante séculos, o que os fez quase perder sua humanidade, e, finalmente, chegaram ao estado de "não gente" (Athyal, 2019, p. 86).

A condição social e econômica dos párias resultou da combinação da exclusão e do repúdio por parte da sociedade com o desprezo, a rejeição e a vergonha que os acompanham. Essa condição, não obstante, é respaldada por leis, rituais e barreiras invisíveis, e, frequentemente, está associada a uma posição específica na divisão do trabalho (Varikas, 2014, p. 76). Mas, diante dessa realidade, é importante observar quão paradoxal uma comunidade tão extensa pode ser tão desunida e, apesar da intensa presença da religiosidade (não há apenas religiosos hindus; tem-se ainda muçulmanos, cristãos, budistas, jainistas, sikhistas e outros), revela-se tão excludente e exclusivista ao ponto de desprezar e tratar humanos como seres abjetos, nojentos, repulsivos etc. Por conta disso, diz-se que o sistema de castas, em seu princípio de exclusão, isolamento e desintegração, lembra o homem selvagem (Chaudhry, 2013, p. 57).

A Índia pós-independência, com todo o seu aparato de Estado, religiões e idiomas, não é uma unidade social, mas um conjunto de diferentes, de desiguais que não se suportam, se excluem e se repelem, mas que concorrem, todos na mesma direção, na busca da obtenção de benefícios concedidos pelo Estado sob a forma de reservas, notadamente as direcionadas para o setor educacional e para o acesso a cargos e posições no serviço público. Por isso, não causa estranheza que num primeiro momento se tenham definido e classificado as classes (*Scheduled Castes*) e as tribos (*Scheduled Tribes*) que passariam a contar com benefícios preferenciais, e, depois, não sendo suficientes aquelas primeiras classificações, se sucederam outras, chegando-se ao ponto de se estabelecer como nova classificação a das *Other Backward Classes*. Depois disso, ainda não se tendo alcançado o consenso e a estabilização desse reiterado processo classificatório, um novo mecanismo de classificação foi estabelecido, fazendo com que nos dias atuais se tenham as *Most Other Backward Classes*.

Sabe-se que a casta é uma construção social e psicológica complexa. Na tentativa de definir o conceito, os estudiosos invocam mais frequentemente a importância da ocupação, da endogamia, da classe social e do poder político, embora ainda não esteja claro como essas variáveis se relacionam entre si e, de fato, quais são priorizadas pelos próprios atores sociais no pensamento cotidiano. A hierarquia social tem se destacado na exploração acadêmica das castas, o que a princípio parece apropriado, devido à ênfase na estratificação e nas restrições sociais em relação às interações entre as castas altas e baixas. Ao que parece, a falta de definições e de critérios associada à hierarquização das castas são fatores que alimentam o contínuo processo classificatório (Jaspal, 2011, p. 28).

O processo social indiano é mesmo contraditório. Para continuar o domínio sobre as castas inferiores, os hindus das altas castas expulsaram os *dalits* das terras, dos templos, da política, da educação e de tudo que pudesse capacitá-los e emancipá-los. Como resultado da prática da casta persistente, a identidade *dalit* foi influenciada por conotações e abordagens negativas, que contribuíram para sua inferioridade (Singh, 2019a, p. 380).

Mas, paradoxalmente, é justamente essa circunstância que tem alimentado e justificado a concessão de reservas, fazendo com que um maior número de pessoas busque conquistar, mais e mais, uma classificação e ser formalmente enquadrado pelo Estado como integrante das *Backward Classes*. Nesse aspecto é oportuno ter em conta que há construções teóricas, baseadas em paradigmas, que buscam explicar os fatores capazes de influenciar a determinação identitária dos indivíduos, isto é, nas suas escolhas. A primeira delas é o primordialismo. Seus proponentes sustentam que, para cada indivíduo, a etnia é fixa, fundamental e enraizada na circunstância imutável do nascimento. O circunstancialismo, segunda construção, preconiza que indivíduos e grupos reivindicam suas respectivas identidades étnicas ou raciais quando essas identidades são, de alguma forma, vantajosas. Atualmente, a visão mais prevalente sobre as identidades é a construcionista, pela qual a construção da etnicidade é um processo contínuo, que combina passado e presente, compondo material de construção para as identidades de grupos novos ou revitalizados. De qualquer modo, para as pesquisas científicas sociais, que investigam identidades, está claro que nenhum modelo é capaz de explicar, completa e adequadamente, a complexidade dos fenômenos ligados à formação, desenvolvimento ou alteração das identidades (Sandefur; Campbell; Eggerling-Boeck, 2004, p. 27).

De qualquer modo, o que fica evidente é que há uma relação de interesses que conduz os indivíduos ao sistema de reservas, fazendo com que as escolhas sejam manifestações decorrentes não apenas do grau de pobreza ou de exclusão, mas também decorrentes de uma valoração pautada no viés da oportunidade e da conveniência. Nesse contexto, é importante considerar que as identidades são estados em formação, que se modelam ao renegociar, ao reprimir ou liberar, a relação entre singularidade e mundo comum, particular e universal (Varikas, 2014, p. 126).

5.1 O mecanismo da *untouchability*

Precedentemente, a casta de uma pessoa costumava definir a sua ocupação, a qual deveria ser mantida até a morte. As pessoas integrantes das castas superiores não podiam se misturar nem se casar com pessoas de nenhuma outra casta. Desse modo, a relação entre as castas atuava de modo a demarcar a sociedade. Além das castas ditas tradicionais, tem-se, desde algumas décadas, uma quinta categoria, ainda mais inferior que a casta dos *Shudras*, conhecida como Intocáveis. As pessoas conhecidas por essa denominação costumam realizar atividades consideradas imundas, como o recolhimento de fezes ou de corpos de animais mortos. Para elas, não havia permissão para entrar nos templos, beber da mesma fonte de água etc. Com isso, a intocabilidade tornou-se uma marca e a forma mais comum de discriminação baseada no sistema de castas. Em um primeiro momento, o governo indiano elaborou uma lista contendo 400 grupos que foram considerados intocáveis e, mais tarde, esses grupos foram relacionados como *Scheduled Castes* e *Scheduled Tribes*. Com isso, desde a década de 1970, os intocáveis passaram a ser chamados de *dalits* (Dudi; Poonia, 2017, p. 14.444-14.445).

De acordo com a literatura atual, é inquestionável que a casta seja considerada o fenômeno mais complexo na sociedade indiana e tem servido como o principal marcador de diferenças entre as castas superiores e as inferiores, de onde surgiu a dicotomia de pureza e poluição na ocupação (Pathania; Tierney, 2018 p. 3).

Para se entender esse fenômeno, algumas teorias foram elaboradas com a finalidade de demonstrar as origens do sistema de castas, sendo algumas ditas teorias religiosas tradicionais e uma outra dita teoria ocupacional. De acordo com a teoria ocupacional, as castas desenvolveram-se conforme as ocupações que as pessoas exerciam. Daí, surgiu a distinção entre casta superior e inferior baseada na perspectiva de que algumas pessoas realizavam trabalhos superiores e outras realizavam trabalhos inferiores. Estima-se que haja, atualmente, em torno de 165 milhões de pessoas na Índia ainda sujeitas a discriminação, exploração e violência simplesmente por causa de sua casta, ou seja, de sua origem de nascimento. Por essa mesma razão, as divisões baseadas nas castas persistem em influenciar e dominar os tipos de habitação, os vínculos conjugais (casamentos), os empregos e a própria interação social em geral. Essas divisões são forçadas (impostas) mediante boicotes econômicos e prática de violências físicas de todos os gêneros (Dudi; Poonia, 2017, p. 14.444-14.445).

A esta altura, importa tecer algumas considerações sobre os párias.

Tem-se que a introdução da noção de pária, na cultura política e no vocabulário ocidentais, foi marcada por paradoxos e ironias. A primeira diz respeito ao próprio termo, que, embora originário da Índia, é desconhecido naquele país, pois, de acordo com o glossário *Hobson-Jobson*, que é uma fonte autorizada de palavras e frases anglo-indianas, pelo menos em seu sentido ocidental, o termo "pária" era desconhecido por todos os nativos indianos. Esse termo foi cunhado pelos europeus como resultado do uso metonímico da palavra *"Parayer"* (plural *"Parayan"*), mas nunca pertenceu ao vocabulário indiano. O seu uso intensificado é entendido, ainda hoje, como uma forma de insulto colonialista, associado ao critério da visão bramânica da intocabilidade. Na prática, os sentidos pejorativos ou difamatórios persistem no uso da palavra "pária", que também significa ralé, abandonado e cão vadio. Estes significados têm prevalecido, em grande parte, sobre os sentidos críticos que designam exclusão, desigualdade e injustiça, conceitos predominantes na França, na Alemanha, nos Estados Unidos e em outras nações de cultura ocidental, apesar de que nestas últimas sejam desprovidas de colonialismo. Ao contrário, pária e as diferentes formas pelas quais a palavra foi incluída no vocabulário ocidental fazem parte do saber colonial que acompanhou a conquista pelo colonizador (Varikas, 2010, p. 33; Varikas, 2014, p. 7-8).

Sabe-se que, do século XVI ao XVIII, a palavra "pária", e a realidade que ela representava, circulou nos meios cultos portugueses, ingleses, franceses, holandeses e escandinavos, acompanhando destacamentos militares, oficiais imperiais, padres, missionários e cientistas. A palavra *"Pareas"* era empregada fazendo referência às pessoas com as piores reputações, e empregava-se a palavra *"Piriawes"* com o sentido de pessoas detestáveis, odiadas, carrascas. Homens vis, fedidos e nojentos eram chamados de *Purchas*. Havia uma casta chamada *Pareyaes*, desprezada por todos a tal ponto que, se alguém mantivesse contato físico com um membro dessa casta, precisaria higienizar-se, purificando-se com água. Os chamados *Parreas* eram considerados da raça mais vil e indigna, alimentavam-se de ratos e ratazanas, e eram um povo desprezível e malcheiroso. Finalmente, havia os *Barriers*, que eram pessoas pobres que se alimentavam de todo tipo de carne e outras coisas consideradas impuras (Varikas, 2010, p. 33; Varikas, 2014, p. 7-8).

5.2 A discriminação persistente

Conforme registrado anteriormente, a Constituição da Índia incluiu um artigo que proibiu a intocabilidade e o governo aprovou uma legislação visando à punição dos não *dalits* que a praticassem. No entanto, em muitos casos, a legislação tratou dos sintomas da intocabilidade, mas não do regime discriminatório subjacente. Ainda hoje, existem lacunas na legislação que não abordam o que os estudos têm identificado como discriminação horizontal. Os estudos indicam claramente que a abolição em nível constitucional, somada às leis que criminalizaram a prática da intocabilidade, não têm sido suficientes para combatê-la. A análise dos dados coletados desvendou as complexidades da intocabilidade de uma maneira que permitiu que agentes do governo, ativistas, instituições religiosas e toda a sociedade pudessem responder com soluções eficazes. De fato, está claro que abordar apenas um domínio da vida *dalit* é insuficiente, pois todos os domínios precisam ser abordados. Compreender a intocabilidade é crucial para acabar com ela. Sem entender o problema, o governo nunca será capaz de resolver completamente esse problema e cumprir as obrigações de Direitos Humanos devidas aos cidadãos *dalits* (Armstrong *et al.*, 2010, p. 33).

Noutro passo, a violência contra os *dalits* persiste, generalizada e cruel, e, quando eles resistem às formas intoleráveis da intocabilidade, findam se sujeitando aos riscos de boicotes sociais e econômicos por parte das castas superiores. Com isso, atos brutais de desumanidade, como andar nus na rua, forçá-los a comer excrementos, violentar as mulheres, arrancar-lhes os olhos e linchamentos, são acontecimento relatados frequentemente em diferentes partes do país (Sooryamoorthy, 2008, p. 289).

Como se pode observar, a Índia é exemplo da injustiça ao extremo, pois os números afetados são maiores e a pobreza é mais profunda. As atrocidades são um assunto cotidiano e a servidão forçada e a segregação são a regra. A população de *dalits* equivale a mais da metade da população dos Estados Unidos, e a maioria deles vive com menos de um dólar por dia. Toda semana, ao menos 13 *dalits* são assassinados e cinco de suas casas são destruídas. Três mulheres *dalits* são violentadas e 11 *dalits* são agredidos todos os dias. Um crime é cometido contra um *dalit* a cada 18 minutos (Nurula, 2010, p. 260).

Embora a Índia tenha feito progressos importantes em termos de proteção concedida aos *dalits* desde a independência, eles ainda sofrem discriminações e maus-tratos por membros das castas superiores e das autoridades policiais. Os maus-tratos são indesculpáveis, tanto da perspectiva das leis internas quanto em relação às obrigações assumidas perante a ordem jurídica internacional. Apesar de os setores do governo negarem a prática de maus-tratos aos *dalits* e apontarem para as extensas proteções legais que comprovam o cumprimento dos padrões internacionais, os numerosos casos relatados de violência e discriminação indicam que os *dalits* continuam sendo o *Broken People*. Nesse cenário, até que as atrocidades contra os *dalits* terminem, a comunidade internacional deve continuar a divulgar as condições existenciais da população desprivilegiada e a encorajar o país a cumprir os padrões estabelecidos em suas leis domésticas e nas obrigações internacionais (Saikia, 2104, p. 51).

Como estudo de caso, a condição dos *dalits* mostra claramente as limitações da lei e coloca o crescimento econômico como antídoto para a desigualdade. Os altos níveis de pobreza concentrados entre grupos sociais específicos, a epidemia de violência infligida em nome da defesa de normas e tradições baseadas nas castas e a prevalência da segregação, exploração e intocabilidade como regra, e não exceção, tudo isso expõe as formas pelas quais a discriminação usa a pobreza como máscara (Nurula, 2010, p. 267).

Por outra perspectiva, os problemas que as pessoas da base da sociedade indiana agora têm de enfrentar não são exclusivamente problemas próprios das castas. Atente-se que, por um lado, a discriminação baseada na poluição ritual talvez não tenha desaparecido totalmente, mas está em declínio. Entretanto, por outro lado, a mecanização da agricultura levará, provavelmente, ao desemprego de mais e mais trabalhadores agrícolas, independentemente de quais sejam suas respectivas castas. Claro, membros das castas dos intocáveis serão os primeiros a sofrer com isso, o que ocorrerá, apesar de sua casta. Em outras palavras, todos os trabalhadores agrícolas serão afetados e alguns não terão ações afirmativas para protegê-los. O efeito da liberalização da Economia nas camadas mais baixas da população ainda é uma questão de debate, que, novamente, não estará ligado à identidade de casta (Deliège, 2002, p. 14).

Dadas as condições existenciais conhecidas, questiona-se: como os intocáveis podem ainda ser acusados de fazer trabalhos sujos voluntariamente?

A questão de saber se os intocáveis podem ser acusados de ter incitado a maldição da intocabilidade sobre si mesmos, por fazer o trabalho sujo dos hindus, é realmente irrelevante. O que é importante notar é que uma conferência dos intocáveis que se reuniu em *Mahad* (cidade do distrito de *Raigad*, situada no estado de *Maharashtra*) decidiu que nenhum intocável devia esfolar corpos de animais mortos pertencente aos hindus, removê-los ou comer-lhes a carniça. O objetivo dessas resoluções é o de promover entre os intocáveis o respeito próprio e a autoestima. Mas este ainda é um objetivo menor. O objetivo principal é justamente derrubar a ordem social hindu, que se baseia na divisão de trabalho, que reserva aos hindus empregos limpos e respeitáveis; e aos intocáveis atribui empregos sujos e mesquinhos, e, assim, veste os hindus de dignidade e acumula ignomínia sobre os intocáveis. Essa resolução foi uma revolta contra parte da ordem social hindu, cujo objetivo é fazer com que os hindus realizem, eles mesmos, seus trabalhos sujos. Este é um breve resumo da história da revolta dos intocáveis contra a ordem estabelecida dos hindus, que teve origem em *Mumbai* (antiga *Bombaim*, é a cidade mais populosa da Índia) e se espalhou para todas as partes da Índia (Government of Maharashtra, 2014, p. 258).

Em acréscimo, é bastante sugestiva a analogia entre o problema judaico e o problema dos intocáveis. Note-se que, enquanto o credo judaico se opõe ao credo gentio, os hindus e os intocáveis não estão separados por nenhum desses antagonismos, na medida em que eles têm um credo comum e observam os mesmos cultos (Government of Maharashtra, 2014, p. 4).

A EDUCAÇÃO SUPERIOR E O SISTEMA DE RESERVAS NA ÍNDIA:
AVANÇOS, RETROCESSOS, PERSPECTIVAS E UTOPIAS

Factualmente, o que se tem francamente demonstrado é que o ato de terror ainda é uma prática corriqueira como parte da violência perpetrada contra os *dalits*. A comunidade *dalit* enfrenta constante humilhação, em profunda turbulência e crescente erosão de sua identidade e sentimento de ser parte da sociedade civil, da nação e do estado. Teoricamente, a intocabilidade pode ter sido abolida, mas, na prática, os *dalits* continuam expostos à discriminação, ao assédio e à humilhação. A eles são negados os Direitos Humanos básicos de autorrespeito, igualdade e liberdade, apesar da garantia constitucional. Se eles ao menos tentarem desafiar as práticas opressivas tradicionais, serão submetidos a mais insultos, humilhações e privações. Por isso, milhões de *dalits* deparam-se com uma situação de desamparo em que não lhes é permitido nem mesmo gozar dos direitos garantidos por lei. Dessa forma, a promessa dos direitos sociais, culturais, civis e econômicos em favor dos *dalits* permanece não realizada (Kanti, 2014, p. 37-38).

Todavia, apesar de toda a moldura negativa que circunda a intocabilidade, ela produz um efeito proveitoso e muito peculiar entre os próprios intocáveis, pois para eles a condição da intocabilidade não lhes impõe mais restrições do que as existentes. Explica-se: nas questões de poluição ou impureza, que não afetam as relações entre as castas, os intocáveis tendem a ignorar todas as restrições. Ou seja, ao comer carne, manusear animais mortos ou tocar objetos proscritos, eles raramente hesitam, nem sequer acham necessário, em realizar rituais de ablução depois (ritual de purificação, de limpeza), nem mesmo após realizarem funções corporais e sexuais consideradas impuras pela tradição, pois é como se o estigma da intocabilidade os libertasse dos efeitos nocivos. A lógica é: como já são intocáveis, não podem ser empurrados para mais baixo (Juergensmeyer, 2019, p. 23-24).

6

FUNDAMENTOS DOS SISTEMAS DE CLASSIFICAÇÃO

Apesar de não serem a mesma coisa, o sistema *varna* e o sistema de castas são, simultaneamente, sagrados e profanos, enigmáticos e desafiadores.

Em sua origem, *varna* denotava as partes do corpo de uma divindade (boca, braços, pernas e pés) da qual a humanidade teria nascido, e por aquela se estabeleceram as linhagens das famílias que formaram a sociedade hindu. Por um lado, no aspecto da sacralidade, as partes da divindade tinham correspondência com as castas, num total de quatro, cada qual dispondo de um conjunto de qualidades e atribuições. Por outro lado, apesar de haver preceitos religiosos na base da formação desses sistemas, é indisfarçável seu caráter profano, ainda nos dias atuais, em que se constata a intensa perseguição e violação dos Direitos Humanos mais elementares dos integrantes das baixas castas, por atos agressivos, vergonhosos e deprimentes exercidos pelos integrantes das altas castas, que se dizem e se comportam como representantes dignos e autênticos da divindade originária.

São enigmáticos tanto quanto desafiadores, na medida em que não há parâmetros claros para se definir e entender como um sistema de organização social pautado em princípios teoricamente sagrados pode converter a religiosidade em força física brutalmente aplicada em detrimento de pessoas desamparadas, mulheres, crianças e idosos. Esse mesmo sistema que tem crença na espiritualidade se compromete ao ponto de ferir e matar seres humanos, tratando as pessoas de forma desprezível, com intensa repulsa, chegando a proibir o contato físico e proscrever, de forma absoluta, os relacionamentos sociais e conjugais entre pessoas que não ocupem o mesmo status social definido pela casta de pertencimento.

O enfrentamento desses sistemas também desafia a ordem jurídica, especialmente considerando que o texto constitucional indiano dispõe de suporte normativo expresso que garante que o Estado não negará a nenhuma pessoa a igualdade perante a lei ou a igual proteção em face da lei (Art. 14), e ainda proíbe a discriminação tendo como base religião, raça, casta, sexo e local de nascimento (Art. 15). Também garante que nenhuma pessoa estará sujeita a nenhuma forma de responsabilização, restrição ou condição para ter acesso a lugares comuns, como lojas, restaurantes, hotéis e locais de entretenimento público, ou, ainda, à utilização de poços, tanques, balneários, estradas e outros locais mantidos, parcial ou totalmente, com recursos públicos (Art. 15, 2, "a" e "b").

Diante de tais normas, entre outras que dão forma aos direitos fundamentais dispostos na Parte III da Constituição, percebe-se haver clara inclinação para a positivação dos direitos humanitários na perspectiva da satisfação do bem-estar individual e coletivo. Também como decorrência da adoção desses mecanismos de garantia, o texto constitucional expressamente buscou a promoção da igualdade de oportunidades (Art. 16) e a abolição e proibição da prática da intocabilidade (Art. 17).

Há, portanto, evidente disfuncionalidade entre o sistema *varna* e o de casta, de um lado, e a normatividade constitucional, de outro lado, pois, apesar de haver uma ordem jurídica garantidora dos direitos fundamentais, que busca manter coesa e protegida a diversidade social, religiosa, cultural etc., no território indiano, é inegável a prática recorrente de atos de perversidade gravíssimos contra membros das baixas castas, praticados sob o manto moral da religiosidade consubstanciada nos preceitos fundamentais que deram origem ao *varna* e à formação das castas.

Atualmente, o que se tem, concretamente, como decorrência da adoção desses sistemas, é a contínua fragmentação da sociedade e a intensa geração de conflitos baseados nas castas. Não obstante, o povo indiano, despertado para as desigualdades do sistema de castas, mas acreditando que o sistema dos quatro *varnas* é fundamental para a elevação da sociedade, muitas vezes defende um retorno para esse sistema, reformando as castas. E as castas individuais, por sua vez, buscam elevar sua posição social identificando-se com um determinado *varna* e exigindo seus privilégios de posição e honra (Encyclopedia Britannica, 2023).

De qualquer modo, observa-se que, em quase todas as categorias de beneficiários das reservas (castas, tribos, outras classes atrasadas e minorias), há um sentimento crescente de privação entre as diferentes categorias, o que está levando a conflitos internos graves (Jangir, 2013, p. 127), lembrando que na Índia o próprio texto constitucional dispõe sobre os três principais grupos beneficiários das política de reservas: *Scheduled Castes, Scheduled Tribes* e *Other Backward Classes* (Sitapati, 2017, p. 2). Apesar disso, o sistema de reservas baseado nas castas, social e religiosamente estabelecido, criou separações entre a população, formando inúmeros grupos de minorias étnicas e de castas (Singh, 2019b, p. 1).

6.1 Reexaminando o sistema *varna*

A vida começou no estágio selvagem, passou pelas fases tribal e pastoril, e, mais adiante, alcançou e desenvolveu a atividade agrícola. Foi nesse cenário que teve início a Era Védica (Gupta, 2001, p. 172).

O vedismo é considerado a religião mais antiga da Índia, tendo precedido o brahmanismo e o hinduísmo.

Varna, ou *Varna-Vyavastha*, é um antigo sistema que classificava as pessoas na sociedade indiana. De início, não se deve confundi-lo com casta. *Varna* é um conceito fundamental subjacente à sociedade hindu. Não se trata apenas da maneira como a sociedade foi estruturada, mas também como se tornou parte da identidade dos homens. O conflito moderno de classe e casta na Índia tem suas raízes no sistema *varna*. Assim, torna-se muito importante compreender a sua origem.

A palavra *"varna"* é ambígua e tem várias possibilidades de interpretação, mas, basicamente, tem o sentido de cor ou atributos. Com o sentido de cor, é importante ressalvar que, ao contrário do que ocorre em países europeus e dos Estados Unidos, a cor não tem nada a ver com a cor da pele ou com as raças humanas, razão pela qual o termo não deve ser mal orientado e confundido com racismo. O sentido usualmente empregado para o termo *"varna"* está mais de acordo com o sentido etimológico de atributos (Dwivedi, 2018, p. 1).

Para uma parcela de estudiosos e historiadores indianos, esse sistema tem base científica, tanto que incorpora outros campos de estudos, como as ciências sociais, comportamentais, Economia e Psicologia. Entretanto, para os estudiosos ocidentais e pós-modernistas, *varna* é um sistema de discriminação e uma vergonha para a sociedade, por não ter interpretado, corretamente, as escrituras hindus e os textos sociais mais antigos. Os historiadores antigos e medievais afirmavam que a Índia percorreu o caminho da história, sendo governada por muitos e abusivamente explorada, de modo que durante muito tempo, no passado e no presente recente, esse valioso sistema foi corrompido, entregando-se à política baseada nas castas e às práticas sociais discriminatórias (Dwivedi, 2018, p. 1).

Segundo a perspectiva religiosa originária, *varna* denotava as partes do corpo de um Deus supremo (*God, Supreme Being*). Para o hinduísmo, a reencarnação dos deuses, dos seres humanos e dos animais é um acontecimento aceito. Desse modo, nos três níveis mais elevados (*Brahman, Kshatriya* e *Vaishya*), os seres nascem duas vezes (*Twice Borned*): a primeira vez, pelo nascimento natural; e a segunda ocorre após o ser passar por um ritual de iniciação. O quarto nível, e o mais baixo, é o dos *Shudras*, e este, com os três, formam o sistema *varna*. Nesse contexto, para cada nível corresponde uma especialidade de ocupações, que, por sua vez, está relacionada às partes do corpo da divindade *Puruska-Sukta* (acredita-se que ele foi o primeiro a ser constituído pela combinação dos quatro *varnas*). O *varna brahman*, segundo essa classificação, relaciona-se com a cabeça da divindade, e os membros respectivos podem exercer atividades que envolvam ensino, conhecimentos, discursos, orientações, artes e expressões, e, ainda, os rituais religiosos (sacerdotes, estudiosos e professores). No nível *kshatriya*, há a correspondência com os braços da divindade, de modo que os membros desse *varna* podem exercer atividades como guerras, lutas, proteção, poder, cooperação e administração (legisladores, administradores e militares). O nível *vaishya* está relacionado com as pernas da divindade, e os membros desse *varna* podem exercer atividades próprias do mercado, que envolvam capitais, riquezas, economia e comércio. Em regra, são agricultores e comerciantes. Por último, o nível dos *Shudras* corresponde aos pés da divindade, sendo este o nível mais baixo. Seus membros exercem atividades tipicamente braçais, trabalhos duros e serviços (trabalhadores e prestadores de serviços) que os membros dos *varna* superiores não desempenham (Dwivedi, 2018, p. 1-2). Cita-se, ainda, que os quatro *varnas* se desenvolveram conforme as divisões de classes arianas muito antigas, pois era comum haver algum nível de estratificação nas diversas comunidades indo-europeias (Chandel, 2018, p. 357).

Considere, entretanto, que os *varnas* são uma teoria não genealógica. Eles não são linhagens, mas categorias (Jairam, 2017, p. 25). Além disso, esse sistema tem incidência plena não apenas na ordem religiosa, mas também, e de forma bastante significativa, na ordem política. Por isso, diz-se que recorrer a Deus como fonte transcendente de legitimidade e legalidade é uma das maneiras mais antigas de justificar uma ordem política (Ingram, 2010, p. 96).

Quanto à divindade *Puruska-Sukta*, ela foi definida como o ser cósmico que permeia tudo, consciente e inconsciente, universalmente. Não obstante sua natureza divina, a crítica que se faz é que o sistema *varna* nunca evoluiu, embora se possa admitir que as classes que dele se originaram experimentaram alguma evolução e constituíram o rígido sistema de castas conhecido (Shivdas, 2016, p. 42).

O hinduísmo, por sua vez, é uma das religiões mais antigas do mundo, seguida ainda hoje por vários grupos raciais e étnicos. Os textos sagrados hindus tratam do comportamento ético do indivíduo, da família e da sociedade em geral. Eles discutem e prescrevem regras de administração, política, princípios e estadismo. As regras de conduta aplicam-se à vida pessoal e coletiva. Por conseguinte, para o hinduísmo, como religião, a ordem social é divina, sendo denominada de *Varna-Vyavastha* (Mohan; Raju, 2013, p. 565).

Do ponto de vista filosófico, o sistema *varna* é a representação da verdade no mundo material. Verdade que pode ser negada, mas não ignorada. Desse modo, os quatro componentes do sistema *varna* formam os pilares ou os blocos de construção de cada sistema com os quais as civilizações têm feito uso regularmente, seja um sistema de computação, seja um sistema de defesa, um sistema organizacional, governamental ou não governamental etc. (Shivdas, 2016, p. 43). Mas, nessa perspectiva, sustenta-se que as quatro categorias do *varna*, ou seja, *brahman, kshatriya, vaishya* e *shudra*, nunca tiveram nenhum significado personificado, isto é, um *brahman* nunca representou um humano, um *kshatriya* nunca representou um guerreiro humano, e, de igual modo, um *vaishya* e um *shudra* também não representaram um humano (Shivdas, 2016, p. 45).

Apesar dessas e de outras imprecisões sobre origens e significados filosóficos, o fato é que pessoas de várias raças, castas, classes e religiões ocuparam o subcontinente indiano desde os primórdios da civilização, e, em razão disso, muitas pesquisas foram feitas sobre a história cultural, social, econômica e política da Índia, que se tornaram muito úteis para entender o desenvolvimento da sociedade. Com essas pesquisas, os governos desenvolveram políticas para os setores carentes. No entanto, ainda há a necessidade de pesquisas mais autênticas para colocar em primeiro plano os aspectos obscuros da realidade das comunidades oprimidas. O estudo dos antigos textos prescritivos sobre normas e regras sociais tem um imenso potencial a ser explorado para a compreensão das realidades socioculturais e religiosas da Índia antiga (Kaushalya, 2019, p. 107).

Todas as fontes antigas fizeram distinção nítida entre os dois termos: "*varna*" é muito referido; mas "casta" ou "*jati*", muito pouco e, quando aparece na literatura, nem sempre implica o grupo social comparativamente rígido e exclusivo dos tempos passados. A casta é o produto do desenvolvimento ocorrido durante milhares de anos, com base na associação de muitos grupos raciais, de tipos diferentes, em um único sistema cultural. Não é possível, entretanto, mostrar sua origem de forma conclusiva, uma vez que a literatura antiga lhe dava pouca atenção. Mas é praticamente certo que a casta não se originou das quatro classes do *varna* (Chandel, 2018, p. 361).

Em uma sociedade onde um grupo é política, social e economicamente dominante, membros de grupos estigmatizados são constante e fortemente bombardeados com mensagens negativas sobre suas próprias habilidades e valores intrínsecos. Essa circunstância os leva a internalizar essas mensagens negativas, o que contribui para impedi-los de atingir seu potencial máximo e reforça as mensagens negativas, que, por sua vez, reforçam os sistemas opressores (Holt-Giménez; Harper, 2016, p. 5).

O que se tem como mais provável é que, na sociedade hindu, o sistema de castas criou grupos de pessoas intocáveis e inacessíveis, e que essa sociedade também teve em seu meio várias tribos primitivas e aborígenes (Mohan; Raju, 2013, p. 564).

Conforme já assinalado, a divisão da sociedade em quatro grupos principais foi denominada de *Varna-Vyavastha*. Nesse sistema, em princípio, as pessoas assumiam como profissão uma atividade que estivesse mais próxima de seus talentos naturais, gostos, temperamento e treinamento. Com isso, as diferentes profissões começaram a se tornar, gradualmente, as marcas dos diferentes *varnas*. Naquele momento, entretanto, não havia rigor para a mudança de profissão que fosse específica de um *varna*, mas, com o tempo, a rigidez desenvolveu-se e fortaleceu-se (Gupta, 2001, p. 174).

Apesar de todas as discussões sobre esse assunto, o fato é que a relação precisa entre *varna* e casta tem sido objeto de muita especulação e debates entre os estudiosos. A interpretação mais comum e aceita, atualmente, é tratar o sistema *varna* como uma ampla classificação agregativa em toda a Índia, enquanto casta é mais propriamente uma subclassificação regional ou local, envolvendo um sistema muito mais complexo, constituído de centenas ou até mesmo de milhares de outras castas e subcastas (NCERT, 2019, p. 42).

De qualquer modo, a divisão primordial do trabalho era feita pela sociedade e, para alguns críticos, essa categorização deve ser entendida apenas como simbólica, ao argumento de que a divindade *Puruska-Sukta* tem sido, muitas vezes, mal-interpretada para ditar uma hierarquia, pois, em nome da verdade, essa classificação é simplesmente metafórica. Ou seja, todos os quatro *varnas* emergiram de um mesmo corpo e, apesar de terem funções diferentes, são igualmente importantes. Convém observar que, por um longo período, todos os preceitos hindus estiveram sob a forma não escrita, e, com isso, eles se transformaram, gradualmente, em termos de interpretações, em grande parte de más interpretações (Mishra, 2015, p. 727).

De acordo com o sistema *varna*, ocupações nobres receberam um status mais elevado, enquanto as ocupações poluidoras e impuras receberam um status mais baixo. Casamentos e misturas entre os diferentes *varnas* eram raros e, na maioria das vezes, não permitidos. No entanto, em alguns casos, havia intelectuais oriundos dos estratos inferiores, que foram aceitos e receberam status mais elevados (Mishra, 2015, p. 728).

Isso fez com que a diferenciação social, com a demarcação de grupos e status, se tornasse a característica mais difundida na sociedade da época. De longe, no maior número de comunidades, esse status dependia da realização dos indivíduos nos campos de atividades que eram mais valorizadas por essas mesmas comunidades. Essas atividades iam desde a capacidade para certos tipos de experiências sobrenaturais até a capacidade para produzir riquezas. As marcas visíveis dessa diferenciação são os direitos especiais atribuídos para alguns grupos e as deficiências para outros, o que se torna perceptível, principalmente, em matéria de vestuário, ocupação e alimentação. Em várias comunidades, o status de um indivíduo era determinado pelo nascimento. Nos tempos mais remotos, havia pessoas que dominavam línguas indo-europeias e se ocuparam em disseminar essa teoria do status pelo nascimento, propagando-a para uma extensão maior de pessoas e grupos, tanto no que dizia respeito ao número de grupos diferenciados dentro de uma sociedade quanto em relação aos seus direitos e deficiências. Em muitos casos, por exemplo, era imposto aos membros dos grupos que somente se casassem com membros do próprio grupo. Esse sistema de ordenação social foi o único conhecido que classificava alguns grupos como intocáveis e inacessíveis (Grurye, 1957, p. 165).

Alguns críticos modernos admitem que a principal desvantagem da sociedade organizada em torno dos *varnas* foi a de ter o sistema de castas como característica do sistema social. Não há referência exata de como o sistema *varna* se transformou em sistema de castas, criando um modo próprio de discriminação baseado nas castas, entendendo-se que o valor de nascimento foi usado como ferramenta ou instrumento para romper a harmonia social (Parmar; Bhadauriya, 2021, p. 141).

Foi sempre recorrente a circunstância de que muitas diferenças de status na sociedade indiana fossem expressas em termos de pureza ou de poluição, e essas noções, complexas que são, variaram muito entre as diferentes castas, grupos religiosos e regiões. Geralmente, o alto status estava associado à pureza; e o baixo status, à poluição. Alguns tipos de pureza são inerentes, como a de um membro da casta brâmane de alto escalão, ou sacerdotal, que já nasce com mais pureza do que alguém nascido em uma casta de varredores, no baixo escalão. Outros tipos de pureza, entretanto, podem ser mais transitórios, como a comparação entre brâmanes que tomavam e os que não tomavam banho.

A pureza, em regra, estava associada à limpeza ritual, como tomar banho diariamente em água corrente, vestir roupas recém-lavadas, comer apenas os alimentos apropriados para sua casta e evitar contato físico com pessoas de posição significativamente inferior ou com substâncias impuras, como os dejetos corporais de outro adulto. O envolvimento com os produtos derivados da morte humana ou da prática de violência costumava ser considerado uma prática ritualmente poluente.

Indiscutivelmente, a ordem social foi baseada na desigualdade, e, ao longo dos séculos, degenerou-se ainda mais. A casta baseada no nascimento foi a primeira e a principal ameaça à igualdade, uma vez que negou firmemente a educação para as *Other Backward Classes*. Somente após o estudo dos problemas, os cientistas sociais e os líderes políticos envolvidos sentiram a necessidade de se alcançar a igualdade, e, para tanto, o único meio que encontraram foi o de conceder reservas para as *Other Backward Classes* nas instituições educacionais de ensino superior administradas pelo governo central. O objetivo principal desse movimento foi o de estabelecer a igualdade social (Kandasamy; Smarandache; Kandasamy, 2009, p. 73).

Há duas características da ordem social que prejudicaram imensamente a sociedade e a política, que foram a criação da classe de intocáveis fora do sistema *varna* e a negação da educação a vários segmentos da sociedade, especialmente às mulheres. A negação da educação aos vários grupos sociais levou à disseminação da ignorância e do analfabetismo entre o povo. Isso também contribuiu para o extremo atraso e a pobreza. A falta de acesso à educação, às escrituras e aos livros afetou negativamente os intocáveis e as mulheres, além de ter gerado enorme sensação de insegurança entre eles (Singh, 2011, p. 22).

A morfologia social da casta continua sendo, ainda hoje, uma das características mais importantes no contexto da divisão da sociedade indiana em inúmeras comunidades. Recentemente, o projeto denominado *People of India*, idealizado e realizado pela *Anthropological Survey of India*, chamou atenção do público para o significado contínuo das divisões de castas e subcastas na Índia contemporânea (Beteille, 1996, p. 15). A casta, como força contínua das identidades coletivas, é reflexo do fracasso das instituições da sociedade civil em criar raízes e ganhar força na Índia independente. A sociedade civil requer uma variedade de instituições abertas e seculares, como escolas, universidades, hospitais, corporações municipais, associações profissionais e associações voluntárias de vários tipos, para mediar-se entre o indivíduo e a sociedade. Na época da independência, por exemplo, esperava-se que essas instituições abertas e seculares dessem forma e substância à democracia e, ao mesmo tempo, afastassem a consciência da casta e da comunidade. Mas essas instituições falharam em fornecer o que se esperava delas, e não surpreende que as formas mais antigas de identidades coletivas não apenas tenham se mantido firmes como se tornado cada vez mais assertivas (Beteille, 1996, p. 26).

É oportuno ressaltar que a noção de associação social, sejam quais forem os propósitos, pressupõe alto grau de voluntariedade, isto é, a capacidade dos indivíduos de formar, ingressar e sair de associações por sua própria vontade. É aqui, precisamente, que se situa o problema da sociedade civil em países como a Índia, que não são totalmente individualizados nem totalmente comunitários (Edwards, 2011, p. 177).

Teoricamente, o sistema de castas pode ser entendido como a combinação de dois conjuntos de princípios, sendo um baseado na diferença e separação; e o outro, no holismo e na hierarquia. Isso faz com que cada casta seja diferente e rigorosamente separada das demais (NCERT, 2019, p. 44).

As características definidoras de casta mais comumente citadas são (NCERT, 2019, p. 43-44):

I. A casta é determinada pelo nascimento: uma criança nasce na casta de seus pais, de modo que isso nunca é uma questão de escolha. Nunca se pode mudar de casta, deixá-la ou optar por não se juntar a ela, embora haja casos em que uma pessoa possa ser expulsa de sua casta;

II. Ser membro de uma casta envolve regras estritas sobre o casamento: os grupos de castas são endogâmicos, ou seja, o casamento é restrito aos membros do mesmo grupo;

III. A filiação à casta também envolve regras sobre alimentação e compartilhamento de alimentos. São prescritos os tipos de alimentos que podem ou não ser consumidos e com quem se pode compartilhá-los;

IV. A casta envolve um sistema que consiste em muitas castas organizadas em torno de uma hierarquia de posição social e status. Cada pessoa tem uma casta e cada casta tem lugar específico na hierarquia de todas as castas. Embora a posição hierárquica, particularmente nos escalões médios, possa variar de região para região, há sempre uma hierarquia;

V. As castas também envolvem subdivisões em si mesmas, ou seja, as castas quase sempre têm subcastas e, às vezes, as subcastas também podem ter subcastas. Esse sistema é conhecido como Organização Segmentada;

VI. As castas são tradicionalmente ligadas às profissões. Uma pessoa nascida em uma casta só podia exercer a ocupação associada a essa casta, de modo que as ocupações eram hereditárias, isto é, transmitidas de geração em geração. Por outro lado, uma determinada ocupação só poderia ser exercida pela casta a ela associada, de modo que os membros de outras castas não poderiam exercê-las.

Há duas importantes especificidades que devem ser consideradas para se entender as razões que ainda são determinantes para a manutenção das desigualdades. Primeiro, na Índia, como na maior parte do Oriente, a religião permanece como um poder para o bem ou para o mal, e tem sobre os homens um domínio que na Europa moderna há muito saiu de suas mãos. Auxiliada pela ficção, a religião exerce uma influência sutil sobre o ritual familiar e os usos domésticos, e, por meio dessa influência, age insensivelmente de modo a modificar e a transformar a estrutura interna da sociedade (Risley, 1915, p. 216). Depois desse, o segundo aspecto mais importante para entender o desenvolvimento da política e os conflitos das castas desde a independência é que, política e constitucionalmente, a casta é uma categoria privilegiada, que pode proporcionar benefícios tangíveis às comunidades e aos eleitores, por exemplo, mediante reservas na educação, no emprego e, por vezes, na política, de tal modo que as identidades religiosas não podem (Brass, 2010, p. 262).

Aliado a isso, a intervenção de interesses escusos tem sido uma importante razão para a divisão das castas, o que está levando a sociedade a uma condição deplorável (Jairam, 2017, p. 28). Nesse contexto, tem-se a advertência oportuna do Dr. Ambedkar, para quem o ideal anunciado pela divindade *Puruska-Sukta* é criticável, pois que ela pregava uma sociedade composta por classes diferentes como seu ideal, o que fez dos *varnas* uma questão de dogma e aceitou a desigualdade gradual entre as quatro classes, e também entre homens e mulheres (Mohan; Raju, 2013, p. 564).

Diante desse cenário, surgiu a chamada Indologia[27], que faz referência aos estudos de clássicos da literatura, língua, cultura etc. Ela tem incidência sobre a literatura sânscrita e a relacionada às grandes religiões, como hinduísmo, sikhismo, budismo e jainismo. Em sentido mais amplo, a Indologia emergiu no mundo acadêmico como uma base de conhecimento no subcontinente indiano, que inclui os Estados vizinhos da Índia e do continente asiático em geral. Na contramão das bases de conhecimento e dos métodos eurocêntricos, os indólogos[28] têm se concentrado nas fontes e nos métodos indianos para estudar a correspondente sociedade (Garada, 2013, p. 13).

Com isso, algumas possíveis explicações e análises foram assimiladas e difundidas em termos técnicos mais apropriados, dentre os quais se extrai, resumidamente:

I. As ocupações hereditárias são entendidas como uma das características mais importantes do sistema de castas. A cada casta é atribuído um tipo particular de trabalho, e espera-se que cada hindu siga sua ocupação hereditária (Kolge, 2017, p. 44);

II. A lei não é a única sanção que sustenta as instituições sociais, que também podem ser sustentadas por outras sanções. Entre estas, a sanção religiosa e a sanção social são as mais importantes. O sistema *varna* tem uma sanção religiosa, e, por ter uma sanção religiosa, esse sistema tem a sanção mais completa e rígida da sociedade hindu. Sem proibição legal, a sanção religiosa tem sido mais do que suficiente para manter o sistema *varna* em plena atividade. A melhor evidência para mostrar que o sistema *varna* está vivo, apesar de não haver lei para aplicá-lo, é encontrada no fato de que o status dos *Shudras* e dos intocáveis na sociedade hindu permanece exatamente o que era (Ambedkar Foundation, 2019, p. 13);

III.O sistema dos quatro *varnas* é fundamental para se entender a visão que os legisladores tradicionais tinham da sociedade. Eles especificaram diferentes conjuntos de obrigações para cada uma. No entanto, a história tem demonstrado que o sistema *varna* tem sido mais propriamente um modelo social. Hoje, percebe-se que a multiplicidade de castas pode ser explicada como resultado de alianças hipergâmicas e hipogâmicas entre as classes e seus descendentes (Encyclopedia Britannica, 2023).

Uma breve nota sobre a hipergamia: esse fenômeno ocorre quando, em um relacionamento conjugal, a situação econômica do marido excede sistematicamente à de sua esposa. É um princípio fundamental do patriarcado. A violação da hipergamia, que ocorre quando o status econômico da esposa é igual ou superior ao do marido, mina as crenças e normas patriarcais tradicionais sobre os papéis de gênero e as concepções dominantes da masculinidade, como o homem deve ganhar mais do que sua esposa ou o homem deve ser o principal sustento da casa. Isso pode levar a estresse, tensão e, muitas vezes, violência doméstica grave como uma forma de reação masculina (Roychowdhury; Dhamaija, 2022, p. 1).

De acordo com a teoria econômica, pode-se explicar a hipergamia como resultado de um modelo de especialização e troca no qual os homens se especializaram no mercado de trabalho e as mulheres se especializaram nas atividades domésticas. Logo, os ganhos do casamento tendem a ser maiores para casais hipergâmicos em relação à produtividade no mercado de trabalho (Rose, 2004, p. 2). Sabe-se que a hipergamia é um fenômeno comum entre as sociedades asiáticas onde as mulheres são consideradas um fardo econômico. Consequentemente, embora a hipergamia eleve o status social e econômico das mulheres, elas precisam superar várias etapas nesse processo, como o ajuste com a classe social, os sogros, a criação dos filhos e a linguagem (Parveen *et al.*, 2015, p. 3.830).

Por último, é fato que as mulheres tendem a se casar elevando-se na classe, e os homens declinam para a classe mais baixa, na escala socioeconômica, em algumas sociedades. Na sociedade hindu clássica, a hipergamia em relação à classe social tem sido uma ocorrência institucionalizada pelo sistema de estratificação. Consequentemente, uma vez que o homem determina a posição social de sua família, entende-se que ele pode se dar ao direito de se casar trocando, de fato, sua posição econômica mais elevada por qualidades pessoais que ele considere atraentes em uma esposa. A mulher rica, entretanto, não está em condições de fazer tal comércio (Rubin, 1968, p. 750).

6.2 Reexaminando o sistema de castas

A ordem social indiana e seus vínculos com o sistema *varna* e o sistema de castas formaram a base de uma sociedade complexa e indecifrável, apesar de sua feição democrática, normativamente organizada e protegida por uma Constituição carregada de princípios e de um extenso catálogo de direitos fundamentais. Para uma análise crítica e produtiva dessa ordem social, impõe-se ao menos uma breve revisão sobre os aspectos mais essenciais dos traços sociológicos que envolveram e ainda circundam o maior e o mais ostensivo sistema de diferenciações de pessoas existente no mundo moderno. Contudo, antes de prosseguir, convém ressalvar que a ideia de princípios aqui mencionados é a de que eles são meios ou formas aptas ou capazes de orientar o intérprete, o aplicador e o próprio legislador na compreensão e elaboração das normas, tratando-se, portanto, de princípios interpretativos, que objetivam a correta aplicação das normas e dos direitos consagrados no texto constitucional (Bastos, 2014, p. 120).

Nesse contexto, a casta tem sido um tema central e de relevância quando se trata da investigação sociológica na Índia. Nessa perspectiva, se, por um lado, conceituar casta como sistema de dominação e de exclusão conduz a uma visão limitada, principalmente em termos econômicos e de status religioso, por outro lado, possibilita a inclusão de categorias subjacentes que se complementam, que são, justamente, a análise da casta por uma perspectiva macro e institucional dos sistemas econômicos e sociais e de suas experiências, especialmente em razão de suas interações sociais e econômicas cotidianas. Em consequência, por se tratar de uma sociedade marcadamente estratificada, a compreensão da construção social da casta na Índia exige respaldo em princípios definidores de uma especial ordem jurídica e política.

Com isso, em termos genéricos, tem-se que:

I. A estratificação social é, antes de tudo, uma característica das sociedades que não se define simplesmente em função das diferenças individuais. A estratificação social é um sistema de toda a sociedade que distribui, desigualmente, os recursos existentes entre as categorias de pessoas. Nas sociedades tecnologicamente mais primitivas, como as caçadoras e coletoras, por exemplo, pouco se produzia, pois somente havia uma estratificação social rudimentar. Ao contrário disso, nas sociedades tecnologicamente mais avançadas, onde as pessoas geralmente produzem excedentes além de suas necessidades básicas, os recursos sociais são distribuídos de forma desigual entre as várias categorias sociais, independentemente das habilidades individuais inatas;

II. A estratificação social persiste por gerações, mantendo-se os recursos intimamente ligados às famílias e à herança, os quais são passados de uma geração para a seguinte. Nessa situação, a posição social de uma pessoa é atribuída, o que significa que os filhos assumem as respectivas posições sociais de seus pais. Consequentemente, dentro do sistema de castas o nascimento dita as oportunidades ocupacionais. Desse modo, é provável que um *dalit* fique confinado às ocupações tradicionais, como as atividades agrícolas, de catação de resíduos ou de curtição do couro, com poucas chances de conseguir um trabalho profissional ou de colarinho branco bem remunerado. Nesse contexto, o aspecto atribuído à desigualdade social é reforçado pela prática sistemática da endogamia, na qual o casamento é restrito, geralmente, aos membros da mesma casta, o que reduz a possibilidade de conspurcá-la por meio de casamentos mistos;

III. A estratificação social é sustentada, principalmente, por padrões de crença ou ideologia. Tem-se, nessa ordem, que nenhum sistema de estratificação social persistirá ao longo das gerações, a menos que seja amplamente visto como justo ou inevitável. A lógica do sistema de castas justifica-se, por exemplo, em termos da oposição pureza e poluição, sendo os *brahmans* reconhecidos como os mais superiores; e os *dalits*, como os mais inferiores em virtudes, tudo isso como consequência de seu nascimento e ocupação. A verdade, porém, é que, apesar de nem todos considerarem legítimo um sistema de desigualdade, normalmente as pessoas com os maiores privilégios sociais expressam maior apoio aos sistemas de estratificação, como o das castas e o das raças. Enquanto isso, aqueles que experimentaram a exploração e a humilhação, por ocuparem a base da hierarquia, são mais propensos a desafiar essa lógica.

A casta, como instrumento, foi decisiva para a formação das ocupações e para a fixação de valores na sociedade indiana. E a fé, nesse contexto, tem sido o impulso regular na direção desse sistema de estratificação durante séculos, perseverando por uma prolongada via de discriminação, segregação, violência e desigualdade. O hinduísmo tornou-se a espinha dorsal do sistema que envolve pureza e impureza, e transformou-se na religião que encorajou o dia a dia e as crenças do povo indiano. Mesmo já decorridos 75 anos de independência, os indianos continuam envolvidos e sob o domínio das castas. Com isso, a Índia sobrevive, tradicionalmente, como um reino composto de organizações fechadas e divididas por castas, credos e idiomas. O trabalho foi dividido e cada um teve sua tarefa atribuída, fazendo com que a hereditariedade das ocupações se tornasse a regra e ocupasse lugar na enorme economia. Consequentemente, a mobilidade de ocupação foi restringida e a possibilidade de um indivíduo deixar de praticar a profissão de seus ancestrais, para seguir seu próprio caminho, tornou-se um acontecimento raramente testemunhado. Ainda hoje, é visível que a casta continua desempenhando um papel vital na dinâmica das interações sociais e políticas. No entanto, a conexão entre castas e ocupações hereditárias acabou se tornando menos significativa agora, e há menos regulamentações sobre a interação social entre as castas, especialmente nas áreas urbanas. A sociedade indiana predominante está mudando suas estruturas fechadas para um ambiente de alternância e progressão marcada com a ajuda da afirmação do espírito humano independentemente das castas e credos (Gupta, 2018, p. 8-9).

Apesar da dicotomia pureza-impureza, nas castas o poder emana não apenas das posições ritualizadas, mas também de outros fatores, como a natureza do trabalho, a posição econômica, a força numérica e o desempenho individual de seus membros. Sem dúvida, alguns dos conceitos ritualísticos serviram de base para o funcionamento da sociedade, mas o mais importante foi o próprio funcionamento do sistema de castas. Exemplo disso é que sempre houve disputas sobre a ordenação das castas, às vezes até em uma determinada aldeia, onde havia a formação de fileiras ambíguas de pessoas. Entretanto, apesar de as castas inferiores, em certas ocasiões, desafiarem as castas superiores, em relação ao atendimento de seus direitos, é certo que reclamações, disputas, barganhas, negações e reconciliações sempre estiveram presentes na vida cotidiana (Sharma, 2012, p. 248).

Nessa análise, é importante considerar que o modo dominante do pensamento sobre as castas quase sempre o enfrentou com base em um quadro evolucionário, nutrindo a suposição subjacente de que as castas desapareceriam automaticamente com o surgimento da modernidade[29]. A aceitação dessa visão, quase que universal entre os indianos, mostrava-se evidente. Admitia-se que as castas não teriam futuro e que o processo de modernização as enfraqueceria e, eventualmente, as substituiriam por estruturas modernas baseadas na realização individual. A desigualdade social seria estruturada em torno da categoria aberta de classes, que as sociedades modernas do Ocidente possuem. Para a teoria da modernização[30], que teve sua origem nos arcabouços estruturais-funcionais de conceituação da sociedade humana, e ganhou destaque nas ciências sociais no pós-Segunda Guerra Mundial, a casta era um caso clássico de instituição tradicional. Como estrutura de relações sociais, sua utilidade funcional estava confinada aos tempos pré-modernos. O processo evolutivo de diferenciação estrutural, que acompanhou o crescimento das sociedades urbanas e industriais no Ocidente, transformou a comunidade tradicional em uma relação associativa. Desse modo, reconhecendo que a nova ordem social se baseava em relações estabelecidas por escolhas individuais, acreditava-se que o mesmo deveria acontecer na Índia (Jodhka, 2015, p. 5).

A associação tradicional entre as castas e certas ocupações tem sido frequentemente discutida teoricamente e, nos últimos tempos, houve um aumento na literatura prevendo a quebra dessa congruência. Alguns estudos sociológicos questionaram se o sistema de castas tradicional estaria dando lugar a uma sociedade baseada em classes. Para melhor analisar a questão sistêmica, é importante considerar, em primeiro lugar, que, embora a relação entre casta e classe não seja completamente direta, de fato aparece uma imagem provisória de congruência entre as duas. Nessa perspectiva, as castas altas são vistas como concentradas nas classes sociais mais altas, como as classes profissionais, as empresariais e as agrícolas. Isso parece indicar que as altas castas ocupam as classes de colarinho branco mais limpas e evitam o trabalho manual impuro. Em segundo lugar, a associação entre origens de casta e classe não parece ter se enfraquecido ao longo do tempo. Percebe-se ainda haver certa consistência nos padrões com a sobrerrepresentação das castas superiores no que se pode considerar classes superiores, e das castas inferiores nas classes inferiores. Portanto, isso não parece fortalecer a tese da modernização, em que se esperava haver o enfraquecimento do vínculo entre casta e classe. Em terceiro lugar, quando se estuda conjuntamente as origens das comunidades e das classes, particularmente no que diz respeito ao acesso a uma determinada classe, como a profissional, o efeito das origens de classe é visto como muito mais forte do que o efeito de comunidade ou casta. A verdade é que o impacto da casta não desapareceu com o tempo, concluindo-se que, para além de serem provenientes de uma alta casta, que parece apresentar um impacto positivo e significativo para o acesso às profissões, as outras castas tidas como inferiores não parecem ser muito distintas umas das outras a este respeito (Vaid, 2007, p. 23-24).

Chegando a esse ponto, convém se esclareça que o ensino de Sociologia, que no passado era tratado como antropologia social, começou na Índia no início do século XX, na Universidade de Bombaim (1919), mas foi precedido por pesquisas empíricas sistemáticas dedicadas à satisfação das necessidades do governo colonial, consistentes em classificar, categorizar e documentar a vida das pessoas sob seu domínio. Durante o período pré-independência, os tópicos mais importantes da pesquisa social foram o sistema de castas, as comunidades tribais, a família, o casamento e o parentesco, no contexto das comunidades rurais e urbanas. A administração colonial estava ciente da compreensão inadequada, e muitas vezes imprecisa, do senso comum dos costumes locais, tradições e julgamentos errôneos sobre diferentes arranjos institucionais. A seleção dos tópicos de pesquisa baseava-se, na época, nos valores ocidentais e nos princípios normativos do cristianismo, era ideologicamente tendenciosa e, segundo os estudiosos indianos de hoje, exagerava acerca da fragmentação da sociedade indiana (Mucha, 2012, p. 146).

A verdade é que, atualmente, há um engajamento dos sociólogos não apenas com a sociologia da Índia de estilo ocidental, mas também com a sociologia como tal, que está sendo desenvolvida naquele país, e com a tentativa de se construir uma sociologia propriamente indiana, no sentido de realizar pesquisas sistemáticas das questões estruturais e culturais baseadas em modelos conceituais de sociedade mais próximos das experiências e filosofias indianas do que as ocidentais, e baseada nas próprias perspectivas da Índia (Mucha, 2012, p. 145-146).

De qualquer modo, a questão é que, atualmente, a Sociologia indiana está passando por uma fase crítica. Por um lado, ainda é dominada pelos paradigmas e metodologias da Sociologia ocidental e, por outro, os sociólogos indianos estão se tornando cada vez mais conscientes das desigualdades persistentes. Eles estão tentando entender a natureza da desigualdade social. A justiça social e as ações distributivas tornaram-se preocupações fundamentais. Assim, por exemplo, muitos sociólogos estão empenhados em compreender a dinâmica da política de reservas. Seus estudos são descritivos ou, na melhor das hipóteses, analíticos, mas, apesar disso, na maioria dos casos, são desprovidos de uma fundamentação teórica sólida. A exclusão dos *dalits*, como consequência da rígida hierarquia no sistema de castas, é uma das questões mais discutidas na sociedade indiana atual (Modi, 2012, p. 142).

Além disso, enquanto a maioria dos sistemas sociais tradicionais de estratificação, como os baseados na escravidão, no racismo, no status, no gênero e na classe estão passando por mudanças profundas, a casta tem mantido, sistematicamente, o seu poder e é responsável por orientar a vida cotidiana de mais de 1,2 bilhão de pessoas, independentemente da religião e da origem. Os principais estudos sociológicos sobre o sistema de castas, suas funções e disfunções, podem ser classificados segundo algumas importantes linhas de pensamento. Dentre elas, destaca-se o estrutural-funcionalismo, que explica o sistema de castas pela perspectiva da divisão ocupacional do trabalho (Gundemeda, 2020, p. 91-92).

Nessa ordem, tem-se, resumidamente, a seguintes constatações:

I. A característica dominante na história social da Índia tem sido a incursão persistente em uma terra de diferentes raças com diferentes padrões culturais. A presença de diferentes elementos raciais e a disparidade de estágios de desenvolvimento econômico entre as várias raças e povos são as marcas indeléveis da estrutura social indiana. A tribo, a casta, a comunidade aldeã e a família representavam um esforço para organizar um sistema social viável baseado na autonomia de cada grupo, na disciplina coletiva e na tolerância mútua. A casta, a comunidade rural e a família desempenharam, coletivamente, importante papel histórico, com grande contribuição para a estabilidade social e cultural em um país em que as diferenças de raças e dos padrões culturais provocam a discórdia social, persistentemente (Mukerjee, 1937, p. 377);

II. Ao lado da rigidez do controle social, nada é mais verdadeiro na Índia do que a plasticidade e a capacidade de resposta das instituições que controlam a vida social, econômica e doméstica de todos. Tribos, castas, comunidades rurais e famílias, embora constituam uma estrutura compacta entrelaçada, antiga e sólida, são plásticas, dobrando-se às forças econômicas. Como resultado, a pressão cada vez maior sobre os recém-chegados, que ocupavam as terras mais férteis e salubres, sem dúvida fez retroceder muitos povos primitivos aos pântanos, florestas e montanhas. Obstáculos naturais e doenças, como a malária, protegeram estes últimos de distúrbios frequentes, e isso explica o motivo de os aborígenes, em algumas partes da Índia, ainda estarem prosperando. Por outro lado, muitas tribos aborígenes que avançaram para um nível econômico mais elevado fundiram-se mais ou menos rapidamente na organização social indiana (Mukerjee, 1937, p. 378);

III. A democracia é uma forma de constituição do poder político, que opera de modo que o seu exercício receba autorização popular. Mas, para que essa autorização seja significativa, são estipuladas certas condições básicas, fazendo com que a autorização popular ocorra no contexto da igualdade política e das liberdades básicas das pessoas. Desse modo, uma teoria adequada de governança democrática terá de conectar duas premissas: a prática política com um padrão de justificação e a ideia de aceitabilidade mútua. Nesse ambiente, a autorização popular sozinha não é suficiente para arcar com o ônus de legitimar o exercício do poder de governar. Logo, há a expectativa de que os cidadãos experimentem um certo tipo de alienação, mesmo segundo um processo político em que as práticas de autorização popular tenham sido bem estabelecidas, se essas práticas não produzirem resultados mutuamente aceitáveis (Metha, 2012, p. 209);

IV. Uma forte identidade de casta pode fornecer sentimentos de pertencimento ou de autoestima, contando, assim, com algumas normas próprias das castas. Sabe-se, particularmente, que os indivíduos oriundos das castas altas veem a identidade, herdada desde o nascimento, como uma construção mais estável. Eles tendem a essencializar sua identidade, e isso é predominantemente atribuído aos sentimentos de conexão com as gerações anteriores de seu grupo de casta. Os indivíduos das castas altas também desenvolvem sentimentos de continuidade temporal, distinção positiva e autoestima elevada conforme a essencialização de sua identidade de casta. De fato, estudos têm demonstrado que o sistema de castas tende a ser legitimado com a ideologia das crenças cármicas, isto é, crenças de que as boas e as más ações gerais na vida de alguém serão recompensadas ou repreendidas com o nascimento em uma casta alta ou baixa na próxima vida, especialmente quanto àqueles com alta dominância social, ou seja, aqueles que demonstram a preferência geral pelas relações sociais hierárquicas (Sankaran; Sekerdej; Hecker, 2017, p. 2).

Desse modo, pode-se dizer que a sociedade hindu tem sido historicamente marcada por uma rígida forma de estratificação social baseada no modelo *varna*-casta, tipo de organização em que o princípio religioso bramânico de pureza e poluição desempenhou o papel central na definição da hierarquia e na separação. Isso levou a uma variedade de desigualdades caracterizadas em comum pela opressão social e exploração econômica.

Nessa seara, entende-se por desigualdade social a que ocorre na distribuição de privilégios e recursos, fazendo com que algumas pessoas possuam mais riquezas e poderes do que as demais do mesmo ambiente comunitário. Nas sociedades desse tipo, as pessoas têm noções preexistentes de poder, status e recursos econômicos desiguais. Em regra, aquelas que são privilegiadas com mais recursos, como dinheiro, poder e status social, continuam a ter maior acessibilidade aos recursos, como frequentar escolas, obter um diploma universitário e receber educação técnico-profissional, o que as leva à obtenção de empregos mais bem remunerados. Consequentemente, quem não pode pagar por esse tipo de educação estará em permanente situação de desvantagem. Nesse contexto, a estratificação social é uma forma particular de desigualdade que se refere à hierarquia. Isso significa que aos membros de uma sociedade são atribuídas as posições altas e baixas em vários grupos sociais, de onde se extrai o valor dado à magnitude do poder, do prestígio e da riqueza. Verifica-se que, apesar de a desigualdade social ocorrer tanto na divisão vertical quanto na horizontal das sociedades, a estratificação social refere-se mais especificamente à divisão vertical. As pessoas pertencentes a um estrato formam um grupo comum com os mesmos interesses e identidades e têm, também, a plena consciência de sua condição e, por isso, compartilham um modo de vida semelhante, que, funcionalmente, as distingue das pessoas participantes de outros estratos (Rajiv Gandhi University, 2016, p. 98).

Para enfrentar as desigualdades, as reservas, como modal de políticas de ação afirmativa, foram introduzidas com o propósito de melhorar a qualidade de vida dos indivíduos das castas inferiores. No entanto, logo foram recebidas com a oposição das comunidades das altas castas. Não é incomum, e por vezes a casta está relacionada à classe, o que torna possível que alguém de casta baixa seja de classe alta e, com isso, tenha meios e oportunidades suficientes para ter acesso à educação e aos melhores empregos no governo. Assim, por essa ótica, estudos recentes apresentaram resultados confirmando que indivíduos das castas altas geralmente se opõem às ações afirmativas (Sankaran; Sekerdej; Hecker, 2017, p. 11).

A essa reflexão deve-se acrescentar que o conceito de hegemonia ajuda a revelar a natureza diversa da sociedade e das religiões indianas. Certamente se presta a explicar o processo pelo qual os modos de dominação e subordinação se desdobraram ao longo do tempo: i) a maneira como as relações casta-classe, centradas na propriedade dos meios de produção, como a terra, existiram no passado; e ii) a forma como o trabalho humano foi aproveitado com a ideologia da casta determinando a hierarquia social e legitimando a opressão e a exploração. Entretanto, observa-se que os princípios da pureza, poluição e hierarquia social existem mesmo entre os membros das castas inferiores, indicando, por um lado, a poderosa influência da ideologia bramânica, e, por outro lado, a aceitação da ideologia das castas pelas castas inferiores.

Conforme mencionado anteriormente, há três categorias principais de pessoas que foram eleitas para as reservas em empregos governamentais, empresas governamentais, instituições estatais etc. O primeiro grupo é o das *Scheduled Castes*. As pessoas dessa categoria eram, até então, tratadas como intocáveis, não sendo incluídas em uma das quatro categorias do sistema *varna*. O segundo grupo é o das *Scheduled Tribes*, que também não faziam parte do sistema. As pessoas do grupo das *Scheduled Tribes* não residiam como os cidadãos comuns em ambientes urbanos, mas em selvas densas. O terceiro grupo é o das *Other Backward Castes*, categoria de pessoas incluídas nas castas dos *Shudras*. Entre as pessoas desta categoria, muitos se converteram, passando do hinduísmo para outras religiões, de modo a se resguardarem da opressão excessiva (Meharia, 2020, p. 523).

Com o tempo, as relações entre as diferentes castas tornaram-se menos rígidas. As pessoas de castas diferentes têm sido vistas juntas em restaurantes, assistindo a filmes no mesmo salão, estudando na mesma classe e trabalhando na mesma empresa. Mas as maiores mudanças que ocorreram após a independência até hoje foram nas atividades ocupacionais entre os homens, pois eles migraram de suas antigas ocupações, como tecer ou lavar roupas, para ocupações mais novas, devido aos processos de educação e globalização[31]. A riqueza passou a ser distribuída de forma mais igualitária nas aldeias do que antes, devido a reservas e outras políticas governamentais. A ideia de poluição de uma casta por um mero toque (intocabilidade) foi abolida. No entanto, a igualdade e a abolição de castas têm se limitado aos espaços públicos, pois dentro das residências, no ambiente privado, o sistema de castas ainda é visto como uma prática predominante e, nesse contexto, a endogamia ainda é muito prevalente (Meharia, 2020, p. 523).

Se observado atentamente o sistema de castas hindu, percebe-se que a endogamia é uma de suas características mais importantes (Davis, 1941, p. 380).

Sobre isto, concordam os críticos modernos que a transformação na sociedade indiana, por mais limitada que seja ou tenha sido, elevou as aspirações dos *dalits* e de outras castas deprimidas, dando início ao renascimento *dalit*. Entretanto, algumas práticas excludentes surgiram quando os *dalits* foram impedidos de exercer novas ocupações e de obter a educação moderna. Certas formas de discriminação, que antes eram tidas como parte da tradição e eram de caráter depressivo e explorador, começaram a ser reinterpretadas como de natureza excludente. Devido a isso, os *dalits* buscaram acabar com todas as formas de discriminação e exclusão por vários meios, e rejeitarem a sanscritização (maneira de melhorar o status de casta de alguém imitando os modos de vida da casta superior). Para tanto, eles recorreram ao protesto, à mobilização coletiva e à conversão religiosa (Judge, 2012, p. 268).

Concretamente, tem-se que a afirmação da identidade *dalit* e sua luta pela igualdade nas ordens política, econômica, social, religiosa, de saúde e educacional, que conduzirão às necessárias transformações sociais, são inevitáveis. Certamente, isso criará uma revolução entre as pessoas em um futuro próximo e será testemunhado na história da Índia. A democracia nesse país está passando por profundas mudanças e transformações em relação ao sistema de castas, projetando influência direta sobre os *dalits* e em outras comunidades oprimidas. Mas, apesar disso, o sentimento de casta é profundo na consciência de cada indiano, e mesmo aquele que é educado não está liberado de sua filiação de casta no lugar onde vive. Desse modo, a menos que a mentalidade das pessoas sofra uma mudança drástica, os tentáculos das castas continuarão a influenciar-lhes a vida (Gnana, 2018, p. 71). Logo, considerando que a passagem do tempo pode ser interpretada de diversas formas, como ciclo ou como decadência, como queda ou como instabilidade, como retorno ou como presença continuada, não há como, na atualidade, prever qual será o futuro das castas (Latour, 2013, p. 67).

Diante desse cenário, questiona-se: é possível eliminar o estigma e a vergonha de ser *dalit* quando a percepção da sociedade sobre eles permanece moldada pela história secular? Nesse ponto, Mahatma Gandhi estava parcialmente certo ao afirmar que a intocabilidade era um problema da casta hindu, de modo que a ideologia e as percepções das castas hindus é que precisariam mudar[32]. Em outras palavras, a jornada tranquila dos *dalits* de casta para classe só será possível no dia em que os hindus estiverem dispostos a tratar o indivíduo como unidade e determinar seu mérito e status de classe, para usar a expressão do Dr. Ambedkar (Babu, 2016, p. 243).

Foram diversas as medidas adotadas antes e depois da independência a fim de combater as práticas de atos injustos predominantes na sociedade devido ao sistema de castas. Essas medidas tinham como principal objetivo aumentar as condições socioeconômicas das castas mais baixas. Antes da independência, ainda na primeira metade do século XX, os *dalits* ansiavam se separar do hinduísmo e, tendo isso como motivação, começaram a exigir que tivessem seus próprios eleitorados. Naquele momento, enquanto Gandhi tensionava incorporá-los como parte do hinduísmo, Dr. Ambedkar iniciou um movimento com o qual defendia maiores direitos para os *dalits* sob a forma de reservas. Acreditava-se que somente haveria justiça para eles promovendo-se mudanças sociais, econômicas e políticas. De fato, as garantias foram formalizadas e feitas reservas específicas para os *dalits* nas eleições pós-independência. Além disso, como os processos de industrialização e de urbanização continuaram, e tornaram-se mais construtivos na Índia independente, já se percebia que a natureza rígida do sistema de castas havia enfraquecido. Na sequência, com o estabelecimento da Constituição, o governo elaborou várias leis voltadas para trazer a igualdade entre todos os cidadãos. Diante da nova realidade, já no ano de 1956, cerca de 6 milhões de *dalits* se converterem ao budismo como estratégia para escaparem do estigma social da intocabilidade existente dentro do sistema de castas. Contudo, posteriormente, durante a década de 1970, jovens *dalits* empreenderam um movimento, demonstrando a raiva e o ressentimento que nutriam contra o fracasso das políticas que, supostamente, trariam a igualdade e acabariam com a discriminação fomentada pelas castas superiores. Após a independência, as castas mais baixas foram beneficiadas com reservas com a finalidade de acabar com a discriminação há séculos praticada. Em favor dessas castas, foram prometidos programas especiais, como assistência à saúde, loteamento de terras, bolsas de estudo, empréstimos e doações. Elas também foram legalmente protegidas contra a discriminação em relação às dívidas, ao trabalho forçado e à intocabilidade (Meharia, 2020, p. 523).

Por tudo isso, e uma vez que os *dalits* foram amplamente localizados e identificados em diferentes espaços sociais, entre a tradição e a pós-modernidade, eles passaram a enfrentar dois tipos de desafios:

I. O primeiro é o desafio da inclusão. Até hoje, eles permanecem excluídos de várias maneiras. Apesar da intervenção estatal por meio de várias políticas, a localização social geral dos *dalits* permaneceu à margem da sociedade. A prevalência da diferenciação de castas entre eles impediu seus esforços coletivos para várias estratégias de inclusão. A maioria deles continua a fazer parte das camadas mais pobres da sociedade. Existem alguns bolsões na Índia onde uma casta conseguiu superar certas formas de exclusão, embora haja outras castas nas mesmas regiões que nada conseguiram. Evidências e históricos de atrocidades contra os *dalits* ainda podem ser lidos nos jornais com frequência. Mesmo que a opressão sobre os *dalits* chegue ao fim e todos atinjam bom nível de desenvolvimento, não há garantia alguma de que não enfrentarão a exclusão. A inclusão dos *dalits* está ocorrendo na esfera pública da vida social indiana. Entretanto, ignora-se a esfera privada, que envolve relações e interações interfamiliares, amizades e socializações, o que requer mudanças de estereótipos e preconceitos, e a consciência das castas superiores para abandonarem a perspectiva da casta nas relações interpessoais. Esse estado de coisas não pode ser realizado no curto prazo (Judge, 2012, p. 277);

II. O segundo desafio está emergindo de dentro do discurso *dalit*, que se pode chamar de desafio da exclusividade. O discurso *dalit* é multivocal e abrange diferentes aspectos de suas condições existenciais. Há um histórico de protestos de *dalits*, em grande parte baseados nas castas, que deveriam ser uma mobilização coletiva das castas contra sua exclusão, discriminação e opressão. Na maioria desses casos, o caráter da mobilização implicou a afirmação por melhor tratamento, igualdade e fim da exclusão. Todavia, as castas superiores reagiram bruscamente e, às vezes, entraram em conflito com os *dalits*. Todas essas mobilizações os ajudaram a melhorar suas condições sem, necessariamente, pôr fim a sua servidão. Frustrados com o fracasso de alcançar os resultados desejáveis após a independência, uma parte dos *dalits* se afastou de seu meio religioso, optando pelo caminho da conversão, pois considerava o hinduísmo como a base ideológica da perpetuação da opressão e exclusão. Normativamente, tal perspectiva não pode ser vista como certa ou errada, mas o movimento que afastou os *dalits* de seu meio religioso também os fez emergir como grupos exclusivos sem, necessariamente, alterar as condições materiais de sua existência (Judge, 2012, p. 277-278).

É previsível que a futura e esperada Índia equitativa exigirá que se confie mais em decisões tomadas conscientemente e bem fundamentadas do que em permanecer apostando, puramente, na contingência estrutural tradicional. Embora o sistema de castas seja essencialmente único, a multiplicidade dos atuais conteúdos sociais e culturais existentes é comparável, em muitos aspectos, ao multiculturalismo agora emergente em vários outros lugares. A história de sucesso do exemplo indiano de negociar com as forças opostas, as tradições e as etnias, enquanto acomoda valores modernos como a igualdade e a liberdade individual, poderá tornar-se um modelo de rígida conservação da diversidade cultural e das práticas de multiculturalismo no mundo contemporâneo (Roy, 2016, p. 450).

7

RESERVAS: UMA ESTRATÉGIA POLÍTICA

A profunda e variadíssima fragmentariedade da sociedade indiana é, provavelmente, a marca que melhor e mais claramente a identifica no cenário mundial moderno. Não se trata de apenas mais um marcador de diferenças, mas de vários marcadores que, associados aos grupos de indivíduos, diferenciam-nos por vezes em vários aspectos, fazendo com que, na prática, existam incontáveis grupos com características específicas e diferenciadas, em alguns casos, e outros grupos distintos, porém com características muito próximas, quase se igualando. Assim, por exemplo, a casta de origem, a religião ou crença, a origem nacional ou estrangeira, a tradição local, a cultura ancestral, a posição social, econômica e educacional, o gênero etc. são todos marcadores importantíssimos empregados para identificar minorias e, valendo-se dessa identificação, buscar a obtenção de preferências nos ambientes públicos e privados como formas compensatórias pelos prejuízos históricos suportados. O fato é que mais frequentemente têm surgido novos grupos, derivados de castas e subcastas, reivindicando o reconhecimento e a qualificação como parcela social e economicamente mais fraca, condição usualmente referida na literatura atual como *Economically Weaker Sections*, com o objetivo de obter concessões do Estado sob a forma de reservas de vagas no ensino superior e no serviço público (neste caso, mediante reservas de cargos e promoções nas carreiras estatais). Nesse contexto, vale dizer que a discriminação compensatória, às vezes também chamada de discriminação protetora, é um programa de governo de tratamento preferencial deferido às parcelas da sociedade historicamente desfavorecidas (*Scheduled Castes* e *Scheduled Tribes*), incorporada à Constituição e, depois, implementada por meio da legislação e decisões judiciais. Este foi um dos meios escolhidos para atingir os fins de liberdade, igualdade, justiça e fraternidade consagrados na Constituição (Jogdand, 2007, p. 315).

Diante da expansão contínua dos grupos e de suas pretensões de conquistarem novas reservas, o setor político na Índia, notadamente na área executiva e legislativa, percebeu que se tratava de um acontecimento importante e altamente interessante para a obtenção de suporte político, isto é, a obtenção do voto. Com isso, desde que as reservas foram estabelecidas pela Constituição de 1950, elas foram aumentando mais e mais em termos percentuais e passaram a abranger várias áreas do ambiente social, chegando ao estágio atual como um mecanismo extremamente pulverizado, mas firmemente incorporado na cultura popular e política, que o acredita capaz de promover o desenvolvimento social e individual. Desde então, as reservas assumiram a condição de base da estratégia política, direcionada para a conquista e a manutenção do voto.

Nesse contexto, é evidente a convergência demonstrada entre os interesses das classes ou grupos que buscam ser classificados como social, educacional e/ou economicamente fracos, com os interesses imediatos da classe política que busca a obtenção de votos para a manutenção de sua plataforma partidária. Dessa relação, emerge a noção de prática, compreendida como um padrão de comportamento, uma regularidade que gradualmente evolui em processos de habituação e de convergência social (Waldron, 2003, p. 22). Essa prática ou habitualidade fez das necessidades dos grupos desfavorecidos um fator aliado aos interesses da classes política, de modo que necessitados e políticos têm interesses convergentes, que justificam a criação sistemática de novas reservas, apesar de os benefícios decorrentes serem de valor questionável[33].

Mas, ao se tratar das reservas, é preciso ter prudência, levando-se em conta que a teoria político-social, cunhada para servir de fundamentação ao sistema de reservas, denominada *Empowerment of the Socially Disadvantaged Groups*, foi uma proposta que alcançou, de acordo com o censo populacional de 1991: i) as *Scheduled Castes* na proporção de 138,23 milhões de indivíduos (16,5%); ii) as *Scheduled Tribes* na proporção de 67,76 milhões de indivíduos (8,1%); e iii) outras minorias na proporção de 145,31 milhões de indivíduos (17,2%). Além dessas categorias, há as *Other Backward Classes*, cuja extensão é de difícil quantificação, embora se estime corresponder a 52% de toda a população indiana (Sharma, 2018, p. 99).

Com esses dados, que se reportam a um cenário de três décadas passadas, percebe-se que 93,8% da população indiana pertencia a grupos então considerados em desvantagem, qualquer que fosse a natureza ou a origem da desvantagem.

Criticamente, o termo "reserva" denota uma cota definida de cargos no serviço público para as minorias reconhecidas, além de vagas nas instituições educacionais. A reserva, por definição, implica alguma preferência em favor das pessoas desfavorecidas que, de outra forma, podem perder em uma competição aberta com aqueles que tiveram a sorte de ter tido acesso a boa educação, treinamento e criação, tendo sido, por isso, inserida na Constituição como medida positiva com a finalidade de proporcionar às classes atrasadas a oportunidade de se aprimorarem. No entanto, ao mesmo tempo que proporciona os benefícios da política de reserva, é necessário manter um equilíbrio estável entre justiça para com as classes atrasadas, equidade para as avançadas e eficiência para todo o sistema. Como se sabe, a Índia é um país com muitas religiões (hinduísmo, islamismo, cristianismo, budismo, jainismo, sikhismo, zoroastrismo etc.), e todos os que professam uma religião diferente do hinduísmo são considerados minorias. Em linguagem comum, a expressão "minoria" significa um grupo que compreende menos da metade da população e difere dos demais, especialmente da seção predominante, por raça, religião, tradições, cultura, língua etc. (Chadha, 2015, p. 2).

Considerado esse percentual apurado (93,8%), a pergunta que surge não é sobre definir quem são as minorias, para então classificá-las e lhes atribuir o reivindicado benefício sob a forma de reservas, mas saber se há grupos ou comunidades que não sejam minorias[34].

Diante da complexidade que o tema encerra, nos tópicos seguintes serão explorados, à luz das doutrinas e pesquisas acadêmicas recentes e disponíveis, algumas particularidades sobre a política de reservas e as minorias.

7.1 Propriedade conceitual das reservas

"Ações afirmativas", expressão amplamente empregada nos textos jurídicos, acadêmicos e jurisprudenciais na atualidade, formam um modal de política pública que tem como principal objetivo a promoção da igualdade substancial entre pessoas ou grupos, de modo a fazer com que alcancem um grau razoável de nivelamento social e econômico. Essas ações são políticas que atuam na tentativa de concretizar a igualdade substancial ou material, sendo também conhecidas como ação positiva ou discriminação positiva, na vertente europeia, ou, ainda, *affirmative action*, na vertente norte-americana (Gomes, 2001, p. 131).

De forma mais abrangente, as referidas ações formam um conjunto de políticas públicas e privadas de caráter compulsório, facultativo ou voluntário, concebidas com vistas ao combate à discriminação racial, de gênero, por deficiência física e de origem nacional. Dando maior alcance a tais políticas, ainda por definição, essas ações têm por finalidade corrigir ou mitigar os efeitos presentes da discriminação praticada no passado, objetivando a concretização do ideal de efetiva igualdade de acesso a bens considerados essenciais, podendo-se destacar, como exemplos, a educação e o emprego (Gomes, 2001, p. 135).

Semelhantemente, define-se a ação afirmativa como todo programa, público ou privado, que tem por objetivo conferir recursos ou direitos especiais para membros de um grupo social desfavorecido, com vista a um bem coletivo (Feres Júnior *et al.*, 2018, p. 13). Logo, esses grupos socialmente desfavorecidos podem estar posicionados em torno de um critério ou marcador de diferenciação, como etnia, raça, classe, ocupação, gênero, religião e castas, sendo estas as categorias mais comuns no contexto das políticas dessa natureza. Consequentemente, os recursos e as oportunidades, como meios destinados à geração de benefícios, podem ser empregados para facilitar, por exemplo, a participação na política, o acesso às instituições de ensino, aos serviços de saúde, aos empregos etc.

Nessa ordem, entende-se que a busca da igualdade se refere primordialmente às condições e às oportunidades de acesso à educação e ao mercado de trabalho (Leal, 2005, p. 105)[35].

Sustenta-se, em paralelo, que o emprego da ação afirmativa é uma medida que se justifica com o propósito de atingir objetivos que, em princípio, não seriam alcançados com o simples combate à discriminação mediante a adoção de preceitos normativos que apenas fossem proibitivos de discriminação. Além disso, justifica-se igualmente o emprego dessas ações como forma de se implantar certo grau de diversidade e para elevar a representatividade dos chamados grupos minoritários nas mais diversas áreas da atividade pública e privada (Gomes, 2003, p. 29-30).

Atente-se que "racismo", na atualidade, é uma palavra suja. Mas, apesar disso, persistem as desigualdades raciais, que são especialmente significativas em termos socioeconômicos. Devido a isso, as minorias raciais continuam a relatar experiências frequentes com a discriminação racial em todo o mundo (Clair; Denis, 2015, p. 862).

Em síntese, para atender satisfatoriamente às finalidades deste estudo, definir as ações afirmativas como medidas privadas ou políticas públicas que objetivam beneficiar determinados segmentos da sociedade, sob o fundamento de lhes oferecer as mesmas condições de competição em virtude de terem sofrido discriminações ou injustiças históricas (Atchabahian, 2006, p. 165), é uma proposta que parece resumir o entendimento de uma vasta gama de pesquisadores que têm produzido conhecimento sobre esse tema.

Dito isso, cumpre esclarecer que a Índia apresenta, segundo o perfil que exibe no plano internacional, um conjunto de características que bem a individualizam e, ao mesmo tempo, a tornam única perante as demais nações do cenário social, político, jurídico e sociológico do mundo atual. Trata-se de um país verdadeiramente multiétnico e o mais fragmentado socialmente. Possui extensa variedade de línguas e dialetos, e forte segmentação decorrente das divisões das castas, religiões e etnias, e é, especialmente, a nação que dispõe da mais duradoura política de ações afirmativas do que qualquer outra, as quais foram institucionalizadas desde que o país se tornou independente no ano de 1947 (Sowell, 2016, p. 40).

O caso das reservas na Índia é particularmente interessante por vários motivos, mas especialmente por estar entre os sistemas de preferências mais extensos e duradouros do mundo, com a proposta de beneficiar grupos que foram submetidos à extrema exclusão social e à discriminação (Jensenius, 2015a, p. 6).

A ação afirmativa favorece a igualdade de oportunidades e refere-se a uma política ou a um programa que busca corrigir a discriminação por meio de medidas ativas para garantir a igualdade de oportunidades na educação e no emprego, treinamento para grupos desfavorecidos, como mulheres, minorias étnicas etc. Quanto aos povos indígenas, tem-se que eles ocupam uma posição política em relação aos estados, mas suas comunidades não devem ser confundidas com grupos minoritários, uma vez que seu status não depende do número de pessoas na comunidade. Em vez disso, está enraizado em uma relação política com a sociedade externa, baseada em tratados ou relações negociadas que existiam no início da era colonial. Os grupos indígenas e o Estado compartilham uma relação de confrontos e compromissos. Por raramente se encontrarem em pé de igualdade, os povos indígenas tendem a se encontrar em desvantagem nas negociações (Teixeira; Smith, 2008, p. 27).

A ação afirmativa, ou discriminação positiva, conhecida como igualdade de emprego, no Canadá; como reserva, na Índia e no Nepal; e ação positiva, no Reino Unido, é a política de favorecimentos de membros de um grupo desfavorecido que sofreu discriminação dentro de uma cultura ou sistema, com o propósito de proteger as pessoas dos efeitos presentes decorrentes da discriminação passada. Cumpre observar que a chamada "ação afirmativa" nos Estados Unidos e "reserva" na Índia são terminologias igualmente impopulares entre as castas superiores de ambas as nações, e, por isso, são compreendidas, pejorativamente, como "discriminação reversa" nos Estados Unidos e de "casteísmo reverso" na Índia (Wilkerson, 2021, p. 88).

Ainda seguindo na linha conceitual, espera-se que, em uma sociedade democrática, o governo defenda os direitos dos indivíduos e grupos por meio de dispositivos constitucionais e da intervenção política, entendendo-se que o conceito de reserva surgiu no âmbito dos princípios democráticos, tornando a política de reservas uma das medidas adotadas com o propósito de promover a justiça social, em meio à sociedade na qual as oportunidades de conquistas socioeconômicas estavam sendo distribuídas de forma desigual entre os diferentes grupos, e, consequentemente, um dos objetivos dessa política compensatória foi estabelecer a igualdade substantiva mediante a concessão de tratamentos preferenciais (Raj; Gundemeda, 2015, p. 126-127).

Nessa perspectiva, as políticas compensatórias tendem a ser focais e nunca universais, na medida em que são dirigidas a grupos específicos, geralmente os dos pobres. Ademais, essas políticas têm natureza complementar e residual, devendo ter duração limitada para que o transitório não se torne permanente (Chrispino, 2016, p. 75).

Guardando coerência com o ordenamento constitucional originário, afirma-se que o objetivo da política de discriminação compensatória, ao estabelecer reservas de emprego em serviços governamentais e empresas do setor público, tem sido o de criar uma sociedade justa, ajudando os setores desfavorecidos da sociedade. Especificamente, as reservas de empregos destinam-se não apenas a fornecer vagas a alguns indivíduos, mas, principalmente, a elevá-los e capacitá-los, e criar oportunidades de mobilidade social e econômica. De fato, percebe-se que as reservas de emprego têm servido como um dos meios pelos quais os membros de grupos historicamente desfavorecidos, *dalits* e tribais em particular, ganharam individualmente algum tipo de mobilidade social (Jogdand, 2007, p. 315).

Então, com o propósito de se construir uma sociedade livre e democrática, a Constituição da Índia de 1950 determinou que fossem instituídas ações afirmativas em favor dos membros das denominadas *Backward Classes*. Inicialmente, os grupos a serem atendidos pelas reservas a instituir foram as "*Scheduled Castes*", expressão oficial equivalente a *dalits* ou intocáveis, cujos membros sofreram injustiças sistemáticas durante milênios devido ao seu status mais baixo no regime de castas, e as "*Scheduled Tribes*", que é o termo oficial para a designação de grupos étnicos tribais, cujos integrantes estiveram física e socialmente isolados do resto da sociedade. Portanto, inserida na Constituição, a ação afirmativa foi implementada por meio de um sistema de reservas, com a destinação de uma certa percentagem de empregos públicos e vagas no ensino superior, antes para os membros das *Scheduled Castes* e das *Scheduled Tribes* e, depois, para os membros das *Other Backward Classes*, também (Sönmez; Yenmez, 2019, p. 2).

Cuida-se observar, entretanto, que em seu texto inicial a Constituição não mencionava, nominalmente, nenhuma casta em particular como atrasada (Stephen, 2006, p. 23). O texto original somente continha a expressão *"Backward Classes"*, de forma genérica. Posteriormente, sobreveio emenda ao texto constitucional, dispondo que não haverá impedimento a que o Estado faça provisões de reservas, em matéria de promoções funcionais, com a consequente antiguidade, para cargos nos serviços públicos, em favor das *Scheduled Castes* e das *Scheduled Tribes* que, no julgamento do Estado, não estiverem adequadamente representadas nesses serviços. Essa alteração foi introduzida pelo *Seventy-Seventh Amendment Act* (1995). Com a referida emenda, o texto inicial foi modificado, passando a contemplar, especificamente, as *Scheduled Castes* e as *Scheduled Tribes*. As reservas destinavam-se, enfim, a promover a igualdade, garantindo que as *Backward Classes* tivessem oportunidades que de outra forma não estariam disponíveis. Daí a Constituição referir-se à expressão *"Economically Weaker Sections"*, com o sentido de comunidades que não eram representadas na administração por razões históricas (Munusamy, 2022, p. 1).

Outro aspecto particular das reservas é que, ainda durante os trabalhos da Assembleia Constituinte, o então primeiro-ministro, Jawaharlal Nehru[36], manifestou sua oposição a qualquer tipo de reserva, mas, apesar de sua discordância, ele defendeu que houvesse reservas de assentos nos parlamentos que fossem destinadas às *Scheduled Castes*, pois isso seria uma forma de ajudar os grupos mais atrasados (Jensenius, 2012, p. 376).

7.2 A questão das minorias e suas reservas

Toda essa abordagem teórico-pragmática sobre as reservas conduz, entretanto, a outro importante debate, que exige adequado dimensionamento, com maior objetividade e sistematização: o que se deve compreender sobre minorias? Ao fazer esse questionamento, deve-se considerar que na Índia o fator numérico está sempre associado, e em grandes proporções, aos outros destacados fatores, como as castas, as religiões, as línguas e o gênero feminino. Por essa razão, não se pode simplesmente pensar em minorias como expressão sociológica, uma vez que a vertente numérica é expressiva e tem forte influência sobre a tomada de decisões políticas, como, por exemplo, sobre o reconhecimento de novas castas ou novas subcastas, para o fim de atribuir e (re)distribuir benefícios públicos, mediante a concessão de (mais) reservas.

Para iniciar esse exame, é preciso delimitar o sentido de minoria social, que pode, didaticamente, ser enforcado em dois planos distintos.

No primeiro plano, fala-se em minoria social referindo-se aos indivíduos ou às famílias que têm alguma característica em comum que os distingue, ou que parece os distinguir, das pessoas ditas comuns e que os impede de ter acesso a, ou de lhes serem concedidos, certos direitos que estão disponíveis para os outros. Esses indivíduos ou famílias menos propensas a receber certos tipos ou montantes de recursos podem ser definidos como pertencentes a uma minoria social. Essa proposição é mais ampla do que, às vezes, se possa entender e liga pelo menos duas categorias sociais. Existem grupos minoritários que são étnica e racialmente distintos, e seus membros têm história e cultura comuns, e também orientam as suas proles em conformidade com as crenças e os valores que são próprios do grupo. Eles mantêm relações muito próximas entre si, mesmo que estejam estreitamente ou apenas fracamente integrados com o resto da sociedade. Geralmente, pode-se evidenciar que tiveram negado o acesso à moradia e invariavelmente têm empregos precários, além de ocuparem posições relativamente desfavorecidas na sociedade. Esse tipo de minoria social é reconhecido e estudado pelos cientistas sociais (Townsend, 1979, p. 566).

Noutro plano, há aqueles indivíduos ou grupos que são atribuídos a uma categoria ou status especial por causa de sua aparência, condição física, maneiras ou fala, sua situação familiar ou residencial, ou sua posição em relação ao mercado de trabalho, e que são regularmente tratados como cidadãos de segunda classe. Sua identidade como membros de grupos é incerta ou ambígua, e sua posição social é frequentemente exposta. Alguns têm um senso de consciência de grupo bem desenvolvido e podem ter uma rede de relações com famílias ou lares semelhantes, embora isso raramente, ou nunca, seja tão extenso quanto em uma comunidade étnica. Outros podem não ter consciência de famílias ou pessoas com problemas idênticos e podem se voltar para si mesmos, levando uma existência extraordinariamente autocontida ou individualizada. Algumas minorias podem até ser consideradas como uma agregação de indivíduos, levando suas respectivas vidas principalmente isoladas umas das outras (Townsend, 1979, p. 566).

Dito isso, é fácil perceber que, na sociologia das relações raciais e étnicas, o termo "minoria" tem sido usado como um atalho para combinar raça e etnia, ou, como um eufemismo, para evitar as conotações infelizes ou não científicas de raça. Esse termo deriva da experiência americana em que os grupos étnicos foram, de fato, minorias numéricas, e, quando aplicado transculturalmente, produziu a anomalia de se aplicar aos grupos numericamente preponderantes, mas desprivilegiados nos territórios coloniais das minorias. Contudo, é importante observar que, geralmente, uma minoria é definida como tal quando seus membros constituem um pequeno grupo de pessoas que, em nível de cultura, etnia, religião, língua etc., compartilham a consciência de se diferenciar da maioria da população do Estado em que vivem, e que expressam, implícita ou explicitamente, o desejo de preservar seus traços distintivos. Mas, de qualquer modo, deve-se ressaltar que o simples cumprimento do critério de inferioridade numérica e a posse de características específicas não são suficientes para atribuir status de minoria a uma comunidade de indivíduos. Para adquirir o status de minoria, de fato, é necessário que essa comunidade ocupe uma posição não dominante (Angelo; Tolino, 2017, p. 146).

É oportuno enfatizar que as distinções entre a maioria e a minoria são fortemente empregadas para moldar os entendimentos governamentais e populares sobre a diferença. No entanto, o só imaginário demográfico da maioria e da minoria não dá conta, adequadamente, da produção real dos mundos sociais em que maioria e minoria adquirem sua força cultural, política e comercial (Laurie; Khan, 2017, p. 10). Além disso, não se pode falar de um conceito de minoria com aceitação global, pois, apesar de haver muitas referências a minorias em instrumentos jurídicos internacionais, não existe uma definição universalmente aceita e juridicamente vinculativa do termo. Os diversos contextos dos diferentes grupos que reivindicam o status de minoria também dificultam a formulação de uma solução de aplicação universal. Consequentemente, o direito internacional tem encontrado dificuldades para fornecer diretrizes firmes em relação ao conceito. No mais, muitos Estados e potenciais minorias obstruem o processo de definição do termo (Khan; Rahman, 2012, p. 1).

Nesse sentido, para se ter um exemplo, o texto da *Declaration on the Rights of Persons Belonging to National or Ethnic, Religious and Linguistic Minorities* limitou-se a tratar a minoria como uma referência não definida, dispondo, genericamente, que:

I. As pessoas pertencentes a minorias nacionais ou étnicas, religio-
    sas e linguísticas, doravante designadas por pessoas pertencentes
    a minorias, têm o direito de usufruir da sua própria cultura, de
    professar e praticar a sua própria religião e de utilizar a sua própria
    língua, no ambiente privado ou público, livremente e sem interfe-
    rência de nenhuma forma de discriminação (Art. 2, 3) (UN, 1992);

II. Nenhuma desvantagem resultará para nenhuma pessoa perten-
    cente a uma minoria como consequência do exercício ou não
    exercício dos direitos estabelecidos na presente declaração (Art.
    3, 2) (UN, 1992).

Desse modo, é incontroversa, e parece até irremediável, a dificuldade
de se estabelecer uma definição amplamente aceitável, em decorrência de
uma variedade de situações em que vivem as minorias, que, por exemplo,
em alguns casos, habitem juntas em áreas bem definidas, separadas da parte
dominante da população, e, em outros, estejam espalhadas por todo o país.
Algumas minorias têm um forte senso de identidade coletiva e história
registrada; outras retêm apenas uma noção fragmentada de sua herança
comum (UN, 2010, p. 2).

Em face dessa realidade, convém lembrar que, por um lado, o direito
internacional é composto, fundamentalmente, por um conjunto de normas
de origem consuetudinária, decorrentes de reiterados atos praticados por
diversos Estados. Devido a isso, são raras as normas vigentes na comunidade internacional originadas em órgãos centrais, como as Nações Unidas
ou outras organizações de âmbito regional, uma vez que, em regra, essas
organizações formulam recomendações, e, mesmo quando sancionam
prescrições, nem sempre são eficazes (Nino, 2010, p. 166).

Por outro lado, embora os sociólogos tenham articulado os componentes e o objetivo do conceito de minoria, muitas de suas características não
são mais pertinentes. Originalmente, os grupos colocados nessa categoria
eram vistos como subordinados e possuidores de qualidades culturais ou
físicas não aprovadas ou que foram rejeitadas pela maioria da população, e
têm um senso compartilhado de identidade de grupo. Curiosamente, isso
foi negligenciado como uma característica também dos grupos majoritários.
Essa formulação incluía aspectos biológicos, culturais, estruturais e percep-
tivos, fazendo com que vários dos traços atribuídos às minorias alcançassem
os demais grupos raciais, étnicos e classes econômicas, incluindo a elite
do poder[37]. Basicamente, o rótulo de minoria está envolto em conotações

políticas e refere-se a comportamentos e traços biológicos[38]. Como uma noção multidimensional e genérica, minoria abrange o comportamento, mas nega a etnicidade e a distinção cultural. Além disso, essa ferramenta linguística não expõe os mais amplos contrastes que são característicos da vida do grupo étnico e racial (Wilkinson, 2000, p. 116).

Com isso, torna-se difícil estabelecer um critério que seja suficiente e amplamente aceito para a definição de minoria.

No entanto, diante desse debate sobre uma proposta conceitual de minoria, deve ser considerado que a perspectiva de formação de alguma minoria (ou minorias) na Índia ganhou status legal e constitucional logo após a adoção da Constituição, oportunidade em que também teve início o discurso das minorias. Na base do pensamento discursivo, encontram-se a dor e o sofrimento experimentados com a divisão do país no ano de 1947, fator que traumatizou toda a nação, pois o vínculo entre as diferentes comunidades religiosas, principalmente a hindu e a muçulmana, foi abalado e marcou profundamente o rompimento do tecido secular indiano, com a divisão da Índia britânica em dois Estados separados: a Índia e o Paquistão (Ziyauddin, 2020, p. 511-512)[39].

Disso resulta que, apesar de haver uma ampla teorização doutrinária e normativa em nível global, não há nenhum tratado versando sobre os direitos das minorias, que inclua uma disposição específica sobre a definição (explícita), que identifique, claramente, quem são os detentores dos chamados direitos das minorias (Jackson-Preece, 2014, p. 4).

Em face dessa discussão, surgiu outra forma de classificação, que se refere à minoria nacional. Nessa perspectiva, os membros de uma minoria nacional compartilham características essenciais, como religião, língua, tradições e herança cultural, as quais definem a autoidentidade dos indivíduos que a compõem. Logo, os membros de uma minoria nacional podem ter todas essas características em comum e podem, até mesmo, viver separados das maiorias com as quais se relacionam (Valentine, 2004, p. 472).

7.3 A problematização das reservas

Para além do debate sobre as minorias, soma-se o fato de que na atualidade tem sido intensa a ligação entre as reservas e os resultados obtidos, que perpassam duas significativas grandezas, que são o espaço e o tempo. Isso se deve, especialmente, às evidências sobre o funcionamento dos sistemas de reservas existentes, que podem ajudar a avaliar a relevância do assunto e o impacto potencial da introdução dessa política na Índia (Beaman *et al.*, 2010-2011, p. 160, 162). Desses estudos, sobressai a perspectiva visível da preponderância das reservas destinadas não exclusivamente às *Backward Classes*, mas também em favor de outros atores e fatores, como o gênero feminino e os cargos eletivos das diversas corporações legislativas e da administração pública.

No plano normativo, ainda como exemplo, a Constituição da Índia e as emendas que a atualizaram deram destaque às reservas destinadas a públicos muito específicos, podendo-se citar os seguintes: i) *Economically Weaker Sections* (acesso às instituições públicas e privadas de ensino, *cf.* Art. 15, 5, "a" e "b"); ii) *Backward Classes* (acesso a cargos públicos, *cf.* Art. 16, 4A); iii) *Scheduled Castes* (acesso aos cargos eletivos da *Legislative Assembly*, *cf.* Art. 239-AA, 2; "b"); iv) *Scheduled Castes* e *Scheduled Tribes* (acesso aos *Panchayats*, que são uma espécie de governo local muito antigo, sob a forma de conselho, *cf.* Art. 243-D, 1); e v) *Scheduled Castes* e *Scheduled Tribes* (acesso aos cargos eletivos municipais, *cf.* Art. 243-T, 1). Neste último caso, haverá reserva de cargos eletivos, em não menos de um terço dos assentos das assembleias municipais, em favor das mulheres, incluindo aquelas que forem integrantes das *Scheduled Castes* e das *Scheduled Tribes* (Art. 243-T, 2 e 3). Haverá reservas de vagas na Assembleia da União (*House of the People*) para os representantes das *Scheduled Castes* e das *Scheduled Tribes*, respeitando-se a proporção da respectiva classe em relação à população, tomando-se como parâmetro o censo oficial do ano de 2001 (Art. 330, 2).

De igual modo, haverá reserva de vagas para os representantes das *Scheduled Castes* e das *Scheduled Tribes* em todas as assembleias estaduais (Art. 332):

I. O *Panchayat* é um sistema de conselhos no nível de aldeia chamado *Gram Panchayat*. No nível de bloco, é conhecido como *Panchayat Samiti*; e no nível distrital, *Zilla Parishad*. Seus membros são eleitos pelo povo, para exercerem a administração dos bens públicos locais. Cada *Gram Panchayat* pode abranger entre mil e 10 mil indivíduos organizados em grupos de aldeias. Os *Gram Panchayats* não têm jurisdição sobre áreas urbanas, que são administradas como municípios, separadamente. Os eleitores dessas aldeias elegem um conselho e, direta ou indiretamente, um *Pradhan* (chefe) e um *Upa-Pradhan* (vice-chefe). Os candidatos a esses cargos são, geralmente, indicados pelos partidos políticos, mas devem residir, necessariamente, nas aldeias que representam. O conselho formado toma decisões por maioria de votos, excluindo-se o *Pradhan*, que não tem voto. Entretanto, o *Pradhan* é o único membro do conselho com uma nomeação em tempo integral. O *Gram Panchayat* administra os bens públicos locais existentes na área, monitora os servidores públicos e é responsável por identificar os beneficiários de vários programas de transferência de benefícios (Duflo, 2004, p. 2);

II. O *Eighty-Fourth Constitution Amendment Bill* pretendia atribuir um terço das reservas dos assentos para as mulheres nos órgãos legislativos estaduais e central. As discussões e controvérsias em torno desse projeto refletiam as contradições da sociedade e as contestações quanto ao acesso ao poder e aos recursos entre aqueles que foram tradicionalmente excluídos e os setores social e politicamente dominantes. O projeto de reservas para as mulheres suscitava questões sobre alguns tipos de identidades, como, especificamente, a de casta e a religiosa, o entrelaçamento da identidade de gênero com a casta e a religião e sua articulação na esfera pública, no campo da política. O apoio quase unânime ao projeto de lei entre as organizações das mulheres, em nível nacional, teve como premissa haver uma certa compreensão sobre as formas patriarcais de opressão e de exclusão, que caracterizam a sociedade indiana. Vislumbrava-se a inegável realidade de declínio da participação das mulheres na vida política, especificamente nas legislaturas. Historicamente, a repressão e a exclusão das mulheres foram extremamente importantes para a manutenção de uma ordem social bramânica dominada por castas. Com isso, entendia-se que a ação afirmativa para as mulheres contribuiria para a democratização da sociedade. Os protagonistas do projeto de lei destacavam a exclusão tradicionalmente imposta às mulheres da esfera pública e enfatizavam a dimensão da opressão de gênero em detrimento de outras opressões, como a de casta, etnia, classe, religião etc. Historicamente, a repressão das mulheres foi um fator muito importante para manter a exclusividade e a hegemonia das castas superiores. A ação afirmativa para as mulheres certamente poderia minorar o domínio masculino e o das castas superiores (Raman, 2002, p. 26).

Estas são, portanto, apenas algumas referências exemplificativas, expressas no texto da Constituição da Índia, que se ocuparam da destinação de reservas a grupos ou pessoas especialmente indicadas (The Constitution of India, 2022).

Outro aspecto particularmente importante: a política de reservas na Índia foi concebida para ter duração de dez anos. Entretanto, essa política ganhou enorme extensão e vem se renovando a cada dez anos. Ela está criando uma espécie de frustração na parcela da população não beneficiária de nenhum tipo de reserva, uma vez que as pessoas inseridas nessa parcela têm sido privadas da oportunidade de conseguirem empregos ou de ingressarem nas instituições de ensino devido à própria política de reservas, a qual criou, na realidade, uma nova classe de interesses na sociedade. Nessa nova classe, as pessoas ganharam, permanentemente, o benefício da política de reservas, o que fomentou o surgimento da psicologia da dependência. Deu origem às políticas de castas no sistema político, o que tem impedido a integração nacional. Além disso, as castas estão competindo entre si com o propósito de aumentar o percentual da reserva a que têm direito. Quando a quantidade dessas reservas atingir o patamar de 70%, sem dúvida a parcela da população não beneficiária das reservas constituirá a futura minoria, que exigirá mais reservas e assim o ciclo se renovará indefinidamente (Naseem, 2016, p. 271). Daí a importância de se enfrentar o tema conceitual da minoria não apenas segundo a perspectiva sociológica, mas também agregando-o ao sentido numérico, devido ao seu caráter marcante de influenciar as decisões políticas.

De acordo com especialistas, parece não haver uma ambientação política suficientemente forte, descompromissada e interessada em rever o processo histórico e continuado de concessão de reservas, que, além da evidente permanência, tem se mostrado um mecanismo pouco eficiente para debelar as desigualdades, e, até contrariando a sua finalidade precípua, tem servido para aprofundar as desigualdades e estigmatizar os beneficiários dessa política.

Historicamente, as classes mais vulneráveis, como as *Scheduled Castes*, as *Scheduled Tribes*, as *Other Backward Classes* e as mulheres, entre outras minorias, sofreram privações em todas as esferas da vida, incluindo a educação. Então, desde que se iniciou o período pós-independência, o governo procurou avançar na área educacional em favor desses grupos, mediante a adoção de várias medidas políticas e administrativas. Contudo, os progressos alcançados ficaram muito aquém das metas estabelecidas. A questão central nesse debate, é que o governo da Índia, do período pós-independência, herdou o legado do atraso educacional acumulado há séculos, sendo esta uma circunstância que se soma a inúmeros outros inconvenientes sérios e de difícil equacionamento. Um dos problemas com a política de reservas é que ela tem a casta como a base do tratamento preferencial, mas a casta em sua integralidade não é beneficiada, senão apenas alguns indivíduos. Outro problema com o mesmo grau de pertinência é o de definir por quanto tempo as reservas devem permanecer em vigor, pois a discriminação compensatória tem se caracterizado como uma medida permanente, e não apenas transitória, como se desejava no passado, quando foi criada. Pode-se observar que o que parece mais provável é que as reservas se tornaram irreversíveis, ao menos enquanto persistirem as desigualdades entre as castas e até que o número de pessoas das comunidades favorecidas esteja na mesma proporção na área do emprego público e setor educacional, considerando sua proporção perante a população total. Diante desse quadro, as circunstâncias têm demonstrado que, uma vez que foi a casta que, coletivamente, sofreu discriminação no passado, ela permaneceu sendo a base da justiça compensatória nos dias atuais, o que faz algum sentido. Tem-se, portanto, diante dessa realidade, que as práticas discriminatórias, como a exploração baseada nas castas, as privações e as atrocidades parecem fazer parte da condição humana e foram essas práticas que impactaram negativamente os grupos historicamente oprimidos e marginalizados ao longo de milhares de anos no subcontinente indiano (Biswas, 2018a, p. 84).

Apesar desse ponto de vista, há entendimentos contrários quanto à natureza da discriminação compensatória e seu emprego.

A discriminação compensatória, estabelecida em favor de qualquer minoria, racial, de casta etc., expõe-se a uma questão ética complexa, pois, por um lado, para se ter uma oportunidade de resolução do racismo na sociedade, é necessário que um número maior de membros dos grupos considerados minoritários ingresse, por exemplo, em profissões liberais e também nas camadas mais elevadas da sociedade. E, por mais complexas que sejam as razões, parece que isso não acontecerá no futuro próximo, a menos que se leve em conta o status de minoria e se atribua a ele um peso positivo quando ocorrer a distribuição de oportunidades. Entretanto, qualquer que seja a denominação desse processo (preferência, cotas, busca de diversidade, reservas etc.), o ato de se atribuir peso positivo à negritude, no caso da raça, por exemplo, necessariamente fará com que outros tenham suas oportunidades negadas uma vez que não nasceram negros (Ely, 2010, p. 228).

Sobre a questão das reservas em favor das mulheres, sabe-se que a maioria delas não tem conhecimento sobre o conteúdo dessa lei, exceto que há a reserva de 33% dos assentos do parlamento destinada exclusivamente a elas[40]. Nesse contexto, a falta de educação é o principal fator que contribui para o desconhecimento. Consequentemente, para se alcançar uma posição mais favorável, são poucas as mulheres instruídas e poucos os membros do parlamento que levantam a voz por mais participação por meio das reservas. Acerca da importância dessas reservas, argumenta-se que isso ajudará a empoderá-las, e acredita-se, além disso, que o aumento da presença delas, como resultado desse projeto de empoderamento, afetará a natureza da política, tornando-a menos corrupta, mais sensível às necessidades femininas, e trará mais desenvolvimento educacional (Haokip, 2019, p. 631).

Com base em pesquisas anteriores, tem-se sustentado que aumentar o poder político das mulheres usando reservas de gênero terá um efeito positivo na atividade econômica que elas exercem, podendo haver alterações nas normas sociais e nos estereótipos de gênero[41]. A intuição geral por trás da relação entre normas sociais e reservas de gênero é que, quando as mulheres se envolvem mais em posições de poder, elas mudam as normas sociais sobre o que é considerado comportamento aceitável (Alexandersson, 2020, p. 11). Dessa forma, pode-se entender que, resumidamente, empoderamento é uma forma de abordar o problema dos direitos que não são cumpridos. É visto também como uma condição ou um aspecto da construção das capacidades econômicas e sociais entre indivíduos, classes e comunidades. A ideia que envolve o empoderamento consiste em provocar mudança social, passando de uma sociedade hierárquica para uma sociedade igualitária (Jogdand, 2007, p. 333). Mas, para que esse propósito se torne viável, é fundamental desenvolver a cultura democrática, que tem a importante função de propiciar recursos institucionais e simbólicos necessários para que jovens e adultos desenvolvam sua capacidade de pensar de forma crítica, de participar das relações de poder e das decisões sobre políticas que afetem a vida deles e de transformar as desigualdades raciais, sociais e econômicas que impedem o desenvolvimento das relações democráticas (Giroux, 2003, p. 47).

O Art. 46 da Constituição indiana orienta o Estado a proteger, com cuidado especial, os interesses educacionais e econômicos das camadas mais fracas, incluindo as *Scheduled Castes* e as *Scheduled Tribes*. Orienta, ainda, que o Estado proteja esses grupos da injustiça social e de todas as formas de discriminação. Precedentemente, no Art. 15(4 e 5), a Constituição dispõe que o Estado não estará impedido de fazer disposições especiais visando ao progresso desses grupos, como sua admissão nas instituições de ensino públicas e privadas, que recebam ou não auxílio do Estado. As cláusulas 4 e 5 do mencionado Art. 15 não faziam parte do texto original, tendo sido positivadas, posteriormente, mediante a primeira emenda produzida no ano de 1951 (Sitapati, 2017, p. 8).

Essa emenda foi apresentada em resposta ao julgamento da Suprema Corte no caso conhecido como *State of Madras vs. Champakam Dorairajan.* No indicado processo, o estado de *Madras* havia reservado vagas para vários grupos de castas em instituições educacionais, tendo como fundamento o Art. 46 da Constituição, que tem a natureza de princípio diretivo da política estatal. Todavia, a Suprema Corte invalidou a reserva de vagas, ao argumento de que tal diretiva não era aplicável, na medida em que não poderia substituir um direito fundamental. Argumentou-se, ainda, que a Constituição não poderia criar direitos em matéria de admissão nas instituições educacionais mantidas pelo estado ou que recebessem fundos estatais. Em decorrência dessa decisão judicial, o Parlamento produziu uma emenda que introduziu a cláusula 4 no Art. 46, e, com isso, invalidou o julgamento da Suprema Corte, estabelecendo reservas na educação pública em favor das *Scheduled Castes*, das *Scheduled Tribes* e das classes social e educacionalmente atrasadas. A partir dessa emenda, as reservas na educação para esses três grupos passaram a ser aceitas judicialmente (Sitapati, 2017, p. 8).

Entretanto, essa permissão constitucional ficou sujeita a ressalvas (Sitapati, 2017, p. 9):

I.   Instituições minoritárias: o Parlamento optou por não aplicar as reservas às instituições de ensino voltadas para as minorias linguísticas ou religiosas. Isso porque essas instituições educacionais minoritárias gozam de autonomia especial que, de acordo com a interpretação da Suprema Corte, lhes permite dispor sobre a própria administração, a fixação de taxas, a elaboração do currículo e reservas internas, e que tais possibilidades não estão disponíveis para outras instituições que não são minoritárias. Com isso, ao alterar a Constituição para permitir reservas em instituições de ensino, o Parlamento isentou as instituições de ensino minoritárias das reservas;

II. Cargos de superespecialidade: a Suprema Corte fez oposição às reservas de cargos de superespecialidade, assim considerados aqueles de graus mais distintos e elevados, como os de medicina. A justificativa para essa oposição tem a ver com a circunstância de que os cargos de superespecialidade são mais vitais e mais exigidos quanto aos requisitos da eficiência, segundo dispõe o Art. 335. De acordo com esse dispositivo, as reivindicações das *Scheduled Castes*, das *Scheduled Tribes* e das classes social e educacionalmente atrasadas serão consideradas, mas de forma ajustada à manutenção da eficiência da administração, não se podendo flexibilizar notas dos exames ou rebaixar os padrões de avaliação dos processos seletivos, para acesso a cargos e posto vinculados à União ou aos estados. Recentemente, no ano de 2014, a Suprema Corte resistiu à pressão exercida pelos políticos e recusou-se a rever esse julgamento, sendo certo que este foi um dos poucos casos em que o tribunal resistiu à pressão do Estado;

III. Extensão gradual: corresponde à ordem como as reservas para acesso ao ensino público passaram a ser geridas. Em primeiro lugar, as reservas devem ser providas pelos estados e, depois, pelo governo central (União); em segundo lugar, as reservas devem ser providas para atender às *Scheduled Castes* e às *Scheduled Tribes* e, somente depois, para atender às *Other Backward Classes*, e, terceiro, elas devem ser providas de modo a atender primeiro ao nível superior e, somente depois, ao ensino fundamental.

Finalizando esse debate, não é prudente se possa esperançar ou simplesmente apostar que as reservas destinadas às minorias, quando instituídas mediante acordos políticos descompromissados com a necessidade real de melhorias sociais, econômicas, educacionais etc., sejam o caminho único ou o melhor. Críticas consistentes existem a favor e contra o sistema de reservas. Daí, com essa dicção, questionou-se: qual a lógica de as reservas serem vistas como uma medida antipobreza? E a resposta obtida foi *nenhuma*, sob o argumento de que, se o governo realmente quer reduzir a pobreza e melhorar os meios de subsistência, há uma série de intervenções possíveis, conjugada ao fato de que o crescimento econômico tende a facilitar o crescimento do emprego. Nessa ordem, uma variedade de empregos formais, estáveis e decentes no setor público e também no setor privado é necessária. Mas, de qualquer modo, é preciso ter a consciência de que a reserva não é uma varinha mágica, de que não cria empregos e tampouco elimina a pobreza (Deshpande; Ramachandran, 2019, p. 31).

PARTE II

POLÍTICA EDUCACIONAL E DESENVOLVIMENTO HUMANO NA ÍNDIA

8

FORMAÇÃO E DESENVOLVIMENTO DO SISTEMA EDUCACIONAL NA ÍNDIA: HISTÓRIA DE AVANÇOS E RETROCESSOS

A relação entre o Império Britânico e o povo indiano teve início quando o primeiro, na condição de explorador, tornou-se governante e administrador deste último, e desde então essa relação influenciou visceralmente os sistemas econômico, político e educacional do país ocupado. Com a sua chegada, os britânicos produziram impacto gradual sobre a cultura e a vida social da Índia, assim como promoveram o desenvolvimento do sistema educacional considerando as necessidades do núcleo colonizador. A *Resolution of March of* 1835 determinava, entre outras medidas, que caberia aos britânicos definir os objetivos da educação e que dali em diante seriam interrompidas a promoção das artes e da ciência oriental, bem como a concessão de novas bolsas de estudos. A resolução definiu que o ensino médio seria ministrado em inglês. Com essas medidas, que se projetaram distantemente para o futuro, estabeleceram-se duas novas ordens ou castas na Índia, ou seja, uma casta conhecedora do idioma inglês e a outra casta, abrangendo o restante da massa populacional, que não conhecia o referido idioma. O desenvolvimento do sistema educacional durante o período britânico foi determinado pelas necessidades da potência colonial. Foram os interesses coloniais dos britânicos que moldaram as novas políticas educacionais. As empresas europeias iniciaram suas atividades comerciais no país a partir do ano de 1600. Aos poucos, portugueses, franceses, holandeses e ingleses estabeleceram-se em algumas partes e centros comerciais do país. Entre eles, a *English East India Company* conseguiu finalmente estabelecer seu domínio na Índia. Até o século XIX, nenhum desses países desenvolveu nenhuma política educacional definida (Mondal, 2022, p. 1).

Em síntese, a *Resolution of March* de 1835 teve as seguintes finalidades e consequências: i) os objetivos da educação na Índia foram determinados pelos britânicos; ii) a promoção das artes e das ciências ocidentais passaram a ser objeto declarado; iii) a impressão de obras de artes orientais deveriam ser interrompidas; iv) novas bolsas de estudos não seriam concedidas e as bolsas já concedidas seriam interrompidas; v) o idioma inglês passou a ser o meio usual de instrução; e vi) seriam fornecidos ao governo (britânico) servos indianos educados em inglês, a um custo mais barato, porém bem capacitados (Mondal, 2022, p. 3-4).

Os britânicos, agora governantes, estabeleceram, já no início do século XIX, a lógica de que, para exercerem o governo de forma pacífica, seria essencial tornar as classes mais elevadas cegas seguidoras de sua administração. E, para alcançar esse objetivo, valeram-se da educação como instrumento. Com essa perspectiva, a educação passou a permear as massas de cima para baixo.

Por um lado, essa foi a visão autoritária e limitadora da educação, que perdurou durante todo o domínio britânico. Por outro lado, impõe-se considerar outra importante vertente relacionada com o crescimento econômico do país, que não dependia exclusivamente de recursos naturais, tecnologia e capital, mas principalmente da quantidade e qualidade da mão de obra. Entende-se por qualidade da mão de obra a eficiência e a produtividade da força de trabalho. A eficiência da mão de obra depende de muitos fatores importantes, como saúde e nutrição, educação e treinamento, instalações habitacionais, água potável e saneamento. Estes são considerados importantes determinantes da qualidade de vida. O investimento adequado nesses campos pode favorecer o aumento da produtividade e da eficiência da mão de obra. Essa variável é tratada pelos economistas como a formação do capital humano, compreendido como o corpo de conhecimento alcançado pela população e a capacidade dela de utilizá-lo de forma eficaz. Nesse contexto, a educação deveria ser o componente mais importante entre os vários componentes da infraestrutura social. A mão de obra bem-educada e devidamente treinada pode acelerar o ritmo do desenvolvimento econômico. Mas, apesar dos melhores esforços empreendidos, o desenvolvimento educacional na Índia permaneceu em um nível muito baixo.

A eficiência aqui mencionada pode ser entendida como a relação entre o custo e o benefício apresentados pela política pública, e está diretamente relacionada com a qualidade e o modo como são usados os recursos públicos (Chrispino, 2016, p. 123), lembrando que a sociedade moderna atribui um elevado valor moral à eficiência e à competência (Etzioni, 1967, p. 7).

Em termos gerais, a literatura tem enfrentado vários problemas que operam como obstáculos ao pleno desenvolvimento de um ambiente educacional eficaz, promissor, de qualidade e universal: i) recursos insuficientes são o principal problema relacionado ao desenvolvimento da educação (o ensino universitário, profissional e técnico, tornou-se excessivamente caro); ii) as línguas indianas não se desenvolveram adequadamente e as formas padronizadas das publicações acadêmicas e científicas não foram disponibilizadas no idioma indiano; iii) quando candidatos mais qualificados, inteligentes, talentosos e merecedores não conseguem empregos adequados no país, eles preferem ir para o exterior; iv) apesar das diretrizes constitucionais e do planejamento econômico, não se atingiu 100% de alfabetização; v) como o sistema educacional é baseado na educação geral, tem-se uma taxa de evasão ainda muito alta nos níveis primário e secundário. A maioria dos estudantes até os 14 anos de idade abandona a escola antes de concluir os estudos, o que gera desperdício de recursos financeiros e humanos; vi) ainda em decorrência de o sistema educacional ser baseado na educação geral, o desenvolvimento do ensino técnico e profissional é bastante insatisfatório, o que faz com que a educação seja improdutiva (em razão disso, o número de pessoas desempregadas mas educadas aumenta continuamente; vii) a educação primária é excessivamente problemática, em razão do grande número de escolas que não possuem prédios, assim como não possuem instalações básicas, como água potável, mictórios e eletricidade, móveis, materiais de estudo etc. Por todos esses fatores, a taxa de evasão é persistentemente muito alta e preocupante.

Mas a ideia de se ter educação para o povo indiano inspirou movimentos importantes que culminaram, em período mais recente, com o reconhecimento quanto à necessidade de se tornar a educação uma política voltada para o povo indiano. Nessa ordem, o pensamento da nova classe política admitiu meios de promover a educação formal, o que inspirou a constituição de modais de ensino específicos, como a *Technical Education*, a *Professional Education*, a *Adult Education*, a *Rural Higher Education* e a *Educational Research and Training*, para citar alguns exemplos.

A ideia básica do ensino técnico é proporcionar o preparo baseado em atividades que possam servir como um importante investimento social na vida dos estudantes e da comunidade. A *Technical Education* consiste em um sistema de ensino que abrange engenharia, tecnologia, gestão, arquitetura, farmácia etc., ficando sob a supervisão do *Ministry of Human Resource Development*, órgão do governo central, ao qual cumpre a prestação de apoio aos programas de subgraduação, graduação, pós-graduação e pesquisa. Sua estrutura orgânica é composta por instituições de ensino como *Indian Institute of Technology* (IIT), *Indian Institute of Management* (IIM),

Indian Institute of Sciences (IISc), *National Institute of Technology* (NIT) e *All India Council for Technical Education* (AICTE). Atualmente, a *Technical Education* é um subsistema consistente em uma extensa cadeia de instituições politécnicas, que proporcionam uma educação de base ampla nas áreas de engenharia, principalmente. Existem cerca de 500 instituições politécnicas, com capacidade anual de admissão de 65 mil estudantes. A formação que ela proporciona é majoritariamente institucional, os currículos são predominantemente teóricos e sua localização é predominantemente urbana.

A *Professional Education* está compreendida no âmbito do ensino superior e é constituída por uma rede de instituições politécnicas e profissionais públicas e privadas, controladas e supervisionadas pelos conselhos especializados em cada área. Os conselhos profissionais, a exemplo de *All India Council for Technical Education, Distance Education Council* (DEC), *National Council for Teacher Education* (NCTE), *Medical Council of India* (MCI) etc., são responsáveis pelo reconhecimento dos cursos, pela promoção das instituições profissionais e pelo fornecimento de subsídios para programas de graduação e premiações. A *Professional Education* é um programa de direcionamento vocacional no ensino secundário superior e um componente importante da educação escolar global, tanto como um estágio autônomo quanto como fomentador do ensino geral e profissional no ensino superior.

A *Adult Education* é outro importante modal de ensino voltado para a alfabetização de adultos, o que não significa apenas alfabetizá-los, mas também desenvolver a responsabilidade para que exerçam com inteligência suas atividades. O *Programme of Adult Education* foi implementado no ano de 1973 com o objetivo de educar 30 milhões de adultos na faixa dos 15 aos 35 anos de idade, até o fim do século XX. Pretendia-se com esse programa aumentar a eficiência do trabalho dos adultos e criar neles uma consciência social e nacional. Entende-se que a aprendizagem de adultos deve ser experimental e inovadora, e que valores e princípios democráticos, como a dignidade do trabalho, a partilha de responsabilidades, o trabalho em conjunto, o sentimento de companheirismo, a cooperação e a assistência, devem ser enfatizados nos métodos de aprendizagem de adultos.

A ideia de qualificação para atuação profissional nas áreas rurais teve como público jovens que concluíram o ensino médio e o propósito de capacitá-los a contribuir com o desenvolvimento da comunidade rural. Para tanto, no ano de 1956 foi instituído o *Rural Higher Education*. Mas a iniciativa de um programa específico de promoção da educação na área rural teve objetivos mais amplos, consistentes em fornecer uma educação-

-padrão gratuita para as crianças, apoiá-las em seu preparo para o ensino superior, promover a orientação adequada, apoiar pesquisadores na área do desenvolvimento educacional e implementar novas metodologias de ensino. É preciso lembrar que nas áreas rurais havia todo um conjunto de complicadores sociais e econômicos muito específicos. Por isso, a qualidade e o acesso à educação foram as principais preocupações nas escolas rurais, onde havia menos professores comprometidos, falta de livros e materiais didáticos adequados nas escolas. Embora existam escolas públicas, quando comparadas às escolas privadas, percebe-se que a qualidade é uma questão importante. A maioria das pessoas que viviam nas aldeias compreendeu a importância da educação e sabia que seria a única maneira de se livrar da pobreza. Mas, devido à falta de recursos, essas pessoas não puderam enviar seus filhos para escolas particulares e permaneceram dependentes das escolas governamentais para educação, as quais estavam superlotadas e tinham uma proporção distorcida na relação professores/alunos (Sridhar, 2020, p. 20).

Outro importante instrumento para o desenvolvimento do setor educacional é o *National Council of Educational Research and Training* (NCERT). Esse conselho foi estabelecido no ano de 1961 e sua principal tarefa tem sido a implementação de políticas e estratégias educacionais junto ao *Central Ministry of Education*. Entre outras atribuições, o conselho teve contribuição decisiva atuando junto às universidades e aos conselhos locais de educação. Além disso, o NCERT exerceu a administração de quatro importantes instituições de ensino superior regionais [*Regional Institutes of Education* (RIEs)], situadas nas cidades de *Ajmer, Bhopal, Bhubaneswar* e *Mysore*, e teve a missão de organizar e treinar professores. Além disso, o NCERT ofereceu programas integrados de bacharelado e mestrado em educação por meio de seus RIEs.

Com essa abordagem e linha política de atuação, a Índia independente pretendia, por meio da alfabetização universal, facilitar o acesso à educação e ao desenvolvimento industrial[42], baseados no conhecimento, além de se fixar à frente das grandes nações do mundo, superando os desafios de garantir que todos tivessem acesso à educação e capacitação em sua área de atividade[43].

De acordo com a *Karnataka State Open University* (2013, p. 11, 16), a educação é uma força poderosa capaz de gerar mudanças rápidas na sociedade. Por isso, muitas pessoas enfatizam o papel fundamental da educação e seu significado único para o desenvolvimento nacional, além de desempenhar um relevante papel na formação dos professores. Por essa razão, é essencial saber mais sobre educação.

Objetivamente, pode-se situar a educação como um processo, cujo desenvolvimento segue continuamente desde o nascimento até a morte, e inclui toda e qualquer experiência de vida. É certo que a experiência baseada na cultura também é educação, e, desse modo, todas as experiências são educativas por natureza. Nessa medida, compreendendo-se que o talento é algo que preexiste em uma criança, a educação age de modo a revelar e proporcionar experiências adequadas a ela e estimular que seu talento seja desabrochado. Com isso, o comportamento, o conhecimento, a linguagem, o caráter etc. das crianças são refinados e a educação é responsável por seu desenvolvimento integral, sendo esse um processo ao longo da vida. Uma criança, quando educada, é influenciada por diferentes meios, direta ou indiretamente, que moldam sua personalidade (Karnataka State Open University, 2013, p. 11, 16).

Na linha desse entendimento, o *Ministry of Human Resource Development* (2020, p. 3) publicou um relatório contendo a *National Education Policy* 2020. O mencionado documento refere-se à educação como meio fundamental para atingir o pleno potencial humano, desenvolver uma sociedade equitativa e justa, e promover o desenvolvimento nacional. Para tanto, o *Ministry of Human Resource Development* considerou que fornecer o acesso universal à educação de qualidade é a chave para a ascensão contínua do país e sua liderança no cenário global em termos de crescimento econômico, justiça social e igualdade, avanço científico, integração nacional e preservação cultural. Também destacou que a educação universal de alta qualidade é o melhor caminho a seguir para desenvolver e maximizar os ricos talentos e recursos do país em proveito do indivíduo, da sociedade, do país e do mundo. Considerando que a Índia terá a maior população de jovens do mundo na próxima década, sua capacidade de oferecer oportunidades educacionais de alta qualidade será o fator que determinará o futuro do país.

Partindo desse ponto, é oportuno considerar, como debate introdutório, as reflexões expostas por Abul Kalam Azad, ativista junto ao *Indian Nationalist Movement*, conhecido como Maulana Azad. Ele foi o primeiro a exercer o cargo de *Minister of Education* na Índia independente, no período de agosto de 1947 a fevereiro de 1958.

Para ele, um dos problemas mais evidentes a exigir especial atenção após a independência era a educação nacional. Naquele momento, a educação geral, disponível para as pessoas comuns, não era adequada às suas necessidades, e mesmo a minoria privilegiada que teve a oportunidade de receber educação superior nas universidades não era empregada utilmente.

A EDUCAÇÃO SUPERIOR E O SISTEMA DE RESERVAS NA ÍNDIA:
AVANÇOS, RETROCESSOS, PERSPECTIVAS E UTOPIAS

Dizia que único objetivo daqueles que buscavam o ensino superior era que se garantissem no serviço público, sendo certo, porém, que o governo não poderia dar emprego a todos. Como resultado dessa realidade, o sistema educacional existente, ao invés de permitir que as pessoas se tornassem membros úteis à sociedade, tornava-os supérfluos e transformava o que deveria ser um ativo em um passivo. A verdade é que todo indivíduo tem direito a uma educação que lhe permita desenvolver suas faculdades e viver uma vida plena. A educação é o direito inato de todo cidadão e o Estado não pode alegar ter cumprido seu dever até que tenha providenciado, para cada indivíduo, os meios para a aquisição de conhecimento e autoaperfeiçoamento. Desse modo, o ensino médio poderia fornecer o padrão necessário para tal educação e o Estado deveria estender a todos os cidadãos as facilidades de acesso à educação até esse estágio. Existem três etapas ou níveis no ensino secundário: elementar, médio e superior. Entre estes, os níveis elementar e médio são os mais importantes, porque são a fundação de todo o edifício da educação nacional. Além desses estágios, a situação é pouco diferente quanto ao ensino superior, uma vez que a criação desse nível pelo Estado deveria atender às necessidades da sociedade. Qualquer desajuste entre a demanda e a oferta nessa fase poderia criar problemas, que o Estado deveria evitar a qualquer custo, pois o ensino superior é tão caro que nenhum Estado pode se dar ao luxo de aumentar o número de pessoas que recebem esse ensino além do que ele pode absorver (Azad, 1956, p. 5-6).

Gandhi também exerceu expressiva influência quanto à abordagem da educação na Índia, seus problemas e o modo de enfrentá-los.

Para tanto, no ano de 1931, Gandhi esteve na *Round Table Conference* que ocorreu em Londres e, naquela ocasião, chamou atenção para a ineficácia do sistema de educação primária na Índia e a baixa percentagem de alfabetização entre os indianos, e culpou a política do governo britânico responsável por aquela situação, que chamou de patética no campo da educação de massa. Ele descreveu os principais defeitos do sistema educacional e disse que estava convencido de que o sistema então existente não era apenas um desperdício, mas também era muito prejudicial. Destacou que o emprego do idioma inglês criou uma barreira permanente entre os poucos indivíduos altamente educados e os muitos sem instrução, e a necessidade de se concentrar, adequadamente, na educação das crianças com a realização de trabalhos manuais, não como uma atividade secundária, mas como um meio primordial de atividade intelectual. Propôs, na linha de seu entendimento, um modelo ou esquema de educação básica, que foi denominada de

Nai Talim. Algum tempo depois, no ano de 1937, Gandhi estabeleceu uma nova conferência e presidiu-a. Foi a *All India Education Conference*, na qual foram aprovadas quatro importantes proposições sob a forma de resoluções: i) a educação na Índia será gratuita, obrigatória e nacional, com duração de sete anos; ii) deverá ser empregada a língua materna indiana com meio de instrução; iii) durante todo o processo de educação, deverão ser desenvolvidos trabalhos manuais e com caráter produtivo, de modo a estimular o desenvolvimento das habilidades artesanais de acordo com o ambiente de convivência das crianças; e iv) o sistema deverá ser capaz de gerar, gradativamente, a remuneração dos professores. Portanto, de acordo com Gandhi, o modelo de educação básica proposto, ou *Nai Talim*, baseava-se no princípio de aprender fazendo. Esse era um método de atividade prático, pelo qual deveria haver correlação entre o aprendizado obtido nos livros e as práticas de atividades artesanais, como jardinagem, tecelagem, fiação, carpintaria etc. Gandhi entendia que um esquema realista de educação deveria estar intimamente integrado ao ambiente físico e social do estudante. Para ele, o novo método de educação proposto, além de não ser uma importação ou imposição estrangeira, era consistente com o ambiente natural da Índia, predominantemente composto por aldeias. Acreditava que esse método possibilitaria o equilíbrio entre o corpo, a mente e o espírito, e era diferente do tipo ocidental, predominantemente militarista. Esse equilíbrio haveria de ser tanto melhor quando a educação fosse implementada por intermédio do artesanato. Além disso, o método proposto era totalmente autossustentável e não exigiria gastos milionários (Jena, 2020, p. 2-3).

Feitos esses esclarecimentos sobre os entendimentos acerca da educação por duas pessoas que tiveram importantes papéis no curso da história da Índia pós-independência, é ainda conveniente considerar outros aspectos particulares que envolvem o direito à educação.

Este não foi um direito tratado diretamente pela Constituição da Índia em seu texto original. Tal direito somente foi introduzido na Constituição recentemente, por intermédio do *Eighty-Sixth Amendment Act* (2002). O referido ato consagrou o direito à educação, sob a responsabilidade de Estado, dispondo que deverá ser gratuito e obrigatório, e ofertado aos menores entre 6 e 14 anos de idade. Esse direito está contido no Art. 21-A[44] e integra a Parte III da Constituição, que trata especificamente dos direitos fundamentais.

Fato que merece destaque é que, até o advento do *Eighty-Sixth Amendment Act* (2002), não havia na Constituição um dispositivo específico para tratar da educação como direito. Inicialmente, havia o Art. 41, que tratava conjuntamente do trabalho, da educação e da assistência pública[45]. O texto do indicado artigo, ainda em vigor, dispõe que o Estado deverá, nos limites de sua capacidade econômica, assegurar a efetividade do direito ao trabalho, à educação e à assistência pública nos casos de desemprego, velhice, doença, invalidez e carência involuntária. A efetividade aqui mencionada pode ser entendida como o indicador que identifica o grau de satisfação do usuário ou quanto o seu direito foi atendido com a implementação da política pública (Chrispino, 2016, p. 123).

Ainda por força do *Eighty-Sixth Amendment Act* (2002), a redação do Art. 45 da Constituição[46] foi alterada, passando a dispor que o Estado deverá se esforçar para prestar assistência e educação à primeira infância para todas as crianças até os 6 anos de idade. Essa norma está inserida na Parte IV da Constituição, que cuida dos princípios diretivos das políticas públicas.

Outra importante referência sobre a educação é o Art. 350-A[47], inserida no texto constitucional por intermédio do *Seventh Amendment Act* (1956). O dispositivo em questão preceitua que os estados e todas as autoridades deverão se esforçar no sentido de fornecer adequadas instalações para a educação na fase primária, cujo ensino será na língua materna, e alcançará as crianças pertencentes a todas as classes linguísticas e aos grupos minoritários. Para tanto, caberá ao presidente da União expedir as regulamentações necessárias de modo a assegurar o provimento dessas facilidades.

Em linhas gerais, a positivação e a tutela do direito à educação, nos termos do ordenamento jurídico-constitucional indiano, construído desde os primeiros momentos em que a Índia alcançou sua independência, representa a consagração de outros importantes direitos e princípios correlatos, tendentes à promoção da justiça social e da igualdade. Nessa ordem, o direito à educação também implica o cumprimento a outros direitos, tais como o da igualdade perante a lei (Art. 14), da proibição à discriminação (Art. 15), da igualdade de oportunidades (Art. 16), da vida digna (Art. 21), da proibição do tráfico de pessoas (Art. 23), da abolição do trabalho escravo (Art. 24), da abolição do trabalho infantil e da proteção das crianças (Art. 39, "e" e "f"), dos cuidados à primeira infância (Art. 45) e da promoção do direito à educação em favor das *Scheduled Castes* e das *Scheduled Tribes*, além de outros grupos desfavorecidos (Art. 46).

Consequentemente, a proposta constitucional de proteção dos direitos das crianças em geral e do direito à educação em particular formou a base para a promoção da justiça social, da igualdade e da equidade, da vida digna, e também o meio para combater as diversas formas de discriminação e exploração, lembrando-se que "é pela educação que as gerações se transformam e aperfeiçoam. Para uma sociedade nova, são necessários homens novos. Por isso, a educação desde a infância é de importância capital" (Dénis, 2013, p. 297).

Na atualidade, a principal norma legislativa que regulamenta o direito à educação é o *Right to Education Act* (RTE *Act*) de 2009, comparável a uma lei de diretrizes e bases da educação. Tem aplicação em todo o território indiano, exceto nos estados de *Jammu* e *Kashmir*. A principal norma regulamentada por esse ato de emenda é a que trata diretamente dos destinatários do direito à educação. Esse direito é garantido em favor das crianças dos 6 aos 14 anos de idade, e deverá ser exercido de forma gratuita e obrigatória (compulsória) em escolas do mesmo bairro de residência da criança até que ela conclua o período correspondente ao ensino fundamental. O exercício desse direito é livre do pagamento de quaisquer gorjetas, encargos ou despesas que a impeçam de prosseguir ou de completar o ciclo de estudos.

O *Right to Education Act* (2009) é exemplo da concretização de um direito fundamental mediante a implementação de uma política regulatória, entendida como um conjunto de arranjos institucionais com a finalidade de promover a qualidade regulatória na esfera governamental (Parker; Kirkpatrick, 2012, p. 16).

Incluem-se como crianças destinatárias dos direitos à educação todas as pertencentes aos grupos desfavorecidos, como as crianças com deficiência, as integrantes das *Scheduled Castes* e das *Scheduled Tribes*, as integrantes das classes social e economicamente atrasadas, ou de quaisquer outros grupos considerados em desvantagem como consequência de problemas sociais, culturais, econômicos, geográficos ou linguísticos. As crianças serão consideradas integrantes dos grupos mais fracos quando seus pais ou responsáveis tiverem renda de limite inferior ao que for especificado pelo governo. Incluem-se, ainda, na abrangência de deficiência, as crianças com autismo, paralisia cerebral, deficiência intelectual e múltiplas deficiências.

Conforme já explicitado, o *Right to Education Act* (2009) é uma norma específica para a regulamentação da prestação da educação, de forma gratuita e obrigatória, às crianças com idade entre 6 e 14 anos. A referida lei veio para cobrir uma ampla gama de espaços e para preencher as lacunas e deficiências preexistentes no setor de educação escolar. A peça legislativa em questão estabeleceu os deveres dos governos nos níveis central, estadual e local e, no que diz respeito às responsabilidades das escolas e dos professores, estabeleceu as qualificações mínimas para a nomeação de professores e escolas reconhecidas ao abrigo da lei (Arora, 2021, p. 5).

O direito à educação é, antes de mais nada, um direito garantido pelo Estado, mas também é uma obrigação para o Estado, que deve adotar medidas adequadas visando garanti-lo de modo igual para todos. Essa obrigação é também exigível de outras partes, as quais devem se responsabilizar pela proteção e plena aplicação do direito, como os próprios estudantes, seus pais, suas respectivas famílias extensas e a sociedade em geral. Por isso, compreende-se que as crianças pertencentes aos segmentos mais fracos ou aos grupos desfavorecidos não devem ser discriminadas ou impedidas de prosseguir os estudos, até complementá-los, seja qual for o motivo. Essa mudança no perfil educacional é em si um grande desafio a ser enfrentado, especialmente porque, já no início da implantação desse novo sistema, os seus gestores apenas se concentraram na seleção, desde o primeiro dia, mesmo antes de a criança fazer parte formal da escola, e, assim, julgaram-na e rotularam-na antecipadamente como lenta e fracassada. Com esse ato, percebe-se que os provedores da educação optaram por ignorar a psicologia, no sentido de que qualquer criança deve aprender e se desenvolver em um ambiente que lhe garanta educação de qualidade, destruindo, assim, o próprio sentido da qualidade equitativa. Esse quadro remete ao conceito de mérito, que, muitas vezes, é decidido por testes de admissão, que ignoram que os estudantes considerados desfavorecidos precisam de mais atenção e apoio financeiro, acadêmico e psicológico do sistema, ao qual cumpre promover a qualidade equitativa, e não a qualidade meramente preferencial ou diferencial, fator que pode tornar os empobrecidos ainda mais empobrecidos (Somachary, 2018, p. 1.330).

9

ORGANIZAÇÃO DA EDUCAÇÃO BÁSICA: ENTRE A PERSPECTIVA A REALIDADE

Havia a estimativa de que a população da Índia para o ano de 2020 alcançaria o patamar de 1,38 bilhão de indivíduos, com previsão de ultrapassar o 1,42 bilhão de indivíduos da China em um futuro próximo. No ano de 2022, esse patamar chegou a 1,4 bilhão de indivíduos. Assim, devido à maior percentagem de jovens com idade, majoritariamente, inferior a 25 anos, o sistema educacional indiano é o mais amplo, pois conta com o maior número de escolas (mais de 1,5 milhão de unidades) e de alunos (supera o patamar de 260 milhões) (British Council, 2019, p. 8).

De acordo com os dados apurados pelo governo indiano, as iniciativas para fornecer acesso às escolas, para todas as crianças, levaram ao aumento no número dos estabelecimentos de ensino, que passou de 971 mil no ano de 2000 para 1,52 milhão no ano de 2015. Nesse mesmo período, as instituições de ensino superior multiplicaram-se por cinco. De pouco mais de 10 mil no ano de 2000, alcançaram a marca de quase 52 mil no ano de 2015. As matrículas escolares durante esse período aumentaram de 186 milhões nas escolas primárias e secundárias, no ano de 2000, para 261 milhões, no ano de 2015, sendo 197 milhões no nível primário e 64 milhões no nível secundário. De 8,6 milhões no ensino superior no ano de 2000, compreendendo universidades, faculdades e instituições independentes, as matrículas elevaram-se para 33,6 milhões no ano de 2014. Outros números se revelaram importantes, como, por exemplo, a elevação de 48% para 60% nas matrículas escolares femininas apuradas no período de 2015-2016, e a vertiginosa elevação de 46% para 484% nas matrículas femininas no ensino superior que ocorreu a partir do ano de 2014. Como resultado do esforço para alcançar o acesso universal à educação, o número de escolas públicas pequenas, isto, é, as que contam com até 150 alunos, e muito pequenas, as que contam com até 30 alunos, aumentou no mesmo período (ciclo de 2014-2016), o que trouxe novos desafios que permanecem não superados, como a desigualdade de recursos de aprendizagem, a falta de professores especializados nas disciplinas em pequenas escolas secundárias e o aumento da necessidade de práticas de ensino multisseriado. Além disso, por falta de soluções efetivas, várias dessas escolas foram reunidas ou fechadas nos últimos anos, em todo o país. Para se ter uma referência concreta dessa realidade, dados do ano de 2015 demonstraram que as escolas consideradas pequenas constituíam mais de 70% de todo o conjunto de instituições de ensino secundárias em pelo menos 20 estados, e que houve aumento de três vezes nos custos por aluno nessas escolas, onde a proporção aluno/professor é considerada muito baixa em comparação com aquelas que contam com mais de 300 alunos (British Council, 2019, p. 12-13).

Nesta introdução à estruturação e à organização do sistema educacional indiano, convém conhecer a arquitetura do mecanismo de níveis ou anos escolares. Esse conhecimento facilitará a compreensão da modelagem educacional provida pelo setor público e também pelo setor privado, em que há controle e financiamento provenientes dos três níveis ou esferas da administração pública central, estadual e local, isso porque, apesar de a educação na Índia ser mantida sob o controle do governo da União, com algumas responsabilidades que são específicas, há outras responsabilidades partilhadas como os estados em face de sua autonomia.

O sistema educacional da Índia é organizado e estruturalmente dividido em diferentes níveis, que são descritos na literatura, em regra, como: i) pré-primário (*Pre-Primary*); ii) nível primário (*Primary*); iii) ensino fundamental (*Elementary Education*); iv) ensino médio (*Secondary Education*); v) nível de graduação (*Undergraduate*); e vi) nível de pós-graduação (*Postgraduate*). Esse formato foi elaborado pela *Education Commission*, que funcionou junto ao governo central no período de 1964 a 1966, e recomendou que os governos estaduais e central adotassem o critério que ficou conhecido como "10+2+3", o que significa estabelecer um padrão com o objetivo de uniformizar, em todo o país, a duração de cada nível vinculado à faixa etária dos estudantes. Com isso, os dez anos iniciais são divididos em três subníveis distintos, em que se tem cinco anos de ensino primário inicial (*Lower Primary*), três anos de ensino primário (*Upper Primary*) e mais dois anos de ensino médio (*Lower Secondary*). Na sequência, tem-se mais dois anos de ensino médio ministrados, geralmente, em escolas que possuam instalações próprias para esse modal (*Higher Secondary Facility*) ou em faculdades (*Colleges*). Este nível é conhecido como *Higher Secondary*. Por último, tem-se mais três anos de educação universitária para a formação no grau de bacharelado (*College/University*) (Patel, 2013, p. 42).

De acordo com a política educacional revisada no ano de 2019, e ainda em vigor, o sistema educacional indiano pode ser escalonado em quatro estágios, que abarcam os estudantes desde os 3 até os 18 anos de idade. O primeiro estágio (*Foundational Stage*) aplica-se às crianças dos 3 aos 6 anos de idade (*Pre-Primary*) e acima dos 6 até os 8 anos (*Lower Primary*); o segundo estágio (*Preparatory Stage*) aplica-se às crianças acima dos 8 anos de idade até os 11 anos (*Lower Primary*); o terceiro estágio (*Middle Stage*) aplica-se aos estudantes acima dos 11 anos de idade até os 14 anos (*Upper Primary*); o quarto e último estágio (*High Stage*) aplica-se aos estudantes acima dos 14 anos de idade até os 16 anos (*Lower Secondary*) e àqueles acima dos 16 anos de idade até os 18 anos (*Higher Secondary*). Esse novo escalonamento atende às novas propostas do *Ministry of Human Resource Development* consubstanciadas na política educacional lançada no ano de 2019 (British Council, 2019, p. 39).

Pela perspectiva do planejamento, há duas construções políticas reputadas importantes que foram implementadas para atender à proposta de estruturação e manutenção do sistema de educação básica. Sequencialmente, foram implantados o *Sarva Shiksha Abhiyan* e o *Right to Education Act of* 2009.

O *Sarva Shiksha Abhiyan* é um programa abrangente e integrado do governo para alcançar a universalização da educação básica [*Universalization of Elementary Education* (UEE)], cobrindo todo o país. O SSA foi lançado no ano de 2001 em parceria com os governos estaduais e governos autônomos locais, e teve o propósito de fornecer ensino fundamental útil e regular para todas as crianças na faixa etária dos 6 aos 14 anos de idade, até o ano de 2010. Foi uma iniciativa direcionada para a universalização e a melhoria da qualidade da educação por meio de planejamento descentralizado e específico ao contexto, operando como uma estratégia de implementação baseada em processos e prazos definidos. O programa enfatizava a superação de todas as lacunas de gênero e da categoria social no nível do ensino fundamental, com objetivos de tempo limitado. Por um lado, o SSA foi um programa com metas, normas e processos próprios e, por outro lado, foi um programa guarda-chuva que abrangeu outros programas semelhantes, dando-lhes suporte. Mas as dimensões gigantescas do programa e as implicações financeiras decorrentes exigiram um planejamento meticuloso e uma avaliação rigorosa. Caracteristicamente, o SSA adotou o processo de planejamento de baixo para cima, impondo que as necessidades das comunidades e as necessidades educacionais dos estudantes deveriam ser igualmente bem atendidas. Não obstante, a desejada melhoria e a sustentação do nível de eficiência somente poderiam ser alcançadas desde que houvesse o envolvimento ativo da comunidade no sistema de ensino, razão pela qual o programa enfatizou o envolvimento da população local e das partes interessadas no planeamento, pois isso garantiria a reflexão sobre as especificidades locais, essenciais para se alcançar os objetivos do programa (Pal, 1990, p. 162-163).

Entretanto, apesar de já se ter decorrido mais de uma década desde a implementação do SSA, estudos de avaliação de desempenho apontam, por um lado, a persistência de falhas graves não resolvidas na área educacional. Ainda falta infraestrutura nas escolas públicas. Condições mínimas, porém essenciais, como salas de aulas. Verificou-se, por exemplo, que na maioria das escolas não se tinha salas de aula adequadas; em outras, nem sequer havia salas. As instalações de água potável, sanitárias separadas, ventiladores, disposição adequada dos assentos etc. são recursos que não estavam disponíveis em várias escolas. A não garantia e o não fornecimento dessas instalações básicas desencorajaram as novas matrículas nas escolas públicas e, em alguns casos, isso levou à migração para as escolas privadas (Government of Jammu and Kashmir, 2010, p. 46-47).

Por outro lado, mas ainda segundo a perspectiva da avaliação do desempenho do SSA, há registros que indicam ter havido sensível melhoria na dimensão da qualidade, embora se enfatize que ainda há muitos desafios para se alcançar uma educação de qualidade e se estruturar a infraestrutura das salas de aulas, dos materiais didáticos, dos equipamentos sanitários e também da proporção de professores no ensino fundamental. Entretanto, entende-se que o SSA possibilitou o aumento das taxas de alfabetização e matrícula, além de ter contribuído para a diminuição da taxa de abandono no ensino primário. A taxa de alfabetização na educação primária, que era de 27,2% (masculino) e 8,9% (feminino) no ano de 1951, seguiu ritmo gradual de crescimento a cada ano. No ano de 2011, por exemplo, essa taxa foi de 80,9% (masculino) e de 64,6% (feminino); a taxa de abandono foi de 4,36% (masculino) e de 3,88% (feminino). Apesar disso, a taxa de matrícula apresentou queda relevante no ensino primário (Mondal; Nandy, 2020, p. 163).

Já o *Right to Education Act* (2009) estabeleceu que a educação deve ser gratuita e obrigatória para todas as crianças dos 6 aos 14 anos de idade. A lei em apreço entrou em vigor em 1º de abril de 2010, regulamentando o direito à educação previsto no Art. 21-A da Constituição. Esse foi um marco histórico importante para o povo indiano, pois com a regulamentação o direito à educação assumiu o mesmo status constitucional que o

A EDUCAÇÃO SUPERIOR E O SISTEMA DE RESERVAS NA ÍNDIA:
AVANÇOS, RETROCESSOS, PERSPECTIVAS E UTOPIAS

direito à vida (o direito à educação e vários outros integram a Parte III da Constituição, que trata especificamente dos direitos fundamentais). A expectativa, portanto, era a de que todas as crianças na faixa etária dos 6 aos 14 anos de idade recebessem oito anos de ensino fundamental em salas de aula apropriadas para a idade, nas proximidades do bairro em que residissem. Ademais, qualquer custo que impedisse o acesso das crianças à escola deveria ser suportado pelo Estado, que teria a responsabilidade de matriculá-las, além de assegurar a frequência e a conclusão dos oito anos de escolaridade. De acordo com a lei, a nenhuma criança será negada a admissão escolar por falta de documentos, e nenhuma poderá ser recusada sob o argumento de que o período de admissão tenha encerrado. Não se imporão testes admissionais às crianças, e aquelas com deficiência também serão educadas nas escolas regulares (Pal, 1990, p. 168-169).

O fato insuperável, no entanto, é que a Índia continua a enfrentar desafios severos, pois, apesar do crescente investimento na área da educação, 25% de sua população ainda é analfabeta; apenas 15% dos estudantes ingressam no ensino médio e apenas 7% desses 15% concluem esse nível escolar. Some-se a isso que a qualidade da educação, seja no ensino fundamental, seja no superior, é significativamente ruim em comparação com as principais nações em desenvolvimento. A partir de 2011, já havia cerca de 1.500 faculdades com cursos de engenharia concedendo diplomas, com uma admissão anual de 582 mil, e mais 1.244 institutos politécnicos com admissão anual da ordem de 265 mil. No entanto, todas essas instituições enfrentam escassez de docentes qualificados e é bastante preocupante a qualidade da educação que prestam, especialmente nas áreas de ciências e tecnologias (Rawat, 2013, p. 5).

No enfrentamento dessa questão, há um paradoxo sempre presente, que parece insuperável, ao menos na atualidade. É noticiado, como se sabe, que a ação afirmativa de reservas de vagas na educação teve o propósito de promover a igualdade de oportunidades e contribuir para o nivelamento social e econômico da sociedade. Mas sua implementação na Índia não apresentou nenhum resultado desejável, porquanto tornou-se uma ferramenta muito apropriada para os partidos políticos preencherem seus bancos de votos, de modo que as classes atrasadas ainda sofrem e a intocabilidade persiste (Varshney, 2013, p. 81). Estimativas mais recentes demonstraram que a parcela da população alfabetizada da Índia é, atualmente, de 73%; a das *Scheduled Castes* é de 66,1%; e a das *Scheduled Tribes* é de 59%. Então, nessa perspectiva, pode-se dizer que a taxa de alfabetização melhorou ao longo dos dez anos tanto nas áreas rurais quanto nas urbanas, quando comparada com as taxas verificadas no ano de 2001, em que se tinha taxas de alfabetização na proporção de 64,8% (população), 54,7% (*Scheduled Castes*) e 47,1% (*Scheduled Tribes*) (Varshney, 2013, p. 87).

Ao analisar essa questão, é de se concluir que educar as pessoas é a melhor maneira de remover o analfabetismo, considerado uma prática maligna enraizada na cultura indiana, e que conceder reservas é, até certo ponto, uma proposta que se justifica em favor do bem-estar da sociedade em geral. Mas é preciso reconhecer que na Índia a política de reservas não cumpriu os objetivos ordinariamente propostos, pois, conforme ficou evidenciado pelas estatísticas, a política de reservas não favoreceu o desenvolvimento das castas inferiores, que ainda sofrem, e com elas sofrem os estudantes meritórios pertencentes à categoria geral que não conseguem lidar com o fato de que outro estudante menos merecedor do que eles tenha sido selecionado para ter acesso a uma instituição de ensino ou para um emprego que eles não conseguiram (Varshney, 2013, p. 88).

É importante deixar bem definido que o alicerce das políticas educacionais é a estrutura do ensino fundamental, pois, sendo esse o estágio educacional inicial, tem a função de abrir o caminho para que as crianças se matriculem e permaneçam na escola antes de tomarem a decisão de cursar ou não o ensino superior. A decisão de alguém sobre se educar é um passo significativo para alcançar os demais Direitos Humanos básicos. A educação pode ajudar a diminuir a pobreza, reduzir as desigualdades sociais, capacitar as mulheres e outros marginalizados, reduzir a discriminação e, finalmente, ajudar os indivíduos a viver a vida em seu pleno potencial. Ajuda a melhorar o acesso às oportunidades para uma vida melhor em termos de emprego e negócios. Também pode levar a paz e a prosperidade geral para uma região. Portanto, a educação é um dos direitos mais importantes. Entretanto, tornar o direito à educação um direito fundamental levou mais de seis décadas após a independência. Apenas recentemente, o governo e todas as partes interessadas começaram a se concentrar na qualidade da educação e, gradualmente, avançaram para se ter um único sistema educacional e uma plataforma em todo o país para todos os setores da sociedade, a fim de promover a igualdade, a inclusão e a unidade.

Nos tópicos seguintes, serão expostas algumas abordagens mais específicas sobre os dois níveis que integram o sistema educacional básico indiano.

9.1 Nível elementar

A educação é um insumo crítico, essencial para o desenvolvimento dos recursos humanos e para o crescimento econômico do país. Embora os principais indicadores de desenvolvimento socioeconômico, como taxas de crescimento da economia, da natalidade, da mortalidade adulta/infantil e taxa de alfabetização, estejam todos interligados, a taxa de alfabetização tem sido o principal determinante da redução dos demais indicadores. Há evidências suficientes, na Índia, aliás, para demonstrar que a alta taxa de alfabetização, especialmente em relação às mulheres, se correlaciona com a baixa taxa de natalidade e a baixa taxa de mortalidade infantil e também com o aumento da taxa de expectativa de vida. O reconhecimento desse fato criou a consciência sobre a necessidade de prestigiar os programas de alfabetização e ensino fundamental não apenas por uma questão de justiça social, mas mais para promover o crescimento econômico, o bem-estar e a estabilidade social.

Consequentemente, o governo indiano deu ênfase à educação primária até a idade de 14 anos, sendo essa política referida como *Elementary Education in India*, e também proibiu o trabalho infantil, para garantir que as crianças não entrem em condições de trabalho inseguras. No entanto, a educação gratuita assim como a proibição do trabalho infantil têm sido metas difíceis de se aplicar devido à disparidade econômica e às condições sociais. Atualmente, 80% de todas as escolas reconhecidas no ensino fundamental (*Elementary Stage*) são administradas ou apoiadas pelo governo, tornando-o o maior provedor da educação (Patel, 2013, p. 42).

Na Índia, como em outras partes do mundo, as características dos alunos e das famílias, como a escolaridade dos pais, o status social, o idioma falado em casa, o tamanho e a composição do grupo familiar, são fatores determinantes do desempenho dos alunos. As crianças nascidas de pais com baixa escolaridade e em família carente aprendem menos e perpetuam as desigualdades intergeracionais. Em comparação com os pais pobres e sem instrução, os pais abastados e instruídos tendem a oferecer aos filhos mais motivação, incentivo e assistência nos estudos. Com poucas exceções, os padrões de vida influenciam fortemente o desempenho dos alunos. Em alguns casos, o aproveitamento é de três a quatro vezes maior para a parcela dos alunos mais ricos do que para a dos mais pobres. Os alunos mais abastados têm um ambiente de aprendizagem mais favorável em casa, têm melhor acesso aos insumos que ajudam a melhorar o desempenho, como aulas particulares e acesso às escolas de melhor qualidade. As maiores diferenças econômicas no desempenho destacam a importância de melhorar a qualidade da escola para alunos de baixa renda, principalmente no ensino fundamental. Vários estudos também destacam o importante papel do apoio domiciliar precoce, incluindo leitura em voz alta para as crianças, incentivo à leitura por prazer e disponibilidade de impressão em casa (Kailash Satyarthi Children's Foundation, 2020, p. 22).

De acordo com as estimativas atuais, 80% de todas as escolas são públicas, tornando o governo o principal provedor de educação. No entanto, devido à má qualidade da educação prestada nas instituições públicas, estima-se que 27% das crianças indianas, no mínimo, estão sendo educadas em escolas particulares. Com mais de 50% das crianças matriculadas em escolas particulares nas áreas urbanas, o saldo já pendeu para o ensino privado nas cidades, e, mesmo nas áreas rurais, estima-se que quase 20% das crianças foram matriculadas em escolas particulares (dados dos anos 2004-2005) (Patel, 2013, p. 43).

É certo que a Constituição tratou a educação básica como um bem público, com o potencial de contribuir para a construção de uma ordem social igualitária, justa e democrática, e estabeleceu que a educação deve ser gratuita, de qualidade e equitativa para todas as crianças até os 14 anos de idade. Isso foi visto como o meio de garantir a igualdade de oportunidades para todos os cidadãos e de preservar os princípios constitucionais da justiça social, diversidade e inclusão. Entretanto, as políticas educacionais dos anos pós-independência não refletiram a intenção de justiça social de garantia, detalhando uma estrutura operacional que fosse capaz de tornar o ensino fundamental um bem verdadeiramente público. Além disso, as mudanças subsequentes da política educacional afastaram-na gradualmente do compromisso constitucional, seguindo a dupla tendência do: i) aumento da abdicação da obrigação constitucional; e da ii) constante diluição do impulso político para garantir o bem público de uma educação elementar gratuita. As prioridades do compromisso constitucional com a educação primária pública foram totalmente reestruturadas nas últimas três décadas como resultado de decisões de política econômica voltadas para a liberalização da economia indiana, sob a influência dos comandos emanados pelo *World Bank* e pela *World Trade Organization*, após o advento do *Washington Consensus* no ano de 1989. Esse consenso consistiu em uma lista de dez políticas e reformas que incluíam a reordenação das prioridades do gasto público, a liberalização do comércio e do investimento estrangeiro direto, a privatização e a desregulamentação (Raina, 2020, p. 1).

Na Índia, apesar do reconhecimento de que um cidadão educado e esclarecido seria essencial para o sucesso da democracia, tinha-se que, após a independência no ano de 1947, quase 85% da população era analfabeta e apenas 31% das crianças na faixa etária dos 6 aos 11 anos frequentavam a escola. Também por reconhecer que a educação é um poderoso propulsor do desenvolvimento e um dos instrumentos mais fortes para melhorar a saúde, a igualdade de gênero, a paz e a estabilidade, e reduzir a pobreza, a Constituição estabeleceu que o Estado deveria se esforçar para fornecer, dentro de um período de dez anos, educação gratuita e obrigatória para todas as crianças até que completassem 14 anos de idade (Art. 45). Determinou, ainda, que o Estado promovesse com especial cuidado o interesse educacional e econômico da parcela mais fraca da população, em particular das *Scheduled Castes* e das *Scheduled Tribes*, protegendo-as da injustiça social e de todas as formas de exploração. Impôs, para tanto, uma parceria significativa entre o governo central e os estaduais, além de outras disposições constitucionais e mecanismos de partilha de recursos, planejamento, divisão de poderes, responsabilidades e harmonização dos respectivos poderes no interesse e bem-estar nacional. Nesse aspecto, apenas teórica e figuradamente, o governo deu passos com o objetivo de cumprir as diretrizes constitucionais para a promoção da educação elementar universal (Sheokand, 2017, p. 484).

Em que pesem os esforços empreendidos, é perceptível que a meta de universalização do ensino fundamental não foi alcançada mesmo após mais de sete décadas desde a independência. Há algumas razões básicas para a baixa taxa qualitativa da educação, como os reduzidos recursos alocados, a má qualificação dos professores, a alta taxa de evasão e a má qualidade do ensino. Embora se reconheça que houve crescimento quantitativo do sistema educacional, o fato é que este não ocorreu quanto ao fator qualidade. O que está longe da realidade é que não há educação de qualidade, principalmente nas escolas rurais. Em regra, os alunos permanecem severamente carentes de conhecimentos elementares. Além disso, outro fator importante a ser considerado é o de que foram implantados programas abrangentes de desenvolvimento e de capacitação. Entretanto, a maior parte das discussões nestas áreas tem sido apenas técnica, limitando-se aos debates sobre as lacunas na capacidade de planejar e formular políticas ligadas à boa qualidade e ao monitoramento e à avaliação dos sistemas de educação. Fora disso, o que permanece tem sido apenas o constrangimento resultante de sistemas burocráticos, organizações e instituições inadequadamente desenhadas que, por esses motivos, findam restringindo a implementação efetiva das atividades necessárias. Há também que se considerar a profunda escassez de professores treinados. Atualmente, há menos disponibilidade de professores capacitados, pois ou eles não são capacitados, ou são mal capacitados. Nesse contexto, inclui-se a escassez financeira, sendo as finanças frequentemente apontadas como o obstáculo mais importante. Sem dúvida, embora a Índia tenha aumentado os aportes e os insumos financeiros no setor de educação, os recursos financiadores do sistema educacional ainda são insuficientes (Sheokand, 2017, p. 489-490).

Relata-se que as lacunas administrativas, os obstáculos financeiros, a educação de qualidade inferior e outras muitas defasagens políticas ou de programas poderiam ser habilmente superadas melhorando-se a governança, o que é vital para a realização dos objetivos de desenvolvimento em nível nacional [*Millennium Development Goals* (MDGs)]. A má governança evidencia a característica da responsabilidade administrativa frouxa, a falta de respostas às demandas e às necessidades das pessoas, e a corrupção generalizada. Estes fatores têm se destacado como grandes obstáculos para alcançar os objetivos da educação primária e, para superá-los, a vontade política e a responsabilidade administrativa podem fazer maravilhas na elevação e na conquista do nível desejado de educação. Desse modo, a escassez dos recursos financeiros, a má preparação dos professores e a baixa qualidade da educação estão, direta ou indiretamente, sujeitas à vontade política e à dedicação da administração. Por isso, é necessário que se tenha um bom sistema de monitorização, transparência e responsabilização, além da capacidade de respostas às necessidades educativas, que podem ser uma solução imediata para os problemas associados ao ensino fundamental. Há a necessidade de se aumentar o financiamento para reduzir as lacunas financeiras e melhorar a qualidade da prestação dos serviços por meio de políticas e de instituições educacionais mais fortes. O investimento direcionado de recursos adequados com ações agregadas é necessário para reduzir as disparidades regionais e interestaduais e, simultaneamente, focar uma abordagem baseada em resultados para a educação, a fim de perseguir o objetivo da educação primária de aprendizagem para todos (*Education for All*) (Sheokand, 2017, p. 490).

Os *Millennium Development Goals* revelaram a importância do desenvolvimento humano no contexto do desenvolvimento econômico e social sustentável[48]. Esses objetivos uniram a comunidade internacional, criando uma estrutura de avanços que pode ser medida pelo progresso de uma série de metas e indicadores, e uma arena para parcerias globais em desenvolvimento. As metas objetivam níveis específicos de realização em vários indicadores de desenvolvimento, como a redução pela metade da proporção das pessoas que vivem em extrema pobreza ou expostas à fome, a garantia de que todas as crianças estejam na escola, a redução da mortalidade infantil e a melhoria da saúde materna. Todo o progresso medido partiu do ano de 1990 como referência inicial, seguindo até o ano de 2015, quando as metas deveriam ter sido alcançadas. A Índia, com a maioria de outros países, endossou seu compromisso de alcançar os MDGs no evento *Millennium Summit* realizado em *New York* no ano de 2000 (Bajpai; Sachs, 2005, p. 3).

O movimento *Education for All* foi concebido na conferência mundial de UNESCO, UNICEF e *The World Bank* no ano de 1990. Naquele ano, na Tailândia, delegados de 155 países, organizações intergovernamentais e não governamentais concordaram em universalizar a educação primária e em reduzir o analfabetismo massivamente antes do fim da década. A *World Declaration on Education for All* afirmava que todas as pessoas, crianças, jovens e adultos, devem se beneficiar das oportunidades educacionais destinadas a atender às suas necessidades básicas de aprendizagem. Dez anos depois, com muitos países longe de atingir esse objetivo, a comunidade internacional reuniu-se novamente em Dakar, no Senegal, e reafirmou o compromisso de alcançar a educação para todos até o ano de 2015. No *World Education Forum*, realizado no ano de 2000, a comunidade internacional definiu a agenda global da *Education for All* em relação a seis áreas: i) cuidados e educação na primeira infância; ii) educação primária; iii) necessidade de aprendizagem de jovens e adultos; iv) alfabetização; v) igualdade de gênero; e vi) qualidade na educação. Outras três metas quantificáveis foram estabelecidas para o ano de 2015: i) reduzir pela metade o número de analfabetos; ii) prover a educação primária universal; e iii) a igualdade de gênero, sendo estas duas últimas reiteradas nos *Millennium Development Goals* (Singh, 2013, p. 235).

De acordo com a atual *National Education Policy* (2020), o objetivo do sistema educacional indiano é desenvolver seres humanos capazes de pensamento e ações racionais, possuidores de compaixão e empatia, coragem e resiliência, temperamento científico e imaginação criativa, com bases sólidas e valores éticos. Tem ainda como objetivo produzir cidadãos engajados, produtivos e contribuintes para a construção de uma sociedade igualitária, inclusiva e plural, conforme previsto na Constituição (Ministry of Human Resource Development, 2020, p. 4-5).

Todavia, nem sempre foi assim. Para se ter um parâmetro mais objetivo, tem-se que, até antes do ano de 1976, a educação era responsabilidade exclusiva dos estados, de modo que o governo central se ocupava apenas com certas áreas, como a coordenação e a determinação dos padrões de ensino técnico e superior. Entretanto, no ano de 1976, por meio de emenda constitucional, a educação passou a ser de responsabilidade conjunta. Assim, a educação tornou-se uma área de competência concorrente dos governos central e estaduais, com o governo central desempenhando um papel mais proeminente e direto no ensino universitário e técnico e, em menor medida, no ensino médio. As decisões relativas à organização e à estrutura da educação são, em grande parte, de responsabilidade dos estados. No entanto, o governo da União tem responsabilidade clara em relação à qualidade da educação.

A educação universal é compreendida como um pré-requisito para o sucesso da democracia. Mas isso requer um intenso e generalizado ativismo, envolvendo educadores e intelectuais públicos, que precisam expandir e aplicar princípios como o da diversidade, do diálogo e da tolerância de modo a fortalecer, e não enfraquecer, as relações entre o aprendizado e a aquisição do poder, democracia e educação (Giroux, 2003, p. 46).

Em países em desenvolvimento, como a Índia, o ensino fundamental é considerado essencial para todo cidadão. A antiga *National Policy on Education* (1968) expressava a forte vontade política e o compromisso com a universalização do ensino fundamental. Desse modo, deu-se impulso à *Univerzalization of Elementary Education*, a qual enfatizava a necessidade de melhoria quantitativa e qualitativa da educação. Desde então, a UEE tem sido um dos objetivos mais importantes do desenvolvimento educacional, desde a independência, o que significa tornar a educação acessível para todas as crianças na faixa dos 6 aos 14 anos de idade. De acordo com a meta estabelecida pela Constituição, a tarefa de oferta de educação gratuita e obrigatória deveria ter sido concluída até o ano de 1960. No entanto, essa diretiva não pôde ser concretizada devido a diversos problemas, especialmente a falta de recursos. Como resultado, a data-alvo teve de ser revisada primeiro para o ano de 1970, em seguida para o ano de 1976 e depois para o ano de 1990. Embora a nova data-alvo, de acordo com a *National Policy of Education* (NPE), fosse se estender até o ano de 1995, ela foi alterada no ano de 1992. De acordo com a modificação, definiu-se que a educação gratuita, obrigatória e de qualidade satisfatória deveria ser prestada a todas as crianças até os 14 anos de idade antes de se iniciar o século XXI. Em síntese, o cumprimento da *National Policy of Education* implica a satisfação de três metas: i) a universalização da oferta de escolas a curta distância das crianças (*Universal Access*); ii) a universalização da matrícula de todas as crianças dos 6 aos 14 anos (*Universal Enrolment*); e iii) a universalização da retenção de todos os alunos, ou seja, uma vez que a criança ingressa na escola primária aos 6 anos, ela deve permanecer até completar todo o ciclo educativo fundamental aos 14 anos de idade (*Universal Retention*) (University of Mumbai, 2019, p. 44-45).

Ao lado de toda problemática que envolve a prestação do ensino fundamental, há a questão não resolvida das crianças com necessidades especiais (*Children With Special Needs*).

De acordo com as estimativas do setor público, 1,5% das crianças na faixa etária dos 6 aos 14 anos de idade têm necessidades especiais. Entretanto, os dados fornecidos pelo Censo de 2001 apontavam para uma proporção ligeiramente maior, em torno de 2%. Um outro relatório de pesquisa estimou que 38% das crianças, com e sem necessidades especiais, estavam fora da escola. No entanto, para todas elas, indistintamente, são necessárias medidas especiais, que vão desde a infraestrutura escolar adequada à formação especial para professores, além do fornecimento de materiais de aprendizagem e aparelhos adequados. De acordo com o relatório emitido pelo *District Information System for Education* (DISE), órgão de referência ligado ao *Ministry of Education*, estimou-se que 1,4 milhão de crianças com deficiência estavam matriculadas nas escolas de ensino elementar em todo o país; entre estas, 1 milhão de crianças estavam no ensino fundamental (*Lower*) e 400 mil estavam na classe do ensino fundamental superior (*Upper*). Ainda de acordo com o relatório DISE, pouco mais de uma em cada três crianças com deficiência no ensino fundamental tinha algum problema de movimento (36,7%), 18% tinham deficiência visual, 10% tinham deficiência auditiva, 13% tinham problema de fala, 15% tinham deficiência intelectual e 8% tinham outras deficiências (Govinda, 2008, p. 17-18).

9.2 Nível secundário

Entende-se por situações periféricas os contextos sociais em que há acesso precário às melhorias materiais e aos recursos simbólicos (Almeida; D'Andrea; Lucca, 2008, p. 111).

Na Índia, em muitos casos, a maioria dos indivíduos sequer tem acesso a tais recursos e melhorias e, por isso, permanece mais distanciada e isolada dos bens, direitos e garantias estabelecidos pelas leis e pela Constituição. As situações periféricas são, em casos como estes, as principais marcas da exclusão social, incluindo-se, destacadamente, a própria exclusão escolar.

Nos dias atuais, apesar do debate recorrente sobre se as classes atrasadas deveriam ou não se qualificar para as reservas de empregos públicos, nas representações políticas e nas vagas educacionais, esta não deixa de ser uma importante questão periférica a ser enfrentada. A rigor, os Art. 341 e 342 da Constituição autorizam que o presidente da União estabeleça listas de *Scheduled Castes* e *Scheduled Tribes*, como elegíveis para as reservas. Entretanto, as listas para essas duas categorias foram elaboradas conforme perspectivas diferentes dos problemas da sociedade. As reservas para as *Scheduled Castes* foram projetadas para ajudar grupos que durante séculos foram relegados aos escalões mais baixos da sociedade hindu tradicional. As *Scheduled Tribes*, diferentemente, eram vistas como grupos que tiveram pouco contato com o mundo moderno e a justificativa para receberem assistência não estava intrinsecamente relacionada à crença hindu (Osborne, 2001, p. 663-664).

Todavia, seja em relação às *Scheduled Castes*, seja em relação às *Scheduled Tribes*, a questão sobre o acesso de seus integrantes ao ensino secundário é atual, não resolvida e complexa.

Na prática, considerando a modelagem atual e mais usual, o ensino médio ou secundário foi estruturado e dividido em dois estágios, tratados como secundário inferior ou júnior (*Lower*) e secundário sênior ou superior (*Upper*). A extensão do ensino médio é variável e sujeita-se a esta condição: se os estados adotaram a estrutura nacional recomendada para o ensino fundamental, que é de oito anos de duração. Excluídos os territórios da União, nove estados mantêm sete anos de ensino fundamental, dos quais três anos são para o ensino secundário, em vez de dois anos, como nos demais estados. Há variações, como a de um estado que mantém seis anos de ensino fundamental e quatro anos de ensino médio. Em geral, não há a possibilidade de escolhas de disciplinas pelos alunos nesse nível escolar, pois o currículo é padronizado. Já o ensino secundário superior é uniforme em todo o país, contando com dois anos regulares. No nível secundário superior, diferentemente do que se passa com o nível secundário inicial, os alunos têm a possibilidade de escolher o conteúdo curricular, cujas principais vertentes acadêmicas são humanidades, ciências e comércio (The World Bank, 2003, p. 13).

A EDUCAÇÃO SUPERIOR E O SISTEMA DE RESERVAS NA ÍNDIA:
AVANÇOS, RETROCESSOS, PERSPECTIVAS E UTOPIAS

O ensino secundário abrange, em regra, os dois primeiros anos de ensino curricular, referido como *Secondary Education* (SE), e mais dois anos de ensino secundário superior, referido como *Higher Secondary Education* (HSE). Levantamentos estatísticos apurados no fim dos anos de 1990, ou índice *Gross Enrollment Ratio* (GER), estimaram que havia 28 milhões de alunos matriculados no ensino secundário e secundário superior no país, o que representava 35% de todas as matrículas em termos gerais, mas somente um quarto dos matriculados no ensino fundamental prosseguiu no ensino médio. Em relação às meninas, apurou-se que a taxa de matrícula delas era 14% menor que a dos meninos, indicando a necessidade de reforçar as matrículas delas. Havia, ainda, outra variação considerável entre os estados quanto ao índice GER e também em termos de diferenças na equidade de gênero. Ainda hoje, no sistema educacional indiano, tem-se três tipos de escolas que oferecem cursos nos níveis SE e HSE: i) as que são financiadas e mantidas diretamente pelo governo (são governamentais ou públicas); ii) as que são privadas, porém não assistidas; e iii) as que são privadas e assistidas (governamentais assistidas). As escolas assistidas são, portanto, instituições de propriedade privada, mas os salários dos professores e outros encargos recorrentes são financiados pelos governos estaduais. Exceto para os estados onde o setor beneficiado é forte, nos demais o envolvimento direto do governo nos níveis escolares SE e HSE é bastante significativo. A variação na proporção de escolas assistidas nos estados é da ordem de 54% a 99%. A participação das escolas particulares no nível SE é de 13%, e no HSE pode chegar a 18%. O planejamento no ensino médio é costumeiramente fraco, tanto no nível estadual quanto no nacional. Até agora, o planejamento no nível estadual tem se limitado à alocação de financiamentos provenientes do governo central e à continuação das atividades desenvolvidas nos anos anteriores. Obviamente, o planejamento abrangente no nível estadual para melhorar a *Secondary Education* e a *Higher Secondary Education* é importante, mas o governo central poderia, além disso, empenhar-se em um envolvimento muito mais estratégico com os estados na busca de melhorias desses níveis. Possíveis abordagens para esse envolvimento estratégico poderiam centralizar-se em planos abrangentes com os estados, objetivando reformar o ensino médio e focar áreas específicas, como equidade e qualidade. Nessa situação, o governo central deveria desenvolver uma série de recursos técnicos, dos quais os estados poderiam fazer uso, dependendo do foco e das necessidades definidas (The World Bank, 2003, p. 13-14).

Tecnicamente, o ensino primário e o secundário são organizados segundo a recomendação conhecida como "10+2+3", pela qual "10" corresponde à soma dos anos escolares, que por sua vez são divididos em três subníveis distintos, em que há cinco anos de ensino primário inicial (*Lower Primary*), três anos de ensino primário superior (*Upper Primary*) e mais dois anos de ensino médio (*Lower Secondary*). No entanto, essa subdivisão "5+3+2" pode variar, a depender dos estados, quanto à distribuição do número de anos por subnível, e pode ainda haver, em alguns casos, o aumento de mais dois anos no cômputo final: "6+4+2", ou "8+2+2", ou "7+3+2". Diante disso, apesar de a recomendação "10+2+3" ser uma proposta política e administrativa oriunda do governo central, as variações no âmbito estadual são comuns e flexíveis. Em síntese, conforme se pode observar, a estrutura em questão prevê dez anos de escolaridade primária e secundária, dos quais os primeiros oito anos são obrigatórios, com mais dois anos de escolaridade secundária superior e três anos para acesso a um diploma universitário. Relativamente à distribuição dos primeiros dez anos, os governos deveriam se esforçar no sentido de uniformizá-los, seguindo as três etapas propostas "10+2+3" (Sujatha, 2002, p. 18-19).

Quanto à universalização do ensino médio, esta pretensão tem sido apresentada como um dos mais importantes imperativos políticos em todas as nações na atualidade, pois, em geral, observa-se que a economia global emergente valoriza o conhecimento e as habilidades de níveis mais elevados, que vão além da alfabetização e da numeração básicas fornecidas pelo ensino fundamental. Afirma-se que somente as pessoas com qualificações educacionais mais altas e as nações com grande proporção de pessoas educadas estarão mais bem posicionadas para aproveitar as oportunidades crescentes da economia global. Consequentemente, a oferta universal de educação deverá ser redefinida para incluir mais anos de escolaridade, particularmente no ensino médio. Na Índia, tem-se enfatizado que a universalização do ensino fundamental por si só não será suficiente para a Economia do Conhecimento e que uma pessoa com menos de oito anos de escolaridade é tão desfavorecida quanto analfabeta. Nessa medida, adotou-se um novo planejamento escolar que, entre outras propostas, pretende aumentar progressivamente a duração mínima da educação para o ensino médio. Isso decorre das crescentes aspirações das pessoas pela mobilidade ascendente, das considerações de equidade e dos esforços conjuntos para se atingir a meta *Universalization of Elementary Education*, que exerceram pressões para a expansão massiva do ensino médio. Contudo, tem-se reconhecido que o simples aumento linear do número de anos de escolaridade universal, embora necessário, não é suficiente para enfrentar os desafios da economia global. Tudo isso tem implicações de longo alcance e refletirá na organização e oferta do ensino secundário (Panda; Reddy, 2007-2008, p. 7).

Por outra perspectiva de abordagem, critica-se que o crescimento médio da educação secundária na Índia foi lento, embora tenha se elevado a partir da década de 2000. Organicamente, a educação secundária em geral consistia, no início do século XXI, em 53.619 escolas secundárias de nível inicial (*Lower*) e mais 106.084 escolas secundárias de nível superior (*Upper*), nas quais havia 38,5 milhões de crianças matriculadas, das quais 25 milhões estavam no ensino médio (*Lower*) e 13,5 milhões estavam no ensino médio (*Upper*). Isso representou um aumento de quase 10 milhões de novas matrículas em relação às que ocorreram em toda a década de 1990, que foram de 28,8 milhões (dados apurados nos anos de 2005-2006). No entanto, grandes disparidades de gênero, sociais e espaciais puderam ser observadas. De acordo com dados apurados nos anos de 2005-2006, o índice GER para meninos e meninas foi de 45% e 36%, respectivamente, no ensino médio como um todo. No que diz respeito aos grupos desfavorecidos, como as *Scheduled Castes* e as *Scheduled Tribes*, os números foram ainda mais baixos, ficando na ordem de 37% e 29%, respectivamente, no mesmo período (Panda; Reddy, 2007-2008, p. 8).

Ao lado das propostas de universalização e de crescimento das matrículas, a qualidade e a relevância do currículo do ensino secundário deveriam corresponder às necessidades tanto dos indivíduos que optaram pelo ensino superior como dos que ingressaram no mercado de trabalho. Por isso, a expectativa é de que o currículo do ensino secundário possa dotar os alunos de habilidades cognitivas adequadas para lidar com situações complexas na rotina diária e também no mundo do trabalho. A diversificação e atualização do currículo escolar assume, nessa medida, importância crítica. As principais preocupações para melhorar o currículo de ciências e matemática continuam um desafio, pois um grande número de alunos no nível secundário não tem bom desempenho nos exames escolares. Ao refletir sobre essas questões, o relatório *National Curriculum Framework*, elaborado no ano de 2005, sugeriu a adoção de mecanismos para superar a marginalização da experimentação científica e da aprendizagem experimental, introduzindo laboratórios aprimorados e experimentos com interface de computador. Os métodos de ensino e o tratamento do currículo na sala de aula devem centrar-se mais no aprender a aprender do que na familiarização e memorização dos fatos. Ajustar a preparação profissional e a composição motivacional e atitudinal dos professores às necessidades de uma comunidade estudantil cada vez mais diversificada, particularmente a dos alunos da primeira geração, representa o maior desafio. Ao lado disso, a mobilização de recursos financeiros adequados para a expansão equitativa e a melhoria qualitativa do ensino médio tem sido confrontada com vários dilemas de difícil equacionamento (Panda; Reddy, 2007-2008, p. 9).

Na atualidade, o ensino médio tem se tornado cada vez mais importante nos países em desenvolvimento, que até agora se concentraram em alcançar apenas o ensino fundamental universal. De modo geral, seria útil focalizar a reforma do ensino médio indiano dentro de um dos dois cenários disponíveis para os governos estaduais e central. O primeiro cenário envolveria a melhoria da qualidade dentro do sistema atual, elevando-se a eficiência e o grau de desempenho dos alunos. O segundo cenário seria o de reformar toda a direção desse nível de ensino para desenvolver alunos que saibam aprender e adquirir competências para a aprendizagem ao longo da vida, permitindo-lhes responder de forma eficaz aos mercados de trabalho globais (The World Bank, 2003, p. 42).

De qualquer modo, fazendo-se uma análise retrospectiva, percebe-se que, nas primeiras duas décadas após a independência, houve um rápido crescimento da educação principalmente no setor público. Naquele momento, a posição do governo era a de que a educação teria de ser inclusiva, e, por essa razão, uma política de discriminação positiva foi desenvolvida e incluída nas disposições da Constituição. Com o tempo, até a década de 1990, o ensino superior foi realizado principalmente sob o domínio público, enquanto as escolas privadas apenas coexistiram em parceria com as públicas. Até aquele ponto, as escolas privadas eram limitadas e majoritariamente assistidas pelo poder público, com algumas exceções, com verbas governamentais, e deveriam seguir as mesmas regras e os regulamentos das escolas administradas pelo governo. No entanto, após a liberalização econômica iniciada no ano de 1991, o crescimento do parque educacional ocorreu um tanto rápido, principalmente no setor privado. Mas, em contraposição, evidenciaram-se as disparidades no progresso educacional entre as áreas rurais e urbanas, entre os diferentes segmentos da população, nomeadamente, as *Scheduled Castes* e as *Scheduled Tribes*, como classes regidas pelas políticas de reservas, por um lado, e entre castas não catalogadas e comunidades religiosas, regiões ou províncias, estratos socioeconômicos e entre os gêneros, por outro lado. Houve significativo aumento do custo individual da educação. Com isso, o desenvolvimento desigual e os custos mais elevados colocaram um ponto de interrogação sobre o impacto inclusivo da educação. Simultaneamente, a qualidade das escolas públicas passou a ser questionada. Esses acontecimentos, contudo, tiveram o efeito de desviar o governo do compromisso de tornar o ensino secundário geral, disponível e acessível sob várias formas (Chanana, 2014, p. 121-122).

Em termos meramente discursivos, pode-se questionar qual a razão de se ter e manter o ensino secundário, apesar de seus custos elevados e da baixa qualidade persistente. No caso da Índia, é certo que o ensino secundário não é constitucionalmente obrigatório, porém ele é crítico e vital, na medida em que serve de ponte entre o ensino básico e o ensino superior. Não só por isso, mas a importância do ensino secundário tem sido destacada pelos estudiosos. Esse modal de educação formal tem sido visto como crucial para a obtenção de emprego e como meio de escapar do ciclo da pobreza. Entende-se que, embora oito anos de escolaridade sejam um direito fundamental, a retenção da aprendizagem é mais provável que ocorra após dez ou doze anos de escolaridade. Além disso, seus benefícios individuais e sociais têm sido destacados no discurso educacional. São reconhecidos como benefícios individuais mais expressivos o empoderamento, especialmente para as mulheres, e o emprego. Os benefícios sociais, porém, concentram-se mais na educação das mulheres[49], tomando-se como exemplo que a educação secundária atrasa o casamento, pois avança a idade para o casamento, o que leva, por sua vez, a uma menor fecundidade. Há também melhores práticas de nascimento e de criação dos filhos, melhor nutrição para a família, menores taxas de mortalidade infantil e materna, melhor educação das crianças etc. Esses benefícios, por sua vez, promovem o crescimento populacional mais lento e melhoram a educação da próxima geração (Chanana, 2014, p. 123-124).

Afora essas considerações, não se pode olvidar que a educação secundária na Índia, tal como a educação geral, experimenta ainda hoje as consequências dos acontecimentos antecedentes referentes com o passado colonial. Historicamente, a educação indiana manteve o caráter elitista. Desde os primórdios, a educação tradicional hindu foi adaptada às necessidades dos meninos brâmanes, que foram educados na leitura e na escrita por professores brâmanes. Durante todo o domínio britânico, as políticas educacionais da Índia reforçaram, tendencialmente, as práticas elitistas preexistentes, vinculando a entrada e o avanço no serviço público à educação acadêmica. Desse modo, o regime colonial contribuiu decisivamente para o legado de um sistema educacional voltado para a preservação da posição das classes mais privilegiadas. A educação, nesse regime, serviu como um portal, que se abriu e permitiu o acesso a uma via de mobilidade ascendente somente para aqueles que fossem portadores de recursos. Desde o início do colonialismo, a educação pós-primária atendeu, predispostamente, aos interesses das castas mais altas e em ascensão. No século XIX, por exemplo, os alunos pós-primários eram desproporcionalmente brâmanes, uma vez que sua preocupação tradicional com o aprendizado assegurou vantagens nas políticas educacionais britânicas. Mais adiante, no início do século XX, várias outras castas perceberam as vantagens proporcionadas pela educação, principalmente como passaporte para o poder político e assim conseguiram adquirir o aprendizado formal. Mas, ainda hoje e apesar da política de reservas, a maioria dos alunos que passam do ensino primário ao secundário pertence às castas de alto nível e integram famílias de classe média e alta que vivem em áreas urbanas (Cheney, 2005, p. 2).

Atualmente, a Índia tem mais de 150.000 escolas secundárias, que atendem mais de 30 milhões de alunos. Mas, embora a educação nas escolas públicas continue a ser gratuita para todo o nível secundário, a maioria das matrículas tem sido nas escolas particulares (Cheney, 2005, p. 7).

Destaca-se, ainda, que a maioria dos alunos abandona a escola após a décima série, etapa que corresponde ao fim do nível secundário inicial (*Lower*). Mas, para aqueles que prosseguem, o ensino torna-se diferenciado. Com base no desempenho nos exames das disciplinas cursadas na décima série, os alunos ingressam no ensino médio superior (*Upper*), que são os últimos dois anos de escolaridade antes do ensino superior (universidade/faculdade). O fluxo de maior prestígio, que também tem o maior corte em termos de notas exigidas nos exames da décima série, é o da área de ciências, seguido da área de comércio e, por último, da área de humanidades (artes). Os alunos do fluxo de ciências quase sempre estudam matemática, física e química. Mas há disciplinas adicionais, como biologia/botânica/zoologia, para aqueles que pretendem fazer exames de admissão para o curso de medicina, e ciências da computação para aqueles que buscam diplomas de engenharia. Os alunos que seguem na área do comércio estudam economia, contabilidade, matemática e técnicas comerciais. Os alunos da área de humanidades/artes estudam história, geografia, ciência política, filosofia, psicologia, idiomas, artes e música. Entretanto, para esse conjunto de possibilidades, a maioria das escolas oferece apenas algumas dessas disciplinas, o que obviamente restringe a liberdade do aluno na seleção da área de foco. O ensino secundário superior (*Upper*) é realizado em escolas, ou faculdades juniores, com duração de dois anos, sendo algumas operadas de forma privada, enquanto outras são instituições operadas pelo governo. Outro aspecto importante quanto ao ensino secundário superior é a forma institucional de ser ministrado, em alguns casos, em faculdades com gestão privada, mas que recebem assistência financeira substancial do governo em troca da cobrança de taxas baixas (subsídios). Por último, os currículos para as instituições de ensino médio são determinados pelos *Boards of Secondary Education* (BSE) (Cheney, 2005, p. 9).

Como visto, apesar de haver uma sistematização e estruturação formal do ensino secundário, esse nível escolar sempre ficou em segundo plano nas políticas e agendas governamentais da Índia, principalmente no que respeita às dotações orçamentárias. A importância relativa do ensino médio tornou-se motivo de preocupação das políticas governamentais após a ênfase dada pela *National Policy of Education* (1966), quando se constatou o crescimento do desemprego entre os jovens escolarizados e o descompasso deles no mercado de trabalho. Mesmo assim, as alocações orçamentárias do governo central para o ensino médio nos planos quinquenais continuaram não apresentando nenhum padrão sistemático (Miglani, 2020, p. 4.509).

Some-se a isso que setores organizados têm denunciado, reiteradamente, que o gasto público total na Índia com a educação é muito escasso, e que a parcela mais expressiva tem sido destinada ao ensino fundamental, deixando para trás o ensino médio para lutar com uma alocação financeira bastante reduzida. Nesse contexto, estudos econômicos, a exemplo da *Economic Survey* (2012-2013)[50], revelaram que a educação teve a alocação orçamentária de apenas 3,31% do Produto Interno Bruto (PIB), no período indicado, ficando muito aquém do nível de 6% do PIB que havia sido recomendado pela *Kothari Commission* (1964-1966). Já a parcela da educação na dotação orçamentária total para o biênio 2014-2015 diminuiu ainda mais em relação às despesas do biênio 2012-2013. Entretanto, o baixo percentual de dotação orçamentária para o setor de educação não pode ser atribuído ao baixo crescimento econômico do país. Infelizmente, não há garantia de que um alto crescimento econômico ou uma proporção mais alta de impostos e PIB na Índia levem a maiores gastos no setor de educação. Para complementar esta afirmação, os dados apurados entre os ciclos 2012-2013 e 2016-2017 demonstraram que a taxa anual do PIB aumentou de 5,5% para 7,2%, e a relação imposto-PIB aumentou de 17,26% para 17,82% durante esse período. Os gastos totais do governo também aumentaram de 27,1%

para 29,5% do PIB. Mas, apesar disso, os gastos com educação caíram de 11,6% para 10,7% no mesmo período. Seja como for, as demandas do ensino médio atuais exigem mais alocações de recursos para cumprir seu papel exato (Miglani, 2020, p. 4.511).

A falta de interesse real na educação secundária, conforme revelaram algumas pesquisas acadêmicas, talvez possa ser explicada na origem do próprio sistema educacional. Há entendimento no sentido de que, embora o ensino médio desempenhe um papel vital na educação da comunidade, esse nível acadêmico não era predominante na Índia antiga e medieval. Sabe-se que as escolas de ensino secundário e sua expansão foram iniciadas pelos britânicos e, depois, por aqueles que promoveram a nova educação indiana. No entanto, o principal objetivo do estabelecimento de escolas secundárias pelo governo britânico não foi propriamente a educação geral dos indianos, mas sim ensinar a língua inglesa para alguns deles. Há, também, estudos de desenvolvimento humano, com grande abrangência quantitativa, que identificaram a educação como a variável mais significativa para influenciar não apenas o desenvolvimento econômico, mas principalmente o desenvolvimento humano na Índia e em outros lugares. Todos os estudos apontam para a educação como fator crucial na determinação do processo de desenvolvimento. Mas, apesar disso, o desenvolvimento da educação, com foco no ensino médio na Índia, raramente tem sido examinado, e ainda há o desinteresse pessoal pela educação, que em muitos casos é considerada inútil pelas crianças, circunstância que pode ser interpretada em face da incapacidade de as escolas atraí-las e retê-las (Prakasam, 2007, p. 5, 22).

Como consequência, os baixos níveis de qualidade e de competência do ensino fundamental resultam em um efeito cumulativo, que tem sido aferido apenas no nível secundário por meio de exames estaduais ou nacionais. Mas, consequentemente, como a maioria dos estados segue a política de não detenção no estágio primário, um grande número de alunos é simplesmente promovido para o estágio seguinte. Por causa dessa política, as escolas devem aprovar todos os alunos para a próxima série apenas com base na frequência, sem considerar os níveis de competência. Isso, por sua vez, se reflete em taxas de conclusão e sucesso muito baixas. A eficácia do sistema de ensino secundário depende, em maior grau, da melhoria da qualidade do ensino fundamental, e, por isso, é importante também elevar a qualidade da educação no nível elementar. Para tanto, são necessários programas simultâneos de melhoria da qualidade tanto no nível elementar quanto no secundário (Prakasam, 2007, p. 22-23).

Nesse contexto, eficácia é apontada como um indicador que representa o grau de atingimento dos resultados esperados por uma política pública, sendo o indicador mais comum nos programas pela facilitação de identificação de resultado a baixo custo (Chrispino, 2016, p. 123).

Concluindo, é importante lembrar que a frequência escolar pode ser medida, mas a educação de qualidade não (UN, 2022a, p. 24).

10

EDUCAÇÃO SUPERIOR

Não há nenhuma garantia de que a educação formal, planificada, organizada em níveis acadêmicos e com certificação pelos órgãos estatais seja capaz de formar, educar e preparar os indivíduos para o exercício pleno da cidadania e de atividades profissionais (de esforço, intelectuais, artísticas etc.). Isso pode ser tratado apenas como uma presunção. Também não há garantia de que a posse do conhecimento acadêmico seja condição necessária para que indivíduos tenham melhores condições existenciais do que aqueles outros que não a tiveram. Mas é certo que a educação formal ao menos abre o caminho e expande o campo de possibilidades, isto é, ela torna possível alcançar determinados objetivos, uma vez que cria um conjunto de possibilidades individuais, que pode variar segundo a capacidade de cada indivíduo em assimilar conhecimentos e convertê-los em resultados concretos e mais objetivos, atendendo aos próprios interesses, primariamente, e aos da sociedade de que participe, secundariamente. Nesse aspecto, o conhecimento adquirido e devidamente aplicado pode produzir benefícios incalculáveis em favor não apenas do indivíduo, mas principalmente em benefício da coletividade.

Mas, para que haja conhecimento, é necessário, antes, a existência de um ambiente que favoreça a sua produção e, depois, que para esse ambiente convirjam as pessoas interessadas em adquiri-lo e aplicá-lo. Se o conhecimento devidamente produzido e compartilhado sai do ambiente acadêmico e produz efeitos no meio social, certamente será de valor inestimável; se, contudo, embora devidamente produzido, permanecer restrito ao indivíduo ou a um pequeno núcleo que não o compartilhe, esse valor, além de não repercutir, também deixará de retribuir à sociedade como forma de recompensá-la pelo investimento que fez, na origem, para constituir a plataforma inicial que possibilitou a produção do conhecimento.

No estágio do ensino superior, o conhecimento cria e reflete o perfil da sociedade. Há sociedades que investem na produção do conhecimento científico, e isso lhes beneficia, por exemplo, com a melhoria da saúde, da economia, do ambiente ecológico, da tecnologia etc. Outras sociedades se importam mais objetivamente com a produção do conhecimento que lhes garanta a própria segurança e, por isso, são mais experientes na produção de equipamentos de ataques e destruição, também conhecidos como tecnologias de defesa. Algumas sociedades preferem o conhecimento religioso, o qual acreditam ser a melhor forma de ordenar a existência humana, fazendo crer que nenhum outro conhecimento ou valor tem relevância. Enfim, há também sociedades que se aprazem com o conhecimento simples ou vulgar, não sendo de relevância alguma a posse de diplomas escolares de nenhum nível.

Entretanto, o fato inegável é que, qualquer que seja a inclinação da sociedade, algum tipo de conhecimento ela possui, mesmo que sejam apenas aqueles transmitidos de geração a geração, sem nenhuma necessidade de comprovação científica ou validação acadêmica.

Numa abordagem pragmática, isso quer dizer que, de modo geral, os ensinamentos transmitidos pela via do ensino elementar ou primário podem ser suficientes para que o indivíduo tenha uma existência simples e para a qual não dependa de informações elaboradas e que, por isso, seja suficiente alcançar apenas o nível da alfabetização, às vezes bastando o ensino primário incompleto. Outros casos, porém, exigem conhecimento mais elaborado, especialmente ante a necessidade de formação profissional básica ou técnica, o que faz do ensino médio ou secundário a primeira experiência acadêmica que possibilita ao indivíduo o acesso a um conhecimento profissional, com o qual possa almejar o ingresso no mercado formal de trabalho. O ensino superior, porém, é o nível acadêmico que não apenas aproxima o indivíduo do conhecimento especializado, mas, mais do que isso, é o que pode fazer surgir o senso crítico ponderado, em que o desenvolvimento do aprendizado adquirido leva a novos aprendizados e à formação de outros indivíduos com capacidade de opinião, de auto-orientação e capazes de instruir mediante a transferência de novos conhecimentos técnicos e de reconhecido valor social, político, tecnológico, estratégico etc. Nesse contexto, destaca-se o *Educational Attainment*, que pode ser singularmente referido ao mais alto nível de educação concluído, como, por exemplo, um diploma do ensino médio ou certificado de equivalência, alguma faculdade ou um diploma de bacharelado. Em geral, o nível educacional mais elevado está associado aos rendimentos médios mais altos e às taxas de emprego também mais altas (Brey; Musu; McFarland, 2019, p. 160).

Um exemplo de conhecimento especializado foi o aplicado ao caso do coronavírus humano, tratado pela denominação SARS-CoV-2, causador da doença COVID-19. Em dezembro de 2019, a Organização Mundial da

Saúde (OMS) tomou conhecimento de que na cidade Wuhan, província de Hubei, na República Popular da China, foi identificado um novo tipo de coronavírus que, até então, não havia sido identificado em seres humanos. Em janeiro de 2020, a OMS declarou que o surto desse vírus constituía uma emergência à saúde pública de importância internacional. Em seguida, já em março de 2020, a COVID-19 foi caracterizada como pandemia.

Esta situação, de abrangência mundial, é exemplificativa de um tipo de conhecimento especializado, sem o qual as consequências da doença, manifestada por uma nova variação viral, poderiam ser exponencialmente devastadoras. Com esse exemplo, é possível estabelecer uma lógica bastante simples: a de que o indivíduo pode ou não se interessar pela obtenção de conhecimento acadêmico, porque essa definição é para ele uma faculdade, uma escolha, uma opção de vida. Entretanto, para a sociedade, como ente coletivo, não se trata de uma opção, mas de uma obrigação. Ou seja, a sociedade, por intermédio de seu núcleo político, denominado Estado, tem o dever de produzir o conhecimento, aperfeiçoá-lo e difundi-lo por intermédio do ambiente acadêmico, segundo níveis apropriados que correspondam ao desenvolvimento da massa estudantil. Nesse caso, o Estado, assumindo o encargo, deve propiciar meios adequados e suficientes para que todas as pessoas que queiram adquirir conhecimento tenham iguais condições de acessá-lo, independentemente de sua origem social, classe, religião, gênero, casta, raça etc.

Mas, como as pessoas são diferentes, diferentes também são as formas como elas enfrentam a necessidade de trabalhar como meio de prover a própria subsistência e a da respectiva família. Há pessoas que optaram por não trabalhar, outras trabalham, mas não têm conhecimento especializado ou o que têm é rudimentar, e há, ainda, aquelas cujo trabalho é consequência da aquisição de conhecimentos formais obtidos no ambiente escolar. Para estas últimas, em muitos casos, a aquisição do conhecimento foi o principal fator que possibilitou sua saída do ciclo da pobreza ou, às vezes, da extrema pobreza. Em situações como esta, a obtenção do conhecimento, favorecido pelo acesso ao sistema educacional, regular e universal, tem o duplo efeito de exclusão do ciclo da pobreza e o de inclusão social, econômica, profissional, política etc.

Ao se tratar do sistema educacional indiano, mais especificamente da parte afeta à educação superior (*Higher Education*), é preciso lançar olhos no passado colonial para se entender o presente e formular perspectivas futuras.

Desde o século XVIII, o Império Britânico assumiu o domínio sobre o povo indiano, muito em razão de atividades comerciais e econômicas, circunstância que expressava a importância da Índia para o Império, o que lhe valeu ser chamada de "a joia mais cara da Coroa". De fato, com o domínio britânico, os recursos gerais da colônia passaram a sustentar grande parte da existência e opulência dos britânicos. Nesse ponto, é importante que se esclareça: com o surgimento dos chamados estados unificados, a exemplo da Inglaterra, a necessidade de manter exércitos permanentes para garantir a existência de um governo central e a instituição da monarquia absolutista, com sua corte de dependentes, composta de nobres, aristocratas e funcionários, estimulou a necessidade de financiar as crescentes despesas dessa dispendiosa forma de organização política. Aos poucos, os velhos impostos medievais foram substituídos por novos tributos e por um crescente protecionismo que transformou o comércio com as colônias em monopólio das respectivas metrópoles (Nogueira Filho, 2010, p. 177).

A essa altura, por um lado, a Índia colonizada, também conhecida como Índia britânica, teve o papel de sustentar as aspirações e necessidades do colonizador. Assim, desde o princípio do domínio, importantes restrições foram impostas ao povo colonizado, de modo que talvez a mais visceral intromissão tenha sido a que ocorreu no âmbito da educação. Os colonizadores impuseram o idioma inglês a ser empregado no ambiente escolar, fazendo com que apenas os indianos selecionados para os estudos tivessem conhecimento do novo idioma, circunstância que dificultou as relações, pois afastou os indianos falantes do inglês do demais que não sabiam se comunicar fazendo uso desse idioma. Também é fato que os indianos selecionados para receber a educação nos moldes britânicos se tornaram fiéis ao Império e serviçais qualificados segundo as necessidades administrativas do novo regime. Em regra, os indianos que receberam a educação britânica eram pessoas oriundas das castas altas e, por isso, contavam com algum privilégio e tratamento distinto em relação aos demais indianos.

Outro aspecto particular desse regime de dominação foi a proibição explícita às artes e às culturas orientais, que, involuntariamente, tiveram de ceder espaço para a acomodação da cultura ocidental. Devido a isso, aos poucos, os indianos selecionados para receber a educação ao estilo ocidental, oriundos das castas altas, distinguiram-se do restante da população formada por indivíduos das castas baixas, não educados e socialmente indesejáveis.

Sob o comando do Império Britânico, a Índia tornou-se um ambiente de submissão, a massa popular foi explorada com o trabalho e, ao mesmo tempo, isolada do acesso ao ambiente educacional e cultural. Enquanto isso, suas riquezas foram transferidas para a ilha inglesa e seu povo, isto é, toda a maioria que não falava inglês nem integrava as castas altas, era tratado com repulsa e desprezo. Essa situação se estendeu até a independência.

Atualmente, diz-se que o chamado Estado constitucional se define em razão de sua cultura nacional, que fundamenta sua identidade, e que a liberdade somente se converte em liberdade plena pela cultura (Häberle, 2012, p. 242). Obviamente, no passado, ao atacar a cultura dos indianos, os britânicos tinham em mente limitar-lhes a liberdade e distorcer-lhes a identidade, que de fato foi profundamente atingida.

Adiante no tempo, mesmo com a independência, o povo indiano não conseguiu obter o esperado acesso aos meios educacionais, havendo na literatura registros de que muitos deles até preferiam o regime colonial ao novo regime pós-independência. Foi nesse momento que teve início a história da educação na Índia como importante marco temporal e ponto de referência para se entenderem seus desdobramentos posteriores como bem jurídico tutelado pela Constituição. A bem dizer, a educação, em geral, e a educação superior, em particular, somente podem ser consideradas uma promessa, pois, na realidade, até os dias atuais não avançaram minimamente como bem protegido e prometido pela ordem constitucional do Estado novo. Nesse aspecto, é curioso e importante destacar que o direito à educação (Art. 21-A) foi inserido na Constituição como direito fundamental, posicionando-se ao lado do direito à vida (Art. 21).

A Índia passou a existir como Estado independente no dia 15 de agosto de 1947 e, pouco mais adiante, no dia 26 de janeiro de 1950, sua Constituição entrou em vigor e assim permanece até os dias atuais com as atualizações e os ajustes necessários. Mas há um aspecto que lhe é muito peculiar, que são as disposições relativas às reservas de vagas, objetivando a promoção dos interesses educacionais e econômicos das castas e tribos selecionadas e de outras classes mais atrasadas, como forma de protegê-las da injustiça social e de todas as formas de exploração. Com a Constituição, o Estado indiano produziu um conjunto de normas que deu forma a um amplo projeto de proteção e cooperação social.

Ocorre que, apesar de haver normas constitucionais específicas dispondo sobre as reservas, o Estado não conseguiu estruturar o sistema educacional conferindo-lhe um nível de qualidade minimamente aceitável.

E, enquanto essa situação perdura, o sistema de reservas somente tem se prestado à satisfação de interesses políticos não alinhados propriamente com o desenvolvimento humano, tanto que, sem freios, tem instituído mais e mais reservas, até mesmo em limites percentuais que extrapolam o que foi definido pela Suprema Corte, que é de 50%. Em alguns estados, por exemplo, as reservas já alcançam o patamar de 70%. Sob esse enfoque, é oportuno analisar crítica e objetivamente o papel das reservas em face da proposta da cooperação social, entendendo que a sua finalidade primordial não é gerar uma vantagem para algum indivíduo ou grupo especificamente, mas antes sua importância é precisamente incentivar a dignidade e o bem-estar de todo e qualquer indivíduo. Por essa perspectiva, o objetivo da cooperação social é interpretado com o sentido de que os gastos com a pobreza, apesar de serem eventualmente considerados custosos, são impostos pela própria natureza do compromisso social (Nussbaum, 2013, p. 248).

Nessa medida, é questionável se as reservas têm atendido ao compromisso social inicialmente proposto pelo legislador constituinte.

Ou seja, o sistema educacional como um todo teve evolução numérica, mas, ante ao elevado grau de desqualificação, tornou-se um sistema massificado, expandido quantitativamente, porém reduzido qualitativamente, e empregado, caracteristicamente, como ferramenta de barganhas políticas, com viés eleitoral, com o qual se tem insistentemente produzido mais e mais reservas.

Consequentemente, uma vez que a educação superior pressupõe preparo e qualificação, além da adequada formação nos estágios antecedentes, nos níveis primário e secundário, e depende de recursos orçamentários expressivos, as situações de rejeição dos diplomados pelo mercado de trabalho tem sido uma ocorrência constante, que atua de modo a desestimular os estudantes candidatos ao ingresso no mercado formal de trabalho. De acordo com a fundação Konrad Adenauer Stiftung (2015, p. 16), estima-se que o número de pessoas que ingressam anualmente na faixa etária da força de trabalho na Índia seja de 26 milhões. Com uma taxa média de participação no trabalho de 90% para homens e 30% para mulheres, pelo menos 16,16 milhões de pessoas entrarão na força de trabalho e precisarão adquirir habilidades. No entanto, a atual capacidade anual de qualificação na Índia, incluindo treinamento para o setor agrícola, é estimada em apenas 7 milhões. Ademais, as matrículas para a formação profissional estão muito abaixo das matrículas no ensino formal. Contra a matrícula de 23,77 milhões de estudantes no ensino superior, a capacidade de treinamento nos

Industrial Training Institutes (ITIs) é de apenas 1,69 milhão. Os parceiros de treinamento do *National Skill Development Council* (NSDC) treinaram, coletivamente, apenas 3,4 milhões de estudantes entre os anos de 2015 e 2016.

É com o olhar atento no processo de independência da Índia e no texto constitucional vigente que se deve enfrentar a análise da educação superior, das reservas e da real condição existencial das classes e grupos social e economicamente atrasados.

Para sintetizar esse exame preliminar, compreende-se que a intrincada e complexa engenharia jurídico-constitucional indiana deu ares de bem jurídico fundamental à educação, criou um sistema de reservas que se tornou crescente e incontrolável, e, mesmo já se tendo decorridos sete décadas, a educação superior permanece gravemente desqualificada e, em muitos casos, é comprometedora da dignidade acadêmica, intelectual e profissional de uma massa expressiva de estudantes que acreditaram na promessa constitucional originária.

Como consequência da superveniência de vários fatores sociais, econômicos e, principalmente, políticos, questionou-se, recentemente, em sede de controle de constitucionalidade, se: i) as reservas podem ser concedidas apenas com base em critérios econômicos?; ii) as *Scheduled Castes*, as *Scheduled Tribes* e as *Other Backward Classes* podem ser excluídas das reservas destinadas às classes social e economicamente atrasadas?; iii) as reservas destinadas às classes social e economicamente atrasadas podem exceder o teto de 50% determinado pela Suprema Corte (caso Indra Sawhney, 1992)?; e iv) os estados podem determinar reservas em instituições educacionais privadas que não recebam auxílio do governo?

Esses questionamentos foram dirigidos pelo procurador-geral da Índia (*Attorney General*), no exercício do controle de constitucionalidade proposto nos termos da *Writ Petition* 55/2019 perante a Suprema Corte, em face do *103rd Amendment Act* (2019).

Sabe-se que, aos 9 de janeiro de 2019, o Parlamento da Índia promulgou o *103rd Amendment Act* (2019), com o qual permitiu ao Estado fazer (novas) reservas para o acesso ao ensino superior e a cargos públicos com base apenas em critérios econômicos. O ato de emenda em questão alterou os Arts. 15 e 16 da Constituição, inserindo o n.º 6 ao Art. 15 e o n.º 6 ao Art. 16.

A alteração, ao abrigo do Art. 15(6), autorizou ao Estado estabelecer disposições especiais para o progresso de qualquer parcela economicamente mais fraca dos cidadãos, incluindo reservas nas instituições de ensino, e esclareceu que tais reservas abrangem todas as instituições de ensino, incluindo as instituições privadas assistidas e não assistidas, mas exclui as instituições de ensino minoritárias abrangidas pelo Art. 30(1), ou seja, as minorias baseadas na religião ou língua.

Ainda de acordo com o ato de emenda, o limite máximo de reservas destinado às *Economically Weaker Sections* será de até 10%, independentemente dos limites das reservas já existentes.

De acordo com disposto no Art. 16(6), o Estado poderá prover reservas para nomeações em cargos públicos, observando o limite de 10%, sem prejuízo das reservas existentes.

Em razão desse ato de emenda, muitas petições foram apresentadas contestando sua validade constitucional, tendo como primeiro argumento a violação ao direito fundamental à igualdade, disposto no Art. 14 da Constituição. Argumentou-se que haveria afronta à constitucionalidade, porque as reservas não poderiam ser baseadas apenas em critérios econômicos, e as *Scheduled Castes*, as *Scheduled Tribes* e as *Other Backward Classes* não poderiam ser excluídas das reservas econômicas, o que, mais uma vez, violaria o direito fundamental à igualdade.

Com isso, as emendas instituíram novas reservas que ultrapassam o limite máximo de 50% estabelecido pela Suprema Corte no caso *Indra Sawhney v. Union of India and Others* (julgado aos 16 novembro de 1992). Também a concessão de reservas às instituições de ensino que não recebem auxílios estatais viola o direito fundamental à igualdade. Atualmente, 49,5% das vagas em educação e cargos públicos estão reservadas, com cotas de 15%, 7,5% e 27%, em favor das *Scheduled Castes*, das *Scheduled Tribes* e das *Other Backward Classes*, respectivamente.

Em data recente, aos 7 de novembro de 2022, os juízes Maheshwari, Trivedi e Pardiwala, integrantes de uma banca de cinco julgadores, declararam que as reservas eram constitucionalmente válidas.

Diante desse cenário, com a implantação do novo percentual, os estados de *Tamil Naud* e *Karnataka* passaram a dispor de 69% e 70%, respectivamente, de vagas reservadas.

10.1 Estrutura e organização do sistema de ensino superior

A arquitetura do direito constitucional de proteção ao direito à educação, emoldurada pela Constituição, inaugurou o regime jurídico desse modal de direito fundamental de modo um tanto contraditório. Considere,

A EDUCAÇÃO SUPERIOR E O SISTEMA DE RESERVAS NA ÍNDIA: AVANÇOS, RETROCESSOS, PERSPECTIVAS E UTOPIAS

para o exame dessa circunstância, os seguintes passos: i) inicialmente, o Art. 15(1), inserido na parte que dispõe sobre os direitos fundamentais, referia-se, apenas, à proibição da prática da discriminação. O texto original, que permanece em vigor, veda ao Estado a prática da discriminação a qualquer cidadão com base em religião, raça, casta, sexo ou local de nascimento. ii) O primeiro momento em que se conferiu autorização para o Estado fazer reservas especiais para o avanço de quaisquer classes social e educacionalmente atrasadas e para as *Scheduled Castes* e as *Scheduled Tribes* somente ocorreu em junho do ano de 1951, por força do *First Amendment Act* (1951), que acrescentou o inciso n.º 4 ao Art. 15. iii) Em um segundo momento, o Estado foi autorizado a fazer reservas especiais para o avanço das classes social e educacionalmente atrasadas e para as *Scheduled Castes* e as *Scheduled Tribes*, mediante sua admissão em instituições educacionais, incluindo as instituições privadas, que recebam ou não auxílio do Estado, mas excluindo as instituições educacionais minoritárias de vertente religiosa ou linguística[51]. Essa nova autorização foi dada pelo *Ninety-Third Amendment Act* (2005), que acrescentou o inciso n.º 5 ao Art. 15. iv) Em um terceiro momento, o Estado foi autorizado a fazer reservas especiais para o avanço de quaisquer grupos de cidadãos economicamente mais fracos, excluindo-se, dessa provisão, os grupos ou classes relacionadas nos incisos n.º 4 e 5 do já mencionado Art. 15. Ainda em benefício dos grupos de cidadãos economicamente mais fracos, o Estado foi autorizado a prover reservas especiais mediante sua admissão em instituições educacionais, incluindo as instituições privadas, que recebam ou não auxílio do Estado, mas excluindo as instituições educacionais minoritárias de vertente religiosa ou linguística. Nesse caso, as reservas devem ser adicionais às reservas já existentes e estarão sujeitas ao limite máximo de 10%. Essa nova disposição foi inserida na Constituição por intermédio do 103rd *Amendment Act* (2019), que acrescentou o inciso n.º 6 ao Art. 15.

Avançando nesse exame, cumpre observar que o direito à educação (*Right to Education*), como texto formal, somente obteve positivação expressa na Constituição com a inserção do Art. 21-A pelo *Eighty-Sixth Amendment Act* (2002).

Diante desse conjunto de intervenções jurídico-políticas, que introduziram alterações sistemáticas na Constituição, percebe-se que as primeiras autorizações para que o Estado promovesse as reservas foram dirigidas a um público específico, ou seja, as classes social e educacionalmente atrasadas, as *Scheduled Castes* e as *Scheduled Tribes* (n.º 4 e 5 do Art. 15). Mas, diferentemente, as últimas autorizações para que o Estado promovesse novas reservas foram dirigidas a outro público específico, que são os grupos de pessoas economicamente mais fracas (n.º 6 do Art. 15). Além disso, convém relembrar que as classes, os grupos ou setores da sociedade considerados economicamente mais fracos (*Economically Weaker Sections*) são todos os que forem relacionados, periodicamente, pelo Estado com base na renda familiar e em outros indicadores de desvantagem econômica.

Com isso, sincronizando os dispositivos constitucionais destacados, que são os incisos n.º 4, 5 e 6 do Art. 15, é de se concluir que as classes social e educacionalmente atrasadas, as *Scheduled Castes* e as *Scheduled Tribes*, e, no mesmo nível, os grupos de pessoas economicamente mais fracas estão todos sob o amparo jurídico da Constituição para o fim de serem beneficiados com as reservas para acesso à educação provida pelas instituições educacionais públicas e privadas, que recebam ou não auxílio do Estado.

Analiticamente, é possível extrair do texto constitucional atual, considerando o texto em sua redação originária e suas posteriores atualizações e adequações, que a positivação do direito às reservas como meio de acesso à educação (*First Amendment Act*, 1951) precedeu ao próprio reconhecimento do direito à educação como direito fundamental (*Eighty-Sixth Amendment Act*, 2002), em meio século (mais precisamente, em 51 anos). Assim, salvo o desconhecimento quanto à existência de algum fator relevante para a correta avaliação dessa ocorrência, é sugestivo e esperado que o direito à educação (*Right to Education*), por sua natureza, precedesse, logicamente, ao direito às reservas, numa relação clara de principal e acessório. Ilogicamente, entretanto, não foi isso o que aconteceu.

Outro ponto a esclarecer é a exclusão das instituições educativas minoritárias referidas no Art. 30(1), e nos incisos n.º 5 e 6 do Art. 15. O mencionado Art. 30(1) consagra o direito de as minorias estabelecerem e administrarem suas próprias instituições educacionais, sejam elas baseadas na religião, sejam baseadas no idioma. Acrescentou-se a esta regulamentação o inciso n.º 2 ao Art. 30, o qual veda, expressamente, que o Estado estabeleça reservas de provisões para essas instituições. Nesse caso, a norma tem o condão de proteger as instituições educacionais minoritárias, baseadas na religião ou no idioma, contra a ingerência do Estado em lhes impor reservas que tenham como beneficiários outras minorias, como as classes e grupos já catalogados como social, educacional e/ou economicamente mais fracos.

É preciso, agora, conhecer um pouco acerca dos tipos institucionais que dão suporte à educação superior na Índia.

Sabe-se que a Índia possui um sistema de educação superior que abrange várias áreas do conhecimento, como artes e humanidades, ciências naturais, sociais, matemática, engenharias, medicina, odontologia, agricultura, direito, comércio, gestão, música e artes cênicas, línguas nacionais e estrangeiras, cultura, comunicação e outras. A estrutura institucional básica consiste em universidades estabelecidas por leis do governo central ou por leis estaduais, universidades consideradas (ou reconhecidas), que são as instituições educacionais às quais foi concedido o status de universidade com autoridade para conceder seus próprios diplomas. Há, ainda, os institutos considerados de importância nacional, que são instituições educacionais de prestígio agraciadas com o referido status pelo Parlamento, como as instituições estabelecidas pelas legislações estaduais e as faculdades afiliadas às universidades, auxiliadas ou não auxiliadas pelos governos.

Até o ano de 2006, havia 365 instituições de nível superior, incluindo 20 universidades centrais, 217 universidades estaduais, 104 universidades consideradas e cinco instituições estabelecidas pela legislação estadual, 13 institutos de importância nacional estabelecidos pela legislação central e seis universidades privadas. Havia, ainda, 18.064 faculdades de graduação e pós-graduação, entre as quais 1.902 eram faculdades exclusivamente femininas, 14.400 estavam sob a supervisão da *University Grant Commission* (UGC) e o restante eram faculdades profissionais sob a alçada do governo central ou de outros órgãos estatutários.

Em seu tamanho e diversidade, a Índia possui o terceiro maior sistema de ensino superior do mundo, atrás apenas da China e dos Estados Unidos. Antes da independência, o acesso ao ensino superior era muito limitado e elitizado, com menos de 1 milhão de alunos matriculados em 500 faculdades e 20 universidades. Desde a independência, entretanto, houve surpreendente crescimento, pois o número de universidades aumentou 18 vezes, o número de faculdades aumentou 35 vezes e as matrículas se elevaram mais de 10 vezes. O sistema educacional atual, apesar de ser democratizado, é massificado, contando com 33,33% a 40% das matrículas provenientes de estratos socioeconômicos mais baixos e de mulheres, compreendendo, quanto a elas, 35% do total de matrículas. Organicamente, a educação superior na Índia é substancialmente fragmentada, pois envolve grande número de órgãos públicos, agências, órgãos reguladores e conselhos, que exercem controles muito específicos na área da gestão. A educação superior é controlada por meio de vários órgãos e conselhos em nível federal, no que diz respeito, por exemplo, às aprovações, infraestrutura, processos de admissão, qualificação de professores etc. Para operar, as instituições devem obter, primeiro, o *No Objection Certificate* (NOC) dos governos, que é uma espécie de licenciamento/autorização de regularidade e de atendimento aos requisitos mínimos obrigatórios para o funcionamento (Srimathi; Krishnamoorthy, 2019b, p. 103-104).

Algumas das principais agências reguladoras e conselhos vinculados ao setor educacional superior são:

I. *University Grants Commission*: estabelecida no ano de 1953 como instância superior de recursos, depois se tornou uma instituição estatutária no ano de 1956, quando lhe foi atribuída competência para coordenar, determinar e manter os padrões de ensino, exames e pesquisa na educação universitária;

II. *Ministry of Human Resource Development* (MHRD): criado no ano de 1985 pela 174th *Amendment to the Government of India Rules*, concentra sua atuação no ensino superior. O foco do ministério é a formulação de políticas nacionais, a qualidade da educação e seu desenvolvimento. Atualmente, o ministério funciona por intermédio de dois departamentos: o *Department of School Education & Literacy* e o *Department of Higher Education*;

III. *All India Council for Technical Education*: constituído no ano de 1945 para atuar como conselho consultivo e de aprovação relacionado à educação técnica, como engenharia, arquitetura, planejamento urbano, administração, farmácia, hotelaria, tecnologia, artes e ofícios aplicados. Tem a função de realizar o levantamento das instalações escolares e promover o desenvolvimento do ensino técnico. Posteriormente, com a adoção da *National Policy of Education*, no ano de 1986, definiu-se o AICTE como a autoridade estatutária competente para o planejamento, a formulação e a manutenção de normas e padrões, a garantia da qualidade por meio da acreditação e do financiamento de áreas prioritárias, o monitoramento e a avaliação, a manutenção da paridade de certificação e prêmios e a garantia do desenvolvimento coordenado e integrado e da gestão do ensino técnico;

IV. *Council of Architecture* (COA): criado pelo *Architects Act* (1972), tem a finalidade de reger o registro de arquitetos, os padrões de educação em arquitetura, as qualificações reconhecidas e os padrões das práticas a serem cumpridas pelos arquitetos atuantes;

V. *Bar Council of India* (BCI): constituído pelo *Advocates Act* (1961) com a finalidade de regular a educação jurídica e os padrões profissionais, incluindo a direção dos conselhos estaduais de advogados. Cumpre-lhe padronizar a educação jurídica e a estrutura dos cursos nas instituições educacionais. Também é o responsável pelo *All India Bar Examination* (AIBE) e pela concessão do *Certificate of Practice*, em razão da prática forense;

VI. *National Council for Teacher Education*: como órgão estatutário, surgiu em conformidade com o *National Council for Teacher Education Act* (1993). Seu principal objetivo é alcançar o desenvolvimento planejado e coordenado do sistema de formação de professores em todo o país, dispor sobre a regulamentação e manutenção adequada das normas e padrões do sistema de formação de professores e assuntos relacionados. Sua competência é ampla e abrange os programas de formação de professores, incluindo a formação de especialistas para prepará-los para lecionar nos níveis pré-primário, primário, secundário e secundário superior, nas escolas e na educação não formal, na educação em tempo parcial e na educação de adultos e cursos de educação a distância;

VII. *Indian Council of Agricultural Research* (ICAR): estabelecido no ano de 1929, é um órgão autônomo que coordena a educação e a pesquisa agrícola. Reporta-se ao *Department of Agricultural Research and Education* (DARE), por sua vez vinculado ao *Ministry of Agriculture*. Constitui-se em uma das maiores redes de institutos de pesquisa e educação agrícola do mundo. É uma organização de pesquisa de ponta do país, com alto prestígio entre as instituições internacionais de pesquisa agrícola, liderando, orientando e gerenciando as atividades de pesquisa agrícola, educação e extensão para aumento da produtividade e diversificação da agricultura;

VIII. *National Council for Hotel Management and Catering Technology* (NCHMCT): criado no ano de 1982 pelo governo central como órgão autônomo, tem o propósito de alcançar o crescimento coordenado e o desenvolvimento da educação em gestão hoteleira. Inicialmente, o conselho foi criado sob o controle administrativo do *Ministry of Agriculture* e, posteriormente, no ano de 1984, foi transferido para o *Ministry of Tourism*. Tem como meta a formação de ponta para garantir o crescimento coordenado e o desenvolvimento da educação em hotelaria por meio dos institutos afiliados;

IX. *Medical Council of India*: é um órgão estatutário com responsabilidade de estabelecer e manter altos padrões de educação na área médica e reconhecimento de qualificações médicas. Foi estabelecido, pela primeira vez, no ano de 1934 em conformidade com o *Medical Council Act* (1933). Entretanto, seguindo novas recomendações, o governo substituiu-o pela *National Medical Commission* (NMC) no ano de 2019. Os objetivos da NMC são: i) melhorar o acesso à educação médica de qualidade e acessível, ii) garantir a disponibilidade de profissionais médicos adequados e de alta qualidade em todas as partes do país, iii) promover cuidados de saúde equitativos e universais que encorajem a perspectiva da saúde comunitária e tornem os serviços dos profissionais médicos acessíveis a todos os cidadãos, iv) incentivar os profissionais a adotarem as pesquisas médicas mais recentes em seu trabalho e a contribuir para a pesquisa, v) avaliar, periodicamente, as instituições médicas de forma objetiva e transparente, vi) manter o registro dos profissionais médicos, vii) aplicar altos padrões éticos em todos os aspectos dos serviços médicos e viii) ter um mecanismo eficaz de resolução de reclamações;

X. *Dental Council of India* (DCI): é um órgão estatutário instituído nos termos do *Dentists Act* (1948) com a finalidade de regulamentar a educação e o exercício profissional da odontologia. Deve garantir padrões uniformes de educação odontológica, concedendo permissão para o funcionamento de faculdades de odontologia e o aumento de assentos, prescrever currículos padronizados, reconhecer qualificações e definir os padrões para a prática odontológica;

XI. *Pharmacy Council of India* (PCI): a educação e o exercício da profissão de farmácia, até o nível de pós-graduação, são regulados pelo PCI, órgão estatutário regido pelas disposições do *Pharmacy Act* (1948). Cumpre ao PCI dispor sobre a regulamentação do ensino farmacêutico, da profissão e de seu exercício;

XII. *Indian Nursing Council* (INC): constituído pelo *Indian Nursing Council Act* (1947) como órgão autônomo estatutário, mas vinculado ao *Ministry of Health and Family Welfare*. Tem poderes estatutários para regular e manter padrões uniformes de educação em enfermagem em todo o país. Também monitora e estabelece padrões para o reconhecimento de novos cursos ou a criação de universidades, além de cuidar do treinamento de enfermeiras, parteiras e visitadoras de saúde;

XIII. *Central Council of Homeopathy* (CCH): criado no ano de 1973 como órgão estatutário do *Ministry of Health & Family Welfare*, com a finalidade de monitorar e controlar a educação em homeopatia. Também lhe cumpre autorizar que universidades ou instituições similares ofereçam cursos de graduação nessa área. É responsável por definir os currículos acadêmicos e manter os registros de todos os médicos homeopatas. No ano de 2007, foi criado o *National Council for Clinical Establishments* com o objetivo de determinar os padrões mínimos para o estabelecimento de clínicas médicas na área da homeopatia;

XIV. *Central Council for Indian Medicine* (CCIM): órgão estatutário constituído nos termos do *Medicine Central Council Act* (1970). É responsabilidade do conselho prescrever os padrões mínimos dos sistemas de medicina, além de recomendar ao governo central as questões relacionadas com o reconhecimento de qualificações médicas. Deve manter e revisar o registro central de medicina, prescrever normas de conduta profissional e expedir recomendações sobre o estabelecimento de novas faculdades para aumentar a capacidade de admissão em cursos de graduação e pós-graduação;

XV. *Rehabilitation Council of India* (RCI): estabelecido, inicialmente, como uma sociedade registrada no ano de 1986. Mas, com o *Statutory Body Act* (1993), tornou-se um órgão estatutário, com a responsabilidade de regular e monitorar os serviços prestados às pessoas com deficiência, além de padronizar programas e manter os registros na central de reabilitação de todos os profissionais qualificados que atuam nessa área;

XVI. *Distance Education Bureau* (DEB): estabelecido no ano de 2012 em substituição ao *Distance Education Council*, que, por sua vez, foi estabelecido como órgão estatutário no ano de 1985. O departamento é o órgão responsável pela regulamentação da educação a distância e tem a finalidade de oferecer alternativas de oportunidades mais amplas de educação acessível e eficiente. Também deve oferecer instalações adequadas e promover atividades acadêmicas para aqueles que pretendam atualizar seus conhecimentos;

XVII. *National Council of Rural Institute* (NCRI): estabelecido no ano de 1995 sob a supervisão do *Ministry of Human Resource Development*, com a finalidade de introduzir mudanças rurais e crescimento inclusivo. Visa ao desenvolvimento dos recursos humanos e à capacitação dos diferentes tipos de institutos rurais no país. O conselho faz a interface entre as instituições rurais de ensino superior, como universidades, institutos, missões e centros de desenvolvimento. Auxilia as instituições rurais, as organizações *gandhianas*, as Organizações Não Governamentais (ONGs), as universidades e os órgãos governamentais estaduais nos assuntos relacionados à promoção da educação superior rural;

XVIII. *Sports Authority of India* (SAI): foi criada no ano de 1984 com o objetivo inicial de levar o legado dos 9th *Asian Games* para *New Delhi* (capital). Tem como missão a promoção do desporto e a excelência desportiva nacional e internacional. Deve promover a educação esportiva em diferentes disciplinas em nível internacional e produzir treinadores, professores e cientistas esportivos;

XIX. *Veterinary Council of India* (VCI): criado como órgão estatutário conforme o *Indian Veterinary Council Act* (1984), sob a supervisão do *Ministry of Agriculture*, é responsável pela regulamentação da prática veterinária e dos padrões de educação veterinária, preparação e manutenção de registros, além de recomendar o reconhecimento de qualificações profissionais ou a retirada destas ao governo. O conselho é a autoridade reguladora do *All India Pre Veterinary Test*, exame que concede a admissão nos cursos de bacharelado em ciências veterinárias e pecuária oferecidos pelas faculdades. A qualificação acadêmica é necessária para o exercício profissional na indústria avícola, como médico veterinário ou mesmo na pesquisa veterinária;

XX. *Central Advisory Board of Education* (CABE): estabelecido como órgão consultivo do governo no campo da educação no ano de 1920, foi dissolvido no ano de 1923, por medida econômica, e restabelecido no ano de 1935 mediante *Resolution n.º F. 122-3/35-E* (1935). É o mais alto e mais antigo conselho consultivo do governo na área educacional e tem a finalidade de fornecer sugestões às instituições de ensino na elaboração de seus conteúdos programáticos, assessorar os governos estaduais e o central em quaisquer questões educacionais, nomear comitês para fazer recomendações educacionais, obter opiniões de especialistas, informações e sugestões de órgãos governamentais, não governamentais e de instituições relacionadas à educação. Deve ainda revisar o progresso dos padrões educacionais e avaliar as políticas implementadas pelos governos visando à melhoria do ensino;

XXI. *National Knowledge Commission* (NKC): é um órgão consultivo de alto nível do primeiro escalão do governo, que tem o objetivo de transformar o país em uma sociedade de conhecimento, visando à transformação do panorama do conhecimento em todo o país. O objetivo primeiro do conselho é permitir o desenvolvimento de uma sociedade baseada no conhecimento, o que implica tanto a melhoria radical dos sistemas de conhecimento existentes quanto a criação de caminhos para a geração de novas formas de conhecimento. Deve fortalecer o sistema educacional, promover a pesquisa e facilitar a aplicação do conhecimento em diversos setores da atividade pública. Além disso, deve alavancar as tecnologias de informação e comunicação para aprimorar o sistema de governança e melhorar a conectividade, além de elaborar mecanismos de intercâmbio e interação entre os sistemas de conhecimento no cenário global. A comissão foi constituída no ano de 2005;

XXII. *Higher Education & Human Resource*: são departamentos dos governos estaduais que se concentram no desenvolvimento de habilidades, na educação superior de qualidade e na melhoria do desenvolvimento socioeconômico dos estados;

XXIII. *National Accreditation Association Council of India* (NAAC) e *National Board of Accreditation* (NBA): são as duas agências governamentais de acreditação. A NAAC realiza avaliação e acreditação das *Higher Education Institutions* (HEIs), como faculdades, universidades ou outras instituições reconhecidas para obter a certificação do status de qualidade. A NAAC avalia as instituições quanto a sua conformidade com os padrões de qualidade em termos de desempenho relacionados aos processos e resultados educacionais, cobertura curricular, processos de ensino-aprendizagem, corpo docente, pesquisa, infraestrutura, recursos de aprendizagem, organização, governança, equilíbrio financeiro e serviços estudantis. O NBA foi estabelecido, inicialmente, pelo *All India Council of Technical*

Education conforme *AICTE Act* (1994), com o propósito de avaliar a competência qualitativa dos programas oferecidos pelas instituições de ensino, desde o nível da diplomação até o nível de pós-graduação em engenharia e tecnologia, gestão, farmácia, arquitetura e disciplinas afins. O NBA tem a missão de avaliar e credenciar os programas de educação técnica, desenvolver padrões e parâmetros para a avaliação, o credenciamento e a regulamentação dos padrões do ensino técnico, promover um sistema de educação técnica de qualidade, construir um sistema de educação técnica como facilitador de recursos humanos, estabelecer os referenciais de qualidade, avaliar as instituições de ensino e contribuir para o domínio do conhecimento em parâmetros de qualidade.

Devido a sua importância para a educação em geral, e não apenas para a educação superior, cumpre destacar o papel do *National Council of Educational Research and Training*. Trata-se de uma organização autônoma do governo central, criada no ano de 1961, sob a forma de sociedade literária, científica e de caridade, mediante o *Societies' Registration Act*. Atualmente, o NCERT é o órgão máximo no âmbito governamental para assuntos relacionados ao currículo escolar. Tem a função de auxiliar e assessorar os governos estaduais e central em diversos assuntos acadêmicos, além de fornecer suporte e assistência técnica às escolas e supervisionar os vários aspectos ligados à aplicação das políticas educacionais. Entre outros importantes objetivos, cumpre-lhe realizar, promover e coordenar investigações na área escolar, preparar e publicar livros, materiais suplementares, boletins informativos, revistas, multimídias digitais etc. Além das atividades de pesquisa, desenvolvimento, treinamento, extensão, publicação e divulgação, o NCERT é também uma agência com a função de implementar programas bilaterais de intercâmbio cultural com outros países no campo da educação.

As principais unidades fracionárias que integram o NCERT, e atuam em diferentes regiões do país, são: i) o *National Institute of Education* (NIE); ii) o *Central Institute of Educational Technology* (CIET); iii) o *Pandit Sundarlal Sharma Central Institute of Vocational Education* (PSSCIVE); iv) os *Regional Institutes of Education*, situados em Ajmer, Bhopal, Bhubaneswar e Mysore; e v) o *North-East Regional Institute of Education* (NERIE).

Conforme salientado, o sistema educacional superior na Índia é bastante complexo, o que se deve em boa parte porque ele abarca outras ramificações de conhecimento, tratadas no nível acadêmico superior, mas com viés técnico ou profissional.

Nesse sistema, a educação técnica é tratada como um setor separado. Existem 65 instituições financiadas pelo governo central, tratadas nominalmente como *Indian Institutes of Technology, Indian Institutes of Management, National Institutes of Technology, Indian Institutes of Science* etc. Mas, além destas, os governos estaduais também criaram suas instituições de nível técnico. Nesse setor, o *All India Council for Technical Education* e as agências reguladoras setoriais equivalentes aprovam e regulam as instituições técnicas nas áreas de engenharia, tecnologia, farmácia, arquitetura, hotelaria e tecnologia de alimentação, estudos de administração, aplicativos de computador, artes e ofícios aplicados. A educação profissional é outra vertente do ensino superior tratada como um setor separado. Essa rede é constituída de institutos politécnicos e profissionais, públicos e privados, controlados e fiscalizados por conselhos especializados em cada disciplina. Nesse particular, e de modo complementar, a Índia desenvolveu um sistema de universidades abertas com a finalidade de incentivar o ensino a distância. A *Indira Gandhi National Open University* (IGNOU) foi a pioneira e, atualmente, existem outras 14 universidades abertas no país, regulamentadas pelo *Distance Education Council of India*, que opera em *New Delhi*. A IGNOU é responsável por manter os padrões de qualidade, além de incentivar e organizar as atividades de ensino aberto e a distância. A educação a distância, com as novas tecnologias de informação e comunicação, promete expandir as fronteiras da educação superior, isso porque custa 66% menos e os alunos não precisam sair de casa ou do ambiente de trabalho. A internet e a tecnologia via satélite são utilizadas para promover a educação a distância. O setor da educação superior busca assegurar a qualidade do processo educativo com o apoio de entidades acreditadoras constituídas. A principal agência que credencia universidades e faculdades de educação geral é o *National Assessment and Accreditation Council*, estabelecido no ano de 1994. Além desse conselho, funções semelhantes têm sido desempenhadas na área da educação técnica pelo *National Board of Accreditation* (1994), e pelo *Accreditation Board* (AB, 1996), na área da educação agrícola (Gupta; Gupta, 2012, p. 18).

De acordo com recentes atualizações do documento *Consolidated List of All Universities* (2022), expedido pela *University Grants Commission*, o quantitativo de instituições de educação superior na Índia é descrito como (University Grants Commission, 2023, p. 1):

I. *Universities* (total de 1.074): i) *State Universities* (460), ii) *Deemed-to-Be-Universities* (128), iii) *Central Universities* (56) e iv) *Private Universities* (430);

II. *Universities under Section 12B of UGC Act* (1956) (total de 398): i) *State Universities* (267), ii) *Deemed-to-Be-Universities* (50), iii) *Central Universities* (56) e iv) *Private Universities* (25).

Nesse contexto, tem-se que a *Section 12B of UGC Act* (1956) dispõe expressamente sobre a vedação ao Estado quanto à possibilidade de concessão de subsídios a uma universidade enquanto a *University Grants Commission* não a declarar apta a receber tal concessão (University Grants Commission, 2002, p. 14).

Com esses aclaramentos, pode-se sintetizar e compreender, de modo mais objetivo, o complexo sistema da educação superior da Índia, tendo como foco os tipos, as definições e as categorias das instituições.

Na Índia, as universidades podem ser estabelecidas mediante leis do governo central (leis do Parlamento) ou leis dos governos estaduais, sendo por isso denominadas *Central Universities* ou *Union Universities* (as centrais) e *State Universities* (as estaduais). As *Central Universities* estão sob a supervisão do *Department of Higher Education* do *Human Resource Development Ministry* e são estabelecidas ou incorporadas por leis do governo central. As *State Universities* são administradas pelo governo estadual de cada um dos estados e territórios e são estabelecidas ou incorporadas, geralmente, por leis do parlamento local, mas também podem ser por leis das províncias. Data do ano de 1857 o estabelecimento da *University of Mumbai*, da *University of Masdras* e da *University of Calcutta*, consideradas as mais antigas instituições universitárias no nível estadual.

As *Deemed Universities*, ou *Deemed-to-Be-Universities*, são instituições consideradas ou reconhecidas, às quais é conferido o status de universidade devido a sua longa tradição de ensino, especialização e excelência em uma área específica de conhecimento. As instituições *Gokhale Institute of Politics and Economics (Pune), Tata Institute of Social Sciences (Mumbai)* e *Birla Institute of Technology & Science (Pilani)* são exemplos de universidades consideradas, que, por essa razão, gozam de total autonomia no que diz respeito ao desenvolvimento e à inovação de programas acadêmicos por conta própria. O status de Universidade Considerada é concedido pela *University Grants Commission* e conta com a aprovação do *Department of Secondary and Higher Education* do *Ministry of Human Resource Development*. Esse tipo de instituição não foi estabelecido como universidade por meio de legislação. Mas, devido ao prestígio adquirido devido à tradição e à especialização de suas atividades acadêmicas, obteve o reconhecimento e passou a ser considerada uma instituição universitária. Por sua natureza, as universidades consideradas têm como principais características: i) concentram-se em áreas específicas que lhes são atribuídas com base nas quais foram declaradas; ii) são instituições autônomas nos aspectos acadêmico, administrativo, financeiro, de pesquisa, avaliação, extensão etc.; iii) têm liberdade para experimentar e desenvolver diferentes modelos de liderança devido à sua jurisdição limitada; iv) desfrutam de contatos mais próximos e mais intensos dos alunos com as pessoas envolvidas na administração, ensino, pesquisa, extensão e avaliação e, assim, geram um *ethos* social encorajador e um clima educacional favorável no campus; v) devido ao contato mais próximo entre as pessoas em diferentes níveis, oferece a oportunidade de desenvolver um processo participativo de tomada de decisão, construindo relações mais produtivas entre os envolvidos; e vi) como essas instituições têm um foco bem identificado, elas podem desempenhar um papel importante na manutenção dos padrões de qualidade em suas áreas de atuação. Em acréscimo, existem duas grandes categorias de instituições que receberam o status de *Deemed Universities*. Algumas são instituições envolvidas, basicamente, no ensino nos níveis de graduação e/ou pós-graduação, em uma gama limitada ou mais ampla de disciplinas, enquanto outras estão envolvidas, principalmente, na pesquisa em disciplinas específicas, mas, porque são consideradas universidades, estão autorizadas a conceder graus de doutorado em seus próprios nomes (Lakhotia, 2005, p. 1.303).

As *Private Universities* são aprovadas pela *University Grants Commission*. Elas podem conceder diplomas, mas não podem ter faculdades afiliadas fora do campus. São universidades estabelecidas por meio de legislação estadual ou central a um órgão patrocinador, que pode ser uma sociedade registrada de acordo com a *Societies Registration Act* (1860), ou qualquer outra lei correspondente em vigor em um estado, ou, ainda por um fundo público ou uma empresa registrada de acordo com a *Section 25 of the Companies Act* (1956). As *Private Universities* diferem em tamanho, número de matrículas, cursos oferecidos, poder de financiamento, capacidade financeira e gerencial. Criticamente, apenas algumas universidades desse nível estão oferecendo educação de qualidade e poucas estão preocupadas com a qualidade. As universidades públicas são a melhor opção dos alunos para o ensino superior, e depois vêm as universidades privadas, as quais surgiram como uma alternativa para fazer frente à demanda ampliada do ensino superior. Todavia, apenas poucas estão mantendo o padrão. Paradoxalmente, são as universidades privadas que estão desempenhando o importante papel da divulgação das oportunidades de ensino superior no país. Nos últimos anos, entretanto, foram levantadas alegações generalizadas contra elas, no sentido de que facilitaram a obtenção de diplomas, elevaram os custos das matrículas etc. (Ranjan, 2014, p. 140-141).

As *Institutions of National Importance* são estabelecidas ou assim designadas por leis do parlamento, e são conhecidas como "as joias da coroa" do ensino superior e da pesquisa na Índia. São instituições com diferentes estruturas de financiamento, currículos, calendários acadêmicos e sistemas de remuneração do corpo docente. A admissão nessas instituições é altamente competitiva. Dentre elas, destacam-se os *Indian Institutes of Technology* e o *Indian Statistical Institute* (ISI) (Chakrabarti, 2007, p. 9).

As *Unitary Universities* têm um único campus e concentram-se amplamente em estudos e pesquisas no nível de pós-graduação, embora algumas também possam oferecer programas de graduação. Algumas das *Unitary Universities* também têm faculdades conhecidas como faculdades universitárias (*University Colleges*) ou faculdades constituintes (*Constituent Colleges*). O sistema da universidade unitária é uma condição ideal para nutrir a qualidade e a excelência tanto no ensino quanto na pesquisa. Elas oferecem programas de graduação, pós-graduação e pesquisa com foco especial em pesquisa e inovação e, na maioria das situações, estão confinadas a um único campus. *Jawaharlal Nehru University* (JNU), *Banaras Hindu University* (BHU), *Aligarh Muslim University* (AMU), *Mysore University* (MU) são exemplos notáveis de universidades unitárias. Como elas não têm o fardo extra de administrar faculdades afiliadas, essas universidades têm mais espaço para exercer poder e responsabilidade autonomamente (Majhi; Dansana, 2022, p. 11).

As *Affiliating Universities* têm, geralmente, um campus central no qual estão localizados departamentos, escolas ou institutos que ministram cursos de pós-graduação localizados fora do campus em diferentes distritos. Elas também podem ter *University Colleges* (dentro do campus), bem como *Constituent Colleges* (fora do campus). Essas universidades têm um número variável de faculdades afiliadas a elas, que estão localizadas em distritos dentro da jurisdição da universidade, conforme especificado na legislação. Existem mais de 9.200 faculdades afiliadas a universidades. A maioria das universidades é do tipo afiliada, tendo as maiores, como *Calcutta, Mumbai, Bangalore* e *Osmania*, cada uma com mais de 250 faculdades afiliadas sob seu controle, com matrículas de alunos superiores ao patamar de 100 mil. Um sistema de afiliação compreende uma estrutura de governança, regulamentação bem definida e procedimentos de monitoramento estabelecidos pela universidade para o funcionamento das instituições que são, em sua maioria, geridas por administrações privadas. A universidade realiza inspeções físicas nas faculdades, em intervalos regulares, para verificar a disponibilidade de infraestrutura, recursos humanos, laboratórios e outros recursos necessários para iniciar e manter os cursos. O currículo, os calendários acadêmicos, a realização de exames e a avaliação dos alunos são feitos sob o controle da universidade de acordo com as normas estabelecidas de tempos em tempos. O objetivo da universidade em relação a uma faculdade afiliada é monitorar e regular as atividades de modo a garantir níveis mínimos de padrões e uniformidade. Embora o sistema de afiliação tenha sido exitoso em garantir a disponibilidade de recursos necessários, monitoramento de exames, avaliação e garantia de uniformidade, muitas vezes é criticado por ser muito rígido, não dando oportunidade para ideias criativas e inovadoras. As universidades geralmente reconhecem as faculdades a elas afiliadas como locais de disseminação de ideias, mas não como locais de criatividade (Manjule, 2014, p. 204).

As *Subject Universities* são outro tipo específico de instituição de ensino. Enquanto a maioria das *Deemed Universities* e das *Institutions of National Importance* lidam com assuntos específicos, há uma nova tendência de estabelecer universidades orientadas pelo mesmo objeto em vários estados, a exemplo da universidade agrícola que foi estabelecida em cada um dos estados. Nesse modelo, todas as faculdades de agricultura, silvicultura, veterinária e pecuária, que até então eram afiliadas a diferentes universidades dos Estados, foram transferidas para uma *Subject University*, que passou a tê-las como suas faculdades constituintes (*Constituent Colleges*).

As *Open Universities* são outro tipo de instituição desenvolvido recentemente. Tradicionalmente, muitas universidades, durante as últimas três décadas ou mais, ofereciam cursos por correspondência, ou seja, educação a distância, como é hoje conhecido o sistema, para benefício daqueles que, por vários motivos, não puderam cursar estudos superiores em faculdades e universidades. Enquanto cerca de 60 universidades oferecem cursos por correspondência, 10 universidades separadas, chamadas *Open Universities*, foram estabelecidas em diferentes estados para fornecer educação exclusivamente a distância. Na Índia, o *Open University System*, como instrumento de democratização da educação, foi formalmente iniciado, estruturado e sistematizado, nos anos de 1980 com o propósito de aumentar as oportunidades de educação superior, alcançando os não alcançados e tornando esse sistema um processo permanente, sem restrições de idade no momento da matrícula e sem a necessidade de realizações educacionais anteriores ou mesmo de ritmo e locais específicos de estudos (Srivastava, 2016, p. 13).

10.2 Performance da educação superior: críticas e interpretações

O ensino superior guarda estreita relação com o ensino fundamental e o médio, ainda que esses níveis escolares sejam administrados e aplicados por órgãos diferentes e ainda que tenham propósitos acadêmicos distintos. O fato é que, quaisquer que sejam as propostas políticas que justificaram sua instituição, esses níveis escolares sempre manterão entre si, naturalmente, os vínculos de complementaridade e de dependência. Inequivocamente, os estudantes que tiveram a oportunidade de frequentar ambientes escolares minimamente qualificados, nos precedentes níveis básico e médio, terão melhores chances para desenvolver o conhecimento específico do ensino superior e, consequentemente, poderão valer-se desse aprendizado para ingressarem no mercado de trabalho e aproveitarem a empregabilidade de modo mais favorável como opção pessoal. Essa possibilidade de escolha, entretanto, não se aplica, em regra, aos estudantes que não tiveram acesso ao ensino superior ou não se aplica aos que somente frequentaram o ensino superior no sentido formal, por ser este carecedor de qualidade e de conteúdo verdadeiramente importantes para as futuras disputas de acesso ao mercado de trabalho.

No caso da Índia, as opções iniciais de formação nos níveis escolares básico e médio são classificáveis, em larga escala, como precárias e insuficientes para qualificar o estudante para o acesso ao ensino superior, fazendo com que uma proporção expressiva da massa estudantil (referência às pessoas dentro da faixa de escolarização) abandone os estudos. Quanto aos estudantes que prosseguem, sabe-se que não encontram um ambiente favorável para o aprendizado.

Diante desse quadro situacional, inúmeros estudos têm sido realizados com o objetivo de analisar as estruturas disponíveis em relação ao ensino superior, dimensionar dados, identificar os desafios e propor modificações, tanto em relação ao ensino superior público quanto ao ensino superior privado. Muitas têm sido as ofertas em termos de estudos científicos e estatísticos com o propósito de avaliar a real situação do ensino superior na Índia, mas, apesar da diversidade dos conteúdos avaliativos, ao que se percebe a questão relativa a esse modal de educação não tem recebido a atenção que lhe deveria ser prestada pelos órgãos do Estado diretamente vinculados a esse ramo. É perceptível que o maior problema associado à educação superior é a má qualidade, que tem sido analisada em paralelo com vários outros fatores concorrentes, como a formação precária dos professores, a ausência de infraestrutura adequada (prédios, laboratórios, bibliotecas, bolsas de estudos etc.) e a falta generalizada de motivação de professores e estudantes.

As exposições seguintes serão apresentadas como perspectivas, avaliações, críticas e propostas, que têm como fundamentos os diversos fatores que emperraram o desenvolvimento do ensino superior, tendo sido selecionados entre inúmeros pesquisadores envolvidos não apenas com a questão administrativa da educação superior, mas principalmente com os aspectos políticos, que sempre moldaram a gestão administrativa, financeira e acadêmica ligada às instituições de ensino superior. Nessa medida, são incontáveis os artigos e relatórios que têm sido elaborados com a pretensão de melhor esclarecer sobre a condição do ensino superior. Esses produtos de pesquisa consistem, geralmente, em críticas, análises e interpretações sobre tudo o que forma o substrato da educação superior na Índia, país que detém, na atualidade, o controle da maior população do planeta e um dos maiores parques escolares, quando comparado a outros importantes centros de educação no ambiente internacional.

Os textos que serão apresentados dizem respeito, com mais propriedade, a temas específicos sobre regulamentação, administração, igualdade de tratamento etc.

Em caráter introdutório, tem-se que são muitas as perspectivas e ponderações acerca da realidade que envolve o ensino superior. Partindo-se de uma concepção holística, entende-se que a educação é um processo pelo qual o corpo, a mente e o caráter de uma pessoa são formados e fortalecidos, devendo-se unir a cabeça, o coração e a mente e, assim, permitir que as pessoas desenvolvam personalidade completa, identificando-se o que há de melhor nelas. Sob esse foco, apesar de o ensino superior na Índia ter se expandido muito rapidamente após a independência, ele permanece inacessível para a maioria da população. De fato, a Índia é um dos países com o desenvolvimento mais acentuado no mundo atual, registrando uma taxa de crescimento anual superior a 9%, mas, ainda assim, grande parte de sua população permanece analfabeta e há um enorme contingente de crianças que não chega sequer a concluir o ensino primário. Essa circunstância não apenas negou que a maioria da população pudesse contribuir plenamente para o desenvolvimento do país, como também a impediu de utilizar os benefícios do desenvolvimento ocorrido. Sem dúvida, a Índia está enfrentando vários desafios no ensino superior, mas enfrentar esses desafios e impulsionar o ensino é extremamente importante. É inegável que a Índia é um país com enorme potencial de recursos humanos, mas como utilizar esse potencial de forma adequada é a questão que precisa ser discutida. As oportunidades estão disponíveis, mas como obter os benefícios decorrentes e torná-los acessíveis a todos é o que preocupa. Para sustentar a taxa de crescimento, maior que 9%, é necessário aumentar o número de instituições e, principalmente, elevar a qualidade do ensino. Para atingir essas propostas, é preciso repensar os recursos financeiros, o acesso e a equidade, os padrões de qualidade, a relevância, a infraestrutura e, por fim, a capacidade de resposta do Estado (Rani, 2019, p. 142-143).

Para se ter um referencial quantitativo, o *Department of Higher Education* apurou que o número de universidades e de instituições educacionais na Índia passou de 799 para 1.043 unidades no período compreendido entre os anos de 2015 e 2020, revelando um acréscimo da ordem de 30,5%. Nesse mesmo período, o número de faculdades saiu do patamar de 39.701 e elevou-se até 42.243, o que representou um crescimento da ordem de 8,4%. Esses dados constam do relatório *All Survey on Higher Education* 2019-2020, elaborado e publicado pelo governo da Índia (Ministry of Education, 2020, p. 41).

Como função do governo, convém destacar que, embora o sistema educacional moderno seja baseado na tradição anglo-americana, há uma grande variedade de sistemas institucionais que moldam o ensino superior, de modo que o governo desempenha um papel central não apenas no fornecimento de fundos para a educação, mas também para a administração e o controle das instituições. Com isso, é comum que as instituições se deparem com ditames de várias entidades que, às vezes, são confusos e contraditórios. Por essa razão, nenhuma organização estrangeira que tente construir um relacionamento com as instituições acadêmicas indianas deve se intimidar com tais ambiguidades, mas deve trabalhar com elas pacientemente (Chakrabarti, 2007, p. 23).

Como função das instituições educacionais, a educação é considerada o mecanismo mais potente para o avanço do ser humano, porque amplia, enriquece e melhora a imagem que o indivíduo tem do futuro. Ela emancipa os seres humanos e conduz à libertação da ignorância. Um homem sem educação não passa de um animal. A capacidade que tem uma nação de converter o conhecimento em riqueza e bens sociais[52], por meio de processos de inovação, determinará o seu futuro. Por isso, o século XXI foi denominado de o Século do Conhecimento. Quanto às instituições educacionais, elas são os lugares onde os jovens adquirem conhecimento e sabedoria, que, por sua vez, determinam o futuro das nações. É, portanto, o número de instituições de ensino e sua qualidade que, em grande medida, determinam o progresso. Nessa ordem, as instituições educacionais trabalham coletivamente como a espinha dorsal de uma nação desenvolvida e, por isso, devem manter certos padrões, pois será essa norma que determinará o nível de prosperidade, bem-estar e segurança das pessoas. Nesse contexto, é imperativo repensar a política de reservas de forma imparcial e objetiva, tendo em vista as mudanças no cenário global e o papel que a Índia deve desempenhar nessa arena competitiva (Laskar, 2010, p. 25, 53).

A educação, entretanto, envolve questões complexas e problemáticas, que exigem soluções não isoladas, mas concorrentes entre as responsabilidades próprias do Estado, das instituições educacionais e também da sociedade.

A verdade, em primeiro lugar, é que o sistema de ensino superior na Índia cresceu de forma notável, principalmente no período pós-independência, para se tornar uma das maiores organizações do gênero no mundo. Mas, apesar do reconhecimento de que houve uma melhoria considerável no cenário do ensino superior, tanto em termos quantitativos como qualitativos, e de que a educação superior é uma das formas de mobilidade social ascendente, não se pode ignorar que o sistema apresenta problemas graves, especialmente quanto ao financiamento e à gestão, incluindo o acesso, a equidade, a relevância e a reorientação de programas, priorizando-se a consciência quanto a saúde, valores, ética e qualidade do ensino superior, além da necessária avaliação das instituições e sua forma de credenciamento. Essas questões são significativas para o país, que agora está engajado no uso do ensino superior como ferramenta para construir uma sociedade da informação baseada no conhecimento (Hiremath; Albal, 2016, p. 73).

Em segundo lugar, é preciso considerar novas adequações financeiras e outras medidas para beneficiar a classe estudantil, que possam ajudar a situar a problemática geral que permeia o sistema educacional. Para o enfrentamento dos problemas persistentes, são vários os fatores de relevância estratégica que envolvem o funcionamento do sistema educacional. Entre eles, os gastos com educação realizados pelo governo indiano são minúsculos em comparação com outros países desenvolvidos, pois, embora o governo tenha adotado medidas para preencher essa lacuna por meio de financiamentos prestados às instituições selecionadas e de melhores qualificações, o financiamento concedido tem se limitado apenas às universidades públicas, o que é bastante limitado. O governo deveria fornecer algum apoio financeiro às universidades privadas para serem recomendadas como *Institutions of Eminence*, de modo que pudessem se desenvolver de acordo com os critérios das melhores universidades globais. Outro fator importante a ser considerado é que a atual tendência de globalização tem impactado, diretamente, o ensino superior. Por isso, é crucial a reformulação dos currículos, que devem ser enquadrados de acordo com as novas perspectivas doméstica e global. A privatização é outro fator de relevância, pois até certo ponto influenciou a qualidade do ensino superior. Há também a formulação de políticas estáveis, de longo prazo, robustas e as vias regulatórias que precisam ser realizadas pelo governo, pois é isso o que ajudará no estabelecimento da confiança de várias partes interessadas no sistema educacional. Paralelamente, universidades, professores e estudantes precisam criar mais fóruns para ampliar sua interação e favorecer a geração de ideias e cursos lucrativos. Os programas de estágio para estudantes ajudariam a obter experiência prática na resolução de problemas do mundo real e no desenvolvimento de bancos de dados de conhecimento, que poderiam ser úteis para os avanços na área da inteligência artificial. As universidades precisariam criar estruturas para atrair as pessoas que têm capacidade e devoção para lidar com problemas do mundo real e melhorar a produtividade. As principais instalações de *Research and Development* (R&D) do país deveriam ser articuladas com as instituições de ensino superior, para incentivar a inclusão de estudantes nas iniciativas de pesquisa, o que poderá garantir facilidade na movimentação de pessoal entre as universidades e o setor industrial (John; Hasnain, 2020, p. 388-389).

Na atualidade, tem sido cada vez mais recorrente o emprego da Economia do Conhecimento. Mas o que isso significa?

Na linha do pensamento voltado para a chamada Economia do Conhecimento, sustenta-se que a internacionalização do ensino superior é um fenômeno incontroverso e que, em face dessa realidade, a Índia somente acelerou para as oportunidades inerentes muito mais tarde do que a concorrência. Por isso, os recentes discursos do governo, pautados na proposta de reformular o país como Economia do Conhecimento, impulsionaram o ensino superior e a sua internacionalização para uma importância sem precedentes, servindo de exemplo o fato de que o crescimento acentuado dos centros educacionais no sudeste asiático e na região do Golfo não passou despercebido pelas partes interessadas na Índia. Nesse contexto, o país teria a ganhar enormemente, em vários aspectos, com a convergência de recursos para o desenvolvimento de aglomerações globais de ensino superior. Além disso, há vários aspectos estruturais do país que poderiam fortalecer o projeto de desenvolvimento de polos educacionais. No entanto, o caso do ensino superior na Índia, sendo o que é, demonstra a condição de que, atualmente, o país não está preparado para as instituições educacionais, diante da constatação de que, embora haja o interesse do governo em desenvolver centros de excelência em educação, existem incontáveis deficiências no sistema de ensino superior e em sua internacionalização que exigem cautela e predeterminação (Yeravdekar; Tiwari, 2014, p. 180).

Ainda em relação à Economia do Conhecimento, há outro aspecto paralelo e de relevância que tem chamado atenção para as necessidades imediatas, as quais devem ser atendidas de modo a alavancar o crescimento com base no emprego da força de trabalho. É necessário reconhecer, primeiro, que o conhecimento, as habilidades e a produtividade da crescente força de trabalho, jovem e dinâmica formam a espinha dorsal da economia. Mas, para colher os benefícios de uma força de trabalho tão jovem, é preciso implementar reformas no sistema educacional e agregar novos fatores de produção, como o conhecimento, as habilidades e as tecnologias que tenham a capacidade de abrir as fronteiras produtivas da economia de modo mais eficiente e dinâmico. Seguindo o exemplo do hemisfério ocidental, a Índia deve procurar se tornar uma Economia do Conhecimento tendo como objetivo a promoção do crescimento inclusivo. As principais áreas a serem focadas para garantir que o sistema educacional seja sustentável e atenda aos padrões globais são: i) a qualidade da educação em termos de infraestrutura, boa formação dos professores e credenciamento de instituições competentes etc.; ii) a acessibilidade à educação, garantindo que alunos pobres e merecedores não sejam privados da educação; e iii) a ética na educação, evitando, principalmente, a mercantilização do sistema educacional (Nandi, 2014, p. 47).

Por último, em relação à Economia do Conhecimento e sob o enfoque da necessidade de inovar, há relatos acerca das particularidades que envolvem o grande círculo do ensino superior. No contexto das mudanças urgentes da Economia do Conhecimento, as instituições de ensino superior precisam abraçar o conceito de educação e formação ao longo da vida. O caráter funcional da educação superior deve moldar a sociedade tecnológica e produzir trabalhadores do conhecimento. Na Índia, o ensino superior era visto, tradicionalmente, pela falta de recursos para atender à demanda crescente, o que fez com que o setor privado priorizasse o aspecto comercial dessa atividade em detrimento da criação do conhecimento, circunstância que levou à deterioração da qualidade da educação. Apesar disso, a economia indiana tem sido impactada por seu ensino superior de maneira sistêmica. Há um intenso aumento quanto ao número de instituições de ensino superior e isso exige esforços para se buscar recursos financeiros, acesso e equidade, padrões de qualidade e seleção criteriosa de pessoal. É necessário construir um sistema educacional que seja liberal, moderno e que possa se adaptar às necessidades de mudança da sociedade, da economia e do mundo. Há, principalmente, uma grande necessidade de inovação financeira para esse setor, pois, de acordo com o *World Bank*, o ensino superior é, em regra, fortemente dependente do financiamento dos governos, circunstância que tem gerado problemas de ajuste fiscal nos países em desenvolvimento (Begum, 2017, p. 28).

Diante desse quadro, a profunda defasagem estrutural para se manter o ensino superior na Índia tem-se destacado como a característica mais visível quando se trata de desafios na ordem política e administrativa relacionada à educação superior, podendo-se ressaltar alguns dos principais enfrentamentos que precisariam ser superados, tomando como referência alguns dados fornecidos pelo *Ministry of Human Resource Development* (Gupta; Gupta, 2012, p. 19):

I. Lacuna demanda-oferta (*Demand-Supply Gap*): de acordo com os dados fornecidos pelo MHRD contidos no relatório anual (2009-2010), estimava-se em 12,4% o quantitativo de estudantes que frequentavam o ensino superior. Se, entretanto, esse quantitativo passasse dos atuais 12,4% para 30%, o governo indiano precisaria de 800 a 1.000 novas universidades e de mais 40 mil faculdades somente nos próximos dez anos para suportar a demanda. Em razão disso, dirigindo-se a uma assembleia de administradores do setor educacional, organizada pela *Federation of Indian Chambers of Commerce and Industry* (FICCI), o então ministro do MHRD, Kapil Sibal, disse que o governo sozinho não conseguiria atingir esse objetivo, devido à enorme lacuna entre a demanda e a oferta;

II. Educação de qualidade (*Quality Education*): quantidade e qualidade de recursos humanos altamente especializados determinam a competência no mercado global. De acordo com o MHRD, dois terços das faculdades e universidades da Índia estão abaixo do padrão global. Em razão disso, elaborou-se uma proposta de acreditação obrigatória no ensino superior e a criação de uma estrutura institucional para efeitos de regulamentação. Entretanto, as instituições que apresentavam os melhores desempenhos qualitativos na Índia revelavam dispor de uma capacidade severamente limitada, o que levou o MHRD a descredenciar 44 *Deemed Universities*, as quais, reunidas, tinham 119.363 estudantes nos níveis de graduação e pós-graduação, 2.124 estudantes trabalhando em pesquisas nos níveis de mestrado e doutorado e outros 74.808 estudantes cursando programas de educação a distância;

III. Pesquisa e Desenvolvimento (*Research & Development*): pesquisa e ensino superior são programas complementares entre si. De acordo com as estatísticas oficiais, a despesa em R&D no domínio das ciências e tecnologias, como percentagem do PIB, foi de apenas 0,8% durante o ciclo de 2005-2006 na Índia. Para uma perspectiva comparativa, os países que mais aplicaram em *Science and Technology* (S&T), como percentagem de seu PIB no mesmo período, foram Israel (5,11%), Suécia (4,27%), Japão (3,11%), Coréia do Sul (2,95%), Estados Unidos (2,77%), Alemanha (2,74%) e França (2,27%). Outros países, como China (1,54%), Rússia (1,74%), Reino Unido (1,88%) e Brasil (1,04%), também investiram mais que a Índia;

IV. Falta de corpo docente (*Faculty Shortage*): ainda de acordo com o MHRD, os principais institutos educacionais, como os *Indian Institutes of Technology* e os *Indian Institutes of Management*, enfrentaram graves crises com o corpo de docentes, com quase um terço dos cargos vagos. As estimativas apontavam 35% de cargos vagos nas universidades centrais, 25% nos *Indian Institutes of Management*, 33,33% nos *National Institutes of Technology* e 35,1% em outras instituições de ensino do governo central. Numa tentativa de superar essa crise, o governo procurou implementar medidas de curto prazo, como o aumento da idade mínima para a aposentadoria nos cargos de ensino, elevando-a de 62 para 65 anos, e o aumento dos salários e outros benefícios para os professores. Também foram iniciadas algumas medidas de longo prazo para atrair os jovens a optarem pela carreira de ensino, o que incluía o aprimoramento do programa de bolsas de estudos e subsídios atraentes para iniciantes em várias disciplinas.

Há vários outros entraves burocráticos e administrativos, considerados como grandes desafios, para a admissão da participação estrangeira na educação superior. Uma consultoria revelou algumas das principais questões: i) a existência da barreira de entrada sem fins lucrativos para o capital privado; ii) a estrutura regulatória é outra grande barreira, pois várias aprovações são necessárias e as políticas são inconsistentes; iii) a *University Grant Commission* não está aberta ao reconhecimento de universidades estrangeiras; iv) há limitações para a admissão de estudantes, com base em reversas, de origem estrangeira etc.; v) a indisponibilidade de corpo docente treinado; vi) os conteúdos dos cursos não atendem às expectativas da indústria, o que levou à baixa empregabilidade; vii) há pouca interface com a indústria; viii) os reguladores e regulamentos são excessivos e múltiplos; e ix) os altos gastos de capital (custos) para a criação de instituições de ensino superior com infraestrutura de qualidade (Pwcil, 2012, p. 12).

Numa outra perspectiva, há ainda desafios que se qualificam como graves preocupações com o problema da perda progressiva da qualidade do ensino. Vale conferir que os cursos como os de engenharia, de produtos farmacêuticos, negócios e aplicativos de computador foram os que experimentaram o maior crescimento. Tanto o número de faculdades de engenharia quanto suas matrículas cresceram a uma taxa de 20% ao ano durante 30 anos. No auge desse *boom*, que foi no período de 1995 a 2010, a Índia abriu as portas para, aproximadamente, uma nova faculdade de engenharia e um novo instituto de administração a cada dia. Pouco tempo depois, entre os anos de 2012 e de 2013, já se tinha cerca de 3.500 faculdades de engenharia e 2.500 institutos de administração. No ano de 2013, por exemplo, de quase 1,5 milhão de vagas de engenharia existentes, 1,2 milhão de novos alunos foi admitido nos vários programas de engenharia em toda a extensão do país. Esse quantitativo representou uma variação de 30 vezes em relação ao ingresso anual de 40 mil novos engenheiros no ano de 1983. Na prática, esse volume contribuiu diretamente para a abundância de engenheiros na Índia. Entretanto, elevar a qualidade de formação é, ainda, uma preocupação premente e representa o primeiro e o maior desafio. Para manter a qualidade do ensino de engenharia com a qualidade de 30 anos atrás, o que é uma meta nada ambiciosa, o número de docentes precisaria ter aumentado 30 vezes. Contudo, durante todo esse período, os doutores em ciência e engenharia apenas duplicaram e os mestres nessas áreas apenas triplicaram. Além disso, o número de profissionais que obtiveram as credenciais para lecionar no nível superior não acompanhou o ritmo, fazendo

A EDUCAÇÃO SUPERIOR E O SISTEMA DE RESERVAS NA ÍNDIA:
AVANÇOS, RETROCESSOS, PERSPECTIVAS E UTOPIAS

com que o número necessário de professores para garantir um ensino de qualidade caísse muito no curto prazo. Na verdade, ocorreu uma intensa escassez de professores, que afetou quase todos os institutos. Diante desse quadro, várias tentativas foram empreendidas para resolver o problema da qualidade, mas a maioria delas se concentrou apenas na regulamentação, que somente pode ditar a infraestrutura física dos institutos e os requisitos de qualificação do corpo docente. Poucas medidas úteis, e ainda ineficientes, assumiram a forma de esquemas para atrair indianos com doutorado que estivessem trabalhando no exterior, para que retornassem e se integrassem aos programas instituídos para o desenvolvimento de carreiras acadêmicas e pesquisas de modo mais satisfatório (Forbes, 2014, p. 85-86).

Entre os fatores identificados que concorrem, genericamente, como os mais expressivos desafios em relação à prestação da educação superior, a baixa qualidade na relação ensino-aprendizagem destaca-se como muito importante desafio a ser enfrentado, a começar pela escassez de professores. Os resultados de pesquisas têm estimado ser de 30% a 40% o quantitativo de cargos de docentes vagos e que, entre os docentes em atividade, a maioria não possui adequada formação acadêmica. Há que se considerar, adicionalmente, entre outros fatores, que: i) os atuais currículos são rígidos e desatualizados, e não há envolvimento do empregador escolar com o conteúdo dos cursos e o desenvolvimento das habilidades; ii) as pedagogias e as avaliações são focadas no *input* e na aprendizagem mecânica, e os alunos têm poucas oportunidades de desenvolver uma gama mais ampla de habilidades, como o pensamento crítico, o raciocínio analítico, a resolução de problemas e o trabalho colaborativo; iii) é alta a proporção aluno/professor devido à falta de corpo docente e a pressão para se intensificar as matrículas de novos estudantes; iv) há separação entre pesquisa e ensino, e falta de experiência em pesquisa nos níveis acadêmicos iniciais; e v) não há um sistema que garanta, eficazmente, a qualidade do ensino e a responsabilidade das instituições perante o governo central, os estudantes e as outras partes interessadas. Como consequência dessas intercorrências, tem-se a formação de graduados com baixo grau de empregabilidade como característica comum do ensino superior em todo o Sul da Ásia, e uma base acadêmica precária que favoreça o avanço aos níveis mais elevados de estudo e pesquisa. Esses problemas são endêmicos em instituições de ensino superior, incluindo muitas das instituições ditas de primeira linha, mas, particularmente, em faculdades afiliadas e universidades estaduais (Heslop, 2014, p. 16).

Ainda seguindo a perspectiva da linha do crescimento, observa-se que o ensino superior se expandiu muito rapidamente, pois, enquanto a expansão do setor até a década de 1980 dependia em grande parte do financiamento público e das capacidades fiscais do Estado, no contexto atual ele não depende tanto do financiamento público, uma vez que são as instituições privadas que estão matriculando a maior parcela de estudantes. Portanto, diferentemente dos países desenvolvidos, onde a massificação foi facilitada por meio de instituições públicas, na Índia esse processo foi mediado pelo mercado e por atores não estatais. A compulsão para expandir o setor do ensino superior continuará por vários motivos, como, por exemplo, pelo fato de que o número de diplomados das escolas secundárias está aumentando e as pontuações médias dos graduados do ensino médio estão cada vez mais infladas, tornando-os mais elegíveis para serem admitidos nas instituições de ensino superior. Entretanto, ainda mais importante é que a Índia tem um déficit demográfico, pois o país terá uma das populações mais jovens do mundo e, na década de 2020, terá a maior população em idade terciária do mundo. Acredita-se que muitos indivíduos pertencerão à classe média com capacidade para custear a própria educação. Essa circunstância poderá aliviar os formuladores de políticas, gestores e tomadores de decisões sobre eventuais restrições de recursos no ensino superior. Também se pode esperar um papel crescente do mercado na tomada de decisões quanto ao ensino superior. Entretanto, concretamente, o crescimento do setor será acompanhado pelo aumento das disparidades, especialmente as regionais e as grupais. A experiência do passado recente demonstrou que a rápida expansão do setor, principalmente por meio das instituições privadas, foi acompanhada por disparidades crescentes. Uma das grandes questões de política pública será encontrar alternativas para reduzir as desigualdades e expandir o sistema. As estratégias para melhorar essa situação podem se concentrar na regulação do crescimento do sistema e no direcionamento dos investimentos públicos para o ensino superior dos grupos carentes. Outro desafio relacionado é sobre como melhorar a qualidade enquanto o sistema está em expansão. Tem-se argumentado que um dos grandes desafios na expansão do setor será a disponibilidade de professores. Além disso, as matrículas em níveis de pós-graduação e programas de pesquisa são baixas e, se as tendências atuais persistirem, não se pode esperar uma oferta adequada de professores qualificados para atender às metas da expansão. Portanto, é necessário fornecer incentivos adequados para aumentar os ingressos nos programas de pós-graduação, apostando na possibilidade de migração internacional dos altamente qualificados (Varghese, 2015, p. 43).

A regulamentação do sistema educacional é outra importante vertente que precisa ser abordada, pois há questões difíceis observáveis quanto à regulação do ensino superior, dentre as quais se destacam: i) há regulamentações sobrepostas em diferentes níveis para a abertura das instituições de ensino (universidades e faculdades), oferta de cursos e obtenção de credenciamento, que aumentam, substancialmente, o tempo e o custo de entrada e operação nesse setor; ii) a exigência de capital elevado para atender às normas fundiárias, aos fundos de doação e outros requisitos semelhantes, o que é agravado por haver restrições nas fontes de financiamento; iii) há exigências obsoletas, mas rígidas, como em relação à qualificação do corpo docente e às normas para o funcionamento de bibliotecas, que servem a pouco propósito, embora aumentem significativamente os custos; iv) a falta de documentação clara e de fácil acesso sobre os requisitos para a criação de instituição privada; e v) a acreditação limitada por poucas agências, que não têm capacidade para processar os pedidos, resultando em grandes atrasos e em outros entraves burocráticos (Shah, 2015, p. 5-6).

É inegável a importância do ensino superior para países em desenvolvimento como um fator necessário para estimular o desenvolvimento humano. Contudo, diante da estrutura existente na Índia, em vez de promover o desenvolvimento com responsabilidade, o governo restringiu a oferta de instituições de boa qualidade, ao mesmo tempo que regulamentou extremamente as instituições existentes nos lugares errados e não favoreceu a novidade ou a criatividade. Essas ocorrências explicam e situam o setor de ensino superior como super-regulamentado e subgovernado. Ao mesmo tempo, a expansão da quantidade também foi incrivelmente inadequada, tornando os desafios ameaçadores na dupla face da quantidade e qualidade (Kurian, 2016, p. 787).

Enfim, diversos têm sido os percalços identificados no sistema de educação superior, além de algumas circunstâncias inconvenientes que norteiam esse modal de política pública. Apurou-se que as instituições educacionais são super-regulamentadas, havendo mais de 15 conselhos em nível federal e várias governanças locais em relação às universidades e às faculdades estaduais. Existem complexidades nos procedimentos e processos de aprovação, afiliação acadêmica e acreditação do sistema de ensino superior. Entretanto, mesmo com processos tão rigorosos, as autoridades reguladoras não conseguem controlar completamente as falsas universidades, ao mesmo tempo que a qualidade do ensino superior permanece duvidosa em comparação aos padrões internacionais. O número de universidades afiliadas é pequeno, o que aumenta significativamente a carga administrativa de trabalho referente à aprovação, admissão, reformulação do currículo, recrutamento de professores, exames e concessões de diplomas. Já as faculdades afiliadas têm participação limitada ou nula nas reformas acadêmicas, incluindo a revisão curricular. Elas apenas transmitem o conhecimento, e o treinamento, baseado em habilidades, tem sido oferecido como agregação de valor por algumas instituições selecionadas. Há disparidades nos objetivos educacionais e nos padrões curriculares, pois os órgãos de credenciamento são diferentes para os programas técnicos oferecidos pelas instituições de ensino. Paralelamente a isso, o número de instituições credenciadas não é animador quando comparado com a densidade das instituições. O número de instituições privadas está se expandindo com 343 novas universidades e uma contagem de 30.459 faculdades. Entretanto, a queda dos gastos do setor público e a introdução de cursos autofinanciados nas instituições governamentais são fatores que contribuíram para o crescimento da participação privada. De qualquer modo, são incontáveis as barreiras de entrada para novas instituições privadas, com a obtenção do status de universidade e operação na modalidade de educação com fins lucrativos (Srimathi; Krishnamoorthy, 2019a, p. 2.213-2.214).

Nesse contexto, é relevante situar a qualidade do ensino superior como um pressuposto ao benefício comum aos estudantes e à sociedade. Entende-se que a qualidade no ensino superior exige que o processo educacional seja de tal nível que garanta que os estudantes alcancem seus objetivos e possam atender às necessidades da sociedade, além de contribuir para o desenvolvimento nacional. Por isso, a boa gestão da qualidade do sistema de ensino superior exige a responsabilidade de todos os níveis gestores e deve ser liderada pelo mais alto nível. A gestão da qualidade deve ser centrada nas estratégias, estruturas, técnicas e operações que permitam a avaliação da instituição, de modo a demonstrar suas atuações de garantia, melhoria da qualidade e que seus sistemas de informação possibilitem os resultados dos processos de aprendizagem e pesquisa. O bom desempenho do sistema de gestão da qualidade nas instituições de ensino superior assenta-se na premissa da existência de normas (modelos) que sirvam de referencial ou sistema de critérios no caso da avaliação externa (garantia da qualidade), ou como guia de organização interna (gestão da qualidade) (Sreenivas; Babu, 2015, p. 36).

Em qualquer campo da atividade humana, a quantidade e a qualidade são fatores dimensionais igualmente importantes, e mais ainda no da educação, especialmente porque as universidades e faculdades existentes

A EDUCAÇÃO SUPERIOR E O SISTEMA DE RESERVAS NA ÍNDIA:
AVANÇOS, RETROCESSOS, PERSPECTIVAS E UTOPIAS

não atendem às crescentes necessidades do ensino superior. Apesar de o crescimento numérico estar ocorrendo em ritmo acelerado, o aspecto da qualidade da educação não tem sido pensado seriamente. Devido à falta de infraestrutura adequada em termos de corpo docente, bibliotecas e equipamentos de laboratórios de informática, a qualidade no ensino superior enfrenta diversas barreiras, como, por exemplo: i) a ausência de conhecimento interdisciplinar; ii) o currículo acadêmico permanece estagnado há vários anos; iii) o desenvolvimento da abordagem visionária e de qualidade sempre começa com o nível superior de gerenciamento, mas não é adequadamente encontrado nos chefes das instituições, na administração das faculdades ou das universidades; iv) um único parâmetro de experiência na avaliação de desempenho, sem nenhuma responsabilidade, conduz à desmotivação dos professores e, com isso, a qualidade da educação deteriora-se gradualmente; v) o ensino em sala de aula convencional, mal-organizado e acompanhado por uma habilidade de apresentação fraca, afeta adversamente os interesses dos alunos; vi) a comercialização do ensino superior feita, sobretudo, por faculdades autofinanciadas, para ganhar cada vez mais dinheiro, é a causa de menos infraestrutura para os alunos e de instalações e incentivos inadequados para os professores; vii) a seleção tendo por base o interesse e a aptidão para a carreira não é vista na profissão docente; viii) o trabalho de pesquisa é um dos fatores para conhecer os fatos e os problemas da vida real, mas isso está em falta devido à grande carga de trabalho na rotina do docente; e ix) a falta de leitura por professores que somente vão às aulas para ensinar com o padrão de ensino estereotipado, usando o mesmo material por anos e anos, sem nenhuma atualização/revisão, tem privado os alunos do treinamento básico para enfrentar o mundo real (Pandya, 2016, p. 53).

Consequentemente, tem-se enfatizado que o atual sistema de ensino superior não serve ao propósito para o qual foi iniciado, especialmente porque a própria educação tornou-se um negócio tão lucrativo que a qualidade se perdeu diante do aumento da quantidade de instituições profissionais, com o sistema de reservas e a politização, colocando lenha na fogueira do sistema de reservas. Assim, as desvantagens do sistema de ensino superior ressaltam a necessidade de reformas para torná-lo útil e benéfico para todos os envolvidos (Giri; Giri, 2016, p. 756).

Por isso, é importante buscar uma abordagem que seja elucidativa acerca da atual condição do sistema educacional. Aí, cabem duas observações. A primeira é que a educação, em geral, e o ensino superior, em particular, desempenham um papel vital na realização do extraordinário potencial da

Índia e no desenvolvimento sustentável, social, econômico e tecnológico. A segunda, é que, precisamente por causa desse potencial e suas implicações para o avanço individual, há uma demanda extraordinária por educação superior entre os jovens. É claro que essas duas observações também se aplicam a muitos outros países, mas, considerando tanto o tamanho da Índia quanto o seu potencial de desenvolvimento, esses fatores são forças excepcionalmente poderosas para determinar a dinâmica social, econômica e política do ensino superior. Diante disso, há críticas importantes a serem consideradas. Uma delas está associada ao binômio excelência e expansão, ou, mais propriamente, quantidade e qualidade, que gerou uma crise silenciosa no ensino superior que se aprofunda sutil e continuamente. Além disso, há outro aspecto muito particular e relevante, que é o da regulação e governança, ante o entendimento de que o sistema de ensino superior é suborganizado e super-regulado, pois é governado de maneira tão rígida que limitou o objetivo de fazer mudanças e tomar novas iniciativas, o que também provocou a limitação da mobilização de esforços adicionais para o desenvolvimento do sistema. Diante desse quadro, deveria haver um debate nacional entre acadêmicos, educadores, estudantes e líderes que objetivasse a autonomia, com base em um novo sistema regulatório e de boa governança. Em acréscimo, tem-se a questão polêmica da privatização do ensino superior em razão da demanda massiva, o que fez surgir um grande número de universidades e faculdades privadas com poucos cursos, apesar de persistir o déficit de vários cursos de graduação e pós-graduação, o que tem a ver, exclusivamente, com os aspectos deficitários de regulamentação e governança. Para ilustrar essa realidade, enquanto a participação do governo nas despesas gerais com a educação foi de 80% no ano de 1983 e passou para 67% no ano de 1999, as despesas privadas com educação aumentaram mais de dez vezes no mesmo período. Nessa medida, as iniciativas e os recursos privados passaram a desempenhar um papel ambíguo e importante no sistema de ensino superior, em face da ausência de um conjunto harmônico de regulamentos e boa governança. Por isso, e também devido a muitos outros déficits, formou-se o consenso de que o desenvolvimento sustentável do sistema não será alcançável tão facilmente (Kant, 2015, p. 6-7).

Em contraponto, foi em torno do que se denominou de igualdade complexa (*Complex Equality*) que surgiu uma das mais intrigantes problematizações sobre a educação superior perante a política de reservas. O ponto crucial desse debate é que a demanda por ensino superior na Índia cresceu surpreendentemente nas últimas décadas, particularmente em relação aos cursos profissionalizantes, tendo sido impulsionada mais intensamente devido à abertura da economia e ao crescimento dos serviços de tecnologia da informação. Apesar disso, o governo, durante muito tempo, pouco investiu nesse setor, criou poucas faculdades e instituições de ensino profissionais, e, por isso, a maior parte da demanda escolar foi atendida por instituições privadas de qualidade discutível. Houve, consequentemente, intensa competição pelo ingresso nas poucas instituições que conseguiram manter alguns padrões e garantir emprego aos seus egressos. Essa realidade tornou a demanda por reservas mais premente e a oposição a elas se tornou ainda mais rigorosa e acintosa. Foi daí que surgiu a noção da igualdade complexa. Naturalmente, a consequência é que a negação de acesso às oportunidades pode e tem exacerbado as tensões sociais, pois um sistema que opera de forma a excluir alguns grupos leva à sua alienação, e, ao mesmo tempo, um sistema que parece favorecer alguns grupos e a aumentar o fardo de outros também pode criar divisões sociais. O fato é que essa conflituosidade não tem sido benéfica nem para o funcionamento efetivo da democracia, nem para manter a estabilidade e a paz necessárias para o crescimento econômico. O sistema político, em outras palavras, não pode ser cego para o conjunto de desvantagens existentes, nem sustentar políticas que pareçam injustas. Esse é o desafio que qualquer organização política democrática enfrenta, e a Índia não é exceção[53]. Claramente, os argumentos utilitaristas em apoio às reservas para os desfavorecidos são insuficientes e inúteis, pois cortam nos dois sentidos[54]. Pode-se dizer que o bem que favoreça a sociedade, ou o do maior número de pessoas, reside em garantir que todos os seus membros tenham a oportunidade de empregar, contribuir e usufruir de suas habilidades e seus talentos. É necessário e desejável ampliar as oportunidades e superar as desvantagens que impedem algumas pessoas de desenvolverem seus talentos. Pode-se argumentar, ainda, que as políticas que polarizam a sociedade e ampliam as cismas existentes provavelmente criarão mais conflitos sociais, e isso pode não ser do interesse de muitos. Na ausência de argumentos utilitaristas, deve-se confiar na igualdade e na defesa baseada na equidade da ação afirmativa. Dito de outra forma, é a busca da igualdade que deve ser a norma norteadora dos programas de ação afirmativa. As políticas que envolvem tratamento especial devem ser concebidas de forma a atender aos requisitos de equidade e às preocupações com a igualdade. Tais políticas, em vez de invocar o princípio do bem geral ou da compensação, deveriam ser motivadas pelo desejo de tratar todas as pessoas efetivamente como iguais (Mahajan, 2008, p. 26-27).

Sob outro enfoque, o reduzido índice de matrículas escolares na Índia, diante dos países integrantes do BRICS (Brasil, Rússia, Índia, China e África do Sul), é um aspecto a ser destacado, pois, apesar do crescimento fenomenal do número de estudantes, o país tem, de forma proeminente, o menor Índice Bruto de Matrícula, ou *Gross Enrolment Ratio*, calculado para a faixa etária dos 18 aos 23 anos de idade, comparando-se com os índices verificados no Brasil, Rússia e China. O GER da Índia é de apenas 24,5%, mas a pretensão do governo seria atingir 30% até o ano de 2020, ressaltando que a China alcançou esse patamar já no ano de 2010. A rigor, aumentar o GER significaria triplicar as matrículas no setor do ensino superior para 40 milhões, uma tarefa desafiadora e gigantesca. Nesse contexto, observa-se que há questões de equidade que continuam presentes e são uma preocupação importante, dada a variação significativa do GER entre grupos populacionais referenciados com base na casta, no gênero e nos desequilíbrios socioeconômicos e geográficos. O GER para homens é, por exemplo, de 25,4%, enquanto para mulheres é de 23,5%. É ainda consideravelmente menor para grupos desfavorecidos, como para as *Scheduled Castes* (19,9%) e as *Scheduled Tribes* (14,2%). Do ponto de vista geográfico, as variações são ainda mais profundas entre estados e territórios, com alguns índices variando muito baixo, como em 4,3%, e outros muito altos, como em 42% (Trilokekar, 2018, p. 4).

Ao se analisarem as circunstâncias específicas quanto ao GER do ensino superior na Índia, foram identificados três modais, tendo por base o nível das matrículas. Conforme esse referencial, definiu-se que: i) se o GER for inferior a 15%, o sistema de ensino superior será considerado elitizado, de modo que o acesso seria limitado e visto como um privilégio; ii) se o GER estiver situado entre 15% e 50%, o sistema de ensino superior será de massa e considerado como um direito para aqueles que possuem certas qualificações formais; e, por último, iii) os sistemas de ensino superior serão ditos universais, se o GER for superior a 50%, e considerados uma obrigação do Estado. Na Índia, o GER é da ordem de 26,3% e o seu sistema de ensino superior ainda está no estágio inicial de massificação. Com esses parâmetros, o GER da Índia é inferior, comparativamente, à média global, que é de 36,7%. Entretanto, compara-se favoravelmente a outros países de renda média baixa, que têm um GER médio de 23,5%. Pode-se afirmar, com isso, que o GER no ensino superior é dependente do nível de renda e da estrutura ocupacional da economia. Logo, as economias nos países desenvolvidos tendem a ter uma demanda maior por educação superior. É

A EDUCAÇÃO SUPERIOR E O SISTEMA DE RESERVAS NA ÍNDIA:
AVANÇOS, RETROCESSOS, PERSPECTIVAS E UTOPIAS

interessante notar que o GER nos países de renda média baixa passou de 11,5% no ano de 2001 para 23% no ano de 2016 e, nesse mesmo período, o GER nos países de renda média alta aumentou de 19% para 50%. Entende--se que, qualquer que seja o caso, a expansão do ensino superior em todo o mundo tem sido impulsionada preponderantemente pelo setor privado (Ravi; Gupta; Nagaraj, 2019, p. 12).

Um estudo dirigido revelou aspectos bastante significativos relacionados com o padrão educacional indiano, que podem bem situar os problemas com o sistema educacional naquele país. De acordo com o estudo, embora o sistema de ensino superior tenha feito progressos consideráveis em termos de criação de capacidades e matrículas, especialmente na última década, ele permanece significativamente atrasado em termos de relevância e de competitividade em nível global. Acredita-se que as principais lacunas geradas ou decorrentes são: i) baixa empregabilidade dos graduados, impulsionada por vários fatores, incluindo currículos desatualizados, falta de corpo docente qualificado, alta proporção aluno/professor, falta de vínculos institucionais e industriais, e falta de autonomia para introduzir cursos que sejam realmente inovadores e interessantes; ii) produção de pesquisas de reduzido impacto e patentes arquivadas devido aos gastos governamentais e corporativos relativamente baixos, quantitativo de alunos doutorandos insuficiente, falta de foco e da cultura de pesquisa na maioria das instituições, além de falta de colaboração internacional em pesquisas importantes; iii) foco limitado no empreendedorismo, caracterizado por haver poucos institutos que ofereçam programas em empreendedorismo e possuam células ativas de incubação; e iv) há requisitos e obstáculos regulatórios complexos, padrões de governança institucional insatisfatórios e falta de gestão profissional. Em razão desses fatores, embora haja o reconhecimento de que o governo propôs e adotou medidas para melhorar o sistema nos aspectos supradestacados, existem algumas medidas que poderiam ser tomadas para tornar o ensino superior indiano um modelo para outros sistemas emergentes. Entretanto, as instituições precisariam adotar uma abordagem transformadora e inovadora em todas as vertentes, indo desde os currículos e a pedagogia, até o uso da tecnologia para parcerias, governança e financiamento, para se tornarem globalmente relevantes e competitivas (Federation of Indian Chambers of Commerce And Industry, 2014, p. 7).

Dos citados fatores, a proporção entre alunos e professores tem sido recorrentemente destacada como um dos problemas que mais afetam a qualidade da educação. Sabe-se que a proporção aluno/professor nos países em desenvolvimento é três vezes maior que a dos países desenvolvidos no nível primário e mais que o dobro no nível secundário, e pelo menos 20% dos professores em países de baixa renda não têm treinamento. Nos países em desenvolvimento, milhões de crianças estão fora das escolas e as taxas de frequência e progressão para os matriculados são muito baixas. Aqueles que ainda estão na escola têm um desempenho ruim e muitos a deixam sem saber ler, escrever e conhecer a matemática básica, apesar do grande investimento financeiro (Taylor; Barlow; Cunningham, 2016, p. 54-55).

Atentos a essa realidade e paralelamente à onda de crescimento quantitativo, diversos estudos propuseram-se analisar a implementação da política educacional sob o enfoque, principalmente, do fator qualitativo. Um deles, para citar um exemplo, destacou que a melhoria sistemática da educação, como produto, é essencial para o desenvolvimento humano e para o progresso sustentável da sociedade. As reformas a esse sistema, que considerem vários modelos de sucesso em países desenvolvidos, é um requisito indispensável para que haja prosperidade. A Índia, que ocupa a posição de país em rápido desenvolvimento, pode prosperar e até mesmo superar outros países em desenvolvimento, desde que planeje e adote um modelo de educação apropriado (Aithal *et al.*, 2019, p. 32).

É primordial que se tenha em consideração que deveria haver uma correlação muito estreita e ajustada entre o sistema de educação e a obtenção do emprego, porque disso resulta a importante função do ensino superior, que é a perspectiva de acesso ao mercado profissional. Com o aumento da procura pelo ensino superior, esperava-se que o governo adotasse providências com o objetivo de acomodar os cidadãos no mercado de trabalho, mas a constatação no cenário real é que isso tem sido um pouco diferente, pois, nos últimos dez anos, houve queda acentuada no percentual de emprego, que no ano de 2005 foi de 40% e caiu para 18% no ano de 2017. Compreende-se em parte essa realidade pela constatação de que a educação indiana tem sido moldada pelo cenário sociopolítico. Esse fenômeno pode ser discutido à luz da autoridade desfrutada por pessoas politicamente conectadas com o ambiente acadêmico. A corrupção política pode e tem influenciado o sistema educacional em termos da má administração das reservas acadêmicas, dos fundos educacionais e da qualidade dos professores colocados no sistema educacional por meio de influência política. Paralelamente a essa circunstância, tem-se a orientação religiosa, que ocupa o centro das atenções do governo quanto ao ensino superior. A este respeito, não se ignora que a Índia é um país secular nos termos definidos pela Constituição e, consequentemente, o Estado não pode endossar nenhuma religião. Todavia, a maioria dos indianos segue o hinduísmo como religião (Banerjee; Jayasankara, 2022, p. 432, 435).

Evidentemente, há críticas consistentes e bem fundamentadas quanto ao panorama geral do crescimento da educação superior aliado à qualidade. Primeiro, avaliou-se que, embora a *National Knowledge Commission* tenha tratado essa questão como um problema silencioso, o *Ministry of Human Resource Development* referiu-se a essa mesma questão como um "menino doente". De um ponto de vista que se pode dizer mais pragmático, esse problema ou doença incide diretamente no mercado que absorve a mão de obra, fazendo com que as indústrias denunciem, cada vez mais, a profunda escassez de habilidades profissionais. Segundo, Amartya Sen[55], que há 35 anos vem se detendo no exame da crise na educação superior indiana, identificou graves falhas na ordem política então vigente, especialmente em razão da propensão do governo em formular políticas educacionais baseadas na pressão pública e na adoção de políticas equivocadas. Todavia, embora não tenha atribuído o problema da educação à incompetência administrativa, ele enfatizou que, atualmente, a Índia é vista como uma das economias mais notáveis do mundo, desde que registrou taxas de crescimento da ordem de 9% por três anos consecutivos. Terceiro, embora o ensino superior tenha gerado vantagens para a economia mundial, como é óbvio pelo conjunto da mão de obra qualificada de acadêmicos e de pesquisadores que trabalham no exterior, o desemprego, a desnutrição e a pobreza continuam a ser os principais desincentivos para se desenvolver mais intensamente a capacidade dos recursos humanos ainda presentes no país. Quarto, após a independência, o ensino superior conquistou múltiplos aumentos em sua capacidade institucional, mas os pesquisadores têm considerado que essa conquista é ainda relativamente baixa diante do contexto internacional e destacaram outras implicações, como a questão das disparidades regionais e das taxas de matrículas, principalmente em termos de gênero e tendo por base as disparidades entre castas, religiões, ocupações profissionais e níveis de pobreza. Quinto, outro aspecto importante a ser considerado é o da redução do financiamento do ensino superior desde meados da década de 1980, o que alavancou o envolvimento do setor privado no ensino superior, uma vez que, atualmente, tem sido o setor corporativo o responsável pela promoção de mais de 76% das instituições de ensino superior, além de ter impulsionado a criação de instituições acadêmicas iniciadas na década de 1990, tornando a Índia o ambiente com o maior número de instituições de ensino superior do mundo (Kumar, 2021a, p. 159).

Atualmente, pondera-se que os formuladores de políticas na área da educação superior na Índia e em muitos outros países, mas particularmente nos que estão em transição econômica, enfrentam dilemas modernos, isto é, não são completamente novos, mas estão assumindo novas formas e dimensões. O primeiro grande dilema enfrentado em muitos países diante do ensino superior está relacionado com o papel do Estado versus o mercado do setor privado. Com as políticas neoliberais que a maioria dos países, com pouquíssimas exceções, adotou nos últimos anos, assim como com a diminuição da capacidade fiscal do Estado e/ou a crescente relutância do Estado em dar a devida prioridade ao ensino superior, o crescimento do setor privado tornou-se uma questão central de grande importância para muitas sociedades. O dilema para o Estado é o de assumir efetivamente o ensino superior, que tem sido a sabedoria tradicional por muito tempo, ou deixá-lo para os mercados, que é uma tendência moderna emergente. A escolha torna-se mais difícil, pois, por um lado, os mercados emergem cada vez mais fortes e poderosos, enquanto, por outro lado, os Estados tornam--se cada vez mais fracos e altamente vulneráveis. Entretanto, os mercados são, em regra, imperfeitos em todos os lugares, e mais ainda nos países em desenvolvimento. As falhas dos mercados são comuns e bem conhecidas em áreas como a da educação, e eles não se encaixam nas teorias clássicas sobre a economia da concorrência perfeita. Os mercados da educação estão se tornando verdadeiros bazares, baratos e corruptos, não apenas em países em desenvolvimento, como a Índia, mas também em muitos países considerados avançados. Outro importante dilema é o que está relacionado aos métodos de financiamento do ensino superior, pois o financiamento estatal, com base nas receitas fiscais gerais, tem sido a característica mais comum do ensino superior em todo o mundo. No entanto, por razões óbvias, muitos países tendem a depender, em graus variados, de outros métodos de financiamento, geralmente conhecidos como medidas de recuperação de custos, particularmente taxas e empréstimos estudantis, além do financiamento pelo setor privado/corporativo. Assim, o dilema enfrentado pelos Estados são as taxas e os empréstimos ou impostos. Nesse cenário, questiona-se: quem deve arcar com os custos da educação, o povo ou o governo? Nessa análise, é preciso considerar o fato de que os cidadãos estão pagando níveis mais altos de impostos para que o Estado continue a financiar o ensino superior. Não obstante, os estudantes também estão pagando taxas ou assumindo empréstimos estudantis em um patamar muito dispendioso. No primeiro caso, os cidadãos pagam por um bem comum, enquanto no segundo caso os estudantes pagam por si mesmos. Embora, geralmente, seja adotado um mix, permanece a questão de saber se o mix deve se inclinar lentamente para as taxas/empréstimos ou para os impostos. Na literatura, são fortes as razões em ambos os sentidos (Tilak, 2020, p. 61-62).

Sustenta-se que, apesar de todos os desafios, o sistema de ensino superior da Índia tem muitas oportunidades e capacidade de fazer sua identidade em nível internacional. No entanto, precisa de maior transparência e responsabilidade, destacando que o papel das universidades e faculdades no novo milênio e a pesquisa científica emergente sobre como as pessoas aprendem é de extrema importância. Considera-se que, como a Índia está fornecendo pessoas altamente qualificadas para outros países, será muito fácil que se transforme, passando de um país em desenvolvimento para um desenvolvido (Sheikh, 2017, p. 39).

Para enfrentar o objetivo de se garantir que haja educação inclusiva, equitativa e de qualidade, e que promova as oportunidades de aprendizagem ao longo da vida para todas as pessoas, em quaisquer partes do mundo, há cinco compromissos, destacadamente mais relevantes que os Estados e suas sociedades devem adotar: i) aumentar, substancialmente, a oferta de professores qualificados, também por meio da cooperação internacional para a formação desses profissionais nos países em desenvolvimento, especialmente nos países menos desenvolvidos e nos pequenos estados insulares; ii) assegurar a igualdade de acesso de todos os homens e mulheres ao ensino técnico, vocacional e superior de qualidade; iii) aumentar, substancialmente, o número de jovens e adultos que possuam as competências necessárias, nomeadamente técnicas e profissionais, para terem o acesso ao emprego, ao trabalho digno e ao empreendedorismo; iv) eliminar as disparidades de gênero na educação e garantir acesso igualitário para as pessoas vulneráveis, incluindo pessoas com deficiência, os povos indígenas e as crianças em situação de vulnerabilidade, a todos os níveis da educação e formação profissional; e v) garantir que todos os estudantes adquiram o conhecimento teórico e as habilidades práticas necessárias para promover o desenvolvimento sustentável, por meio da educação para o desenvolvimento sustentável e pela adoção de estilos de vida sustentáveis, Direitos Humanos, igualdade de gênero, promoção da cultura da paz e não violência, valorização da diversidade cultural e da contribuição da cultura para o desenvolvimento sustentável, entre outros meios (Arruti; Enriquez, 2022, p. 27).

Concluindo, por outra perspectiva, os principais desafios relacionados com o fosso entre oferta e procura, matrículas, privatizações etc. indicam que a situação do setor do ensino superior não é digna de elogios. No entanto, as principais iniciativas do lado do governo fornecem uma solução abrangente, embora não sejam adequadas. Assim, o impulso da política pública para o ensino superior na Índia deve ser o de buscar e manter altos padrões de educação, acompanhando o mesmo desenvolvimento que ocorreu nas áreas de conhecimento e tecnologia (Munjal, 2018, p. 17).

QUALIDADE DA EDUCAÇÃO

Apesar do rápido aumento das matrículas no ensino superior durante as últimas décadas, a qualidade da educação continua um motivo de grande preocupação. A educação, especialmente em relação ao ensino superior, tem um papel importante para o desenvolvimento de um país. Aliado a isso, os objetivos básicos das universidades são fornecer educação, conduzir pesquisas e criar conhecimentos, e, por isso, o ensino superior tem importância estratégica, atuando como mecanismo propulsor do desenvolvimento dos recursos humanos e como facilitador do crescimento. Não obstante, na Índia, a pesquisa permanece um assunto negligenciado pela universidade privada, onde não se tem uma cultura orientada para esse propósito. Já as faculdades não têm o objetivo de desenvolver pesquisas, e as que o têm não conseguem facilidades. Analogamente, as universidades públicas não têm iniciativa e dotação orçamentária para isso, do que resulta que são poucas as instituições de ensino superior que estão fazendo pesquisa por iniciativa própria à procura do desenvolvimento acadêmico. É preciso ter em conta que a pesquisa faz parte do ensino superior, do qual é indissociável, mas as universidades privadas excluem-na de seus objetivos. Essa realidade, associada aos demais fatores mencionados nas unidades anteriores, demonstra quão intensamente essa tendência afeta o ensino superior, especialmente em seu aspecto qualitativo.

Partindo desse ponto, é oportuno discutir e entender a qualidade da educação, assumindo-a como uma característica essencial e inafastável do processo de obtenção e difusão do conhecimento. Consequentemente, indaga-se: o que é ou o que se deve entender por qualidade na perspectiva da educação superior, tomando como referência a realidade concreta da Índia nos tempos atuais?

De acordo com o Parlamento indiano (*Lok Sabha*), a educação é o instrumento mais importante para a transformação social e econômica, pois considera que uma população bem educada, adequadamente equipada com conhecimentos e habilidades, não é apenas essencial para apoiar o crescimento econômico, mas também é uma pré-condição para o crescimento inclusivo, uma vez que a pessoa educada e qualificada pode se beneficiar mais das oportunidades de emprego que surgirem (Lok Sabha Secretariat, 2013, p. 1).

Diversos têm sido os arranjos conceituais sobre a qualidade na perspectiva da educação, assim como os fatores que interferem direta ou indiretamente no propósito de se alcançar a qualidade como uma expressão básica. Os enfoques pragmáticos que envolvem a noção de qualidade da educação a relacionam, principalmente, à utilidade, aos processos de industrialização, ao desenvolvimento social e à diversidade (a social e a acadêmica).

Basicamente, o termo "qualidade" é uma expressão usual, de aplicação generalizada, podendo estar associado a atributos negativos e positivos, mas, na dimensão da educação, tem sido frequentemente associado às realizações de aprendizagem dos estudantes em termos de currículos e padrões tradicionais. Diante dessa dimensão, especificamente, é complexo definir "qualidade da educação", seja pela vagueza do termo, seja pelo caráter ambíguo. Desse modo, a qualidade da educação pode se referir, por exemplo, a um conjunto de elementos que constituem a entrada, o processo e a saída do sistema educacional, com o objetivo de construir conhecimentos, habilidades, perspectivas, atitudes e valores dos estudantes para operar a transformação da sociedade em uma forma mais produtiva e sustentável. E, para fazer atuar a educação de qualidade, devem ser considerados os contextos social, econômico e geográfico do país. Na perspectiva dos resultados, a educação superior de qualidade pode proporcionar o desenvolvimento das qualidades de liderança em pessoas de diferentes profissões e desenvolver a consciência nos estudantes para proteger a independência, a soberania e a integridade do país. Nessa medida, a garantia de qualidade da educação na Índia não é apenas imperativa para a gestão interna de seus recursos humanos, mas especialmente para sobreviver, competir e ter sucesso no ambiente global, principalmente em relação ao mercado de trabalho e ao setor produtivo (Ranjan, 2014, p. 141).

Na perspectiva de uma construção conceitual, entende-se que há quatro elementos que estão relacionados diretamente com a noção de qualidade da educação, que são i) a igualdade de gênero; ii) a inclusão social; iii) a formação de competências para a vida; e iv) a atuação dos professores (UNESCO, 2004, p. 84). Mas é preciso acrescentar a capacidade dos sistemas educacionais formais de lidar com a crescente diversidade e complexidade das sociedades nacionais, resultantes do ritmo crescente das migrações, da

A EDUCAÇÃO SUPERIOR E O SISTEMA DE RESERVAS NA ÍNDIA:
AVANÇOS, RETROCESSOS, PERSPECTIVAS E UTOPIAS

urbanização, da globalização cultural e da ampliação do acesso a fontes e canais cada vez maiores de transmissão de informações, conhecimentos e valores (Tawil; Akkari; Macedo, 2012, p. 2).

Um aspecto negativo a ser observado nesse debate é o de que a literatura sobre a área educacional tem sido bastante imprecisa e inconsistente no uso dos termos "qualidade", "eficiência", "eficácia" e "equidade". Na prática, a qualidade e seus possíveis conceitos são usualmente associados a definições como entradas, saídas, resultados ou processos. Nesse contexto, os resultados referem-se, por exemplo, a mudanças no desempenho dos estudantes, taxas de conclusão, certificações, habilidades, atitudes e valores, e são compreendidos como consequências de longo prazo da educação (maturação), como a obtenção de emprego e rendimentos, a mudanças de atitudes, valores adquiridos e comportamentos observáveis (Adams, 1993, p. 4).

De fato, a educação de qualidade, no sentido mais genérico, carece de definições claras e, em certa medida, não pode ser desvinculada dos debates sobre a cultura da qualidade na educação superior, que permanecem em termos controversos. Alguns estudos consideram, por exemplo, a qualidade principalmente como um resultado, enquanto outros a consideram uma propriedade (Soni; Patel, 2014, p. 2).

Outro importante enquadramento é o que ressalta que à qualidade da educação são atribuídos diferentes significados, que podem variar segundo os tipos de pessoa e de sociedade de que o país necessita para formar seus cidadãos, e, por isso, tem sido frequente associar a qualidade com eficiência e eficácia, entendendo a educação como um produto e um serviço dirigido para atender seus usuários ou consumidores (UNESCO, 2008, p. 11-12). Sem dúvida, essas dimensões são fundamentais, mas insuficientes, pois a existência de mecanismos eficazes que garantam a qualidade é um aspecto importante da estrutura política, particularmente na Índia em que o setor da educação superior experimentou mudanças e expansão muito rápidas e onde há a necessidade generalizada de elevar os padrões do ensino e da pesquisa. Sustenta-se que mecanismos eficazes são um complemento importante para as reformas que descentralizem o controle e proporcionem maior autonomia no nível institucional, melhorando a responsabilidade gerencial das instituições de ensino. Nessa perspectiva, existe na Índia uma estrutura burocrático-administrativa que busca controlar e garantir a qualidade educacional em dois níveis, dispondo que a entrada de novas instituições e/ou de programas necessita de aprovação governamental. Para tanto, a acreditação e a avaliação das instituições foram atribuídas a duas agências encarregadas pela garantia da qualidade, que são o *National Accreditation and Assessment Council* e o *National Board of Accreditation* (Hill; Chalaux, 2011, p. 29-30).

Já em outra vertente, considerando a crescente compreensão quanto à importância da educação em nível global e para o estabelecimento de melhores condições de vida para as pessoas e suas comunidades, tornou-se imperativo garantir valores e práticas éticas orientadas para a obtenção de um ensino superior de qualidade, sendo por isso necessárias a adoção de medidas e reformas para combater os males da corrupção e das fraudes que circundam os sistemas educacionais. É preciso enfrentar os desafios do ensino superior e garantir a criação, o avanço e a disseminação do conhecimento baseado em valores que enfatizem e tenham foco no aprimoramento da integridade, da transparência, da responsabilidade, da competência e da participação nos esforços dirigidos à concretização da qualidade. Há a necessidade de se enfrentar a ameaça ao ensino superior de qualidade e formular estratégias adequadas para garantir que as instituições de ensino sejam capazes de atingir o propósito de sua existência. É essencial fomentar uma cultura de valores e práticas éticas voltadas para a qualidade e a excelência da educação superior. A meta deve centrar-se, portanto, nos desafios emergentes do ensino superior, na proposição de valores e ética na educação de qualidade, e na definição de ações estratégicas para as instituições e órgãos reguladores (Jain, 2021b, p. 27, 34).

A educação para todos não pode ser subestimada, pois ela é a base do desenvolvimento dos indivíduos e das sociedades, e, além de aumentar a empregabilidade da população em idade ativa, também tem impacto equalizador na quebra dos ciclos da pobreza e marginalização social. *Quality Education* é um programa das *United Nations Organization*, que tem a finalidade de garantir uma educação de qualidade inclusiva e equitativa, e também promover oportunidades de aprendizagem ao longo da vida para todos até o ano de 2030. É nesse contexto que a *National Education Policy* 2020 foi inspirada e se estabeleceu como a primeira política educacional do século XXI, visando atender aos muitos crescentes imperativos desenvolvimentistas da Índia. Reconhecendo que a educação é a força vital da formação de capital humano para um país jovem como a Índia, essa política prevê a revisão e reformulação de todos os aspectos da estrutura educacional, incluindo sua regulamentação e governança, e a criação de um sistema desta vez alinhado com os objetivos da educação do século XXI (Ministry of Finance, 2023, p. 174-175).

Orientanda por essa perspectiva, assume-se que a educação de qualidade pode ser um meio eficaz ao combate à pobreza e para construir democracias, pois capacita os indivíduos, dá-lhes mais voz, desbloqueia o seu potencial, abre caminhos para a autorrealização e amplia suas perspectivas, abrindo a mente das pessoas para um mundo pluralista. Mas não há uma definição, lista de critérios, currículo definitivo ou tópicos específicos para que se tenha educação de qualidade, uma vez que esta é uma noção dinâmica, ativa, que se altera e evolui com o tempo, acompanhando as mudanças sociais, econômicas e os contextos geográficos-ambientais (McKeown; Hopkins, 2017, p. 30-32).

Percebe-se, portanto, que a educação de qualidade não é um conceito de fácil construção, pois, a essa altura, a outra questão que surge é de se estabelecer quais os requisitos básicos da educação, que sejam significativos e respondam às necessidades individuais e sociais, e que cada estudante, sem falha, possa atendê-los.

Há dois princípios que caracterizam a maioria das tentativas de se definir a qualidade na educação: o primeiro é o que a identifica com o desenvolvimento cognitivo dos estudantes como o principal objetivo explícito de todos os sistemas educacionais, e o segundo é o que enfatiza o papel da educação na promoção de valores e atitudes da cidadania responsável e na promoção do desenvolvimento criativo e emocional. Desse modo, a qualidade é o fator que determinará a intensidade do aprendizado e até que ponto isso possibilitará a obtenção de uma série de benefícios pessoais, sociais e desenvolvimentistas (Agnihotri, 2017, p. 4.879).

Nesse esforço de busca conceitual, destaca-se o contraponto entre a qualidade educacional idealista e a orientada pelo propósito, clareando que a qualidade educacional idealista decorre do nível de realização de um atributo em relação a um padrão, e a qualidade adequada ao propósito se define em termos da produção de bens ou serviços que atendam às necessidades ou a critérios específicos. Assim, no primeiro caso, a qualidade educacional decorre de sua aproximação a algum padrão previamente estabelecido e, no segundo, ela equivale a um produto ou serviço. Mas, qualquer que seja a situação, deve-se sempre ter em vista o que o público espera da educação, cujos objetivos devem refletir as necessidades e os anseios da sociedade, seus valores e preocupações. Por isso, a qualidade no discurso educacional tem sido uma preocupação global (Barret et al., 2006, p. 5).

Uma preocupação importante, muitas vezes levantada no contexto da educação acadêmica na Índia, é que, apesar da alta taxa de matrícula, os resultados de aprendizagem em todos os níveis sofreram variações significativas nos diversos setores da sociedade. Estima-se que cerca de um quarto de todas as crianças matriculadas apresentou dificuldades ao ler um texto simples e cerca da metade não conseguiu resolver uma simples operação de divisão. Como resultado, apesar do aumento no número de anos escolares, as capacidades básicas medidas pela capacidade de leitura e aritmética permanecem estagnadas. Por servir de exemplo, o conhecimento de aritmética é uma grande causa de preocupação, pois somente 26% do corpo de alunos consegue resolver um simples problema de divisão (Pandey, 2018, p. 22).

Conforme já enfatizado, a educação de qualidade é considerada um fator de significativa importância, na medida em que pode agregar valores ao aprimorar o conhecimento e as habilidades dos estudantes. A natureza transformadora da educação de qualidade ajuda a capacitá-los, aumentando seus níveis de consciência e confiança e, consequentemente, ajuda-os a desenvolver o pensamento crítico e a capacidade conceitual. Tratando-se da educação superior, a noção de qualidade pode ter diferentes dimensões, como serviço, produto ou objetivo. Na dimensão do serviço, a qualidade dependerá da confiabilidade; como produto, dependerá de suas características; e, como objetivo, dependerá do seu papel transformador e dos resultados que possa produzir (Gupta, 2021, p. 59).

Outra variável relacionada com a qualidade educacional é a baixa taxa de desenvolvimento social, que tem sido associada a questões como a diversidade, a desigualdade, a falta de atenção à implementação de políticas adequadas, bem como à herança colonial do país. Na Índia, em termos de diversidade, que são múltiplas, pode-se destacar, a título de exemplo, que o país conta com 22 línguas oficiais e quatro grandes grupos religiosos, entre os mais numerosos de todo o planeta, além de muitas variações nos contextos sociais e regionais, circunstâncias que somadas geram desafios e dificuldades extremadas para o acesso à educação (Rao *et al.*, 2021, p. 3).

Em alguns casos, diversidade pode ser descrita com diferença. Daí, todos os indivíduos são diferentes, de modo que as muitas partes diferentes do caráter e da identidade de uma pessoa a tornam única. A diversidade dos indivíduos irradia-se de modo a formar comunidades e Estados também muito diversos. Não por acaso, atualmente é muito comum referir-se aos povos, diante de suas características particulares, qualificando-os como

A EDUCAÇÃO SUPERIOR E O SISTEMA DE RESERVAS NA ÍNDIA:
AVANÇOS, RETROCESSOS, PERSPECTIVAS E UTOPIAS

multiculturais, multirraciais, multiétnicos etc. Esses "multis" são a base do que se convencionou chamar de dados ou referências multidimensionais e que, também em alguns casos, são tratados como marcadores de diferenças.

Em síntese, para entender a qualidade do ensino superior e da pesquisa, é essencial avaliá-los na dupla dimensão do conhecimento e da utilidade. Por um lado, o conhecimento aumenta a fronteira do domínio e, por outro, a utilidade oferece uma nova perspectiva de solução para qualquer problema existente. A utilidade recria e reforça o conhecimento, podendo ser convertida em riqueza, e disso resulta inexorável que, para se construir e manter a educação superior, é necessário que seja de qualidade (Jain; Tiwari; Chaubey, 2015b, p. 91, 104).

Diante desses contornos, em uma sociedade formada por muitas diversidades, ideologias e opiniões, todas concorrendo entre si, a educação superior pode significar coisas diferentes para pessoas diferentes, de modo que o pluralismo de pontos de vista é inevitável. Muitos questionam e discutem, mas opinam que a produção da educação superior deveria ocorrer sempre com base em recursos humanos qualificados. Nessa linha de abordagem, a educação superior é vista como um processo em que os estudantes são contabilizados como produtos absorvidos pelo mercado de trabalho, fazendo com que a educação se torne um insumo para o crescimento e desenvolvimento dos negócios e da indústria. Foi pensando assim que a ideia de qualidade despontou como um fenômeno do século XX e se tornou mais visível com o advento da industrialização e da adoção de uma nova abordagem científica de gestão baseada na estrita divisão do trabalho. Com a produção em massa e a divisão do trabalho em tarefas menores, repetitivas e operadas por máquinas, o papel dos trabalhadores na autoverificação da qualidade foi reduzido. No passado, em épocas em que preponderavam as atividades artesanais, a responsabilidade pela qualidade era diretamente do trabalhador, mas, no estágio posterior, passou-se a exigir a inspeção dos produtos para garantir que atendessem às especificações técnicas antes que saíssem da fábrica. Este processo veio a ser conhecido como controle de qualidade e produziu reflexos, posteriormente, na área da educação, pois, de algum modo e em algum momento, o estudante passará a ser um trabalhador e a sua qualificação acadêmica passará a ser um insumo importante para o setor produtivo (Mishra, 2007, p. 15). É por isso que nos dias atuais persiste a constatação de que a sociedade em mudança, diante das novas tecnologias e da reestruturação produtiva, exige trabalhadores com maior nível de escolaridade, qualificação e boa performance profissional (Machado; Corbellini; Fischer, 2000, p. 124).

Desse modo, a expansão do sistema educacional deveria ter sido planejada e considerada junto à preocupação quanto ao declínio da qualidade. Verificou-se essa perspectiva, por exemplo, quando ocorreu o crescimento, sem precedentes, dos sistemas educacionais em praticamente todos os países em desenvolvimento nas décadas de 1960 e 1970. Entretanto, na atualidade, a situação tem se caracterizado pela estagnação ou pelo declínio acentuado das matrículas em vários países em desenvolvimento, o que trouxe à tona, mais uma vez, a questão da melhoria da qualidade educacional. Percebe-se, porém, que o debate público sobre a qualidade da educação está concentrado em poucas questões, sendo a mais frequente a que se refere ao nível de aproveitamento dos estudantes. As pessoas de épocas passadas, que se beneficiaram da educação escolar, acreditam que as crianças de hoje têm pior aproveitamento/rendimento escolar que as do passado. Comparam, por exemplo, os níveis de desempenho dos atuais estudantes em matemática, geografia etc., com os estudantes de épocas passadas. Muitos pais percebem as diferenças existentes entre as escolas e, ao escolherem uma escola particular para seus filhos (se houver opções), observam atentamente o desempenho dos antigos estudantes daquela escola em termos de resultados nos exames. Nesses casos, eles buscam a excelência da aprendizagem. Outra dimensão relativa à qualidade em termos de resultados é a relevância dos conhecimentos, das habilidades e das atitudes que os estudantes adquirem para a vida após a escola. Isso não se refere apenas ao trabalho e ao emprego, mas também à inserção dos jovens nos contextos culturais, sociais e políticos da sociedade que os cerca (Grisay; Mählck, 1991, p. 3).

11.1 Da igualdade para a qualidade da educação

Produzir educação de qualidade como promessa política ou por cumprimento de mandamento constitucional é algo que está presente no discurso político das mais variadas ordens jurídicas internacionais. Os Estados internacionais, quase que de modo absoluto, reconhecem a importância da educação para o desenvolvimento das nações, das sociedades e dos indivíduos, e, por isso, proclamam e expressam, em seus textos legislativos, requintadas declarações jurídicas, muitas delas celebradas nas respectivas Constituições, positivando a educação como norma e tratando-a como princípio da ordem fundamental. Por essa razão, a educação tem sido reverenciada com atributo ou valor fundamental presente nas Constituições de vários países, independentemente do grau de desenvolvimento social e político que ostentem.

Na Índia, o direito à educação encontra-se expresso no Art. 21-A da Constituição, cuja redação, colocada sob a forma imperativa, dispõe que o Estado proporcionará educação gratuita e obrigatória a todas as crianças com idade entre 6 e 14 anos, cabendo à lei regulamentá-lo. Essa norma-princípio foi inserida imediatamente após o Art. 21, que dispõe das restrições à privação da liberdade individual. Entretanto, convém observar que o direito à educação não fez parte do texto original da Constituição, pois somente nela foi acrescentado pelo *Eighty-Sixth Amendment Act* (2002). A respectiva lei regulamentadora, consequentemente, somente foi inserida no ordenamento jurídico algum tempo depois, pelo estatuto que ficou conhecido como *The Right of Children to Free and Compulsory Education Act*, no ano de 2009, e entrou em vigor no ano de 2010. Esse estatuto pode ser considerado a lei de diretrizes e bases da educação indiana. Portanto, desde que a Constituição foi publicada (janeiro de 1950) até que o direito à educação viesse a ser reconhecido como norma-princípio e ganhasse o status de direito materialmente constitucional, passaram-se 52 anos, aos quais se somam mais 7 anos até que tal norma fosse regulamentada no plano legislativo comum. Nessa ordem, o direito à educação recebeu a qualificação de direito fundamental por ter sido inserido na Parte III da Constituição, que contém o rol dos direitos fundamentais, como igualdade, liberdade, proibição à exploração, liberdade de religião etc.

Examinando a questão relacionada à igualdade como antecedente ao direito à educação de qualidade, impõe-se observar que, desde que foi promulgada, a Constituição dispôs, expressamente, sobre o regime de proteção à igualdade de oportunidades em matéria de acesso aos empregos e aos cargos públicos como garantia a ser observada pelo Estado perante todos os cidadãos, explicitando, para esse fim, que não haverá impedimento a que o Estado disponha de reservas de nomeações ou de cargos públicos em favor das classes sociais consideradas atrasadas que, na opinião do próprio Estado, não estejam adequadamente representadas nos serviços públicos estatais (Art. 16, 4). Ou seja, o direito às reservas antecedeu à positivação do direito à educação, e teve como principal fundamento o direito à igualdade de oportunidades.

Nos dias atuais, já superadas mais de sete décadas desde a promulgação da Constituição, a igualdade (de oportunidades) segue como siamês o direito à educação e este, por sua vez, precisa elevar-se qualitativa e universalmente. Mas qualidade, universalidade e iguais oportunidades, como atributos da educação, parecem não encontrar solução e ressonância perante a administração pública indiana.

11.2 Igualdade como princípio geral da ordem jurídica

Partindo da perspectiva da sociedade, como o ente coletivo mais importante do arranjo social, entende-se que a sociedade que se pode qualificar como igualitária é aquela que protege e promove a igualdade das capacidades mais importantes, que são as coisas centrais que as pessoas são capazes de fazer e ser, para que todos tenham a liberdade substantiva de viver de uma forma que valorizem e escolham, e tenham reais motivos para valorizar e escolher[56]. A sociedade propriamente igualitária reconhece as diversas necessidades, as situações e os objetivos dos indivíduos e procura expandir as suas capacidades, eliminando a discriminação (*Labeling and Stereotyping*) e o preconceito (*Prejudice*), além de combater as condições econômicas, políticas, jurídicas, sociais e físicas que possam restringir as realizações humanas e limitar a liberdade substantiva individual. Dentre as capacidades centrais e mais valiosas, destacam-se: i) a vida; ii) a segurança pessoal; iii) a saúde; iv) a educação; v) o padrão de vida; vi) as atividades produtivas; vii) o convívio individual, familiar e social; viii) a participação política e a possibilidade de influenciar na tomada de decisões; ix) a identidade, a expressão e o autorrespeito; e, finalmente, x) a segurança jurídica (Burchardt; Vizard, 2007, p. 2-3).

Numa perspectiva linear, a igualdade, vista de uma forma ampliada, consiste em uma relação entre duas ou mais pessoas ou grupos de pessoas, em relação a algum aspecto de sua vida. Por isso, se a igualdade fosse uma simples ideia, essa relação, de quem se trataria e a que aspecto das suas respectivas vidas diria respeito seriam coisas óbvias. Entretanto, nada disso é óbvio, e é por isto que existem muitas concepções diferentes de igualdade, fazendo com que a ideia de igualdade seja aplicada, por vezes, somente a indivíduos e, por vezes, aplicada somente a grupos. Nos últimos 30 anos, tem havido uma imensa quantidade de trabalhos filosóficos sobre a ideia de igualdade, resultando em uma série de diferentes concepções, entre as quais se fala da igualdade de condições, que pode ser definida como na crença de que as pessoas devem ser tão iguais quanto possível em relação às condições centrais de sua vida. Assim sendo, a igualdade de condições não consiste em tentar tornar as desigualdades mais justas ou em dar às pessoas oportunidades mais iguais de se tornarem desiguais, mas em garantir que todos tenham perspectivas aproximadamente iguais de uma vida boa (Lynch; Baker, 2005, p. 132). Nesse contexto, no ponto em que a

Universal Declaration of Human Rights (1948, Art. 1º) afirma que todos os seres humanos nascem livres e iguais em dignidade e direitos, ela se refere a cada pessoa, individualmente.

Por outro enfoque, o estudo da igualdade foi sistematizado em planos complementares, tratando-a como: i) igualdade fundamental ou primária. Nessa primeira acepção, entende-se que todos os seres humanos são considerados iguais em algum sentido fundamental, independentemente de raça, religião, classe, gênero ou quaisquer outras características biológicas ou sociais. Nesse caso, os seres humanos são iguais por serem dotados de certos direitos inalienáveis, apesar de essa proposição ser questionável e até bastante vaga. ii) Igualdade distributiva ou secundária: entende-se que, nessa segunda acepção, todos os seres humanos são iguais, como afirma a igualdade fundamental, devendo-se considerar, entretanto, a igualdade que podem alcançar efetivamente, isso porque a sociedade é caracterizada por uma multiplicidade de graus de desigualdades evidenciadas pela distribuição das riquezas e poder entre as pessoas. A igualdade fundamental parece afirmar uma situação de fato, isto é, que todos os seres humanos *são* essencialmente iguais, enquanto a igualdade distributiva pode ser vista como uma declaração de princípio político, que pretende que todas as pessoas *devam ser* iguais. Disso resulta que essas duas formas de igualdade, fundamental e distributiva, estão interligadas. Então, se, por exemplo, os seres humanos não são iguais em um sentido fundamental, haverá a necessidade de se buscar reduzir essa desigualdade empregando os meios distributivos. Mas, se todas as pessoas são fundamentalmente iguais em certo sentido (igualdade fundamental ou primária), então as desigualdades sociais não são naturais, mas o resultado do domínio da política, o que faz aumentar as perspectivas de mudanças na esfera social. Por isso se diz que as desigualdades sociais são injustas. Por assim dizer, é fato que algumas pessoas adquirem riqueza, poder e privilégios apenas devido à sorte da ascendência (nascimento e herança), ou pelo fato de possuírem capacidades naturais valorizadas pela sociedade, como, por exemplo, a capacidade de cantar ou de jogar futebol com elevado padrão, o que lhes possibilitará a obtenção de recursos financeiros e outras recompensas (Harrison; Boyd, 2003, p. 105-106).

Ainda sobre esse debate, ao formular a pergunta *"What is equality?"*, Ronald Dworkin (1981, p. 185) definiu que "a igualdade é um ideal político popular, mas misterioso". Para ele, as pessoas podem se tornar iguais, ou pelo menos mais iguais, em um certo sentido, com a consequência de se tornarem desiguais, ou mais desiguais, em outros aspectos. Se as pessoas tiverem rendimentos iguais, por exemplo, é quase certo que diferirão no grau de satisfação que encontram na própria vida. É claro que isso não significa que a igualdade não tenha valor como ideal. Mas é necessário afirmar, mais exatamente do que normalmente se faz, qual forma de igualdade é finalmente importante.

Essa questão pode, então, ser reformulada: há ou deve haver preponderância entre a igualdade fundamental e a distributiva?

Antes de prosseguir de modo a melhor compreender a chamada igualdade distributiva, convém reforçar alguns pontos. A igualdade fundamental e a distributiva podem ser reunidas em uma ambientação filosófica única, conhecida como igualdade democrática ou política, que representa, nos dias atuais, um ajuste necessário em termos de implementação e desenvolvimento de políticas públicas aplicadas de modo a promover a elevação dos níveis sociais e humanos, isso porque o eixo político do Estado entendeu que a simples garantia de igualdade fundamental, quase sempre limitada a termos e expressões jurídicas, não bastaria, não seria suficiente. Em razão disso, e em torno da pretensão de tornar factíveis as ações públicas, que promovessem a real elevação dos níveis sociais e humanos, foi necessária a articulação de novos mecanismos que possibilitassem o atingimento da igualdade substantiva, real, concreta, efetiva.

Em linhas gerais, a igualdade democrática orienta a teorização igualitária de diversas maneiras, pois reconhece, primeiro, a justiça como uma questão de obrigações mútuas, que não são definidas pela simples satisfação de preferências subjetivas, situação que garante que os direitos das pessoas não dependam de variações arbitrárias nos gostos individuais e que elas não possam simplesmente reivindicar direitos sem aceitar as obrigações correspondentes para com as outras. É certo que a igualdade democrática emprega fundamentos de justiça aos arranjos humanos, mas não à ordem natural, o que possibilita compreender que são as pessoas, e não a natureza, as responsáveis pela transformação da diversidade dos seres humanos em hierarquias opressivas, localizando deficiências injustas na ordem social, e não nas qualidades inatas das pessoas. Com isso, em vez de lamentar a diversidade dos talentos humanos e tentar compensar o que é representado como deficiência inata de talento, a igualdade democrática procura oferecer uma forma de conceber e aproveitar a diversidade humana para que beneficie a coletividade. Fazendo isso, a igualdade democrática concebe a igualdade como uma relação entre as pessoas e não apenas como um padrão de distribuição de bens. A igualdade democrática oferece uma forma aperfeiçoada de se compreenderem as exigências de justiça e de se agir apenas com base em princípios que expressem respeito por todos (Anderson, 1999, p. 336-337).

Uma das formas de apresentação da igualdade democrática é a que se verifica, por exemplo, pelo exercício participativo no discurso público, em que todos os cidadãos são iguais nesse aspecto, ou, ao menos, deveriam ser. Logo, se o Estado trata os cidadãos de forma desigual de uma forma relevante, por exemplo, permitindo a alguns cidadãos maior liberdade de participação no discurso público do que a outros, então o Estado torna-se heterônomo no que diz respeito aos que são tratados de forma desigual. Com isso, o Estado perde o seu direito à legitimidade democrática perante os cidadãos, pois todos em uma democracia têm o direito de ser tratados como iguais quanto às formas de conduta que constituem a participação democrática autônoma. Essa definição de igualdade democrática é, obviamente, formal e funcional, e o seu conteúdo mais exato deve ser estabelecido mediante a especificação das formas de participação, as quais são dadas pelo contexto social e histórico, pois diferentes formas de participação implicarão diferentes formas de igualdade democrática. Por exemplo, a igualdade no contexto da votação será diferente da igualdade no contexto do discurso público. A votação para selecionar autoridades nacionais ou estaduais é entendida como um método pelo qual os cidadãos participam na escolha de seus líderes. Uma vez que todos os cidadãos são afetados por essa escolha, reconhece-se a igualdade de ação dos cidadãos mediante o princípio "uma pessoa, um voto". Esse princípio significa que cada cidadão deve ser considerado formalmente igual a todos os outros na influência que pode contribuir para a tomada das decisões públicas (Post, 2006, p. 28-29). Por isso, a igualdade é importante para uma democracia vigorosa, que depende em boa medida do consentimento dos cidadãos. Consequentemente, as desigualdades desafiam a legitimidade do governo, reduzindo o consentimento e forjando um governo mais coercitivo. Então, se as desigualdades forem o resultado de ações governamentais pretendidas, como fraudes, leis eleitorais tendenciosas, suborno e acesso aos bastidores dos governos e das administrações, essas violações terão maior probabilidade de conduzir a um descontentamento generalizado. A igualdade precisa não apenas ser objetivamente igual, mas precisa ser percebida como tal (Verba, 2006, p. 505).

Agora, retornando à relação entre igualdade fundamental e igualdade distributiva, pode-se facilmente perceber e concluir que desse intrincado vínculo sobressai que igualdade significa, decisivamente, que todos devem ter as mesmas chances de fazer o que podem; mas, na prática, há as pessoas que precisam de ajuda diferenciada para que alcancem as mesmas chances. Sendo assim, a igualdade torna-se um importante predicado na vida das pessoas por diversas razões, dentre as quais se pode destacar que, se forem tratadas com igualdade, elas terão melhores condições de viver em níveis mais elevados de qualidade.

A par dessas considerações, o desdobramento natural desse enlace conduz a uma abordagem mais específica e atual sobre igualdade, que é a equidade.

As expressões "equidade" e "igualdade" têm conotações comparáveis, mas significativamente distintas, no contexto dos sistemas sociais, incluindo os da educação, da política e da governança. Assim, embora os termos possam parecer semelhantes, a implementação de um e outro pode levar a resultados dramaticamente diferentes para as pessoas marginalizadas, desassistidas. Igualdade significa que cada indivíduo ou grupo de indivíduos recebe os mesmos recursos ou oportunidades. A equidade reconhece, entretanto, que cada pessoa tem circunstâncias diferentes e por isso aloca os recursos e as oportunidades necessárias para alcançar um resultado igual e proveitoso.

Tem-se, em primeiro lugar, que a palavra "equidade" pode ser definida como a qualidade de ser justo ou imparcial, embora sejam exatamente esses atributos que tornem a equidade mais complicada do que a igualdade, complicação que tem a ver com as pessoas que muitas vezes discordam sobre o que significa ser justo, justiça e imparcialidade, que são, verdadeiramente, conceitos subjetivos e fazem com que as leis e as políticas, que tentam alcançar a equidade, sejam frequentemente contestadas na esfera judiciária. Na prática, o emprego da palavra "equidade" aumentou sobremaneira na literatura política e acadêmica atuais devido às preocupações mais recentes com a justiça social e o desejo de distribuição de justiça para os grupos historicamente oprimidos.

Perante a lei, os grupos minoritários podem ter, e têm, direitos iguais, mas, ainda assim, são tratados de forma injusta e diferenciada. Por isso, a equidade somente poderá ser alcançada quando as dimensões da identidade, como sexo, gênero, cultura, etnia, deficiência, origem nacional, idade, língua, religião, crença etc., definidas por características sociais, econômicas, demográficas etc., já não forem preditivas de ciclos injustos de prejuízos e opressões sistêmicas ocorridas ao longo de várias gerações.

Como segundo ponto, algumas abordagens sobre a equidade consideram injusto o tratamento de indivíduos que seja caprichoso ou esteja relacionado com características peculiares, a exemplo de raça, religião e gênero, entre outras. Mas, às vezes, essas características podem se tornar relevantes, como nos casos de haver restrições alimentares ou proibições a algumas religiões, sendo considerados motivos legítimos para que os indivíduos sejam tratados de forma diferente. Nesse sentido, igualdade e equidade não são a mesma coisa, embora estejam intimamente relacionadas, e um exemplo disso pode ser útil. A equidade nos cuidados de saúde exige que os pacientes que forem semelhantes em aspectos relevantes sejam tratados de forma semelhante, e os que forem diferentes em aspectos relevantes também sejam tratados de forma apropriadamente diferente. Essa possibilidade de diferenciação leva à distinção do que se chama equidade horizontal e vertical. Essa categorização faz com que, diante da equidade horizontal, seja empregado tratamento semelhante aos indivíduos semelhantes (linearidade); e, diante da equidade vertical, seja empregado tratamento diferente aos indivíduos diferentes, mas com a consideração da proporção das diferenças existentes entre eles (proporcionalidade) (Culyer, 2001, p. 276).

Apesar de "equidade" e "igualdade" serem termos frequentemente utilizados de forma intercambiável e, até em grande medida, terem significados semelhantes, há diferença entre eles, basicamente porque, enquanto a igualdade pode ser convertida numa medida matemática em partes iguais, idênticas em tamanho ou número (igualdade simples), a equidade é uma medida mais flexível que permite a equivalência sem exigir medidas exatas (ponderabilidade). Além disso, a equidade, como conceito, evoluiu de uma preocupação filosófica para uma preocupação estrutural (constitucional) e também administrativa (equidade social). Historicamente, a equidade surgiu em meados da década de 1940 na literatura norte-americana, e desde então constituiu não apenas um valor constitucional explícito, mas um termo que acarreta um cálculo de direito e justiça. Na sua trajetória evolutiva, a equidade percorreu o caminho da justiça distributiva, e suas raízes derivaram de tradições filosóficas específicas, especialmente a teoria do contrato social, procurando abordar e combater as desigualdades centenárias e estabelecer uma compreensão dos governos e dos direitos com base na concepção dos direitos naturais. Trabalhos como os de Rousseau, Locke, Hobbes e Immanuel Kant forneceram o substrato inicial para os argumentos que estabeleceram que as proteções dos governos a certas liberdades e igualdades inalienáveis eram necessárias para a própria legitimidade dos governos (Guy; McCandeless, 2012, p. S8).

Então, em linhas gerais, a equidade pode ser compreendida como o esforço para alcançar diferentes níveis de apoio com base nas necessidades dos indivíduos ou grupos, a fim de possam alcançar resultados justos; e, nesse caso, trabalhar para alcançar a equidade implica reconhecer a existência de pontos de partida desiguais e a necessidade de corrigir o desequilíbrio. No ponto que tangencia a educação, tem havido uma longa história e um debate contínuo entre os investigadores educacionais e os decisores políticos sobre o que constitui a educação equitativa, como é na prática e o que fazer para alcançá-la.

Embora exista um conjunto muito maior de literatura que examina a equidade conforme uma variedade de perspectivas filosóficas, sociológicas, históricas e econômicas, a maioria das definições de equidade educacional inclui a equidade para o acesso aos recursos educacionais e aos resultados positivos de aprendizagem. Em menor grau, porém, fala-se na equidade no processo, como, por exemplo, o processo da pedagogia. Nesse caso, a literatura define a equidade na educação como variações ou diferenças relativas aos recursos, aos processos e aos resultados. De forma semelhante, outro segmento da literatura define a equidade como políticas e práticas que favoreçam que os estudantes tenham acesso a uma educação focada na aprendizagem significativa, ou seja, a que ofereça as habilidades de aprendizagem mais profundas que a sociedade contemporânea exige, de forma a capacitar os estudantes a aprender de forma contínua e independente. Outra vertente afirma que a educação equitativa requer educadores competentes e atenciosos para que cada estudante possa desenvolver todo o seu potencial acadêmico e social. Entretanto, as investigações sobre políticas educativas centraram-se no acesso não equitativo aos recursos, em particular nas disparidades de financiamento e na distribuição desigual de educadores de alta qualidade, entre escolas e distritos e entre os estudantes e grupos. Nesse contexto, há evidências de que as escolas que atendem aos estudantes mais pobres e às minorias étnicas recebem, em média, menos financiamento, pois são desproporcionalmente impactadas pelo corte do financiamento público. Além disso, apurou-se que os estudantes negros e os de baixa renda são ensinados por professores experientes e certificados, mas a uma taxa de qualificação muito mais baixa do que os professores dos estudantes brancos ou mais ricos (Chu, 2019, p. 4).

A EDUCAÇÃO SUPERIOR E O SISTEMA DE RESERVAS NA ÍNDIA:
AVANÇOS, RETROCESSOS, PERSPECTIVAS E UTOPIAS

A equidade pode ainda ser abordada pelo viés conceitual e por sua perspectiva inclusiva. Dessa maneira, equidade, como fator de inclusão, significa garantir que todos os estudantes possam atingir níveis mínimos de competências e habilidades. Para tanto, considera-se que os sistemas educativos equitativos, justos e inclusivos precisam oferecer suporte aos estudantes para que alcancem o seu potencial de aprendizagem sem preestabelecer barreiras ou reduzir, formal ou informalmente, as expectativas. Nesse aspecto, o tratamento equitativo implica que as circunstâncias pessoais ou socioeconômicas, como o gênero, a origem étnica ou mesmo o contexto familiar, não devem ser obstáculos ao sucesso educativo, pois o que se espera de um sistema educativo equitativo é que ele possa compensar os efeitos das desigualdades sociais e econômicas mais amplas. No contexto da aprendizagem, por exemplo, espera-se que se possa permitir que os indivíduos obtenham pleno aproveitamento da educação e de sua formação, independentemente de sua origem (OECD, 2012, p. 15).

Devido a sua importância inclusiva, a educação é vista como um forte determinante das carreiras profissionais, das oportunidades de emprego e das expectativas de vida, e pode contribuir, decisivamente, para a mudança do perfil social e o desenvolvimento nacional. Daí, a advertência de que as oportunidades de emprego são afetadas diretamente pelas condições gerais do mercado de trabalho e pelos ditames da procura e da oferta, fazendo com que os governos e a indústria apelem para uma ligação mais forte entre a educação, o mercado de trabalho e as exigências da economia. Dialogando com a equidade, as políticas, intervenções e medidas educativas apontam para uma série de posições ideológicas, cujas discussões não são neutras, havendo um acordo substancial entre as diferentes posições ideológicas de que a pobreza limita o acesso à educação, ao sucesso e à mobilidade social. E, por isso, enfatiza-se ser necessária a redistribuição de recursos, uma vez que a educação, por si só, não pode proporcionar igualdade ou eliminar todas as desigualdades, como também não pode lidar com todos os problemas sociais (Ismail, 2105, p. 921-922).

Apesar das variações conceituais em torno da equidade na perspectiva da educação, parece que os arranjos oferecidos pela literatura atual convergem ao menos para duas perspectivas ou dimensões, que, resumidamente, são: i) a dimensão da justiça, que busca garantir que as circunstâncias pessoais e sociais, como gênero, situação socioeconômica, origem etc., não sejam obstáculos à realização do potencial educativo; e ii) a dimensão da inclusão, que implica garantir um padrão mínimo de educação para todos, possibilitando que, indistintamente, os indivíduos sejam capazes de ler, escrever e fazer operações matemáticas simples. Essas duas dimensões estão intimamente interligadas, com o propósito de combater o fracasso escolar e ajudar a superar os efeitos da privação social, que, muitas vezes, são a principal causa do fracasso escolar.

Então, o sistema, apesar de seguir várias possíveis linhas de abordagem quanto a equidade e seu vínculo com a igualdade, aponta para a equidade como forma ou meio de alcançar oportunidades iguais (*Equity as Equal Opportunities for All*), tratamentos iguais (*Equity as Equal Treatment for All*) e resultados iguais (*Equity as Equal Results for All*) (Castelli; Ragazzi; Crescentini, 2012, p. 2.246).

Sem igualdade para acesso à educação e sem equidade, o caminho segue aberto para as várias formas de desigualdades sociais, econômicas, de gênero etc. A UNICEF, em estudo desenvolvido especificamente para entender a relação entre educação e equidade, e o resultado de políticas de investimento nesse setor, desenvolveu o conceito *Never Entry* (não ingresso), que corresponde ao ponto por onde começam as desigualdades. *Never Entry* refere-se, realisticamente, à ausência de crianças no ambiente educacional. São crianças que nunca tiveram acesso à escola ou que lá tiveram brevíssimo tempo de permanência. *Never Entry*, estatisticamente, está quase praticamente ausente entre as crianças dos núcleos familiares considerados mais ricos. Entretanto, as taxas de não ingresso das crianças pobres são extremamente elevadas em alguns países africanos (UNICEF, 2015, p. 31).

Por essas considerações, pode-se estabelecer:

I. A seguinte proposição: enquanto a igualdade na educação é alcançada quando todos os estudantes são tratados da mesma forma, tendo acesso a recursos semelhantes, a equidade é alcançada quando todos os estudantes recebem os recursos necessários para que se formem e estejam preparados para o sucesso. Nessa ótica, percebe-se que equidade se impõe como ponto de partida (Barth, 2016, p. 1);

II. As seguintes delimitações de sentido: i) a distribuição igualitária de resultados entre as populações, ii) os recursos iguais atribuídos à educação entre estudantes, escolas, distritos, estados ou nações (esses recursos podem ser medidos por dinheiro ou por critérios como a proporção aluno/professor, bibliotecas por escola, disponibilidade de tecnologias, número de cursos avançados etc.), iii) as experiências iguais vivenciadas por cada criança (por exemplo, experiência de ser respeitada ou desafiada, oportunidades para brincar, inclusão social etc.), iv) os níveis iguais de crescimento ou desenvolvimento de cada estudante, e v) os resultados iguais (acadêmicos, sociais, econômicos etc.) para todos os estudantes (Levinson; Geron; Brighouse, 2022, p. 5);

III. Alguns motivos que justificam a importância da equidade na educação: i) existe um imperativo de Direitos Humanos para que todas as pessoas tenham oportunidades razoáveis de desenvolver as suas capacidades e de participar plenamente na sociedade. O direito à educação é um dos Direitos Humanos reconhecido pela *United Nations Declaration on the Rights of the Child*, ii) na medida em que as oportunidades não são distribuídas de forma equitativa, ocorrerá a subutilização de talentos, fazendo com que algumas pessoas não desenvolvam as suas competências e capacidades, com a consequente perda não só para elas, mas para a sociedade em geral, iii) os níveis mais elevados da educação estão associados a quase todos os resultados positivos na vida, não apenas à melhoria do emprego e dos rendimentos, mas também a saúde, longevidade, sucesso da parentalidade, participação cívica, e assim por diante. Na medida em que as sociedades têm um número significativo de pessoas sem competências adequadas para participar, social e economicamente, da vida coletiva, os custos sociais serão mais elevados em termos de segurança, saúde, apoio ao rendimento, bem-estar infantil e assim por diante, e iv) a coesão social, ou confiança, é em si um fator importante de apoio aos países bem-sucedidos. Todavia, uma maior desigualdade está associada a níveis mais baixos de coesão social e confiança, prejudicando a capacidade dos países em muitas áreas (Levin, 2003, p. 5-6);

IV. A relação positiva entre igualdade e equidade no âmbito educacional: a redução do fracasso acadêmico pode gerar benefícios tanto para a sociedade como para os indivíduos, e também pode contribuir para o crescimento econômico e o desenvolvimento social. Os sistemas educacionais de melhor desempenho, verificados no âmbito dos países da *Organization for Economic Co-Operation and Development*, são aqueles que combinam qualidade com equidade, o que reflete a circunstância de que a equidade na educação significa que fatores pessoais ou sociais, como o gênero, a origem étnica ou mesmo o contexto familiar, não constituem obstáculos à realização do potencial educativo (justiça) e que todos os indivíduos atingem pelo menos um nível mínimo básico de competências (inclusão). Nesses sistemas educativos, a maioria dos estudantes tem a oportunidade de adquirir competências de alto nível, independentemente das suas próprias circunstâncias pessoais e socioeconômicas. Entre os países da OECD, apurou-se que, aproximadamente, um a cada cinco estudantes não atinge um nível mínimo de competência para atuar nas sociedades atuais. Os estudantes oriundos de meios socioeconômicos desfavorecidos têm duas vezes mais probabilidades de ter um desempenho fraco, o que implica que as circunstâncias pessoais ou sociais são obstáculos à realização do seu potencial educativo, indicando falta de justiça. A não inclusão e a falta de justiça alimentam o fracasso escolar, sendo o abandono a manifestação mais visível desse fracasso. Nos países da OECD, um em cada cinco estudantes adultos, em média, abandona os estudos antes de concluir o ensino secundário (OECD, 2012, p. 37).

11.3 Múltiplas formas de abordagem da igualdade

"No estado de natureza, todos têm acesso aos frutos das árvores. No estado social, as árvores estão do lado de dentro das cercas" (Barbosa, 2004, p. 161). Aqui já se percebe como uma realidade pode ser enfocada conforme a modificação de algumas circunstâncias, apesar de o objeto de observação se manter inalterado (os frutos das árvores). A igualdade ou a desigualdade entre os homens, conforme o ponto de vista, também pode ser enfocada segundo particularidades muito específicas. Por isso, não causa estranheza que o homem-natural e o homem-social se diferenciem e não sejam, necessariamente, coincidentes.

Sobre a igualdade ou desigualdade humana, enfocada com base nos inúmeros marcadores de diferenças conhecidos, pode-se intuir que ainda serão gastos séculos e muitos esforços intelectuais até que se entenda que a essência humana é naturalmente idêntica, e que são os próprios homens que se diferenciam por suas ações e seus valores, talvez até mais em razão de seus valores do que por suas ações.

Ao enfrentar essa questão, Jeremy Waldron (1991, p. 1.351) ponderou que há pessoas que são iguais em um aspecto e, muitas vezes, se tornam desiguais em outro. Mas, quaisquer que sejam os princípios políticos de alguém, é fácil descrever a sua aplicação como igual e condenar a aplicação dos princípios de seus oponentes como desiguais. Por isso, o debate importante deveria centrar-se no conteúdo dos próprios princípios, e não no verdadeiro significado de igualdade. Partindo dessa compreensão, Waldron considerou a linguagem da igualdade como uma cobertura retórica sobre a qual as reivindicações políticas são apresentadas e contestadas, mas que, muito raramente, consegue capturar a substância dessas reivindicações políticas de uma forma clara e interessante.

Buscando responder à pergunta *"What is social equality?"*, Carina Fourie (2012, p. 124) definiu a igualdade social como uma oposição às hierarquias de status social que tratam os indivíduos como inferiores ou superiores. Em um compasso diferente, Xhabir Zejnuni (2014, p. 1.276) argumentou no sentido de que o âmbito da igualdade social e política está ligado às relações sociais dos indivíduos ou grupos entre si, ressaltando que existem diferentes formas de igualdade em relação às pessoas e às situações sociais, a exemplo da igualdade entre os sexos em termos de acesso ao emprego, ou às oportunidades iguais, o que transmite a ideia de que as pessoas deveriam dispor das mesmas condições ou oportunidades desde o início da vida, independentemente de seu nascimento e herança.

O enfrentamento da igualdade, ou mais precisamente o que ela significa, tem demonstrado, por diversas concepções teóricas, tratar-se de um tema importante, mas de difícil conclusão. Sobre o assunto, Amartya Sen desenvolveu um estudo objetivo que denominou *Equality of what?*, no qual isolou três perspectivas ou possibilidades distintas, tratadas como tipos particulares de igualdade: i) *Utilitarian Equality*; ii) *Total Utility Equality*; e iii) *Rawlsian Equality*. Nesse estudo, porém, introduziu uma nova modalidade, que denominou de igualdade de capacidades básicas (*Equality of Basic Capabilities*), mas logo ressalvou que a noção desse modal de igualdade é muito geral e sua aplicação depende da cultura local, especialmente quanto à ponderação sobre as diferentes capacidades (Sen, 1979, p. 219). Ou seja, trata-se de mais uma ideia ou proposta de abordagem.

De qualquer modo, alguma orientação minimamente aceitável deve haver acerca do sentido da igualdade e sua aplicação, de modo a não gerar injustiças, como, por exemplo, um parâmetro quantificável com o qual se possa distribuir os recursos limitados existentes, reconhecendo que as necessidades são ilimitadas. Nessa ordem, convém observar que todos os sistemas sociais modernos desenvolveram mecanismos para a distribuição de recursos e para a atribuição de direitos, responsabilidades, custos e encargos (Cook; Hegtvedt, 1983, p. 218). Logo, é importante considerar que cada sistema social opera segundo uma perspectiva de igualdade, que não necessariamente coincidirá com a dos demais sistemas. Também é importante destacar qual a noção de justiça ou de injustiça que se deve ter em vista, especialmente ao se tratar da distribuição de recursos limitados, porém cobiçados por muitos.

Na atualidade, o conjunto de marcadores de diferenças formam, *per se*, um padrão imediatamente associado à quebra da igualdade, fazendo surgir percepções sutis, às vezes não detectáveis, mas ainda assim presentes. Isso leva a pensar na possibilidade de haver sociedades literalmente iguais, ou pensar em ações sociais, conquistas jurídicas, ferramentas de solidariedade e projetos sociais para minimizar as desigualdades. Entre as sociedades, o quadro mais amplo das desigualdades tem sido constantemente redesenhado e renovado ao longo da história. Na ordem dessas renovações, um espectro resumido de diferenças pode abranger, por exemplo, (a) necessidades especiais, nacionalidades, etnias, raças, gêneros, faixas etárias, religiões etc. Mas, além desses, outros marcadores de diferenças, não menos importantes, estão presentes, invariavelmente, em todas as sociedades modernas, como, (b) os relacionados com riqueza e pobreza, hierarquias sociais, preconceitos, acessos desiguais à educação e à cultura, acessos desiguais ao exercício dos direitos políticos, oportunidades desiguais, tratamentos desiguais a grupos diferenciados etc. Logo, estabelecer um conceito ou padrão de igualdade uniforme seria uma tentativa de tratar coisas diferentes de modo uniforme, o que, obviamente, redundaria em uma não solução. Nessa ordem, estes marcadores relacionados no item (a) são denominados de diferenças; e os marcadores relacionados em (b) são denominados de desigualdades (Barros, 2018, p. 4-5). Esse conjunto de marcadores distintos permite concluir que uma das dificuldades em analisar as desigualdades é que elas são multidimensionais, impondo que decisores, gestores, políticos e partes interessadas tenham em consideração ao menos os três tipos principais, que são as desigualdades de oportunidades, de resultados e as dos grupos populacionais (UN, 2015c, p. 12).

Mas as dificuldades são várias e só aumentam. Ao se tratar da igualdade de oportunidades, por exemplo, constata-se que, para que uma teoria nessa área se torne operacional ou empiricamente significativa, é necessário decidir quais fatores devem ser classificados como circunstâncias e quais devem ser contados como escolhas pelas quais os indivíduos devem ser responsabilizados. Medir a extensão da desigualdade de oportunidades numa determinada sociedade é apenas um dos muitos usos possíveis para os conceitos e para a teoria da igualdade de oportunidades (Ferreira; Peragine, 2015, p. 27).

Paul Spicker (2006, p. 97, 99) concorda que a igualdade é um conceito multidimensional, cujas principais variáveis são as pessoas, os direitos, a cidadania, o acesso às condições de civilização e às de bem-estar. Mas, para ele, apesar de haver diferenças e potenciais contradições entre os vários entendimentos da igualdade, isso não lhe parece algo prejudicial. Ainda discorrendo especificamente sobre a igualdade de tratamento, ele ponderou que as pessoas não são tratadas de forma igual ao serem tratadas de maneira uniforme, pois: i) a igualdade perante a lei não significa que todos sejam presos, independentemente das circunstâncias; e ii) a igualdade de tratamento nos serviços de saúde não significa que todos tenham de ter as pernas amputadas. Então, as pessoas serão tratadas de forma igual, desde que sejam tratadas numa base de igualdade, em que não haja desvantagens, preconceitos ou opressões.

Igualdade de tratamento significa tratar as pessoas da mesma forma, mas de acordo com suas necessidades.

Mas, além do caráter multifacetado do tema igualdade, há que se considerar a possibilidade da ocorrência de múltiplas desvantagens (*Multiple Disadvantages*), que podem operar tanto como experiências, em face de vários tipos de resultados negativos, como podem ser referir à presença de múltiplos fatores de risco correlacionados. Mulher (gênero), negra (raça) e pobre (status social) são fatores que podem coexistir e aditivamente compor um quadro de desvantagens que exigirá formas de tratamento mais complexas ou conjugadas para se atingir o nivelamento esperado para as mulheres que reúnam essas características. Nesse caso, a simples igualdade de tratamento pode não ser uma medida útil ou interessante.

Para entender as múltiplas desvantagens e suas formas cumulativas de gerar prejuízos, Watson e Lunn (2010, p. 180-181) isolaram as quatro principais variáveis observadas como desvantagens, que são: i) baixa escolaridade (*Low Education*); ii) estar fora do mercado de trabalho (*Being Outside the Labour Market*); iii) desemprego (*Unemployed*); e iv) classe social desqualificada (*Unskilled*) ou semiqualificada (*Semi-Skilled*). Trabalhando com essas variáveis, eles apuraram que a educação, a participação no mercado de trabalho e a classe social podem ser vistas como eventos sequenciais. Ou seja, a educação, que geralmente é concluída antes de a pessoa entrar no mercado de trabalho, pode afetar a probabilidade de seu ingresso no mercado de trabalho, de encontrar trabalho e a classe social do emprego obtido.

Agora, retornando à questão central acerca das formas de abordagem da igualdade, Antony Flew (1982, p. 17-27) considerou haver quatro possibilidades ou tipos. A primeira delas é a igualdade em potencial (*Equality in Potential*), servindo de exemplo a condição de que, desde o nascimento, todos os seres humanos são substancialmente idênticos; a segunda é a igualdade democrática (*Democratic Equality*); a terceira, a igualdade de oportunidades (*Equality of Opportunities*), que mais acuradamente deveria ser chamada de concorrência justa e aberta por oportunidades escassas; e, finalmente, a quarta, a igualdade absoluta (*Absolute Equality*), que, na prática, corresponde à exigência de que todos os bens sejam distribuídos igualmente, e não apenas aqueles bens reconhecidos como econômicos. Convém ressaltar, entretanto, que tal direito não é absoluto, e tem diversas restrições. Com tal característica (não ser absoluto), cita-se, a título de exemplo, as reservas como uma hipótese de tratamento não igual.

Como se percebe, o tratamento da igualdade, em quaisquer de seus aspectos de abordagem (jurídico, filosófico, social etc.), é tema que enfrenta inúmeras dificuldades, e, ainda que fosse um problema exclusivamente da Índia, mesmo assim seria um problema muitíssimo profundo, diverso e complexo, na exata proporção de que esse país é exemplo de multidiversidade existencial, cultural, social, religiosa, linguística, étnica etc., sem contar a intensa desigualdade de gênero, econômica e de status de castas, que caracteriza o seu ambiente coletivo.

Diante da extensão do tema e dos problemas que o circundam, uma teoria geral sobre a igualdade e demais fatores a ela correlacionados (equidade, diferença, diversidade etc.) é um desafio que os governos e as academias têm enfrentado em todo o mundo e há bastante tempo. Mesmo nos dias atuais, esse desafio persiste e ganhou novas complexidades que são próprias das novas sociedades, estando associadas aos comportamentos e aos valores que indivíduos e grupos assumiram como elementos constitutivos de seus direitos indeclináveis e valores inalienáveis.

Na Índia, no Brasil, nos Estados Unidos e, enfim, em qualquer ambiente do espaço global dos tempos atuais, a discussão sobre a igualdade está presente e cada vez mais de forma intensa e aprofundada. Essa nova realidade tem sido consequência imediata do grau de esclarecimento que os

A EDUCAÇÃO SUPERIOR E O SISTEMA DE RESERVAS NA ÍNDIA:
AVANÇOS, RETROCESSOS, PERSPECTIVAS E UTOPIAS

indivíduos e seus grupos adquiriram em decorrência de longos processos de injustas submissões e controle estatal mediante o emprego da força e até da privação da liberdade. Também é certo que a positivação de direitos e garantias, mediante a inserção expressa de textos nas cartas políticas dos estados modernos, contribuiu para essa nova realidade.

Na Índia, a principal referência normativa consagrada à igualdade é dirigida ao Estado, que não poderá negar essa proteção a ninguém na abrangência de seu território e jurisdição. Essa proteção se desdobra em dois núcleos importantes, que se referem tanto à proteção da igualdade perante a lei como à igualdade de ser protegido por ela. Obviamente, aqui não se trata de dizer a mesma coisa, pois não são proteções iguais, mas diferentes e complementares. Os conceitos de igualdade perante a lei e igualdade de proteção das leis, embora pareçam idênticos, são substancialmente diferentes. A igualdade perante a lei tem inspiração filosófica e raízes no *Common Law*, devendo ser compreendida como um conceito negativo, pois considera-se que não pode haver tratamento privilegiado para uns indivíduos em detrimento dos demais. No sentido oposto, cabe ao Estado conferir igual tratamento a todos que ocupem iguais condições. Nesse sentido positivo, todas as pessoas devem ser tratadas da mesma forma segundo uma classificação razoável. Entre iguais, a lei deve ser igual e administrada igualmente, e a garantia dessa proteção aplica-se tanto às leis substantivas como às processuais. É disso que trata o Art. 14 da Constituição.

É certo que a noção de igualdade não significa igualdade absoluta entre os seres humanos. Tem, basicamente, um claro sentido limitador e negativo, pois implica a ausência de qualquer privilégio especial por motivo ou critério diferenciador. Então, ao tratar da igualdade, o legislador constituinte indiano buscou o sentido de que entre iguais a lei deve ser igual e administrada igualmente, fazendo com que iguais sejam tratados igualmente.

Além disso, é preciso considerar que o Art. 14 em questão e outros artigos integram uma parte muito específica da Constituição, na qual estão compreendidos os direitos considerados fundamentais. Desse modo, o tratamento discriminatório decorrente de tratamento desigual, com violação à lei, pode decorrer de uma vasta gama de motivos, como a discriminação de sexo, gênero, raça, cor, etnia, língua, religião, opinião política, origem nacional ou social, associação a uma minoria nacional, direito de propriedade, direito de nascimento ou qualquer outro status ou fator diferenciador, lembrando-se que os direitos fundamentais decorrentes de expressão normativa constitucional abrangem outros direitos, como a igualdade, a

271

liberdade, os remédios constitucionais, as medidas contra a exploração, a cultura e educação, e a liberdade religiosa. Esses direitos são uma característica importante da Constituição da Índia.

Entretanto, convém observar que, apesar do caráter fundamental atribuído à igualdade, esse direito tem sido perseguido desde a independência, há mais de 75 anos, sob critérios que não parecem ser os mais adequados, na medida em que a sociedade indiana tem evidenciado acentuado crescimento das desigualdades, mesmo com a concessão das reservas, que se tornaram uma ferramenta vulgar de distribuição de indulgências. Talvez, até por conta desse cenário, se tenha aberto um vastíssimo campo para as pesquisas acadêmicas, sociais e políticas, que têm alimentado um proveitoso ambiente de artigos doutrinários de conhecimentos variados em torno de temas relacionados à igualdade. Convém lembrar que, uma vez estabelecida a independência, a Constituição da Índia refletiu a ideia de que a sociedade era desigual, e por isso dispôs de programas compensatórios de discriminação, além de propor reformas visando ao objetivo final de atenuar os efeitos das desigualdades (Lillibridge, 2005, p. 1.302).

A bem dizer, diante dessa realidade, um conceito para igualdade de oportunidades, por exemplo, deve ser criteriosa e cuidadosamente examinado, pois a sua atratividade leva-o a ser utilizado, e mal-utilizado, de diversas maneiras. A ideia subjacente à igualdade de oportunidades tem um apelo muito mais amplo do que a própria ideia de igualdade, pois, em termos práticos, a igualdade de oportunidades pode ou não levar a resultados iguais. Em princípio, não basta construir um conceito que sugira uma disputa justa, no fim da qual alguns participantes recebam recompensas e outros não. É preciso entender que as recompensas desiguais são moralmente aceitáveis, e na verdade até desejáveis, desde que todos tenham oportunidades iguais de concorrer e desde que as recompensas desiguais sejam devidas apenas às capacidades ou aos esforços desiguais dos indivíduos. Nesse aspecto, a ideia de igualdade de oportunidades é, em princípio, compatível com a desigualdade de resultados, pois oferece chances iguais para os desiguais. Ideologicamente, essa ideia atrai apoiadores de extremos opostos (Equal Opportunity Commission, 2008, p. 16).

Mas a discussão sobre a igualdade não é questão pontual e exclusiva da Índia. Sua abrangência e influência, como problema a ser equacionado, é de ordem internacional. O direito à igualdade perante a lei e a proteção de todas as pessoas contra as diversas formas de discriminação são normas fundamentais do direito internacional dos Direitos Humanos, de modo que, desde a segunda metade do século XX, o direito internacional dos Direitos Humanos emergiu como um importante quadro jurídico para a proteção dos direitos e liberdades individuais. Contudo, a maioria dos países carece de proteção jurídica eficaz contra a discriminação e de meios legais para promover a igualdade. Mesmo nos países onde tais disposições estão em vigor, ainda há muito a fazer para garantir a realização do direito à igualdade. Em certos sistemas jurídicos nacionais e regionais, a legislação sobre a igualdade evoluiu nas últimas décadas, especialmente com a construção de conceitos jurídicos, definições, abordagens e jurisprudências, entre os quais alguns elevaram a proteção contra a discriminação e a realização do direito à igualdade a um nível superior. No entanto, a disparidade entre o direito internacional em matéria de Direitos Humanos e as abordagens nacionais e regionais da igualdade ainda têm dificultado o progresso nesse setor (Hepple, 2008, p. 1).

O que se pode afirmar, com mais propriedade, sobre a igualdade como um projeto jurídico da ordem internacional é que ela, invariavelmente, é suportada por três bases, que correspondem à supremacia da lei, à igualdade perante a lei e à predominância do espírito jurídico. E, uma vez transportada essa compreensão para o exame da igualdade nos termos definidos pela Constituição da Índia, é possível extrair, a título de conclusões, que: i) a Constituição assegura oportunidades iguais para todos, independentemente de suas origens; ii) a igualdade refere-se aos planos cívicos, políticos e econômicos; iii) baseia-se na premissa de que todos os homens nascem livres e iguais; iv) são os direitos fundamentais que proporcionam a igualdade perante a lei e a igual proteção das leis; v) a igualdade proporciona a proteção da dignidade da pessoa humana; e, com isso, vi) todos os indianos têm direito à igualdade, sem discriminação com base em raça, casta, religião, origem ou gênero.

Além disso, conforme mencionado anteriormente, o princípio da igualdade não significa que haja uniformidade de tratamento para todos os indivíduos em todos os aspectos do mundo real. Significa, apenas, que todas as pessoas que se encontrem em circunstâncias semelhantes deverão ser tratadas da mesma forma, seja quanto às vantagens conferidas, seja quanto às responsabilidades impostas pelas leis. Consequentemente, a igualdade deve ser aplicada a todos que se encontrem em idêntica situação, não podendo haver discriminação entre eles. Ainda é preciso mencionar que, na essência, a Constituição da Índia consagrou seis tipos de igualdade: i) a igualdade natural, pois considera que, embora os seres humanos difiram uns dos outros nas suas características físicas, em traços psicológicos, capacidades físicas e intelectuais etc., todos devem ser tratados de forma igual. ii) A igualdade social, quando se refere ao projeto de levar o desenvolvimento para todas as classes de pessoas, sem nenhuma discriminação, entendendo que todos devem ter direitos civis, liberdade de expressão, direito de propriedade e de acesso aos bens e serviços comuns. Esta igualdade enfatiza a ausência de classes sociais ou fronteiras de castas ao mesmo tempo que garante a identidade real da pessoa. Com isso, gênero, sexo, casta, filiação política etc. não podem ser motivos para oferecer tratamento diferenciado a uma determinada classe de pessoas. iii) A igualdade civil, que representa a concessão de direitos e liberdades sociais iguais a todas as pessoas ainda que pertencentes a diferentes grupos sociais, sem nenhum tipo de discriminação. Neste aspecto, todas as pessoas são iguais perante a lei, e a liberdade civil centra-se no gozo dos direitos e da liberdade por todos os setores da sociedade, que devem estar livres da discriminação entre superiores e inferiores, ricos e pobres, casta, credo, cor, raça etc. iv) A igualdade política, que se refere às múltiplas oportunidades de participação em todos os processos e atividades políticas, e envolve o conceito de direitos políticos iguais para as pessoas pertencentes a categorias uniformes. v) A igualdade econômica, que não deve ser entendida como uma recompensa igual ou o pagamento de salários iguais para todas as pessoas, mas como a que enfatiza as oportunidades justas e adequadas para todas as pessoas trabalharem e ganharem a sua subsistência de acordo com as suas capacidades. As necessidades básicas ou primárias de todas as pessoas deveriam ser satisfeitas em vez de satisfazer as necessidades especiais de alguns. Nesse contexto, embora o abismo entre ricos e pobres não possa ser completamente eliminado, devem ser feitos esforços para minimizá-lo na maior medida possível, cabendo ao Estado garantir a distribuição equitativa das riquezas e dos recursos aos seus cidadãos. vi) A igualdade jurídica, definida como igualdade perante a lei e a igual sujeição de todos perante o mesmo código legal, priorizando a igualdade de oportunidades para todos e garantindo a proteção jurídica de seus direitos e liberdades.

Seguindo nessa linha, como desdobramento lógico da própria noção de igualdade, a Constituição da Índia dispõe, em parte específica de seu texto, do rol de direitos descritos como fundamentais, elencados na ordem: i) direito à igualdade (*Right to Equality*, Art. 14-18); ii) direito à liberdade (*Right to Freedom*, Art. 19-22); iii) direito contra a exploração (*Right Against Exploitation*, Art. 23-24); iv) direito de liberdade religiosa (*Right to Freedom of Religion*, Art. 25-28); v) direito à cultura e à educação (*Cultural and Educational Rights*, Art. 29-30); e vi) direito aos remédios constitucionais (*Right to Constitutional Remedies*, Art. 32) (The Constitution of India, 2022, p. 6-19). Nesse contexto, a doutrina da igualdade perante a lei (*Doctrine of Equality*) é um corolário necessário do Estado de direito, que permeia a Constituição indiana (Mantur, 2020, p. 1).

Com isso, para se ter uma perspectiva sobre a organicidade normativa do direito à igualdade (Art. 14-18), especificamente, a Constituição emoldurou a seguinte estrutura: i) Art. 14, direito à igualdade (*Equality Before Law and Equal Protection of Law*); ii) Art. 15, proibição à discriminação (*Prohibition of Discrimination on the Basis of Religion, Race, Caste, Sex or Place of Birth*); iii) Art. 16, igualdade de oportunidades (*Equality of Opportunity in Matters of Public Employment*); iv) Art. 17, proibição à intocabilidade (*Abolition of Practice of Untouchability*); e v) Art. 18, abolição de títulos (*Abolition of Titles*), à exceção dos títulos acadêmicos e militares (The Constitution of India, 2022, p. 6-9).

Expostas essas questões e possíveis formas de abordagem da igualdade, há ainda um ponto crucial que não pode ser olvidado, que se refere justamente à relação entre inclusão e exclusão no contexto de políticas igualitárias nos Estados deficitários da prestação de serviços públicos eficientes e de qualidade, aqui podendo-se referir, a título de exemplo, ao caso específico da educação.

Ao se estabelecerem políticas de igualdade em um ambiente que se notabiliza pela precariedade do serviço público, notadamente quanto à abrangência e à qualidade dos serviços prestados, há, inexoravelmente, discursos de ocasião que se prestam a justificar tais políticas. São discursos abertos, dirigidos à classe política e ao público em geral, regados por um forte apelo assistencialista e jungidos pela democracia que, em regra, serve de suporte argumentativo para respaldar qualquer medida política de caráter populista. Todavia, entre a deflagração de tais políticas ditas inclusivas e a realização concreta da inclusão, há grande espaço para discussões inócuas, demagogias e oportunismos. Nesse cenário, a pretensão de inclusão quase sempre não passa de pretensão, pois, na prática, ao se incluir por um lado, há sempre alguém sendo excluído do outro lado.

Uma análise em perspectiva, resumida e simplista conduz à constatação de que a equidade implica recurso aos princípios de justiça para corrigir ou complementar a lei conforme as circunstâncias particulares, permitindo que se previnam as dificuldades que de outra forma resultariam da interpretação literal de um instrumento jurídico (a lei), em casos extremos ou da exclusão literal de um caso, que parece se enquadrar no que os redatores do instrumento provavelmente pretendiam. Se a função da igualdade é variada, a da equidade é multivariada, pois, notavelmente, ela pode desempenhar três funções básicas, como: i) adaptar a lei aos casos individuais (*Equity Infra Legem*); ii) preencher lacunas na lei (*Equity Praeter Legem*); e iii) recusar a aplicação de leis injustas (*Equity Contra Legem*) (Codrington III, 2019, p. 106). Ou seja, a prática de equidade tem a necessária tarefa de promover ajustes na execução da igualdade pretendida pelos instrumentos legislativos disponíveis. Então, é correto entender que as medidas equitativas, em sua aplicação, também tratadas como compensatórias, a exemplo das políticas de reservas de vagas para acesso à educação e para acesso a cargos e empregos na esfera do serviço público, se justificam como medidas inclusivas. Sendo assim, as exclusões decorrentes teriam de ser aceitas, na medida em que tudo ocorreu sob a égide da legalidade formal e da democracia, social e constitucionalmente definidas.

A questão inclusão/exclusão pode ser mais bem compreendida com situações concretas. Para tanto, considere que no ambiente global, em geral, tem-se observado que os homens ricos residentes nas áreas urbanas formam o grupo mais instruído, seguido pelo grupo de mulheres urbanas e ricas. Já as mulheres residentes em áreas rurais pobres e determinados grupos étnicos formam os grupos dos menos instruídos. Nos casos mais graves, os grupos com pouca instrução escolar têm menos de um ano de escolaridade média. Verificada a questão nos países que registram baixo rendimento per capita, o problema é agravado no nível escolar secundário, devido à falta de escolas locais que ofereçam ensino secundário de qualidade e também pelos baixos incentivos para que professores qualificados se disponham a trabalhar nas áreas mais remotas, distantes dos centros urbanos. Com isso, verifica-se que, globalmente, a qualidade da educação reflete, frequentemente, o contexto socioeconômico dos bairros ou das localidades onde operam, e as escolas consideradas de alta qualidade são aquelas situadas nas áreas urbanas mais ricas e desenvolvidas, que correspondem às regiões onde os pais podem pagar pelo reforço escolar suplementar e por atividades extracurriculares (G20, 2023, p. 8).

Considerando essas referências, percebe-se que uma política de inclusão construída para atender aos homens e às mulheres pobres, de cor, residentes em áreas periféricas e não desenvolvidas pode facilmente, ao ser aplicada, excluir homens e mulheres brancos e pobres, ainda que residentes nos centros urbanos mais favorecidos com os serviços públicos e privados. Ou seja, os parâmetros que podem servir para definir a inclusão são os mesmos que podem atuar para gerar exclusões.

Estudo específico sobre a produção da educação na Índia, tendo como referência a política internacional denominada *Education for All* (EFA), apurou que, apesar de o país ter obtido conquistas no campo da educação durante os últimos anos, o setor educacional ainda enfrenta vários desafios, principalmente porque o nível geral de educação da população permanece mais baixo em comparação com outras economias de mercado. A média de anos de escolaridade da população na Índia verificada no biênio 2010-2011 foi de apenas 5,12 anos, representando um índice inferior ao de outras economias de mercado semelhantes, como a China, que registrou 8,17 anos de média escolar no mesmo período, e o Brasil, cuja média apurada foi de 7,54 anos. Também foi significativamente mais baixa que a média de todos os países considerados em desenvolvimento, que foi de 7,09 anos (Government of Human Resource Development, 2014, p. 111).

Com uma média escolar tão baixa e altíssimo índice de crescimento populacional, parece claro que, se há políticas de inclusão fundadas no princípio geral da igualdade, não se pode negar que o efeito negativo dessa política é o que conduz, como consequência, a formas variadas de exclusão. A referência à questão da inclusão que gera exclusão foi pensada e articulada no pensamento jurídico brasileiro, dando forma à expressão "Universalização Excludente", elaborada no início dos anos de 1990.

Tomando como referência o impedimento formal de acesso de amplas parcelas populacionais aos benefícios dos aparelhos de proteção social, com base na noção de direito social universal à saúde, a pretendida universalização inclusiva ao sistema de saúde pública gerou, como consequência, um processo de Universalização Excludente, pois, na prática, o movimento de expansão da universalização foi acompanhado de mecanismos de racionamento, devido à má qualidade dos serviços prestados, extensão das filas etc., circunstâncias que expulsaram do sistema diversos segmentos sociais. No caso dos serviços de saúde prestados pelo Estado, ficou claro que esses serviços foram dirigidos aos setores incapazes de obtê-los pelos mecanismos de mercado. A universalização dos serviços de saúde não incluiu efetivamente todos os segmentos sociais na esfera do atendimento público, mas apenas os setores mais carentes e que não dispõem de recursos para escapar dos mecanismos de racionamento. A universalização operou, na prática, um processo de exclusão para o setor privado de saúde daqueles setores sociais considerados médios e mais elevados (Faveret Filho; Oliveira, 1990, p. 139, 155).

Retomando essa discussão, agora em um cenário político bem mais recente, entende-se que o fenômeno que ficou conhecido como Universalização Excludente possa estar relacionado com a circunstância de que no Brasil a política implementada de superávit primário inibiu a elevação do gasto público em saúde, incapacitando a expansão do Estado quanto à oferta (cobertura dos serviços) e à qualidade. No Brasil, o gasto público é baixo e boa parte dos problemas de gestão decorre das restrições orçamentárias (Marinho; Ocké-Reis, 2022, p. 22, 26).

Tanto quanto se pode observar, a realidade na Índia nos tempos passados e atuais, no que se refere à implementação de um regime de igualdades substanciais na esfera dos serviços públicos, especialmente no da educação, reflete um processo de sucessivos fracassos gerados pela falta de abrangência e de qualidade, pois onde deveria haver inclusões se formou um nítido processo de Universalização Excludente, fazendo bom uso da expressão cunhada pela doutrina brasileira.

12

MERITOCRACIA VERSUS IGUALDADE DE OPORTUNIDADES

O sistema de mérito é um mecanismo que alimenta intensos debates em qualquer ambiente do espectro global nos tempos atuais. Mas é, também, uma forma bastante natural de expressar os valores subjacentes de um sistema que inclui um forte senso de justiça. Esse senso de justiça é percebido não apenas por meio de proteções ao devido processo e à concorrência aberta, senão por estabelecer que o melhor desempenho merece, proporcionalmente, maior recompensa. Alguns dos principais fundamentos do sistema de mérito são comuns e já se encontram positivados nos diversos níveis do ordenamento jurídico internacional, servindo de exemplo os casos seguintes:

I. O *Civil Service Adviser*, setor administrativo do condado de *San Francisco* (Califórnia, Estados Unidos), veiculou um informativo no qual esclarece que o serviço público local, no qual se aplica o sistema de mérito, foi criado naquela cidade com o propósito de assegurar o recrutamento e a retenção de uma força de trabalho qualificada, além da seleção e promoção de servidores que prestem serviços públicos remunerados por impostos, e seja conduzido de maneira justa, imparcial e competitiva. Destacou que são princípios do sistema de mérito: i) o recrutamento, a contratação e a promoção de servidores com base em suas qualificações e ii) no alto desempenho e padrões éticos, consistentes com a contratação de indivíduos qualificados que tenham concluído com êxito os exames e o estágio probatório (San Francisco, 2000);

II. De acordo com o *State Merit System Services* (Estados Unidos), o sistema de mérito aplicado aos programas do governo federal visa promover a eficiência por intermédio de um plano de seleção e desenvolvimento entre os melhores servidores dos quadros disponíveis, eliminando os incompetentes e promovendo os excelentes. Serve também como instrumento de governo ao oferecer aos cidadãos, democraticamente, a oportunidade de uma carreira no serviço público com base em suas qualificações e desempenho pessoais (Aronson, 1950, p. 3);

III. A década de 1870 foi considerada o início da Era Moderna. A educação tornou-se obrigatória no Reino Unido, o clientelismo foi finalmente abolido no serviço público e a entrada competitiva tornou-se a regra. O mérito tornou-se o árbitro, o padrão para o ingresso e o avanço em uma carreira do serviço público (Young, 1958, p. 19). No Reino Unido, mais recentemente, o *Constitutional Reform and Governance Act* (2010) fixou os requisitos e princípios para a contratação de pessoal visando ao desempenho das atividades inerentes ao serviço público. A *Section* 10(2) desse estatuto dispõe que a seleção de pessoal deverá ter base no mérito (*Merit*), na concorrência justa (*Fair*) e na competição aberta (*Open Competition*) (United Kingdom, 2010, p. 6). Nesse contexto, entende-se por mérito a seleção e nomeação do melhor pessoal disponível de acordo com os critérios e requisitos exigidos para o exercício do cargo, impondo-se que ninguém deve ser nomeado para uma função, a menos que seja competente para exercê-la, e a nomeação deve ser oferecida à pessoa que melhor possa desempenhá-la. Concorrência justa significa que não pode haver desvios na avaliação dos candidatos, devendo os processos seletivos ser objetivos e imparciais. E, por competição aberta, entende-se que as oportunidades de contratação devem ser anunciadas publicamente, de modo que os candidatos em potencial possam ter acesso facilitado às informações sobre o cargo, seus requisitos e o processo de seleção (Civil Service Commission, 2018, p. 1);

IV. No Brasil, a Constituição federal disciplinou, sob a forma de princípios orientadores da administração pública, que os cargos, empregos e funções públicas devem ser acessíveis aos brasileiros e aos estrangeiros que atendam aos requisitos definidos em lei, e que a investidura dos agentes públicos dependerá de prévia aprovação em concurso público de provas ou de provas e títulos de acordo com a natureza e a complexidade do cargo ou do emprego (Brasil, 2022, Art. 37, I e II);

V. Na Índia, desde o período colonial, discutia-se qual seria o melhor modelo para o serviço público no tocante à admissão de servidores para a ocupação dos diversos quadros funcionais. Mas havia alguns importantes embates, pois havia consenso apenas quanto em se ter um sistema de admissão pautado no mérito, exclusivamente. Havia setores da sociedade, mais influentes, que insistiam que parte das contratações deveria observar o princípio da representação (política) comunitária. Nesse caso, as pessoas que se destacassem em alguns setores sociais e que liderassem suas comunidades deveriam ser nomeadas para o exercício dos cargos públicos. Outros, porém, fizeram oposição a esse sistema e procuraram garantir a prevalência do sistema de mérito para acesso aos cargos públicos. Neste caso, fizeram oposição ao que se chamava Sistema de Apadrinhamento (*System of Patronage*) (Roy, 1935, p. 233, 248).

Entretanto, verificou-se que na Índia há um grave déficit administrativo provocado pelo sistema burocrático já ultrapassado, exigindo-se algumas reformas, entre as quais a atualização do sistema de gestão de desempenho, buscando otimizar, por exemplo, que as promoções sejam baseadas no mérito do servidor e que as autoridades afiram as melhores práticas e avaliem o desempenho funcional segundo critérios quantitativos e qualitativos. Além disso, o país instituiu um sistema de reservas que de forma dinâmica e quase incontrolável permanece em constante conflito, direto e intenso, com as pessoas e grupos que defendem o sistema de mérito (Vision Inspiring Innovation, 2020, p. 29).

Sabe-se que, na organização da máquina administrativa, o clientelismo, o nepotismo e o apadrinhamento podem ser formas de corrupção quando resultam na utilização de fundos públicos para enriquecer as pessoas com base nos seus laços familiares, filiações políticas ou estatuto social. Os cargos públicos, por exemplo, podem ser criados com a intenção de fornecer um fluxo de receita para recompensar aliados políticos sem nenhuma necessidade real de trabalho. Em outros casos, os cargos públicos podem ser comprados e vendidos sem nenhum rigor ético.

O clientelismo, o nepotismo e outras formas de seleção preferenciais desempenharam um papel na admissão pelas instituições públicas, mas o conceito de mérito consolidou-se como uma declaração pública em oposição à antiga tradição de privilégio herdado. Essa atitude recebeu um forte impulso com a invenção da função pública, que foi uma reforma destinada a acabar com a corrupção e para distribuir empregos de forma mais justa. O emprego na função pública era um bem cobiçado nos Estados ocidentais e, durante todo o período colonial, também o foi na Índia. Estáveis, relativamente bem pagos e até certo ponto respeitados pelas autoridades, esses empregos e os caminhos que levaram a eles tornaram-se a essência do modernismo no mercado (Jodhka; Newman, 2007, p. 4.126).

Diante desse cenário, é importante considerar que os sistemas baseados no mérito podem reduzir significativamente esses riscos, tornando os cargos transparentes e exigindo uma justificativa clara para sua existência. Em primeiro lugar, o sistema de mérito dificulta a criação de cargos-fantasma, ou cargos desnecessários, em que as pessoas não realizem trabalhos essenciais, com o objetivo de recompensar amigos e aliados. Em segundo lugar, os processos decisórios, objetivos e transparentes tornam mais difícil a nomeação de pessoas para cargos quando não se qualifiquem para eles. As pessoas ainda podem adotar medidas para influenciar injustamente o sistema, mas os recursos e as funções de supervisão garantem que as regras sejam cumpridas e que haja consequências para aqueles que tentarem trapacear. Enfatiza-se, ainda, que o sistema de mérito exige que os processos de recrutamento sejam baseados em conhecimentos e habilidades (talento, experiência e competência) em vez de status ou conexões sociais e/ou políticas. Isso faz com que na governança o mérito se evidencie em contraste com o clientelismo, o apadrinhamento e o nepotismo, em que os empregos são distribuídos em troca de apoio ou com base em laços sociais (OECD, 2020, p. 104-105).

As referências precedentes ao emprego do mérito como critério para acesso a cargos públicos, nas variadas ordens políticas internacionais (*San Francisco*, Califórnia, Governo Federal dos Estados Unidos; Reino Unido; Brasil; e Índia), permitem uma compreensão mais ajustada quanto à necessidade minimamente criteriosa e uniforme de se observar, entre outros possíveis princípios/valores da administração pública, a objetivação e positivação de regramentos que permitam: i) a sistematização da contratação de pessoal para a prestação dos serviços públicos; ii) a imparcialidade e a igualdade de tratamento dos interessados na prestação de serviços públicos, como servidores regulares; iii) a exigência de qualificação acadêmica, técnica e profissional para o exercício dos diversos tipos de cargos públicos; iv) a prestação qualitativa e eficiente dos serviços públicos; e v) a oposição ao clientelismo, ao nepotismo e ao apadrinhamento.

O que se propõe é que todos os indivíduos tenham direito a concorrer à titularidade de cargos públicos, desde que apresentem as qualificações mínimas exigidas para cada atividade, sem constrangimentos ou favorecimentos pessoais deferidos a alguns, em prejuízo da igualdade de tratamento, que deve ser a marca preponderante das administrações públicas, qualquer que seja o Estado internacional.

Entre as principais formas de favorecimentos ilegítimos e imorais que possam ser aplicadas para incluir alguns e excluir outros do acesso aos cargos públicos disponíveis, tem-se o clientelismo, o nepotismo e o apadrinhamento:

I. Quando o clientelismo (*Clientelism*) é o mecanismo empregado, verifica-se que, em vez de entregar serviços públicos de qualidade, ou pelo menos serviços possíveis segundo sua capacidade, o setor público pode ficar limitado ao equilíbrio clientelista, pelo qual os empregos são concedidos em troca de apoio político e representam um mecanismo ineficiente de transferência de recursos aos apoiadores (Bold; Molina; Safir, 2017, p. 2). Assim, diz-se que o clientelismo está vinculado ao uso particularista dos recursos públicos, independentemente da natureza do regime político em que ocorre (Sousa, 2008, p. 4);

II. O nepotismo na administração pública (*Bureaucratic Nepotism*) é extremamente difícil de ser detectado. Idealmente, deve-se observar não apenas os vínculos familiares entre os servidores públicos, mas também toda a evolução de suas respectivas carreiras na administração, a qual deve especificar exatamente quando ocorrem as contratações, as promoções e os aumentos salariais, pois a manifestação dessa forma de favoritismo é inerentemente dependente do momento dos eventos e da assimetria de poder entre os indivíduos envolvidos. Por exemplo, a mera presença de dois familiares na mesma instituição não prova diretamente a existência de práticas nepotistas. As pessoas podem encontrar parceiros românticos no local de trabalho ou selecionar as mesmas instituições por vários motivos. Além disso, para identificar o nepotismo economicamente, é necessária uma variação nas conexões familiares, que é indiscutivelmente exógena à evolução dos resultados do emprego. E, uma vez que um dos objetivos finais do estudo do nepotismo, de uma perspectiva econômica, é avaliar seus potenciais efeitos distorcidos, também é preciso observar medidas de desempenho significativas e comparáveis para avaliar suas implicações nos resultados do setor público e no bem-estar dos cidadãos (Riaño, 2023, p. 3).

De acordo com Voskopoulos (2018, p. 57), a socialização e a participação política podem fornecer ferramentas poderosas para provocar mudanças sociais e impor práticas normativas com base na responsabilização e na transparência em uma sociedade aberta e funcional. A visão de sociedades abertas exige um papel alargado para os cidadãos democráticos. Uma ordem social normativa compreende valores e normas que apoiam uma sociedade aberta e sem exclusões. As liberdades básicas podem existir numa sociedade, mas podem ser autoanuladas, se não forem acompanhadas de características qualitativas distintivas, como a igualdade de oportunidades, a meritocracia e a liberdade social. O nepotismo, imposto por uma coletividade, viola os princípios morais básicos do liberalismo e afeta a liberdade social, ao mesmo tempo que se refere às sociedades tradicionais onde o reconhecimento e o estatuto social eram determinados pelo nascimento. Pelo contrário, nas sociedades modernas, baseadas na justiça social, espera-se que o estatuto seja alcançado com base no mérito e no desempenho individual;

III.A qualificação técnico-profissional dos indivíduos empregados no setor público é um determinante crucial do desempenho do governo. Embora os estudos nessa área tenham analisado como os vários incentivos moldam o conjunto de indivíduos que decidem se candidatar a empregos públicos, sabe-se pouco sobre o processo pelo qual os governos selecionam os servidores públicos. Apesar da introdução de rígidos sistemas de serviços públicos, em praticamente todos os países, os políticos mantêm alguma discricionariedade no processo de seleção. Embora essa flexibilidade possa permitir que selecionem indivíduos considerados capazes e motivados para realizar o trabalho, ela também pode ser suscetível ao apadrinhamento (*Patronage*) e, com isso, empregos no setor público podem ser usados para recompensar apoiadores políticos do partido no poder (apadrinhados). Logo, uma vez que o apoio político substitui a qualidade como critério de contratação, o apadrinhamento representa um impedimento potencialmente importante para o recrutamento eficiente de trabalhadores do setor público (Colonnelli; Teso, Prem, 2018, p. 2). Mueller (2009, p. 3) acrescenta que o apadrinhamento motiva os apoiantes políticos de um governo porque esses apoiantes sabem que o recrutamento de burocratas depende da elite política. Isto implica que o apadrinhamento pode ser adotado para obter apoio político, apesar de essa escolha reduzir o bem-estar. Da mesma forma, os apoiantes sabem que, se os burocratas forem selecionados pelo mérito, a elite política importará menos em termos de resultados. A meritocracia pode então ser adotada para dissipar a resistência contra a elite política.

12.1 O trinômio mérito-castas-reservas

Na Índia são muitas as críticas acerca do desempenho político-administrativo que envolve o trinômio mérito-castas-reservas. Há vozes que defendem, e há vozes que se opõem ao sistema de distribuição de reservas sem que haja critérios técnicos e justos que favoreçam as pessoas realmente mais necessitadas. São poucos casos, restritos e particulares, de necessitados que conquistaram algum nível de crescimento social e econômico com base na aplicação do sistema de reservas. Isso soa como inefetividade desse sistema. Mas, mesmo nesses poucos casos, percebe-se que, além de os favorecimentos terem sido pouco expressivos, ainda fizeram com que os beneficiários sofressem os preconceitos decorrentes, ao serem reconhecidos como portadores de formação acadêmica e/ou profissional bastante precarizada, o que implica, em relação àqueles que buscaram ter acesso a algum emprego, serem considerados profissionais de baixa qualificação, não sendo por isso selecionados, por exemplo, para o exercício de atividades de maior responsabilidade em relação ao ambiente profissional considerado como um todo. Há casos em que a só condição de ser beneficiário de alguma reserva foi razão suficiente para desqualificar o profissional para o exercício de funções de comando, gerência, administração etc., as quais foram entregues a outros profissionais diplomados no exterior, sendo a maioria deles de nacionalidade estrangeira. Nesse caso, o mérito tanto acadêmico quanto profissional que pode representar maior nível de qualificação favoreceu a mão de obra estrangeira em prejuízo da mão de obra indiana.

Ao lado dessa realidade, Kumar (2005, p. 805) registrou que várias castas não estão representadas nas ocupações de acordo com suas proporções na população. As castas inferiores em geral, e as castas classificadas em particular, são muito escassamente representadas nas ocupações administrativas e gerenciais superiores. Para ele, em uma sociedade que adotou o princípio da igualdade de oportunidades, mas cujos membros permanecem profundamente conscientes das distinções de casta, essas disparidades são agora uma fonte de ansiedade e preocupação. Além disso, há várias razões pelas quais os intocáveis e outras castas inferiores são tão escassamente representados nas ocupações mais altas.

Nessa vertente, o trinômio mérito-castas-reservas exige reavaliações e reflexões muito profundas, entre as quais a de que o princípio inicial orientador da Constituição é a igualdade perante a lei para todos os cidadãos, entendendo que, ao contrário das leis naturais, as leis feitas pelos homens sempre têm exceções.

No ano de 1950, data da promulgação da Constituição, estabeleceram-se reservas para as chamadas *Backward Classes* e, de tempos em tempos, muitas novas reservas foram e ainda têm sido incrementadas. Na Índia, ao contrário da tendência mundial em face do desenvolvimento, as reservas simplesmente aumentaram, continuamente, e criaram um medo psicológico na mente das pessoas. Nos tempos atuais, o país está se deslocando na direção da Índia Digital, *Make in India* e Índia Nuclear, mas as reservas, em muitas regiões, já ultrapassaram o patamar de 50%, chegando, em alguns casos, à marca de 70%. Entende-se que, desse modo, as reservas estão trabalhando na direção oposta ao seu objetivo principal inicial e estão demarcando ainda mais a sociedade, tudo sob o amparo e crédito da chamada representação política. Na verdade, os partidos políticos sempre usaram as reservas, estrategicamente, como uma arma objetivando apenas os seus próprios ganhos e deixando, ao mesmo tempo, marcas profundas no *ethos* coletivo e no desenvolvimento geral do país. As reservas estão sendo usadas para elevar um setor da sociedade às custas de outro, o que no entendimento majoritário não é justo. Paradoxalmente, por um lado, o país está lutando contra as castas, mas, por outro lado, a representação política está promovendo reservas baseadas nas castas, visando à obtenção de ganhos políticos. No plano internacional, a Índia faz o discurso aberto da unidade e fraternidade universal, mas, dentro de seus vários estados, está fortalecendo o sistema de castas com a promoção das reservas. Atualmente, a Índia é um país amplamente dividido em grupos hindus, muçulmanos, *Scheduled Castes, Scheduled Tribes* e *Other Backward Classes*, com novas reservas surgindo também para outros grupos, a exemplo dos cristãos e de outros grupos religiosos. Para se ter um exemplo ilustrativo, hoje, quando os estudantes se inscrevem para admissão em faculdades e universidades, são questionados: "Você é SC, ST, OBC ou categoria geral?" Mas não importa a qual categoria pertençam, pois o que importará será o seu mérito (Naseem, 2016, p. 269-270).

Na linha dos que defendem as reservas como meio para erradicar as disparidades sociais, educacionais e econômicas decorrentes da discriminação social proposital no passado, a política de reserva é uma medida considerada inevitável e justificada em razão das pessoas carentes. Consequentemente, a Constituição autorizou que o Estado adotasse ações afirmativas sob a forma de reservas, conforme julgasse necessário, para elevar as classes atrasadas a um nível de igualdade com o restante da população. Como, no passado, foi negado às classes atrasadas o acesso aos serviços de governo por causa de sua incapacidade de lutar efetivamente nas seleções com base no mérito, o governo dispôs das reservas, com um determinado número de vagas nas instituições de ensino e nos serviços públicos, de modo a incluir integrantes de *Scheduled Castes, Scheduled Tribes, Other Backward Classes* e de outras minorias, com exclusão de todos os outros, independentemente do mérito (Kausar; Husain, 2015, p. 2).

Críticas à parte, o fato por muitos demonstrado é o de que o objetivo original das reservas seria o de garantir o acesso igualitário aos recursos para os grupos historicamente desprivilegiados. As reservas deveriam ser um conceito temporário, como também deveriam ser removidas após um certo tempo quando seu propósito fosse cumprido. Mas, agora, têm sido usadas para atender as vantagens políticas superficiais, criando lealdades eleitorais em relação às castas e às novas identidades primordiais. Na maioria das vezes, os benefícios gerados são colhidos pela elite e pelas classes dominantes das castas. Então, hoje, as reservas tornaram-se um mecanismo de exclusão, e não de inclusão, e isso tem acarretado a perpetuação e o fortalecimento das castas ao invés de erradicá-las (Gurjar, 2022, p. 7).

É importante observar, ao analisar essa questão, que, no cenário interno e internacional, a Índia tem a reputação de ser um mercado difícil para fazer negócios. Os planos de investimentos são muitas vezes abandonados porque o ambiente dos negócios apresenta muitas barreiras. Os regulamentos de conformidade fiscal e auditorias, com as leis trabalhistas e as políticas governamentais, em constante mudança, criaram uma complexidade desnecessária. Consequentemente, esse ambiente de negócios tem inibido o crescimento ao invés de servir de trampolim para os saltos vitoriosos (*Winning Leaps*). No fundo da análise que envolve o trinômio mérito-castas-reservas, não existem respostas fáceis e soluções simples. A lógica no mérito é tão complexa, importante e profunda quanto a das reservas, e a manutenção desse sistema permanece uma decisão difícil, pois é inegável que as reservas têm sido um desafio fundamental diante da meritocracia, o que, aliado às dificuldades das políticas internas de investimentos, negócios e regulamentações, têm agravado o acesso aos mercados por profissionais formados no ambiente acadêmico caracteristicamente desqualificado.

Apesar das críticas, a visão das castas como um importante marcador de diferenças persistiu e continua a moldar o senso comum e as narrativas políticas sobre o passado e o presente da sociedade indiana. Enquanto isso, embora a meritocracia como princípio continue a animar os apelos à equalização social, é preciso questionar a suposição de que a meritocracia possa ser um nivelador de oportunidades, pois, historicamente, ela também serviu à reprodução das desigualdades, não sendo, portanto, nada diferente das reservas.

Ao lado disso, o debate da ação afirmativa muitas vezes se apoia no fato de que, ausentes as preocupações de igualdade em relação aos grupos historicamente desfavorecidos, existe uma base meritocrática natural para determinar as admissões nas faculdades, que equivale a estabelecer padrões de admissão mais elevados nas escolas de melhores níveis qualitativos. Daí, os argumentos sobre a ação afirmativa normalmente se concentram na distribuição de vagas nas instituições de ensino e na sua interpretação em termos de realização de justiça. Por um lado, os defensores da ação afirmativa frequentemente defendem a distribuição das vagas (reservas) com base na igualdade de oportunidades ou na compensação por danos passados, e, por outro lado, os argumentos contra a ação afirmativa sustentam que essa distribuição é conflitante com as noções de merecimento e mérito individual (Durlauf, 2008, p. 133).

Pontos de vistas à parte, há os que sustentam, por exemplo, que a política de ação afirmativa na Índia é a mais sistemática já projetada em qualquer lugar, tendo reduzido, significativamente, as desigualdades entre as castas desfavorecidas e o resto da população (Sunam; Pariyar; Shrestha, 2022, p. 2). Outros focam o crescimento econômico, pois consideram que a ascensão da economia baseada no mercado não prejudica o papel do setor público, do qual apenas se exige uma burocracia competente e um Estado eficiente na gestão do mercado. Com isso, embora a ação afirmativa provavelmente tenha servido aos interesses do Estado no passado, o sistema agora exige uma reforma que acomode candidatos mais meritórios no serviço público, sendo esse o caminho a seguir para se desenvolver uma sociedade meritocrática (Islam, 2013, p. 4). Também há os que entendem que a ideia de meritocracia se tornou um meio pelo qual a plutocracia, ou o governo da elite rica, se perpetua, se reproduz e se estende, fazendo com que meritocracia tenha se tornado o principal meio de legitimação da cultura capitalista contemporânea (Littler, 2018, p. 2).

Ao lado dessa questão, Kancha Ilaiah (2006, p. 2.449) observou que a comunidade estudantil composta por integrantes de *Scheduled Castes*, *Scheduled Tribes* e *Other Backward Classes* que tiveram a oportunidade de educar-se em boas instituições provaram seu mérito, sem sombra de dúvida. Entretanto, as instituições de ensino reconhecidas como de primeira linha, a exemplo de *Indian Institutes of Technologies*, *Indian Institutes of Management* e escolas de medicina, cujos estudantes agitaram contra as reservas, até agora não trabalharam para melhorar a tecnologia na Índia, ou a gestão nas áreas rurais, ou o sistema público de saúde. Ao contrário do que deveria ocorrer, a maioria dos graduados dos IITs e dos IIMs ingressam em empresas multinacionais dos Estados Unidos ou da Europa Ocidental, e/ou migraram para a Europa ou os Estados Unidos. A verdade é que, até agora, apenas uns poucos estudantes que foram educados e treinados nessas instituições trabalharam para a melhoria das estruturas tecnológicas e de gestão do país.

Ainda seguindo algumas visões críticas acercas do laço que envolve o mérito, as castas e as reservas, estudo recente publicado pela *Harvard University* demonstrou quão problemática e até mesmo duvidosa tem sido essa relação:

I. A abordagem sobre a dimensão da conflituosidade histórica evidencia a complexa relação entre casta e mérito. À primeira vista, os dois termos parecem contraditórios. A casta é a instituição social mais emblemática da hierarquia atributiva, enquanto a meritocracia é tipicamente entendida como uma força democratizadora que nivela privilégios e desvantagens herdados. Mas, quando se olha para o mais alto escalão das instituições de ensino superior na Índia, a casta e o mérito parecem muito mais próximos, e até mesmo íntimos. Setenta e sete anos após a independência, os espaços institucionais identificados como os mais meritocráticos, a exemplo dos *Indian Institutes of Technologies*, continuam a ser predominantemente compostos pelas castas superiores. Além disso, as tentativas de abrir esses espaços para as castas inferiores, por meio de ações afirmativas e outras medidas democratizantes, são consistentemente recebidas com fervorosa oposição, não em nome da casta, mas em nome da preservação do mérito. A relação próxima entre casta e mérito põe em questão a suposição generalizada de que o identitarismo é essencialmente a política dos marginalizados. Nesse contexto, tal suposição reflete os argumentos sobre a casta como uma base mais saliente de distinção social e de autodefinição para as castas inferiores do que para as castas superiores. Mais especificamente, acredita-se que os profissionais urbanos de castas superiores tenham transcendido a casta para adotar formas mais modernas de identificação, e, assim, eles são considerados sem casta em virtude de sua modernidade (Subramanian, 2019, p. 3);

II. Admite-se que, dentro da teoria da modernização indiana, iniciada na década de 1940, a casta é uma contradição à vida social moderna e por isso não poderia ter lugar dentro de uma política democrática. Essa foi a promessa do discurso de independência. Nesse contexto, em alguns aspectos, as reservas foram o desafio mais fundamental. Em razão disso, o sistema de reservas reconheceu as formas duradouras de igualdade estrutural, que moldaram o acesso diferenciado à educação e a necessidade de medidas redistributivas para nivelar o campo de jogo. Enquanto se reconhecia que a discriminação de casta formava a base do insucesso, ao mesmo tempo se atribuía às heranças de castas a razão de algumas conquistas. Não obstante, esse desequilíbrio entre nomear a casta como um fator determinante, de um lado, e não a nomear, do outro, apenas reforçou o status representativo das castas superiores como os sujeitos cujo mérito é puramente resultado do talento, e não da história (Subramanian, 2019, p. 204).

Na atualidade, há quem considere o mérito um mito da modernidade. De acordo com Mares (2021, p. 2),

> [...] falamos em criar oportunidades e capacitar as pessoas para trabalhar duro e progredir, enquanto vivemos em um sistema que gera consistentemente altos níveis de desigualdade e insegurança. Essa contradição é mascarada pelo mito do mérito.

Noutros casos, deixando o mito de lado e perseguindo o que é real, ou seja, o que verdadeiramente importa quanto se trata de conquistas pessoais, entende-se que o melhor meio para se criar um vencedor no ambiente social e econômico é admiti-lo em uma universidade de ponta, que ofereça um ingresso mais facilitado para a riqueza proporcionada por *Wall Street* ou outros locais semelhantes, onde as empresas líderes estão restringindo cada vez mais suas contratações apenas aos graduados em renomadas instituições de ensino superior. A exemplo disso, tem-se que o setor financeiro continua sendo a escolha de emprego favorita para estudantes oriundos de *Harvard, Yale* ou *Princeton* após a entrega de seus diplomas. Nesse caso, status e mérito não são mitos, mas fatores reais determinantes de inclusão (Unz, 2012, p. 14).

Passando, agora, para uma visão mais ocidentalizada, ao estilo *Made in USA*, o ideal da meritocracia parte da presunção de que as oportunidades são concedidas com base no mérito individual, e não no status herdado. Desse modo, o ideal da meritocracia é congruente com outros valores americanos fundamentais, como a mobilidade ascendente e o individualismo, pois são eles que legitimam o ideal democrático de oportunidades iguais para todos. Logo, no contexto do mercado de trabalho, o ideal da meritocracia fundamenta-se na crença de que a discriminação no emprego é uma anomalia e que somente o mérito determina o sucesso no emprego (The Harvard Law Review Association, 2008, p. 2.158). Em associação a essa crença, Srinivas (2021, p. 5) construiu a expressão "Arrogância Meritocrática" (*Meritocratic Hubris*), definindo-a em face do comportamento que simplesmente negligencia a sorte, a boa fortuna e a distribuição injusta de privilégios ao moldar uma determinada conquista individual, que conduz à convicção presunçosa daqueles indivíduos que estão posicionados no extremo social mais elevado (*Upper Class*) de que merecem seu destino e que aqueles outros que estão posicionados no extremo oposto (*Lower Class*) também merecem o deles.

Sob um outro plano de abordagem, é inegável que a ação afirmativa empregada sob a forma de reservas tem sido usada em vários contextos para promover a diversidade e tem causado um debate sobre meritocracia e diversidade, tratando-se de um esquema que tem a finalidade de promover a diversidade com base em diferentes características, a exemplo do gênero, da raça e também da casta (Imamura, 2020, p. 22).

Acerca desse debate, tem se verificado que o rápido crescimento do número de estudantes produziu a perda de homogeneidade e o aumento da diversidade, e esse corpo diverso constituído gerou a consequência de que as instituições acadêmicas foram pressionadas a atender estudantes despreparados devido a sua situação educacional, o que, é claro, também pode ser devido a vários fatores distintos. Em razão da elevação da população estudantil, a pedagogia e os currículos escolares correspondentes foram modificados para se ajustar à evolução demográfica do corpo discente. Entretanto, nos cenários em que as instituições de ensino superior não conseguiram alterar o sistema de mérito, os estudantes despreparados ou desfavorecidos ficaram simplesmente fadados ao fracasso (Erivwo *et al.*, 2021, p. 2-3).

12.2 Polêmicas generalizadas sobre o mérito

No enfrentamento das questões atinentes com a qualidade e a eficiência da prestação dos serviços públicos, o mérito individual também se evidencia como um fator complexo. Nessa ordem, a possibilidade de melhoria da atividade administrativa e do próprio serviço público limita--se, fundamentalmente, à busca pela celeridade e eficiência, que podem ser duplicadas desde que se tenha um adequado comportamento profissional e uma atitude positiva perante os cidadãos. Apesar disso, identificar o mérito nesse ambiente é tarefa difícil, que apresenta o risco real de acabar desestimulando os bons servidores. Ocorre que existem aspectos relacionados à meritocracia, sobretudo no que diz respeito ao processo de passagem para cargos de gestão, como os requisitos estritos de formação superior e, por vezes específicos, como a exigência de possuir mestrado em uma determinada área, ou a gestão e capacidade de comunicação ou liderança, conforme o caso. Concentrar-se, por exemplo, em cargos de gestão, independentemente do nível, pode representar uma maneira melhor e mais eficiente de aplicar os princípios meritocráticos no setor público (Matei; Campeanu, 2015, p. 1.572).

Diante das muitas polêmicas que envolvem esse tema, a questão central, e talvez a mais recorrente, tem a ver com o desenvolvimento de um entendimento lógico, razoável e justificável, partindo da premissa de que as reservas instituídas na Índia, para acesso ao ensino superior e ao mercado de trabalho, em sentido amplo, contribuíram para a melhoria qualitativa e a eficiência dos serviços prestados, nos setores público e privado, e atenderam ao anseio republicano, declarado na Constituição, de se promover a igualdade real de oportunidades. Se isso realmente ocorreu, o posicionamento do mérito individual levado para o segundo plano ou mesmo para fora de qualquer plano pode ser compreendido como um preço razoável que um uma parcela da sociedade indiana teve de arcar (os não favorecidos com as reservas). Se, entretanto, não foi isso o que ocorreu, isto é, se as reservas não atingiram a proposta inicial estabelecida na Constituição, é muito provável que o mérito ainda represente importante atributo para definir a posição social e econômica, para aqueles que tiveram acesso ao ensino de qualidade e obtiveram a necessária qualificação profissional, colocando-se em situação estável e satisfatória no mercado de trabalho. A educação é um fator importante para os países em desenvolvimento, impactando o crescimento da economia, da agricultura e da distribuição igualitária da renda, o que é especialmente verdadeiro para a Índia, onde a educação foi identificada como um dos principais contributos para o desenvolvimento da economia. No entanto, enquanto quantitativamente a Índia busca se aproximar da educação universal, a qualidade de sua educação ainda é questionada e em grande parte influenciada por fatores socioeconômicos, como educação dos pais, renda da família e saúde, segurança, proteção e gênero. Assim, esses fatores socioeconômicos são tanto impedimentos como também possíveis degraus para a melhoria da educação (Thaiparambil *et al.*, 2017, p. 198).

Atente-se que fatores sociais e econômicos como a educação básica, os serviços públicos de saúde e a garantia de emprego são importantes não apenas por si mesmos, mas também devido ao papel que podem exercer ao conferir às pessoas a oportunidade de agir e enfrentar o mundo com coragem e liberdade (Sen, 2000, p. 82).

A par dessas reflexões, a meritocracia pode ser definida com maior ou menor grau de especificidade e, consequentemente, a clareza com que pode ser compreendida é variável. O que significa meritocracia pode ser especificado com muita clareza, mas também pode acrescentar algumas questões mais profundas sobre ela. Em outras palavras, se a meritocracia é um sistema para recompensar o mérito, então a forma como o mérito é definido é de importância crucial nessa avaliação. Para tanto, simples e objetivamente, o mérito, ou talento, pode ser compreendido como uma base para classificar pessoas e distribuir recompensas. Logo, um verdadeiro sistema meritocrático é o que atribui chances iguais para que os indivíduos possam avançar e obter compensações em razão de seus esforços, independentemente do gênero, da raça, da classe e de outros fatores não meritórios (UNDP, 2015, p. 5-6), lembrando que no sistema indiano a casta tem sido sistematicamente o fator que fundamenta, em primeira ordem e mais do que qualquer outro fator, o estabelecimento e a concessão de mais e mais reservas.

O "mérito" é um termo atual que gera muito calor político, e, ao longo do período pós-independência, passou a referenciar as formas de distinção de castas que têm uma vida social muito mais intensa. É certo que, no curso desse período histórico, o significado da meritocracia, como um sistema que corrige o privilégio histórico, não desapareceu, sendo pertinente questionar a suposição de que a meritocracia é de fato um nivelador de oportunidades. Ademais, a ação afirmativa é um tema polêmico no âmbito das políticas sociais e, nessa medida, o fato de a opinião pública considerar que ela envolve a seleção preferencial de membros das minorias, sem considerar seu nível de qualificação, pode fornecer uma explicação para as reações negativas aos programas de ações afirmativas (Faniko; Lorenzi-Cioldi; Buschini, 2010, p. 566).

Na Índia pós-independência, novos padrões de estratificação e consolidação das castas surgiram durante o próprio processo de transformação democrática. Significativamente, esses agrupamentos consolidados de castas altas e baixas apresentam suas reivindicações na linguagem da democracia, seja por meio da invocação do mérito, seja da igualdade como virtudes democráticas. Em vez da erosão gradual da casta, o que ocorreu em algumas regiões do país foi a reivindicação de mérito como uma virtude da casta superior. Essa reivindicação da casta ao mérito foi fortalecida pelo ressurgimento, dentro da Economia do Conhecimento do fim do século XX, de entendimentos que ligam casta e raça mais fortemente à inteligência, de modo que passou a ser legítima a reivindicação do mérito com base em genealogias particularistas. Em vez de apenas um identitarismo subalterno, a alavancagem da casta deve ser vista como uma política da casta superior que se opõe à afirmação da casta inferior (Subramanian, 2015, p. 317).

Diante desse quadro situacional, e considerando um certo pragmatismo aplicado à realidade do ensino superior indiano, o mérito pode significar coisas diferentes de acordo com a perspectiva de abordagem.

Então, cabe registrar dois possíveis desdobramentos: i) no sentido denotativo, concreto ou literal, o mérito geralmente se refere a uma certificação de competência, aptidão ou conhecimento adquirido em razão de algum tipo de exame (provas de conhecimentos). Na maioria dos casos, o que realmente está em jogo é a classificação relativa obtida no exame. O que importa não é quão bem alguém se sai nos processos seletivos, mas quanto melhor, ou pior, alguém se sai em comparação com outros que fizeram o mesmo exame. ii) No sentido conotativo, simbólico, figurativo ou ideológico, o mérito funciona como uma espécie de direito, uma reivindicação moral da sociedade. É, simultaneamente, uma reivindicação no sentido de uma afirmação sobre a própria capacidade e competência, e, no sentido mais amplo, é um valor moral e uma reivindicação de uma expectativa ou demanda dirigida ao resto do mundo. Ou seja, o mérito, nesse amplo nível simbólico, funciona como a razão de ser do exame, ou, em outras palavras, a função do exame é justamente a de identificar o mérito (Deshpande, 2006, p. 2.442).

12.3 Meritocracia versus democracia

Avaliou-se que, pelo lado favorável ao sistema de reservas, embora ele não seja o caminho certo para corrigir a discriminação de longa data, durante várias décadas, tem-se demonstrado que é um dos mecanismos mais funcionais e viáveis para aumentar o acesso dos grupos desfavorecidos nos níveis mais elevados das instituições estatais, isso devido, basicamente, a sua transparência, aplicabilidade e facilidade de monitorar a tendência da mobilidade social (Babu, 2007, p. 317).

Mas, pelo lado oposto, há o entendimento de que as combinações de democracia, autoritarismo e mérito produzem um tipo de ideologia, o da Meritocracia Autoritária. Tomando como referência o ambiente político chinês, tem-se que a Meritocracia Autoritária tende a favorecer o autoritarismo. Concretamente, as considerações baseadas no mérito presentes nos níveis mais altos de governo, nas democracias desenvolvidas, são, geralmente, mais competitivas e exigentes. Nesses ambientes, as estruturas liberais das democracias desenvolvidas protegem as entidades não estatais da supervisão e interferência política, a exemplo das universidades, empresas, organizações não governamentais e associações, o que significa que cada uma dessas entidades pode definir o mérito conforme necessário para o desempenho de suas funções e seus propósitos, seja buscando e transmitindo conhecimento (universidades), seja obtendo lucro (empresas) ou perseguindo propósitos ou causas distintas (associações). Em contraste, Estados autoritários, como a China, têm interferido nas universidades e empresas exigindo lealdade política à custa do mérito, e é por isso que se diz que formam uma Meritocracia Autoritária (He; Warren, 2020, p. 13).

Wayne e Cabral (2021, p. 2) citam que a meritocracia endossa a imagem de que, no capitalismo, os indivíduos progridem e são recompensados na proporção direta de seus esforços e habilidades individuais (mérito). Para eles, a meritocracia reproduz a promessa de que o mérito individual é a chave para alcançar o que o capitalismo chama de sucesso. Ela funciona como um sistema de justificação das desigualdades engendradas no cerne das relações de poder e classe.

Essas abordagens são esclarecedoras e oportunas na medida em que revelam que as relações conflitantes entre democracia e meritocracia estão associadas às aspirações idealizadas por uma sociedade mais justa e à rejeição da dominação arbitrária da aristocracia ou do nascimento com herança. Tanto a democracia como a meritocracia apelam ao potencial enobrecimento da pessoa de acordo com sua capacidade, seu esforço e sua virtude individual. E tanto a democracia quanto a meritocracia são projetos incompletos que, na ausência de reflexão e prática crítica, podem facilmente perpetuar a desigualdade ou promover a justiça social. Embora, por exemplo, a educação tenha o potencial de reduzir as desigualdades, ela continua atuando como um fator importante para a reprodução da estratificação social e perpetuação das narrativas estigmatizantes dos fracassos e da exclusão social. Nos Estados Unidos, por exemplo, o nível de escolaridade e a mobilidade social meritocrática estão diretamente correlacionados com o plano socioeconômico familiar (Meroe, 2014, p. 2, 18).

Chama atenção que, apesar de os Estados Unidos e a China serem centros culturais distintos, não deixam de possuir em comum sua marca de democracia, do tipo que se pode denominar *Made in USA* e *Made in China*, e, obviamente, como não poderia deixar de ser, também possuem padrões específicos para definir o mérito e aplicá-lo de modo a preservar interesses do Estado, da sociedade, do mercado, ou mesmo dos cidadãos. Na Índia, como em qualquer outro ambiente do espectro global contemporâneo, não é errado compensar o mérito individual de modo a produzir estímulos positivos, mas também não é errado, segundo inúmeras opiniões, instituir reservas e distribuí-las em favor de grupos supostamente carentes de desenvolvimento humano e social.

A democracia, associada ou não à meritocracia, está sempre presente nos discursos de ocasião, e sempre anunciando estar a serviço da maioria, que lhe presta o apoio, com o que pretende afirmar sua legitimidade. Parece que é sempre mais convincente reunir, em torno do mesmo elo, a democracia com coisas do trato político, social, jurídico etc., que são ou possam ser de aceitabilidade discutível. Assim como a democracia se mantém em nome da maioria, as reservas foram instituídas com o propósito de nivelar os grupos supostamente minoritários à maioria, que é rotulada como o segmento dos mais favorecidos.

Mas — admitindo que a minoria, não no sentido sociológico, tornou-se maioria e como tal permanece crescendo e exigindo mais espaços de reconhecimento como segmento desfavorecido, com o propósito de obter mais e mais reservas para acesso ao ensino superior e ao mercado de trabalho, como tem regularmente ocorrido na Índia, até mesmo em detrimento do mérito — será democrático continuar aplicando o princípio inicial que norteou o estabelecimento das reservas por ocasião da elaboração do texto constitucional que criou as bases para o Estado indiano após a conquista da independência?

Por essa ótica, um fato a ser considerado é que em algum momento não haverá mais folga de números para estabelecer mais reservas da forma como a classe política se habituou ao longo das várias décadas que se sucederam desde que a Constituição passou a ter existência e validade. Outro fato a ser considerado é o de que cada vez mais o mercado de trabalho tem reputado mais-valia à mão de obra qualificada, o que tem demarcado uma nítida fronteira entre os profissionais formados no ambiente acadêmico universitário, distinguindo-os entre os que foram admitidos com e sem reservas. Por questão de pragmatismo e da própria concorrência de mercado, o empregador tornou-se mais crítico, pois as reservas concedidas com a pretensão de se tornar um benefício findaram por criar a marca dos profissionais rejeitados, diante do baixo nível de qualificação acadêmica dos incontáveis candidatos a uma vaga de ingresso no mercado de trabalho.

Meritocracia e democracia são questões polêmicas envolvidas em um diálogo interminável, que reúnem apoiadores e opositores ao sistema de reservas, mas, talvez, o maior problema é que um grupo e outro não tem demonstrado possuir a capacidade mínima de compreensão da realidade e se disposto a aprender e tentar mudar os rumos. Nobre, Castro e Briegas (2018, p. 38) lecionam que resiliência tem o sentido de ser a capacidade multidimensional de lidar com as mudanças e as adversidades com o propósito de recuperar, especialmente aprendendo com as experiências, as adversidades e as condições mutáveis, permitindo, com isso, o processo fundamental de evolução para o bem-estar, como se a adversidade tivesse feito parte do processo e não fosse objeto de ressentimento, frustração ou negação, mas uma oportunidade de crescer. Talvez tanto os apoiadores do regime meritocrático quanto os políticos autointitulados democratas que criam reservas e, em troca, recebem votos devam se esforçar para adquirir a capacidade da resiliência e colocar em prática propostas mais consistentes com a grandeza do Estado e as reais necessidades da sociedade indiana.

Para acomodar a igualdade de tratamento e, portanto, conciliar mérito e democracia, Reeves (2017, p. 37) chegou a propor o princípio da igualdade de acesso à cidadania democrática, o que pode fazer sentido entre as pessoas que querem tanto ter acesso ao ensino de qualidade quanto ao mercado de trabalho, onde poderão se beneficiar de seus méritos e talentos individuais. Filosoficamente, o mencionado princípio (*Equality of Access to Democratic Citizenship*) abre a possibilidade de oferecer a todos os indivíduos um tratamento igual, com base no simples fato de que todos merecem que sua dignidade seja respeitada, o que não deve depender de seus talentos, esforços ou nenhuma outra característica pessoal que seja fruto da loteria da fortuna. A igualdade de acesso à cidadania democrática valoriza especialmente as relações sociais, o que significa que a responsabilidade pessoal e os valores morais dependem da construção e do desenvolvimento do próprio indivíduo, e, devido a isso, as pessoas mais qualificadas poderão exercitar os seus talentos em benefício próprio e das desprivilegiadas.

Mas isso, conforme foi dito, é filosófico. Mérito, castas e reservas são reais; meritocracia e democracia são políticas.

Logo, um questionamento apropriado é o que permita entender por que as reservas, como tipo de ação afirmativa, são medidas que causam rejeição e desapontamento na grande maioria da população, inclusive, por vezes, nas pessoas e nos grupos que delas são diretamente beneficiários. De fato, a meritocracia em oposição às reservas é um tema controverso e há algumas possíveis explicações, não necessariamente convincentes, mas plausíveis. Estudos diversos apontam que as pessoas geralmente avaliam os programas de ação afirmativa de forma mais negativa por entenderem que são programas que atribuem menos peso ao mérito e, portanto, dão mais valia à condição dos grupos favorecidos com essas ações. Em síntese, entendem que esses programas violam o princípio do mérito. Mas outros interpretam que a rejeição a esses programas decorre da circunstância de que eles tendem a aumentar consideravelmente a representação de seus beneficiários, também chamados de grupos-alvo. Há ainda quem se oponha às ações afirmativas baseadas nas reservas devido ao preconceito que alimenta em relação aos membros dos grupos-alvo (Hing; Bobocel; Zanna, 2002, p. 493).

Diante do evidente conflito existente, Baogang He (2016, p. 149) propôs que democracia e meritocracia devem ser combinadas para melhorar o governo democrático e resolver muitas questões práticas. Aqui, surge uma terceira via ou possibilidade: não apenas meritocracia e não apenas a democracia das reservas, mas uma combinação entre ambas.

Outro aspecto importante e questionável é a vinculação entre mérito e elitismo. Mesmo no ambiente das democracias declaradas, o elitismo é uma realidade e não pode ser ignorado. Para Huang Yushun (2018, p. 9), o termo "meritocracia" está presente na realidade das sociedades democráticas, nas quais a política do elitismo tem prevalecido. Entende que riqueza e poder não são distribuídos de acordo com a linhagem da origem familiar, mas segundo o mérito de cada um, considerado como a combinação de inteligência e esforço (IQ + *Effort* = *Merit*). Ele destacou que pode até parecer que as pessoas têm acesso a oportunidades iguais, mas realmente a família em que nascem e o ambiente em que crescem diferem, e isso gera impactos nas condições e oportunidades que permitem que alguém se torne parte da elite ou não. Este é, portanto, apenas mais um sistema hereditário injusto, do qual os Estados Unidos são um bom exemplo de país democrático que se orgulha de ser uma meritocracia.

A combinação de inteligência (IQ) e esforço (*Effort*), referindo-se ao mérito como capacidade individual, pode ser objeto de quantificação. Na Índia, a forma mais popular de avaliar o mérito ocorre por intermédio de exames. Os critérios de avaliação do mérito não são apenas a medição da capacidade real, adequação e aptidão, mas há também critérios relacionados com trabalho, habilidades, atitudes e competência verificados na realização de tarefas específicas, com o objetivo de alcançar um bom desempenho. Entretanto, muitos especialistas consideram que a inteligência, quando medida por testes de *Intelligence Quotient* (IQ), é parcialmente o reflexo da capacidade intelectual inerente e parcialmente o reflexo das influências ambientais (Shailaja; Pankajakshi, 2015, p. 3).

12.4 Discursos comuns sobre o mérito

Não se pode concluir que, no quadro circunstancial atual, que envolve a relação entre o mérito e as reservas, diante das reais condições da educação efetivamente praticadas na Índia e da crescente competitividade do mercado de trabalho, haja maior valia ou adequação do mérito sobre as reservas ou vice-versa. São muitas as implicações a serem ponderadas, mas o fato é que, pendendo para o lado do mérito ou pendendo para o lado político que tem servido de manto protetor do sistema de reservas, que se mantém desde que o Estado indiano se formou, há mais de sete décadas, essa relação precisa ser mais bem estudada e aprofundada, especialmente com o propósito de se obterem novos parâmetros para a formação acadêmica e preparação profissional das pessoas necessitadas de meios de subsistência, que poderão ser providas de forma mais adequada e qualitativa mediante a reavaliação de estratégias e da aplicação dos recursos públicos que possam efetivamente operar como fator de redistribuição e geração de oportunidades iguais de acesso aos meios disponíveis. De modo resumido, partindo das análises anteriores sobre como o mérito e as reservas têm sido enfrentados na Índia e em outros Estados internacionais, pode-se estabelecer como parâmetros discursivos sobre o mérito as seguintes ponderações:

I. Mérito como ideal: a utilidade do mérito como ideal para alcançar a igualdade foi e continua sendo questionada, e isso inclui a jurisprudência constitucional indiana sobre as reservas, na qual o mérito tem sido consistentemente invocado e tratado como um ideal (Nasir; Anuragini, 2023, p. 3);

II. Meritocracia relacionada à prática política: partindo de um modelo de economia política, e tendo por objetivo a exploração dos pontos fortes e fracos de um sistema meritocrático em relação a um sistema democrático, Chu, Kou e Wang (2021, p. 11-12) concluíram que a meritocracia política conduz a resultados econômicos importantes e pode também conduzir a um nível de bem-estar social mais elevado do que a democracia pode proporcionar, dependendo da correta distribuição e aplicação da capacidade dos indivíduos. Em um país em desenvolvimento, onde a educação ainda não é universalizada, a capacidade de discernimento do eleitor mediano provavelmente se manterá abaixo da média da população em geral. Na prática, tem-se verificado a ocorrência de um grau de inclusão mais elevado, proporcionado pela meritocracia política que predomina sobre a democracia em termos de igualdade social. Nos casos em que o país se torna mais desenvolvido e a educação se torna mais universalizada, a capacidade do eleitor médio aumenta e o grau de inclusão também tende a aumentar. Ou seja, à proporção que um país se torna mais desenvolvido e os eleitores se tornam mais instruídos, e há a prevalência do sistema meritocrático sobre o democrático, a tendência é o país se tornar politicamente mais inclusivo;

III. Mérito e enfrentamento da corrupção: a burocracia técnica e profissional, na qual os servidores públicos são recrutados estritamente com base nas suas qualificações e competências, e não na sua lealdade à classe dos políticos, revela-se um mecanismo importante para lidar com a questão da justiça na abordagem epistêmica da democracia. Quando confrontados com a corrupção ou com a gestão ineficiente dos recursos públicos, esse mecanismo possibilita e torna mais fácil para os servidores públicos protestarem ou agirem como denunciantes do que se eles fossem dependentes e leais à classe política. A probabilidade de alguém expor a corrupção ou outras formas de prevaricação será simplesmente maior, se o potencial denunciante não depender daqueles que estão envolvidos na corrupção (Rothstein, 2017, p. 10);

IV. Mérito e oligarquia: o mérito funciona como uma espécie de direito que permite aos indivíduos afirmarem-se em termos de suas capacidades, competências e posições sociais, econômicas e culturais em um arranjo social hierárquico mais amplo, e convence tanto os incluídos como os rejeitados de que a divisão é justa. O discurso sobre o mérito desconsidera, ou ignora completamente, a localização social e econômica dos indivíduos. Partindo do pressuposto de que o talento e a inteligência são capacidades inatas, e não algo que pode ser adquirido, este princípio cria uma oligarquia de talentos, substituindo as antigas oligarquias suportadas pelo nascimento ou pela riqueza. Contudo, é possível verificar, em alguns casos, que há uma sobreposição entre essas duas hierarquias (mérito e oligarquia), uma vez que quem goza dos privilégios inerentes ao nascimento e à riqueza são, geralmente, também aqueles que gozam do privilégio do mérito (Chakrabarty, 2022, p. 160);

V. Mérito e características herdadas: a história da ação afirmativa pode ser vista como uma luta pela justiça da meritocracia moderna. Os defensores da meritocracia sustentam que o que importa é a realização individual e que o mérito não se refere às características herdadas, como a raça ou o gênero. Eles também acreditam, em graus variados, na confiabilidade dos índices numéricos do mérito. Embora as características herdadas de raça e gênero possam não ser determinantes do valor individual, elas podem ser um ponto de partida para conhecer a história e o grau de desenvolvimento de uma pessoa, circunstâncias que devem ser avaliadas na medição do mérito individual. Os índices numéricos, entretanto, não dizem muito sobre o caráter e o valor das pessoas que devem enfrentar e superar obstáculos sociais, como a discriminação racial e a de gênero (Woo, 2012, p. 517);

VI. Mérito e oportunidades: o conceito de meritocracia é filosoficamente complexo. Incorpora a ideia de que os empregos ou as oportunidades devem ser atribuídos com base em algo chamado mérito, e não no clientelismo ou nas identidades. Na Índia, costuma-se dizer que a ação afirmativa é incompatível com o mérito. Esta proposição é, em princípio, falsa. Depende de como os esquemas de ação afirmativa são concebidos e qual é o seu objetivo. Em vez de focar grupos merecedores, como os *dalits*, a ação afirmativa degenerou numa afirmação crua de poder político. Em nome da ação afirmativa, criou-se o perigo de se afirmar a tirania das identidades compulsórias. Mas, em princípio, a ação afirmativa não é incompatível com a meritocracia. Se a meritocracia é um meio de identificar o melhor, somente se pode ter certeza de se ter identificado o melhor desde que se tenha dado igual oportunidade a todas as pessoas. Então, se a justificação para a ação afirmativa é que ela dá oportunidades às pessoas, isso exemplifica a lógica da meritocracia, não a nega (Metha, 2011, p. 6);

VII. Mérito como princípio: o ideal de uma meritocracia emergiu como um valor central da maioria dos Estados contemporâneos. Expressa princípios fortemente igualitários e rejeita muitos privilégios atribuídos ou herdados. Emergindo com a derrubada do feudalismo nos séculos XVIII e XIX, atacou o antigo modo de aquisição de prestígio e riqueza. Constituiu um novo quadro alternativo ao anterior, de herança por nascimento e de restrição de posições especiais a certos grupos baseados na descendência ou no gênero. Centrando-se particularmente nas nomeações para cargos dos serviços do Estado, argumenta-se que é esse modo mais válido e legítimo do que o nepotismo ou o apadrinhamento quando oferecido pelo exame das capacidades, das habilidades e do conhecimento. Ou seja, pelo mérito (Madan, 2007, p. 3.044).

13

DESIGUALDADE DE RENDA E MERCADO DE TRABALHO: COMO DIALOGAM?

Atualmente, quando as pessoas se observam e interagem, não há mais um simples padrão nacional que elas têm em mente ao compararem suas rendas com as dos outros, mas uma referência internacional ou global. A globalização fez aumentar a consciência sobre a renda das outras pessoas, modificando o grau de percepção sobre o conhecimento das desigualdades entre pobres e ricos. Então, se isso acontece entre os pobres, suas aspirações podem mudar, pois eles podem não mais se satisfazer com pequenos aumentos em sua renda pessoal, se souberem que outras pessoas estão ganhando muito mais. Na ordem atual, o processo de globalização operou a mudança de percepção sobre a posição de cada indivíduo, e, ainda que a globalização pudesse aumentar a renda real de todos, ela também poderia exacerbar, em vez de moderar, os sentimentos de desânimo e privação entre os pobres. A globalização, nesse sentido, não é um processo diferente daquele que levou à criação dos Estados-nação modernos com base em aldeias isoladas e, muitas vezes, alienadas. A distribuição nacional de renda era uma abstração para as pessoas que não interagiam umas com as outras e quase ignoravam a existência e o modo de vida umas das outras (Milanovic, 2006, p. 13).

Essa breve exposição, que relaciona a renda das pessoas e a globalização, é apenas um ponto de vista e um ponto de partida para o tratamento da desigualdade, não se tratando de uma posição exauriente nem absoluta, mas, apenas, uma referência.

Iniciando esse debate, destaca-se que a ideia de desigualdade há muito tem sido associada a prescrições de políticas públicas, que abordam questões sobre se mais recursos devem ser destinados a programas redistributivos, qual o significado da progressão tributária e assim por diante. Nos últimos 35 anos, essa leitura tem sido amplamente baseada em uma abordagem essencialmente assistencialista (Cowell, 2007, p. 14). E, nesse contexto, a redistribuição, definida como o uso de impostos e políticas de transferência para reduzir a desigualdade de renda, foi reintroduzida no debate sobre a pobreza, assim como a própria desigualdade de renda foi trazida pela disciplina econômica em meados da década de 1990 (Luebker, 2012, p. 1).

Desde então, o conceito de desigualdade tem sido analisado e compreendido ao menos de duas maneiras diferentes. Uma delas busca explicar os aspectos funcionais da estratificação da sociedade conforme a consideração de que o fenômeno da desigualdade é universal. Sustenta que há certas posições funcionais que são essenciais para a sobrevivência da sociedade, a qual, por sua vez, procura garantir que as pessoas mais capazes ocupem essas posições. Mas isso gerou, como consequência, a desigualdade de acesso à renda, ao status e ao prestígio daqueles que estão em posições funcionalmente superiores aos demais. A outra baseou-se na teoria do conflito ou na análise marxista da desigualdade, centrada na questão do poder e da tomada de decisão. Com isso, a pequena minoria constituída pelos que possuem riqueza e propriedade também detém o poder de decisão contra a maioria dos despossuídos. Trazendo essas considerações para o contexto indiano, percebe-se que a desigualdade não pode ser compreendida apenas como uma variável existencial, mas principalmente como um modo de consciência (Chalam, 1990, p. 2.333).

De qualquer modo, referir-se à desigualdade no contexto social de qualquer país não é o mesmo que se referir à igualdade com sinal negativo, como se fosse uma simples operação matemática. Na verdade, apesar dos esforços teóricos, metodológicos, sociológicos etc. tentando definir e parametrizar a desigualdade, ela permanece algo material e visivelmente perceptível, mas profundamente variável e intrincadamente complexo a ponto de desafiar as mais sérias composições políticas, econômicas e sociológicas ao longo do tempo e independentemente das regiões. A desigualdade é tão variável que pode ser proporcional ou desproporcional, e pode estar, como quase sempre está, associada a predicados importantes, como sociedade, economia, pobreza, oportunidades, sociologia, educação etc.

Tomada como exemplo, a educação é um valor social que interessa ser analisado diante da desigualdade que permeia o tecido social, ante a percepção de que os custos da desigualdade e do fracasso escolar são altos para os indivíduos e para as sociedades, e são difíceis de ser remediados posteriormente, de modo que investir na equidade na educação e na redução do abandono escolar é uma medida socialmente importante e compensatória. Por um lado, alavancar as habilidades dos indivíduos é um recurso que pode aumentar sua empregabilidade e produtividade, e, de forma mais ampla, as habilidades cognitivas dos indivíduos têm sido fortemente associadas ao crescimento econômico nas últimas décadas. A educação também tem sido associada ao empreendedorismo, sendo considerada um fator que favorece o aumento da mobilidade social. Por outro lado, o capital humano subdesenvolvido, desprovido de educação formal, dificulta o crescimento da produtividade e limita o uso efetivo e pleno dos recursos, pois é certo que os indivíduos com níveis de escolaridade mais baixos normalmente apresentam maiores riscos de desemprego, empregos menos estáveis e dificuldades generalizadas para enfrentarem as demandas e para lidarem com as transições tecnológicas (OECD, 2012, p. 23-24). Além disso, há provas substanciais que demonstram os diversos efeitos negativos do desemprego, que não se limita à perda da renda, mas também provoca outras consequências graves, como o dano psicológico, a perda da motivação para o trabalho, as perdas das habilidades e confiança, o aumento de doenças graves e, adicionalmente, as perturbações no cenário social e nas relações familiares, com a consequente intensificação da exclusão e o acirramento das tensões raciais e das assimetrias de gênero (Sen, 2000, p. 117).

A educação é, ainda, um poderoso preditor de rendimentos, como descreveram algumas pesquisas mais recentes, as quais apontaram que a desigualdade no desempenho educacional e a desigualdade salarial estão correlacionadas, tanto ao longo do tempo quanto no âmbito de vários países. Não se limitando a isso, a educação também está correlacionada com: i) o estado de saúde e, em alguns casos, com ii) a participação política no processo democrático, fazendo com que as desigualdades na primeira possam gerar lacunas e gradientes indesejáveis em outras dimensões (Ferreira; Gignoux, 2011, p. 2).

Quanto às desigualdades no acesso ao ensino superior, sabe-se que, além das disparidades já existentes entre grupos sociais e religiosos, elas também se manifestam de modo significativo nos níveis da renda, pois o peso referente à situação econômica continua a pressionar a probabilidade de acesso ao ensino superior.

O próximo passo é entender: o que é a desigualdade (*Inequality*)?

Para essa pergunta, não se deve esperar um conceito pronto e acabado, senão um conjunto de percepções que, associadas, traduzem uma noção, uma aproximação conceitual, mas não o conceito em si. Apesar de a desigualdade, ou estado de não ser igual, especialmente em status, direitos e oportunidades, ser uma noção central das teorias da justiça social, é também muito propensa à confusão no debate público, na medida em que, tendenciosamente, pode significar coisas diferentes para pessoas diferentes, tanto que há autores que tratam a desigualdade econômica com o sentido de desigualdade de renda ou desigualdade monetária, mas há também quem, de forma mais ampla, a trate como desigualdade nas condições de vida. De outro ponto de vista, distinguem-na segundo uma abordagem legalista, baseada em direitos, referindo-se à desigualdade de direitos e obrigações associadas. Um bom exemplo desta situação são as pessoas não iguais perante a lei ou as pessoas que têm poder político desigual. A desigualdade adquiriu, por isso, uma proeminência recém-descoberta no debate acadêmico e político, cujo foco dos estudos mais recentes tem sido as vantagens e desvantagens econômicas e, em particular, o estudo das desigualdades de renda e riqueza (Burchardt; Hick, 2017, p. 13).

Atualmente, são recorrentes os exames analíticos sobre a pobreza que se utilizam de medidas enquadradas como linhas de pobreza, que adotam o nível de renda pelo qual se define que uma pessoa é pobre. Trata-se de uma convenção pela qual a linha de pobreza é o ponto de partida ou a referência com a qual se conta o número de pessoas que ocupam posição inferior nessa escala, definindo-se o índice de pobreza como uma proporção em relação a uma determinada população (Dupas, 1999, p. 29).

De acordo com Trapeznikova (2019, p. 2), existem muitas razões pelas quais os formuladores de políticas e pesquisadores preocupam-se com o grau de desigualdade econômica de um país. Uma delas são os estudos que evidenciam que as persistentes disparidades de renda entre os indivíduos estão profundamente associadas à pobreza, às privações, à doença mental, à agitação social e ao crime, e, ainda, aos níveis mais baixos de educação, emprego e expectativa de vida. Muitas políticas públicas, como as de impostos, benefícios sociais, provisão de educação e serviços de saúde, preços e regulamentos de concorrência, têm implicações distributivas para a renda. Desse modo, importa definir e esclarecer quão igualmente a renda é distribuída entre os indivíduos em países com diferentes instituições sociais, sistemas educacionais, capitais e mercados de trabalho.

Logo, um ponto de partida para se construir um eixo metodológico ou critério racional para a compreensão da desigualdade é fixar-se no referencial da igualdade. Por esse ângulo, há a igualdade de oportunidades (*Equality of Opportunities*) quando os resultados na vida a serem alcançados dependerem de fatores pelos quais apenas as pessoas forem consideradas responsáveis e não dependerem de atributos desvantajosos fora de seu controle. Situações relacionadas ao gênero, à etnia, aos antecedentes familiares etc. não devem determinar os resultados, ou, em termos práticos, quando ocorrer de os indivíduos necessitarem ser compensados de alguma forma por suas circunstâncias desvantajosas. Já a igualdade de resultados (*Equality of Outcomes*) refere-se a um estado em que as pessoas participem de condições econômicas semelhantes. Por conseguinte, a desigualdade de oportunidades define-se *ex ante* e está preocupada em garantir um ponto de partida comum às pessoas, ao passo que a desigualdade de resultados está relacionada à linha de chegada e depende tanto das circunstâncias além do controle de cada um quanto de seus talentos e esforços (UN, 2015a, p. 1).

Martin, Moore e Schindler (2016, p. 30) buscaram dar um tratamento conceitual à desigualdade valendo-se de um referencial muito específico: a moradia. Para eles, a desigualdade deve ser definida pela combinação de medidas econômicas referentes à renda e à riqueza, sendo inseparável das disparidades sociais de outros tipos, mas com uma interdependência que é particularmente aparente na provisão da moradia. Já para Hoffmann (2008, p. 30), a situação social ou o status social de um indivíduo resulta da interação de muitas dimensões diferentes, e as mais importantes são mencionadas como dimensões da desigualdade social. Nessa ordem, a expressão "status social" é mais usual e foca mais do que o termo "situação social" em uma estrutura social hierárquica. Mas ambas são expressões que designam condições objetivas de vida, ao invés de percepções e interpretações subjetivas.

Outra interessante linha de abordagem é denominada Desigualdades Multidimensionais e Sistêmicas. De acordo com essa perspectiva, as desigualdades podem ser tratadas em três planos diferentes e complementares: as desigualdades vitais (*Vital Inequalities*), as desigualdades de recursos (*Resource Inequalities*) e as desigualdades existenciais (*Existential Inequalities*). As desigualdades vitais geralmente são entendidas com o sentido de desigualdades em relação à vida, à saúde e à morte, sendo expressas por indicadores como a expectativa de vida ao nascer e a taxa de mortalidade infantil, utilizadas para analisar, comparativamente, as desigualdades entre ou dentro das populações ou para analisar a evolução populacional ao longo do tempo. Esse tipo de desigualdade não se circunscreve a uma dimensão meramente biológica, pois a própria noção de vitalidade incorpora fatores de ordem social, econômica e até cultural, que variam de acordo com o contexto geográfico e o nível de desenvolvimento humano desigualmente distribuído entre e dentro dos países e das regiões. As desigualdades de recursos decorrem, principalmente, da distribuição desigual de recursos sociais, econômicos e culturais, e incluem, especificamente, as dimensões das desigualdades de renda e riqueza, escolaridade e qualificação profissional, habilidades cognitivas e culturais, posição hierárquica nas organizações e acesso às redes sociais. Nesse caso, os indivíduos são vistos e enquadrados como atores sociais que se apropriam e mobilizam, estratégica e relacionalmente, um conjunto diferenciado de capital variado no espaço social. Já as desigualdades existenciais significam o reconhecimento desigual dos indivíduos como pessoas, hipótese em que o foco recai sobre as desigualdades decorrentes de opressões e restrições à liberdade individual e/ou coletiva, discriminações, estigmatizações e humilhações, representadas por fenômenos como o patriarcado, a escravatura e o racismo, por exemplo (Carmo, 2021, p. 2-3).

Em certa medida, as desigualdades possuem caráter objetivo e são examinadas sob determinados indicadores, mas, apesar dessa particularidade, também apontam para elementos ligados à construção social das subjetividades e à forma como os indivíduos percebem e vivenciam uma série de discriminações e injustiças a que estão submetidos. Em face de sua predominante natureza objetiva, várias medidas de desigualdade foram introduzidas na literatura, principalmente no contexto da distribuição de renda. Alguns dos principais indicadores conhecidos são Gini (1914), Pietra (1915), *Generalized Entropy* (1967) e Atkinson (1970).

O indicador Atkinson situa-se em uma escala entre 0 e 1, aumentando no sentido da desigualdade. É igual a 0 no caso de igualdade completa, ou seja, quando todos os indivíduos têm a mesma riqueza (positiva), e igual a 1 no caso da desigualdade completa, ou seja, quando um indivíduo tem toda a riqueza e todos os outros não têm nada (Costa; Pérez-Duarte, 2019, p. 10, 12).

Transpondo essa perspectiva para um nível propriamente discursivo, Stewart (2013, p. 6) chamou atenção para a necessidade de diferenciar igualdade e equidade. Para ele, igualdade implica tratar as pessoas como iguais em algum aspecto, enquanto o tratamento equitativo, ou distribuição equitativa, é aquele que pode ser considerado justo. Logo, a distribuição equitativa envolve um julgamento de valor sobre o qual poderá haver desacordo, uma vez que não precisa ser uma distribuição igualitária, entendendo-se que partes justas não são, necessariamente, partes iguais. Ademais, a equidade é outro objetivo comum da política social em vários países. Para tanto, os resultados equitativos são medidos principalmente em relação ao acesso das pessoas aos recursos disponíveis.

De acordo com a *Association of American Colleges and Universities*, a igualdade concentra-se em garantir que todos recebam a mesma coisa, enquanto a equidade tem a ver com justiça, na medida em que busca garantir que cada pessoa receba o que precisa. Essa distinção é especialmente importante na educação, em que há lacunas visíveis em oportunidades e resultados para um grande número de estudantes. Historicamente, os estudantes de baixa renda e os de cor foram excluídos do acesso a muitas oportunidades no ensino superior, e as políticas, expectativas e regras tácitas atuais têm perpetuado o problema. Para educar efetivamente, o ensino superior deve se concentrar tanto na equidade quanto na qualidade, de modo a disponibilizar as formas mais capacitadoras de aprendizado universitário para todos (AAC&U, 2015, p. 4).

Além disso, a equidade tem muitas dimensões, uma das quais é a capacidade de acessar serviços sociais e oportunidades econômicas. Todavia, os debates sobre a equidade têm sido desencontrados, diante das muitas as opiniões, variando quanto ao que exatamente implica uma distribuição justa de oportunidades ou resultados e também porque é difícil obter informações sobre todas as suas dimensões, fazendo com que os indicadores de status social se limitem, mais comumente, à desigualdade de recursos financeiros (OECD, 2019b, p. 60).

Para se ter um exemplo concreto quanto à variedade de dimensões associáveis à equidade, fala-se, na atualidade, em pedagogia da diversidade como um refinamento adicional da pedagogia da equidade, tratada como uma espécie que envolve estratégias de ensino e ambientes de sala de aula, de modo a favorecer que os estudantes de diversos grupos raciais, étnicos e culturais obtenham o conhecimento, as habilidades e as atitudes necessárias para agirem de forma eficaz e ajudarem a criar uma sociedade justa, humana e democrática (Westhuizen, 2012, p. 623).

Por fim, Lin Yang (2017, p. 5) formulou uma síntese sobre a desigualdade de modo mais abrangente, estabelecendo que ela corresponde à distribuição desigual de recursos e oportunidades entre os indivíduos, entre os grupos de uma população, ou até entre países, ocorrendo em um determinado espaço e tempo. Salientou que a desigualdade econômica se concentra, geralmente, nas disparidades de renda, riqueza e consumo, embora possam surgir outros modais relacionados, como a educação e a saúde, por exemplo. De modo semelhante ao que acontece com a pobreza, os conceitos de desigualdade econômica podem ser operacionalizados de várias maneiras e por vários índices e métricas.

13.1 Primeiro indicador: desigualdade de renda

Por que o foco na renda em vez de em alguma outra quantidade mensurável?

Em muitos países, a desigualdade de renda aumentou consideravelmente nas últimas décadas, e em alguns os rendimentos mais elevados captaram uma grande parte dos ganhos globais das rendas, enquanto a pobreza persistiu como uma questão política grave, sobretudo devido ao aumento contínuo do desemprego. Em acréscimo, com as recentes crises financeira e fiscal, os governos tiveram de conter os gastos públicos, incluindo as transferências de renda, enquanto a consolidação fiscal e as considerações sobre a equidade levaram esses governos a aumentarem os impostos, em particular os incidentes sobre as rendas mais altas (Joumard; Pisu; Bloch, 2012, p. 38).

Por isso, o que se mostra evidente é que a renda tem assumido um papel central perante os governos quanto à formulação de suas políticas tributárias e assistencialistas, considerando o cenário econômico global, situando-a com uma importante variável para a fixação dos modelos políticos tributários, por um lado, e de prestações assistencialistas, por outro lado. Consequentemente, a renda afigura-se como o principal vetor ou indicador de medidas na esfera do setor público. Diante dessa realidade, de acordo com Cowell (2007, p. 1-2), em muitas abordagens sobre esse tema, a renda desempenha um de dois papéis, e, às vezes, ambos:

I. Renda como padrão de bem-estar econômico: se alguém adota uma abordagem individualista e assistencialista da economia social, é razoável que se preocupe com o bem-estar ou a utilidade individual. Em alguns aspectos, o fluxo da renda reflete isso, apesar de já se ter argumentado que os gastos de consumo poderiam ser um indicador econômico mais apropriado. Entretanto, o bem-estar individual pode ser determinado não apenas pelo nível da própria renda, mas também por sua relação com a renda dos outros indivíduos;

II. Renda como poder sobre os recursos: se alguém tem em mente o poder de compra, talvez a renda disponível (renda após a incidência dos impostos e das deduções compulsórias) possa ser um conceito apropriado. Mas, se a desigualdade estiver associada ao poder econômico e ao status, então a medida de riqueza pode ser mais apropriada.

Diante dessas duas possibilidades, pode-se assumir um ponto de partida para o tratamento sobre a desigualdade de renda, que pode ser compreendida como um fator natural para a abordagem da equidade perante as sociedades. Na maioria das vezes, é perceptível que as preocupações políticas se concentram, mais fortemente, nos indivíduos que estão na base dos processos de distribuição. Daí a pertinência quanto ao uso das medidas de pobreza e da desigualdade em geral. Nesse debate, a consideração sobre os benefícios de renda mínima garantida é exemplo da amostra do apoio financeiro e do padrão de vida alcançáveis para as famílias de baixa renda propiciados pelo Estado. Consequentemente, é comum que, em períodos de alta do desemprego, se intensifiquem as transferências de renda para as pessoas em idade ativa, conferindo-lhes uma importante rede de segurança social (OECD, 2019b, p. 60-61).

Mas não se pode deixar de considerar o viés negativo das formas de transferência de renda, isso porque se pode pensar nelas como formas de redução dos incentivos ao trabalho (desestímulo). Ou seja, na medida em que a renda é recebida sob a forma de transferência, e não como remuneração pelo trabalho, o incentivo ao trabalho pode ser reduzido. Essa redução será agravada, obviamente, se houver a incidência de impostos marginais mais elevados sobre o trabalho daqueles que trabalham e pagam impostos para custear as transferências (Eisner, 1984, p. 28). Exemplo prático dessa realidade foi revelado na experiência norte-americana, quando analisado o crescimento extraordinário das transferências de renda, principalmente para os idosos, como característica central da história econômica recente. Os Estados Unidos são exemplos desse crescimento, quando, no ano de 1950, o *Social Security Old Age and Survivors Insurance* (OASI) pagou a 3,48 milhões de trabalhadores aposentados e sobreviventes, equivalentes a 2,3% da população, um total de US$ 1,02 bilhão em benefícios, ou apenas 0,45% da renda pessoal do país. Entretanto, no ano de 1979, os benefícios de aposentadoria e sobrevivência pagos pelo OASI totalizaram US$ 93,13 bilhões, ou 4,79% da renda pessoal da população, e o número de beneficiários atingiu o patamar de 30,35 milhões, o equivalente a 13,8% da população (Danziger *et al.*, 1984, p. 239).

Concordando com esse entendimento, admite-se que a principal ferramenta política direta para reduzir a desigualdade de renda é por meio de impostos e benefícios, que, no entanto, também podem ter um efeito direto negativo sobre o crescimento, o que poderá ocorrer, se altos níveis de impostos e transferências gerarem desperdício de recursos e ineficiências agregadas (Cingano, 2014, p. 19).

Feitas essas considerações, tem-se que o principal indicador de distribuição empregado na atualidade é o coeficiente Gini (*Gini Coefficient*), cujos valores variam segundo uma escala numérica, na qual o valor 0 se aplica ao caso de perfeita igualdade, o que representa dizer que cada pessoa recebe a mesma renda. Já o valor 1 é atribuído ao caso de perfeita desigualdade, em que a renda se concentra nas pessoas possuidoras dos maiores estoques de riquezas (OECD, 2019a, p. 98).

Portanto, por esse critério, na proporção em que a grandeza numérica se eleva, aproxima-se da desigualdade e afasta-se simetricamente da igualdade. Sabe-se, ainda, que os limites superior e inferior do coeficiente Gini foram derivados da distribuição da renda observada e dividida em várias classes. O limite inferior do coeficiente foi obtido assumindo-se que a desigualdade, dentro de cada faixa, é 0 (Kakwani, 1980, p. 97).

Em outra vertente, Schmid-Drüner (2016, p. 2) propôs uma nova linha conceitual segundo a qual: i) a desigualdade econômica trata, especificamente, da lacuna existente entre os ricos e os menos abastados na distribuição econômica geral e, mais comumente, refere-se à desigualdade de renda e riqueza; ii) a desigualdade de renda, por sua vez, refere-se ao grau em que a renda é distribuída de maneira desigual entre uma população, assumindo-a como um rendimento disponível, individual ou familiar, num determinado período; e iii) a renda abrange qualquer fluxo de receitas proveniente de salários, juros sobre poupanças, dividendos e transferências públicas de dinheiro, como as pensões, depois de deduzidos os impostos e as contribuições para a seguridade social. Estabeleceu, ainda, que, ao se tratar sobre desigualdade de renda, é preciso considerar que diferentes fontes podem usar diferentes conceitos de renda, como é o caso de equipará-la aos benefícios.

Todas essas considerações sobre desigualdade, renda, mercado, indicadores etc. têm uma ambientação apropriada, que se compreende como ordem econômica, na qual estão presentes fatores atuantes no ambiente global, que são geradores de oscilações constantes nos mercados e que, por sua vez, comprometem e alteram as economias locais, gerando consequências importantes na produção das rendas e de reflexos significativos nas instâncias individuais, do que decorrem mais desigualdades, que realimentam o círculo vicioso. Assim, ao enfrentar os vários fatores que influenciam essa ordem, Kuznets (1955, p. 28) advertiu há várias décadas quanto à necessidade de mudança de rumos. Para ele, ante a necessidade de analisar o crescimento econômico das nações, diante da desigualdade de renda generalizada, fazia-se imperativo que houvesse uma aproximação às descobertas das disciplinas sociais relacionadas, que favorecessem o entendimento quanto aos padrões de crescimento populacional, a natureza e as forças das mudanças tecnológicas, os fatores que determinam as características e as tendências nas instituições políticas e, em geral, nos padrões de comportamento dos seres humanos. Por isso, ele aconselhou que o trabalho efetivo nesse campo deveria ser no sentido de operar a transposição da economia de mercado para a economia política e social.

Mais recentemente, conjecturando em torno de semelhante pensamento, Standing (2014, p. 113) discorreu sobre a necessidade de renovação das ideias, buscando a adoção de medidas progressistas. Para ele, o sistema de proteção social da Índia deve ser projetado para corresponder à futura estrutura da sociedade, e não ao seu passado, medida que tem sido negligenciada pelos formuladores de políticas imersos nas formas tradicionais de olhar para a estrutura socioeconômica. É preciso compreender a possibilidade de a renda nacional dobrar em uma década, que as forças do mercado se espalharão à medida que o país se torne mais comercializado e monetizado, e que a liberalização e a flexibilização do trabalho predominarão. Deve-se esperar, ainda, que a Índia se torne cada vez mais urbana e a mobilidade geográfica cresça. Na sequência, as famílias crescerão e assumirão novos modais, até mesmo com a inserção de migrantes, e serão moldadas por políticas, e não por parâmetros fixos.

Para Deaton e Dreze (2002, p. 3.742), à medida que a economia cede mais espaço para as forças do mercado, a incerteza e a desigualdade aumentam, o que pode conduzir a uma maior insegurança entre aqueles que não estejam em condições de se beneficiar das novas oportunidades ou cujos meios de subsistência estejam ameaçados pelas mudanças na ordem econômica. Sabe-se que o aumento da desigualdade econômica, que teve início na década de 1990, serviu para demonstrar que tendências desse tipo podem ainda estar em ação na Índia. Essas tendências podem assumir várias formas distintas, incluindo o empobrecimento de regiões ou grupos sociais específicos, maior incerteza em geral e crescentes custos ocultos do desenvolvimento econômico.

Por outro aspecto, há críticas quanto ao fato de o problema de medir o grau de desigualdade de uma dada distribuição ser abordado, costumeiramente, pelo viés formalista, pois a desigualdade existente é medida por um padrão manifestamente irrealista de perfeita igualdade ou perfeita desigualdade (referência ao coeficiente Gini). Da mesma forma, as medições de mudanças no grau de desigualdade ao longo de um período, ou as comparações do grau de desigualdade entre as populações, geralmente têm sido feitas em termos de medidas baseadas em definições matemáticas de igualdade ou desigualdade absoluta. De fato, sem um quadro de referência criterioso, mudanças temporais na distribuição de renda ou comparações de distribuições de renda são difíceis de ser interpretadas (Garvy, 1952, p. 27).

13.2 Segundo indicador: desigualdade no mercado de trabalho

Mineração, manufatura, eletricidade e outras fontes de energia, tecnologias e informática, abastecimento de água, saneamento, construção civil, sistemas viários e navegação, comércio, hotelaria, restaurante, transporte terrestre, armazenamento, comunicações, setor imobiliário, educação, setor financeiro, setor de saúde, administração pública, serviços de defesa etc. são exemplos de atividades profissionais regularmente exercidas em nível global. Esses setores são ditos formais em contraposição a outros ditos informais.

No aspecto geral, o mercado de trabalho (*Labour's Market*) é um dos mais cobiçados elementos constitutivos do ambiente social, na medida em que é por intermédio dele que as pessoas conseguem ter acesso à renda necessária para a própria subsistência e à da respectiva família. O mercado de trabalho, formal e informal, é uma garantia de sobrevivência e uma necessidade para a satisfação da dignidade humana. A questão, porém, que circunda esse tema é como obter a garantia de acesso e permanência no mercado, a despeito da concorrência entre os indivíduos e da própria dinâmica do sistema, que, continuamente, se aperfeiçoa e promove a substituição da mão de obra humana pela operatividade, pela precisão e pela eficiência garantidas pelas novas tecnologias, que têm possibilitado a inserção de máquinas, robôs e diversos recursos artificiais em substituição à atividade laboral humana. Há, além disso, outras particularidades especialmente sensíveis, como é o caso das pessoas que já enfrentaram ou ainda enfrentam alguma desvantagem, como mulheres, jovens, idosos e trabalhadores migrantes, que experimentam maiores perdas de empregos do que outros grupos (ILO, 2022, p. 22).

Aditivamente, tem-se as oportunas mudanças de preferências, que têm levado as pessoas trocarem as atividades tipicamente rurais pelas urbanas.

No aspecto particular, o mercado de trabalho indiano apresenta desafios inerentes ao tamanho e à diversidade do país, especialmente porque, em um país grande como a Índia, os empregos são continuamente criados e destruídos. Além disso, o emprego na Índia costuma ser temporário e sazonal, e, devido a esta e outras especificidades, calcula-se que ao menos metade dos trabalhadores é autônoma ou informal e que entre os trabalhadores ocasionais a maioria não tem vínculo empregatício claramente definido. Nesse contexto, convém observar certa cautela com os números, que podem ser enganosos e, às vezes, completamente confusos. Por esse motivo, as tendências da economia e as do emprego são rotineiramente questionadas, ante a necessidade de atualizações, revisões e adequações das bases de dados (Verick, 2018, p. 2-3).

Para citar um exemplo, que mescla complexidade à confusão, o mercado de trabalho formal indiano é considerado altamente rígido, ao mesmo tempo que é um dos setores mais informais do mundo (Maiti, 2019, p. 1).

Em termos locais, entende-se por setor organizado ou setor formal na Índia as organizações licenciadas, ou seja, aquelas que são registradas, cumprem normas e regulamentos, e pagam impostos sobre vendas, renda etc., a exemplo de shopping centers, hotéis e grandes empresas. Por setor não organizado, também conhecido como setor informal ou empresas de conta própria, entende-se todas as atividades econômicas não licenciadas, autônomas ou não registradas, como armazéns gerais, artesãos e trabalhadores manuais, comerciantes rurais, agricultores etc. (Kalyani, 2015, p. 46). Ou, ainda, conforme descreveu Salapaka (2019, p. 2), setor desorganizado e setor informal são usados indistintamente no contexto da Índia, consistindo em empresas por conta própria, operadas por trabalhadores por conta própria, ou empresas não organizadas que empregam trabalhadores contratados. De qualquer modo, os trabalhadores são classificados em três categorias ou status ocupacionais: i) autônomos; ii) ocasionais; e iii) regulares (Chang; Singh, 2022, p. 9).

Paralelamente a essa perspectiva, o mercado de trabalho é seletivo e exigente, razão pela qual busca na massa de trabalhadores disponível os indivíduos que possuam as melhores qualificações acadêmicas, especialidades profissionais e características intelectuais para o desempenho de atividades inerentes ao mundo do trabalho. Nesse ponto, a formação acadêmica, estampada em certificados e diplomas escolares, tem sido o principal critério para a seleção da mão de obra. Entretanto, com ou sem formação acadêmica e/ou profissional, o mercado de trabalho tem suas bases fincadas em duas grandezas que não podem ser ignoradas: a formalidade e a informalidade, as quais são subjacentes à economia e se mantêm atuantes, simultaneamente, uma à outra, apesar das regulamentações e normatizações impostas pelo Estado.

No âmbito internacional, formalidade e informalidade também estão presentes. Em alguns países, a expressão "economia informal" refere-se ao setor privado. Em outros, essa expressão é considerada sinônimo de economia subterrânea ou cinzenta. Apesar disso, a maioria dos trabalhadores e empresas da economia informal produz bens e serviços legais, embora por vezes não em conformidade com os requisitos legais, por exemplo, quando não há o cumprimento dos requisitos de registo ou de outras exigências normativas. Essas atividades devem ser diferenciadas das atividades criminosas e ilegais, como a produção e o contrabando de drogas, pois são objeto de lei criminal e não são apropriadas para regulamentação ou proteção sob a égide da legislação trabalhista ou comercial. Também pode haver áreas cinzentas, ou intermediárias, em que a atividade econômica envolve simultaneamente características da economia formal e informal, quando, por exemplo, os trabalhadores formais recebem remuneração não declarada, ou quando há grupos de trabalhadores em empresas formais cujos salários e condições de trabalho são típicos daqueles existentes na informalidade (ILO, 2002, p. 53-54).

Já emprego no setor informal e emprego informal são conceitos que se referem a diferentes aspectos da informalidade e a diferentes metas para a formulação de políticas. Porém, um desses conceitos não pode substituir o outro. Ambos são úteis para fins analíticos e, portanto, complementam-se. No entanto, os dois conceitos precisam ser definidos e medidos de forma coerente e consistente, para que um possa ser claramente distinguido do outro. Os usuários de estatísticas geralmente tendem a confundi-los porque não têm consciência das diferentes unidades de observação envolvidas: as empresas de um lado e os empregados do outro. No entanto, para coletar estatísticas sobre o emprego informal, é preciso ter uma definição de economia informal, que pode se referir a todas as atividades econômicas dos trabalhadores e unidades econômicas que, na lei ou na prática, não são cobertas ou são insuficientemente cobertas por acordos formais. Para a *International Labour Organization*, o emprego na economia informal compreende dois componentes, que são: o (i) emprego no setor informal; e (ii) outras formas de emprego informal, ou seja, emprego informal fora do setor informal (Hussmanns, 2004, p. 1-2). Dito de outro modo, para simplificar, basta pensar que o emprego informal é uma informalidade diferente do emprego no setor informal, embora ambos sejam informais.

O setor informal compreende as empresas não registradas, ou seja, empresas não registradas que pertencem a famílias, nas quais os ativos fixos não pertencem às unidades de produção, mas aos seus proprietários. Não possuem uma pessoa jurídica, mas apenas um agregado familiar. Atualmente, mais de 90% das empresas indianas têm menos de 20 empregados e, aproximadamente, 70% delas não possuem nenhum registro oficial (Dewan; Krishnamurthy; Taneja, 2022, p. 12).

As organizações ou empresas informais são os principais atores em atividades como manufatura, construção, transporte, comércio, hotéis e restaurantes, negócios e serviços pessoais. O setor informal desempenha um papel significativo na economia em termos de oportunidades de emprego e redução da pobreza. Esse setor cria oportunidades de geração de renda para um grande número de pessoas. Na Índia, uma grande parte da força de trabalho total ainda está no setor informal, que contribui com uma parcela considerável do produto interno líquido do país (Kalyani, 2016, p. 79).

Genericamente, o setor informal faz parte do setor familiar sob a forma de empresas familiares ou, de modo equivalente, são empresas sem personalidade jurídica pertencentes às famílias. E isso levou à definição da força de trabalho desorganizada como "trabalhadores que não foram capazes de se organizar em busca de seus interesses comuns, devido a certas restrições, como a natureza casual do emprego, a ignorância e o analfabetismo, o pequeno tamanho e os estabelecimentos dispersos" (Ministry of Labour & Employment, 2014, p. 3).

Por esse prisma, a construção é a principal atividade que absorve mão de obra rural com baixa escolaridade nas áreas rurais e urbanas. Esses trabalhadores são caracterizados pelos níveis de escolaridade muito baixos. Estimou-se que o número absoluto de analfabetos na construção foi de 11 milhões no período de 2004 a 2005, mas subiu para 19 milhões no período de 2011 a 2012 (Mehrotra, 2018, p. 10).

Percebe-se, enfim, que a noção sobre a informalidade e uma compreensão diferenciada do grande e heterogêneo setor informal da Índia são essenciais para entender a estrutura de sua economia e mercado de trabalho. Conforme já assinalado, a informalidade é composta por empregos informais e empresas informais, e tanto o emprego informal como as empresas não registradas caracterizam-se pelos baixos níveis de produtividade, embora no seu conjunto a contribuição desse setor para o Produto Interno Bruto seja significativa. De acordo com as estatísticas do governo, o setor informal da Índia representou 52% de seu PIB no período de 2017 a 2018 (Dewan; Krishnamurthy; Taneja, 2022, p. 11).

Outro ponto importante para a abordagem do indicador do mercado de trabalho passa pelo conhecimento da composição do próprio mercado com sua mão de obra formal e informal. Na Índia, o mercado de trabalho é composto, de modo predominante, do emprego informal, com mais de 90% da força de trabalho atuando de forma autônoma, ocasional ou irregular. Essa é uma tendência preocupante, pois já se tem verificado o aumento da taxa de emprego informal mesmo no setor organizado. Por isso, há a necessidade de se criar um ambiente propício que desenvolva o impulso da cultura formal no mercado de trabalho. Além da formalidade/informalidade, o setor laboral na Índia pode ser qualificado como organizado e não organizado, entendendo-se por atividade informal não organizada a exercida por empresas privadas não constituídas em sociedades e que pertençam a indivíduos ou famílias envolvidas na venda e produção de bens e serviços operados em regime de propriedade ou parceria. Hoje, o setor não organizado representa mais de 90% da força de trabalho do país, e aproximadamente 50% da renda nacional provém deste setor. Sabe-se que desde o início das políticas de liberalização, que tiveram início nos anos de 1990, a informalidade dos empregos tornou-se um motivo de preocupação, pois foi justamente a crescente concorrência combinada com maiores oportunidades de mercado e recursos limitados que levaram ao surgimento de uma economia informal. Assim, com a predominância do setor informal, criou-se uma situação em que os benefícios do crescimento econômico se concentraram apenas em poucos grupos, enquanto havia uma proporção crescente da população vivendo como trabalhadora e pobre (Srija; Shirke, 2014, p. 40).

Entre a força de trabalho não qualificada, a categoria dos trabalhadores pobres é dominante (Mitra, 2008, p. 13).

Como consequência da nova realidade que se estruturou em torno da informalidade do mercado de trabalho, do emprego e da economia, o próprio Estado viu-se na contingência de definir, juridicamente, a condição de trabalhador. Daí, o termo *"Unorganised Worker"* foi definido pelo *Unorganised Workers' Social Security Act* (2008) como trabalhador doméstico, trabalhador autônomo ou trabalhador assalariado no setor não organizado, além dos trabalhadores do setor organizado que não estiverem amparados pela legislação especial sobre trabalho, previdência, seguridade etc. (Ministry of Labour & Employment, 2015, p. 17).

De qualquer modo, apesar das definições de ocasião, em linhas gerais ainda não há clareza conceitual sobre a informalidade, o que se atribui a sua vasta e imprecisa definição, pois o termo tem sido empregado, por exemplo, fazendo referência ao setor, ao mercado e ao trabalho informal, ocorrência que dá margem a ângulos interpretativos diversos. Alguns situaram o trabalho informal como trabalho autônomo; para outros, entretanto, a crise do desemprego vivida pela sociedade capitalista não se restringiu às economias menos avançadas e aos trabalhadores menos qualificados. Pelo contrário, essa situação atingiu até mesmo, em países avançados, a totalidade da força de trabalho. Com isso, o discurso hegemônico que vinculava os trabalhadores informais ao patamar de autônomos, independentes ou empreendedores tornou-se inócuo em face da objetiva estrutura social. O trabalho informal, como referência a um modo específico de participar do mercado de trabalho, é uma invenção moderna que ainda não encontrou uma conceituação consensual entre os estudiosos do tema (Lima; Costa, 2016, p. 313).

De fato, por um lado, uma ilustração estereotipada da informalidade como espécie de atividade laboral tornou-se evidente a partir da constatação de que a população passou a encontrar seu sustento e ter sua fonte de renda no mercado de trabalho informal, com suas mais variadas formas de trabalho autônomo, ambulante, temporário, irregular ou precário. Essa representação passou a ser vivenciada com o crescimento do número de trabalhadores nas ruas dos grandes centros urbanos, atuando no comércio de produtos como roupas, alimentos, produtos importados etc., e desenvolvendo uma atividade acompanhada por uma economia considerada subterrânea, composta de redes de pequenas e médias firmas clandestinas, que têm intermediado o trabalho barato e, muitas vezes, em condições quase escravas, a serviço de firmas capitalistas de grande porte. Por outro lado, o crescimento do número de antigas atividades jamais reconhecidas como trabalho regular ou regulamentado também se fez presente, como são os guardadores de carro nas ruas, catadores de lixo, "outdoors" humanos ambulantes, carregadores de feira, trabalhadores domésticos casuais etc. Essa informalidade urbana se expandiu em diversas modalidades de atividades e contribuiu para uma heterogeneidade ainda maior do mercado de trabalho, tendo como marcas a precariedade das condições de trabalho e de vida, a negação dos princípios mais elementares de cidadania e a reprodução contínua da pobreza e das desigualdades sociais (Costa, 2010, p. 172).

Ao pensar na informalidade como atributo laboral, constata-se que o trabalhador que se insere em uma posição precária no mercado de trabalho, seja no sentido do rendimento, seja no sentido das condições de trabalho, como forma de se manter ocupado e garantir um nível mínimo de renda, o faz por meio de uma estratégia de sobrevivência. Tal estratégia está ligada à pobreza, pois é justamente para evitar essa situação ou aliviá-la que os indivíduos ingressam no mercado de trabalho. Essa inserção ocorre, de modo geral, almejando apenas uma forma de remuneração, mas sem considerar as características não pecuniárias da posição (Hirata; Machado, 2007, p. 24).

A percepção da informalidade pode ser apreendida por meio de distintos marcos teóricos que, em virtude de diferentes propósitos, podem levar a objetos múltiplos de estudo. Isso, entretanto, não deve obscurecer o fato de que a parcela expressiva dos trabalhadores mais pobres, em praticamente todos os países, insere-se numa plêiade de situações representadas por meio de diferentes inserções no setor informal (Cacciamali, 2000, p. 154). Nesse contexto, funda-se a importância de conhecer e bem analisar a informalidade como indicador social.

Destaca-se, para o simples propósito de quantificação e referência, que no ano de 1951 72% da força de trabalho da Índia estava empregada na agricultura. As percentagens na indústria (mineração, manufatura, construção e serviços públicos como gás, água e eletricidade) e no setor de serviços eram, respectivamente, de 11% e 17% da força de trabalho total. A concentração do emprego na agricultura refletia-se no fato de que, no ano de 1951, somente a agricultura contribuiu com 51% do Produto Interno Bruto, enquanto os setores da indústria e serviços contribuíram, respectivamente, com 19% e 30% do PIB. No entanto, no ano de 2012, a de força de trabalho na agricultura despencou para o patamar de 47%, enquanto na indústria se elevou para 25% e no setor de serviços para 28%. Nesse novo ciclo, as contribuições para o PIB da Índia correspondentes à agricultura, à indústria e aos serviços foram, respectivamente, de 14%, 27% e 59%. A primeira implicação dessas mudanças no período pós-independência é que houve uma significativa alteração na força de trabalho da agricultura para a indústria e serviços entre os anos de 1951 e 2012. Além disso, os dados mais recentes demonstraram que essa tendência continua manifestando-se, pois, entre os anos de 2011 e 2015, os empregos na agricultura diminuíram em 26 milhões, enquanto os empregos não agrícolas aumentaram para 33 milhões. Essas grandes mudanças, emblemáticas e estruturais, são significativas na economia indiana, pois ocorreram apesar de o número geral de empregos praticamente não ter aumentado: havia 456 milhões de empregos no ano de 2011 e esse número se elevou para 463 milhões no ano de 2015, o que representou um singelo aumento de apenas 7 milhões de empregos em quatro anos (Borooah, 2019, p. 3).

Mas não se pode abordar a informalidade sem questionar sobre o que leva à persistência dessa marca que caracteriza o mercado de trabalho indiano, que, entre os países em desenvolvimento, reúne o maior número de trabalhadores informais, com uma proporção muito alta da força de trabalho total. A persistência da informalidade tem sido uma característica intrigante no caminho do desenvolvimento econômico, devido ao rápido crescimento da economia indiana desde o início da década de 1990 (Natarajan; Schotte; Sen, 2020, p. 1).

Então, fazendo-se a correta imersão nos meandros do cenário histórico, político e social, chega-se, inexoravelmente, à educação como o fator que mais incisivamente está associado à informalidade laboral. Não que a educação seja o único fator a gerar tal influência, mas, sem dúvida, é o mais importante. Assim, de acordo com estudos estatísticos, tem-se que o fator final determinante do crescimento e da persistência da informalidade na Índia foram a educação e os baixos níveis de qualificação da força de trabalho. Parametrizando essa informação com dados concretos, tem-se que: i) no ano de 2012, 146 milhões de trabalhadores (30%) de um total de 485 milhões da força de trabalho eram analfabetos; ii) 253 milhões de trabalhadores (52%) dessa força de trabalho eram pessoas com educação até o nível secundário, e 40% desses 52% tinham menos de oito anos de presença escolar; e iii) 15 milhões obtiveram educação em nível superior, cerca de metade deste número obteve graduação (diplomação ou certificação superiores) e a outra metade obteve diplomação técnica de nível superior. Verifica-se com esses dados que, no período examinado, apenas 3% da força de trabalho possuía formação em nível superior (Mehrotra, 2020, p. 4).

Desdobrando-se essa realidade, chega-se ao desemprego como um referencial tipicamente baixo na Índia, na medida em que uma grande parcela da população em idade ativa não pode se dar ao luxo de ficar desempregada, o que é comprovado pelos altos níveis de empregos informais. Tem-se com isso que, além de o desemprego ser um indicador ruim do desempenho do mercado de trabalho, no mundo em desenvolvimento com grandes setores informais, o problema persistente na Índia é tanto a qualidade quanto a quantidade dos empregos, em que a baixa produtividade e os baixos salários permeiam os discursos acadêmico e político (Dewan; Krishnamurthy; Taneja, 2022, p. 13).

Nesse caso, o desemprego é representativo de elevados índices de empregos informais. Aliado a isso, há outro grave fator que interfere na qualidade dos dados que alimentam as estatísticas do desemprego, tratando-se mais propriamente sobre o que o governo considera desemprego. Para tanto, cita-se o exemplo de uma pessoa que, apesar de não trabalhar, realiza uma hora de trabalho diário, durante 30 dias por ano, auxiliando na propriedade rural de sua família. Nessas condições, essa pessoa, por ser classificada como trabalhadora, como tal poderá figurar nas estatísticas oficiais de emprego do país (Thomas, 2020, p. 57).

Mas há outra possibilidade de se enfocar a questão. Para serem considradas desempregadas, as pessoas precisam estar disponíveis para assumir um emprego em curto prazo e ter estado recentemente à procura de emprego. Embora essa métrica seja altamente informativa da subutilização da mão de obra, indicando aqueles que estão desempregados e colocando pressão imediata no mercado de trabalho, um grande número de pessoas não preenche essas condições, mas, ainda assim, tem interesse em encontrar emprego. A necessidade total de pessoas não atendidas de emprego é muito maior do que os números do desemprego por si só podem capturar (ILO, 2023, p. 39).

O desemprego também pode ser enfocado segundo a perspectiva de uma taxa ou índice. Assim, são classificadas como desempregadas as pessoas que não estiveram empregadas durante a maior parte do período desde a sua entrada no mercado de trabalho nos últimos 365 dias. A percentagem dessas pessoas entre as que estão inseridas na força de trabalho é definida como taxa de desemprego (Raveendran, 2016, p. 5).

A OECD (2010, p. 146) definiu a taxa de desemprego como o número de desempregados em percentagem da força de trabalho, sendo esta última constituída por desempregados e ocupados. Quando o desemprego é elevado, algumas pessoas ficam desanimadas e param de procurar trabalho. São, então, excluídas da força de trabalho, de modo que a taxa de desemprego pode cair ou parar de aumentar, mesmo que não tenha havido nenhuma melhoria subjacente no mercado de trabalho.

Enfim, a Índia precisa de políticas que possam criar empregos e preparar a força de trabalho para o futuro. Consequentemente, o governo terá de se concentrar na construção de infraestrutura, física e digital a fim de criar oportunidades para os jovens. Apesar de o governo ter intensificado os esforços para aumentar o investimento e implementar, efetivamente, os projetos de infraestrutura por causa dos fortes efeitos multiplicadores da renda e emprego com benefícios públicos tangíveis, esses esforços também deverão ser complementados com programas de treinamento e desenvolvimento de habilidades. No estágio atual, a Índia deve aproveitar a oportunidade da crescente demanda global por habilidades técnicas e melhorar sua capacidade de fornecer/exportar tais serviços (Majumdar, 2022, p. 7).

Em síntese, a Índia precisa de um processo de crescimento duplo que lhe permita se tornar uma potência de conhecimento e um país fornecedor global de serviços e mão de obra, por um lado, e ter processos mais inclusivos, por outro lado, de forma que traga redução da pobreza, por meio da geração de empregos de alta qualidade, e o aumento da renda para os pobres e subdesenvolvidos (Majumdar, 2008, p. 2).

Por último, é oportuno considerar o descompasso entre o discurso do setor público e do acadêmico acerca de supostas realizações na seara de mercado de trabalho na Índia:

I. Discurso do setor público: a iniciativa *Make in India* foi lançada em setembro de 2014 com o objetivo de facilitar o investimento, promover a inovação, construir a melhor infraestrutura de fabricação, facilitar os negócios e aprimorar o desenvolvimento de habilidades. A iniciativa buscou criar um ambiente propício para o investimento, infraestrutura moderna e eficiente, abrindo novos setores para o investimento estrangeiro e forjando uma parceria entre o governo e a indústria por meio de mentalidade positiva. É uma das únicas iniciativas que promoveram o domínio manufatureiro da Índia para o mundo. A iniciativa *Make in India* deverá ser implementada em todo o país mediante várias medidas. O setor tem potencial não apenas para conduzir o crescimento econômico a uma trajetória mais elevada, mas também para fornecer emprego a um grande grupo da força de trabalho jovem (Ministry of Information and Broadcasting, 2022, p. 7);

II. Discurso do setor acadêmico: o setor agrícola continuou a registrar um declínio do emprego à taxa de 4,5 milhões por ano (cerca de 27 milhões no total) durante 2011-12 e 2017-18. A parcela do emprego na agricultura e setores afins caiu de 49% para 44%. Durante esse período, a manufatura também registrou um declínio de 3,5 milhões de empregos, o que resultou em uma queda em sua participação no emprego de 12,6% para 12,1%. A queda dos empregos industriais é o oposto do objetivo do *Make in India*, e o oposto do que é desejável para que o processo de transformação estrutural seja sustentado (Mehrotra; Parida, 2019, p. 4);

III. Na frente do emprego, o desafio continua sendo o de garantir que o crescimento econômico se traduza em melhores condições do mercado de trabalho. A grande maioria dos trabalhadores na Índia ocupa empregos informais. Embora tenha havido uma saída da agricultura, a construção absorveu mais trabalhadores do que outros setores nos últimos anos. A maioria dos novos empregos criados no setor formal é, na verdade, informal, porque os trabalhadores não têm acesso a benefícios trabalhistas ou seguridade social. Além disso, persistem disparidades notáveis nas taxas de participação de homens e mulheres na força de trabalho (ILO, 2017a, p. 1).

14

PROJEÇÕES PARA O DESENVOLVIMENTO ECONÔMICO, SOCIAL E HUMANO NA ÍNDIA

A principal razão que levou os Estados a agirem com força jurídica e política impositiva foi justamente a obrigação decorrente da atribuição constitucional de garantir a todos os indivíduos, incondicional e impessoalmente, proteção suficiente para que se desenvolvam no ambiente social em que se encontrem vinculados, possibilitando que tenham acesso aos bens e serviços básicos e imprescindíveis, como saúde, educação, alimentação, transporte, moradia, emprego etc. Devido a sua natureza coletiva e impessoal, não cabe ao Estado dispor, discricionariamente, destes e de outros bens e serviços em favor de alguns grupos, deixando de os fornecer a outros grupos, como se lhe fosse permitido selecionar quem pode e quem não pode ter acesso às estruturas públicas básicas (infraestruturas), que possibilitem os meios para que os indivíduos, seus agrupamentos locais e suas sociedades prosperem, conjunta e uniformemente, sem exclusões.

As estruturas públicas básicas (equipamentos ou instalações públicas), como escolas, bibliotecas, hospitais, clínicas, laboratórios, meios de transportes, equipamentos de comunicação e informática (jornais, telefones, internet etc.), órgãos de segurança, formas e fontes de energia, redes de água e saneamento, produção de alimentos e medicamentos etc., são bens e serviços preordenados para fornecer o suporte que garanta a existência humana dentro de um padrão minimamente saudável e permita que todas as pessoas convivam dignamente e desfrutem a vida com qualidade. Isso é o que se espera, ao menos teoricamente.

Diante desse quadro, o propósito inclusivo deveria ser a marca objetiva a orientar a produção das políticas públicas, principalmente fazendo com que as pessoas possam adquirir conhecimentos e possam contribuir, segundo seus talentos, capacidades e qualificações individuais, para o fortalecimento da sociedade local, do próprio país e, em uma escala mais abrangente, da sociedade global. É importante considerar que o desenvolvimento individual que favoreça a que uma pessoa isoladamente possa adquirir conhecimentos acadêmicos e depois possa aplicá-los no desempenho de alguma atividade profissional faz com que o próprio núcleo familiar do indivíduo se desenvolva e assim, seguindo uma escala progressiva, associada à ação de outros indivíduos e respectivos núcleos familiares, tenha-se o crescimento da comunidade; a partir desse ponto, tendencialmente, a sociedade local também progredirá, o que mais adiante, contando com a incidência mais acentuada de ações focalizadas, conduzirá ao desenvolvimento das nações. Logo, o que se deve objetivar é a adoção de políticas públicas consistentes e duradouras aplicadas adequadamente na área da educação e que possam se tornar um fator propulsor do desenvolvimento individual e coletivo, com capacidade para gerar expectativas de engrandecimento do parque educacional, industrial, tecnológico, comercial etc. das várias comunidades de um país, isso para falar apenas no campo restrito de uma nação. Conforme destacado, a educação é uma ferramenta poderosa para instilar o raciocínio e o pensamento crítico, abrindo várias possibilidades para novos valores e atitudes nas gerações mais jovens (UN, 2022b, p. 187).

Retomando o ponto inicial, tem-se que o problema destacado como proposta desta pesquisa é justamente o de investigar, de forma sistematizada e organizada, considerando o atual estágio vivenciado pela sociedade indiana, se essa sociedade alcançou um nível aceitável de desenvolvimento social e econômico, e se as políticas públicas de reservas e educacional, implementadas após e em decorrência da independência, contribuíram para a elevação e o aperfeiçoamento do *status quo* das pessoas consideradas individualmente, possibilitando-lhes qualidade de vida.

Nesse aspecto, o sentido que se busca conferir ao desenvolvimento social e humano é, necessariamente, influenciado pelo crescimento econômico do país, pois, sem dúvida, a elevação das condições econômicas, fiscais, de empregabilidade, de qualificação profissional etc. são fatores irrenunciáveis para o fortalecimento e o engrandecimento dos indivíduos. Logo, o desenvolvimento social e humano é algo consequente e dependente do desenvolvimento e crescimento econômico. Mas, obviamente, nesse caso, tanto a causa gera a consequência quanto a consequência também influencia a causa, formando um ciclo contínuo, progressivo e autoinfluenciado.

Portanto, para melhor entender essa realidade, tendo como foco a sociedade indiana após sua independência, serão analisadas as variáveis e condições do desenvolvimento social e humano no ambiente global e, depois, as do desenvolvimento social e humano na Índia, não se olvidando, porém, que a essência dessa investigação está associada às políticas públicas de reservas e educacional implementadas pelo governo indiano ao longo do período pós-independência.

14.1 Perspectivas do desenvolvimento social e humano no ambiente global

Para iniciar o enfrentamento desse tema, é preciso considerar que, desde que foi introduzido no ano de 1990, o índice de desenvolvimento humano das Nações Unidas, conhecido como *Human Development Index* (HDI), representa uma compilação anual que se esforça para capturar os vários aspectos do desenvolvimento humano quanto possível e traduzi-lo em um índice simples e objetivo, formando um vasto conjunto de dados, para serem analítica e criticamente estudados. O HDI é composto pelos indicadores: i) de expectativa de vida; ii) da educação; e iii) do Produto Interno Bruto, ou *Gross Domestic Product* (GDP), cuja média é calculada para compor uma pontuação. O indicador de expectativa de vida atua com valores mínimo e máximo, definidos em 25 anos e 85 anos de idade, respectivamente. O indicador da educação contém dois subíndices referentes um à alfabetização de adultos (*Adult Literacy*) e outro à taxa bruta de matrículas (*Gross Enrolment Ratio*). A alfabetização de adultos é medida como uma percentagem de pessoas com 15 anos de idade ou mais que podem, com compreensão, ler e escrever uma declaração curta e simples sobre a vida cotidiana. Já a taxa bruta de matrículas primárias, secundárias e terciárias corresponde à média da proporção do número de estudantes matriculados em um determinado nível acadêmico com o quantitativo da população na faixa etária apropriada. Para as Nações Unidas, a alfabetização é de alta importância, na medida em que representa o primeiro passo para a aprendizagem e a construção do conhecimento e, por isso, merece maior ênfase. Por último, o cálculo do indicador PIB per capita é mais complicado do que os outros indicadores, uma vez que é calculado usando uma forma logarítmica, o que reduz a importância desse índice, embora não o exclua (Emes; Hahn, 2001, p. 5-6).

O *Human Development Index* é um indicador agregado, elaborado pelo *United Nations Development Programme* (PNUD), empregado para acompanhar o progresso no desenvolvimento dos países e fornecer informações úteis para os formuladores de políticas. Desde que foi publicado pela primeira vez, no *Human Development Report*, no ano de 1990, o HDI tornou-se amplamente aceito como um parâmetro global para o desempenho do desenvolvimento das nações e um ponto de partida para a elaboração de classificações (Salas-Bourgoin, 2014, p. 30).

Ressalte-se que, durante grande parte do século XX, as medições estatísticas do desenvolvimento humano enfatizaram as magnitudes econômicas. Mas, no ano de 1990, as Nações Unidas ofereceram uma forma alternativa e mais abrangente para se medir o desenvolvimento humano, que foi o mencionado *Human Development Index*. A motivação para sua produção baseou-se nas grandezas econômicas que forneciam uma base muito estreita, sendo insuficientes para avaliar o desenvolvimento humano. Apesar disso, embora o HDI represente uma variável de abrangência e mensurabilidade, é preciso reconhecer que nenhuma medida do progresso do desenvolvimento humano é perfeita e que índices diferentes fornecem perspectivas diferentes (Ghislandi; Sanderson; Scherbov, 2018, p. 1, 11).

Então, o HDI é uma referência apenas, e, como tal, servirá ao propósito de abordagem da questão relacionada ao desenvolvimento humano.

Noutra perspectiva, é de absoluta relevância didática discorrer brevemente acerca da não concordância entre Direitos Humanos e desenvolvimento humano. Assim, mesmo que Direitos Humanos e desenvolvimento humano sejam construções que compartilhem preocupações e objetivos comuns, isso não significa necessariamente que sejam conceitos idênticos e sigam idênticas estratégias, e possam, por isso, ser monitorados usando os mesmos indicadores. Na verdade, os Direitos Humanos e o desenvolvimento humano têm estruturas conceituais bastante diferentes, embora se reforcem mutuamente. Envolvem estratégias e métodos bastante distintos, que exigem a medição das conquistas e deficiências de maneiras distintas (Fukuda-Parr, 2001, p. 240).

Esse recorte é necessário para que não se estabeleça confusão.

Portanto, o desenvolvimento humano é mais que um índice como o HDI, com o qual é muitas vezes equiparado. O desenvolvimento humano é um processo de ampliação das escolhas das pessoas, e, para os mais críticos, isso importa levar uma vida mais longa e saudável, ser educado e desfrutar de um padrão de vida decente. Há, obviamente, escolhas adicionais, que incluem a liberdade política, os Direitos Humanos garantidos e o autor-respeito. O próprio HDI é, claramente, uma medida reducionista, pois incorpora apenas um subconjunto de escolhas humanas possíveis. De fato, essa medida, que inclui expectativa de vida, alfabetização, anos de educação e uma certa medida de renda, é direcionada às escolhas referidas como as mais críticas. Há muito se reconhece que o HDI é uma medida incompleta, pois deixa de fora alguns aspectos da vida que são fundamentais (Ranis; Stewart; Samman, 2006, p. 323-324).

De qualquer modo, diante dos esforços para identificar as citadas dimensões do desenvolvimento humano, algumas categorias foram propostas, como: i) o próprio HDI, como indicador multidimensional, que abrange o bem-estar corporal e o bem-estar material; ii) o bem-estar mental; iii) o empoderamento, principalmente na linha do gênero; iv) a liberdade política; v) as relações sociais; vi) o bem-estar comunitário; vii) as desigualdades; viii) as condições de trabalho; ix) as condições de lazer; x) a segurança política; xi) a segurança econômica; e xii) as condições ambientais (Ranis; Stewart; Samman, 2006, p. 328-329).

Mas o HDI, como indicador, não está isento de críticas. Nos dias atuais, a literatura correlata aborda essa questão e considera, entre outras análises, que a evolução do HDI mostrou uma notável resiliência, uma vez que foram mantidas suas propostas originais, dimensões e procedimentos, ao mesmo tempo que se mostrou flexível ao incorporar críticas sensatas e avanços metodológicos. Entretanto, vale ressaltar que muito ainda não foi contabilizado e que, mesmo após todas as modificações técnicas implementadas, o HDI não tem se mostrado capaz de responder à maioria das críticas que tem recebido. Há problemas triviais relacionados aos dados defasados e de baixa qualidade que não foram resolvidos. Por exemplo, a educação representa um terço do peso do índice, mas o ensino superior tem o mesmo peso que o ensino fundamental. Ora, é quase leviano questionar se o ensino superior tem o mesmo valor intrínseco do ensino fundamental (Bagolin; Comim, 2008, p. 25).

Apesar de eventuais inconsistências, sabe-se que o HDI é considerado um dos principais indicadores que caracterizam o nível de qualidade de vida e da educação da população mundial. No regime atual, a competição entre os países tem crescido, e cada país quer se tornar um ator importante nas relações econômicas internacionais e desempenhar um papel significativo no mercado mundial. Nessa ordem, o HDI é um dos parâmetros que permitem a um país medir o seu lugar no contexto global. A rigor, o HDI é um indicador anual de comparação e indicação de mudanças nos padrões de vida, mediante indicadores básicos das características do desenvolvimento humano, em diferentes estados, abrangendo indicadores específicos como a expectativa de vida (medida da longevidade), a taxa de alfabetização da população (número médio de anos dedicados à educação) e duração esperada da educação, além do padrão de vida, que é estimado por meio da renda nacional bruta (Yumashev *et al.*, 2020, p. 2).

Seja como for, a noção de desenvolvimento humano precisa ser contextualizada para torná-la uma base analítica mais relevante para lidar com os desafios em um mundo dinâmico, que experimenta constantes mudanças. Questões sobre capacidades e escolhas individuais e coletivas, suas prováveis trocas em várias situações, as possíveis hierarquias entre as escolhas e o desenvolvimento humano em situações de choques e vulnerabilidades terão de ser revisitadas para se chegar a um quadro mais atualizado, robusto e relevante para o futuro (UN, 2015b, p. 71). Um exemplo prático de vulnerabilidade é o que está relacionado com a desigualdade. Tem-se que as desigualdades persistentes entre e dentro dos países também existem na educação. Adultos em países de desenvolvimento humano muito alto têm, em média, sete anos e meio a mais de escolaridade do que aqueles em países de desenvolvimento humano baixo, e crianças em idade de ingresso escolar, em países de desenvolvimento humano muito alto, podem permanecer na escola, estima-se, sete anos a mais do que as crianças em países de baixo desenvolvimento humano. Os países com baixo desenvolvimento humano assistem a uma grande queda na taxa bruta de matrículas na escola primária (98%) e na escola secundária (43%) (UN, 2018a, p. 4).

Outra forma pela qual a vulnerabilidade pode atingir o desenvolvimento humano é a decorrente das adversidades e angústias às quais as pessoas são expostas. O desenvolvimento infantil, juvenil e até fetal é função das estruturas socioeconômicas e políticas, entre tantas outras que determinam o nível de adversidades e angústias a que as pessoas estão expostas. Assim, os fatores de conversão individuais, ou seja, a capacidade de cada indivíduo converter recursos em capacidades (liberdade para realizar) e, posteriormente, em funcionalidades, variam entre as pessoas e ao longo do ciclo de vida. O efeito intergeracional desse mecanismo é notável devido ao forte impacto do estresse e das adversidades durante a gravidez e a primeira infância. O sofrimento mental pode afetar o conjunto das capacidades dos adultos e, nesses casos, a expansão de suas capacidades será prejudicada, restringindo as escolhas das pessoas para viverem suas respectivas vidas. Também pode moldar os níveis de desenvolvimento humano dos indivíduos, bem como o nível agregado de desenvolvimento humano de países e regiões, com consequências para a desigualdade dentro e entre países e regiões (UN, 2022b, p. 92).

Em face dessa realidade e de muitas circunstâncias ocorrentes, tem-se verificado a fragilidade dos dados e das informações que permitam aferir com maior precisão e qualidade a evolução do desenvolvimento humano no âmbito global. Assume-se que dados de qualidade são vitais para que governos, organizações internacionais, sociedade civil, setor privado e público em geral tomem decisões informadas. Sabe-se que muitos sistemas estatísticos nacionais em todo o mundo enfrentam sérios desafios a esse respeito. Como resultado, informações precisas e oportunas sobre certos aspectos da vida das pessoas são desconhecidas, fazendo com que numerosos grupos e indivíduos permaneçam invisíveis e muitos desafios de desenvolvimento ainda sejam mal compreendidos. Nessa ordem, sempre que possível, o monitoramento global deve ser baseado em dados nacionais comparáveis e padronizados obtidos por meio de relatórios bem estabelecidos dos países para o sistema estatístico internacional. A colaboração entre os sistemas estatísticos nacionais e as organizações regionais e internacionais é essencial para garantir um fluxo eficaz de dados comparáveis internacionalmente. Esses mecanismos podem ser melhorados pelo fortalecimento da função de coordenação dos institutos nacionais de estatística nos sistemas estatísticos nacionais. Novas fontes de dados e tecnologias para coleta de dados e para a integração de diferentes fontes de dados precisarão ser exploradas, até por meio de parcerias com a sociedade civil, setor privado e academia. Portanto, a integração de informação geoespacial e dados estatísticos é uma atividade particularmente importante para a produção de um conjunto de indicadores (UN, 2018b, p. 34).

Ao lado da questão da quantificação e qualificação de dados para a produção de estatísticas confiáveis no plano internacional, visando à composição de um índice que reflita o grau de desenvolvimento social e humano, é de extrema relevância que esses dados também transpareçam e tornem visíveis, por exemplo, a existência das liberdades e das garantias que os regimes políticos afirmem prestar aos seus cidadãos. Por esse ponto de vista, entende-se, exemplificativamente, que as liberdades políticas estão ligadas aos Direitos Humanos, à possibilidade de eleger os seus dirigentes num clima de liberdade de imprensa sem censura e ao direito de livre associação, de crítica e de investigação das autoridades. Junto a essas liberdades, a realização dos Direitos Humanos reclama algumas facilidades econômicas, compreendidas como oportunidades de usar recursos econômicos, de consumir, produzir, comercializar e realizar transações. Há ainda as oportunidades sociais que são as facilidades que se referem, por exemplo, aos cuidados com a saúde, educação e outros serviços essenciais. As garantias de transparência formam um outro modal de proteção social, garantindo que as relações civis e comerciais sejam sustentadas pela confiança entre as partes quanto à natureza do que é oferecido e, por fim, há a segurança protetora, consistente em uma rede de segurança social para reduzir a vulnerabilidade das pessoas[57] (Salas-Bourgoin, 2014, p. 31). As liberdades políticas, as facilidades econômicas e as oportunidades sociais são consideradas, em conjunto, como formas de liberdades instrumentais (Sen, 2000, p. 55-56).

Tudo isso deve, portanto, consubstanciar dados e informações facilmente quantificáveis e compreensíveis para se determinar um índice que possa refletir, da melhor forma possível, o grau de desenvolvimento social e humano em qualquer situação nacional, regional e internacional.

Com base nessas considerações, já se pode vislumbrar uma perspectiva conceitual mais objetiva e abrangente sobre o que é o desenvolvimento humano, de modo a se estruturar um índice aplicável em escala internacional. Salas-Bourgoin (2014, p. 36) enfrentou essa questão e ofereceu uma proposta consistente para a formulação de um novo HDI, tendo como elementos integrantes componentes, definições, dimensões e indicadores:

I. Componente "capacidades humanas": definido como o conjunto de habilidades com as quais vale a pena fazer coisas e alcançar um estado de autoestima. Compreende a dimensão da educação e tem como indicadores i) os anos médios de escolaridade para adultos; e ii) os anos esperados de escolaridade para as crianças;

II. Componente "escolhas": definido como a faixa de opções disponíveis para as pessoas atenderem às suas necessidades. Compreende a dimensão do emprego, tendo como indicadores i) a relação emprego/população; ii) a não vulnerabilidade no pleno emprego; e iii) a dimensão de bens e serviços, tendo como indicador o GNI per capita (*Gross National Income*);

III. Componente "oportunidades": definido como as condições que permitem aos indivíduos fazer e exercitar suas escolhas. Compreende a dimensão da saúde, tendo como indicador a expectativa de vida no nascimento, e a dimensão da liberdade, tendo como indicador o índice de democracia.

Apenas para ressaltar e fazer o devido reforço argumentativo, definiu-se o desenvolvimento humano como um processo de ampliação das escolhas das pessoas, entre as quais as mais críticas são levar uma vida longa e saudável, ser educada e desfrutar de um padrão de vida decente. Mas há, além destas últimas, escolhas adicionais que incluem a liberdade política, os Direitos Humanos garantidos e o autorrespeito. De acordo com essa abordagem, o conceito de desenvolvimento humano reflete dois lados, que são a formação das capacidades humanas, como habilidades e conhecimentos, e o domínio sobre os recursos que permitam que as pessoas empreguem suas capacidades com liberdade de escolha (Trabold-Nübler, 1991, p. 237).

Valendo-se dessa noção, pode-se valorar, criticamente:

I. Sobre as capacidades humanas: é importante que a redução da pobreza de renda não seja a motivação suprema das políticas de combate à pobreza, entendendo-se que é perigoso abordar a pobreza sempre pelo viés limitado da privação de renda como mote para justificar investimentos em educação, saúde etc., com o argumento de que são meios para atingir o fim, ou seja, a redução da pobreza de renda. É importante não confundir os fins com os meios, e entender que a expansão das capacidades humanas deve ter suporte nas reais condições de existência das pessoas e na liberdade que desfrutem, efetivamente, pois o aumento das capacidades humanas tende a contribuir para o aumento da produtividade e renda (Sen, 2000, p. 114);

II. Sobre a liberdade de escolhas: "jejuar não é a mesma coisa que ser forçado a passar fome. Ter a opção de comer faz com que jejuar seja o que é: escolher não comer quando se poderia ter comido" (Sen, 2000, p. 96).

14.2 Perspectivas do desenvolvimento social e humano na Índia

Por um lado, estudos recentes estimaram que, até o fim do ano de 2022, a população humana em nível global alcançaria o patamar de 8 bilhões de pessoas, contra aproximadamente 2,5 bilhões que havia no ano de 1950. Com esses números, a expectativa de crescimento é da ordem de 220% (UN, 2022c, p. 3). Apesar dessa perspectiva, apurou-se que a população mundial já ultrapassou o patamar de 8.118.835.999 de pessoas no ano de 2024, gerando um crescimento real da ordem de 224,75%[58].

De acordo com o relatório do *Census of India* do ano de 1951, a população total do país era, na manhã de 1º de março daquele ano, de 356.879.394 indivíduos (Officer of The Registrar General, 1951, p. 2). Disso resulta que, no intervalo compreendido entre o ano de 1951 e o de 2024, a população da Índia teve crescimento da ordem de 302,16%. No caso, sua população atingiu o patamar de 1.449.885.617 pessoas, o que representa, 17,85% da população mundial. Ela tem uma população jovem da ordem de 24,69%, população idosa de 7,19% e população em idade de trabalhar estimada em 68,12%[59]. Nesse ponto, o crescimento da população da Índia em relação ao crescimento da população mundial, nas últimas sete décadas, foi maior em 81,51% (306,26% – 224,75%).

Por outro lado, em termos de produção de riquezas, os dados oficiais do governo indiano projetaram um crescimento de 7% para o PIB do país no período 2022-2023 em relação ao período anterior (2021-2022), que foi da ordem de ₹147.36 *lakh crore* ou 147,36 trilhões de rúpias[60]. Portanto, caso se confirmem as estimativas, o PIB indiano, para o período de 2022-2023, será da ordem de ₹157.68 *lakh crore* ou 157,68 trilhões de rúpias (National Statistical Office, 2023, p. 1).

Antes de prosseguir, outros dados importantes reclamam uma análise prévia.

Os dados anteriormente indicados prestam-se como referências introdutórias para o exame de tema relevante quando se aborda o desenvolvimento humano: a pobreza.

A pobreza tem sido considerada um tema de apreciação no âmbito internacional em razão do reflexo que ela representa no contexto do desenvolvimento das nações. Para dimensioná-la, estudos de diversas naturezas são regularmente produzidos, dispondo sobre aspectos pertinentes com a economia, a qualidade existencial dos indivíduos, o nível de empobrecimento das pessoas considerado segundo, por exemplo, um dado objetivo como a renda, o crescimento da produção e o da economia, e até sobre o nível da contribuição que a escolaridade pode exercer para a inserção das pessoas no mercado de trabalho.

Estudos indicam, por exemplo, que a pobreza é integrada pela conjugação de vários fatores, que devem ser analisados conjuntamente. Entre esses fatores, os que mais persistem no nível global são: i) a falta de empregos decentes (refere-se à experiência de ser negado, em caráter predominante, o acesso a um trabalho que seja pago de forma justa, segura, protegida, regulamentada e digna); ii) a insuficiência e insegurança da renda (refere-se a se ter um rendimento insuficiente para satisfazer as necessidades básicas e obrigações sociais, manter a harmonia familiar e desfrutar de boas condições de vida); e iii) as privações sociais e materiais (refere-se à falta de acesso aos bens e serviços necessários para viver uma vida digna, participando plenamente na sociedade) (Bray *et al.*, 2019, p. 25-27).

Resumidamente, em um cenário em que é importante a quantificação e a qualificação de dados, a compreensão sobre a pobreza está quase sempre relacionada à produção das desigualdades sociais. Nesse contexto, é certo que a pobreza e a exclusão social estão interligadas com a desigualdade, que não deve ser, entretanto, reduzida apenas ao nível da desigualdade de renda. Seja como for, a pobreza é uma situação em que as desigualdades afastam tanto algumas pessoas da corrente social que as privações que experimentam as empurram para um patamar muito abaixo do que é considerado um padrão básico. Na prática, a pobreza é operacionalizada e medida em termos de renda ou pobreza de consumo e, com isso, surgem linhas de pobreza que podem ser definidas sob distintos parâmetros, ora tendo por base necessidades absolutas, como, por exemplo, o custo de uma cesta básica de alimentos mais um subsídio para custear necessidades básicas não alimentares, ora tendo por base padrões sociais relativos, que prevaleçam em uma determinada sociedade e em um determinado momento (UN, 2017a, p. 10).

De fato, grande parte dos exames e pesquisas sobre a pobreza considera medições de limites definidos como linha de pobreza, o que significa certo nível de renda pelo qual se considera alguém como pessoa pobre. De modo sistematizado, assume-se a medida convencional de pobreza como o ponto de partida com o qual se conta o número de pessoas que estão abaixo dela, definindo-se o índice de pobreza como proporção do total de uma determinada população (Dupas, 1999, p. 29).

Para uma correta contextualização, os institutos nacionais de estatísticas usam vários conceitos e empregam um vasto grupo de indicadores e definições correlacionados, de modo a obterem uma imagem abrangente da pobreza. Para tanto, além das linhas de pobreza absoluta, muitos países usam linhas relativas definidas como uma certa percentagem da renda média nacional, que é a medida mais utilizada nos países mais ricos. No entanto, em tempos de crise, são comuns mudanças na percentagem das pessoas que vivem abaixo dessa medida, o que pode levar a resultados contraintuitivos, porque a renda média à qual a linha se refere pode cair mais do que a renda das famílias mais pobres (UN, 2017a, p. 8).

Em regra, as linhas de pobreza nacionais formam a base de construção das linhas de pobreza globais empregadas pelo *The World Bank*. Uma linha de pobreza nacional expressa, normalmente, o valor mínimo de gasto esperado para cobrir as necessidades básicas de uma pessoa, geralmente incluindo alimentos, roupas e outros itens não alimentares. Ao confiar nas linhas de pobreza nacionais, para orientar a determinação das linhas de pobreza globais, são considerados os próprios julgamentos dos países sobre o que para eles significa ser pobre. No âmbito local, os escritórios nacionais de estatísticas são os órgãos responsáveis pela fixação das linhas de pobreza na maioria dos países de baixa e média rendas. Consequentemente, as linhas de pobreza nacionais são expressas nas correspondentes moedas internas, enquanto as *Purchasing Power Parities* (PPPs), empregadas pelo *The World Bank*[61], são as medidas usadas para converter as diferentes moedas em uma unidade comum e comparável. As PPPs são como vias instrumentais para o estabelecimento de linhas de pobreza globais (Jolliffe *et al.*, 2022, p. 12).

É inegável que o nivelamento que se obtém com o emprego das PPPs é necessário, uma vez que as avaliações nacionais da pobreza diferem entre si, especialmente porque o poder de compra das unidades monetárias locais difere de uma economia para outra (World Bank Group, 2020, p. 71).

Como resultado do desdobramento da análise de dados numéricos, apurou-se que atualmente há, em 111 países 1,2 bilhão de pessoas, ou 19,1% da população mundial, vivendo em situação de pobreza multidimensional aguda, também referida como pobreza por toda parte; e metade dessas pessoas, ou aproximadamente 593 milhões, é de menores de 18 anos (UN, 2022a, p. 2).

Enquanto isso, em termos de vinculação a uma renda, estimou-se que na Índia a renda per capita anual para o ano de 2023 seria de 170,62 mil rúpias, cifra que equivale a US$ 2.047,44 ao câmbio de 0,012 rúpias por dólar (cotação em março de 2023), o que representa US$ 5,609 por dia (Rathore, 2023). Comparativamente, há pouco mais de três décadas, no ano de 1990, havia cerca de 1,9 bilhão de pessoas, o correspondente 36% da população mundial, vivendo abaixo da linha de pobreza extrema, que era de US$ 1,90 por dia e estava concentrada em países de baixa renda. Nessa mesma época, nove dos dez principais países em contagem de pobreza eram economias de baixa renda; nove entre dez de todas as pessoas consideradas pobres viviam em países de baixa renda, e mais de 50% viviam no Leste da Ásia e outros 28% no Sul da Ásia. A China e a Índia dominaram o cenário global da pobreza, com 760 milhões (65% da população) e 406 milhões

A EDUCAÇÃO SUPERIOR E O SISTEMA DE RESERVAS NA ÍNDIA:
AVANÇOS, RETROCESSOS, PERSPECTIVAS E UTOPIAS

(46% da população), respectivamente, vivendo com renda abaixo de US$ 1,90 por dia. Países como Indonésia, Paquistão, Bangladesh, Mianmar e Vietnã também figuravam na lista dos dez primeiros países por incidência de pobreza (Kharas; Dooley, 2022, p. 4). Quanto à pobreza extrema, sabe-se que, atualmente, está concentrada, numa medida bastante expressiva, em duas regiões muito específicas, que são ao sul da Ásia, onde está situada a Índia, e na África Subsaariana. São nessas regiões que se verificam os níveis mais baixos de renda per capita (Sen, 2000, p. 122).

Apesar de haver críticas quanto à linha de pobreza quantificada em US$/dia, principalmente devido a sua falha em não considerar outras necessidades básicas além da alimentação e dos gastos essenciais não alimentares, como moradia, vestuário e aquecimento (UN, 2017a, p. 5), o *World Bank* atualizou e fixou em US$ 2,15 por dia o novo valor da linha de pobreza no âmbito internacional (*International Poverty Line*)[62] (The World Bank, 2023c). Sabe-se que a famosa linha de pobreza de US$ 1 por dia do *World Bank* começou como resultado de um inquérito científico realizado na década de 1980, tornando-se a métrica do banco para medir a pobreza já na década de 1990, oportunidade em que atingiu a maturidade plena quando foi consagrada nos *Millennium Development Goals* como padrão para rastrear a pobreza em todo o mundo (Allen, 2017, p. 3.690).

Além da elevação da linha de pobreza no ambiente internacional, fator que expôs o aprofundamento da pobreza no cenário mundial, verificou-se na Índia a ocorrência de prejuízo quanto à geração de empregos e do quantitativo de investimentos na área da educação. Ora, sabe-se que o crescimento é inclusivo quando cria empregos, e, de acordo com fontes oficiais e não oficiais, os níveis de emprego aumentaram no exercício financeiro do ano de 2022. Contudo, a *Periodic Labour Force Survey* (PLFS) apontou que a taxa de desemprego urbano na Índia, para pessoas com 15 anos de idade ou mais, caiu de 9,8% no trimestre encerrado em setembro de 2021 para 7,2% um ano depois (trimestre encerrado em setembro de 2022) (Ministry of Finance, 2023, p. 19), e que o investimento na educação, que foi de 2,8% do PIB anual no período 2015-2016, alcançou o patamar de apenas 2,9% do PIB anual no período de 2022/23 (Ministry of Finance, 2023, p. 148).

Conforme assinalado anteriormente, o desenvolvimento humano é um processo de ampliação das escolhas das pessoas voltado para a elevação de seu padrão de vida, que reúne a produção e distribuição de mercadorias, além da expansão e uso das capacidades humanas. A abordagem do desenvolvimento humano analisa todas as questões da sociedade em face da economia, do comércio, do emprego, da liberdade política e da cultura segundo a perspectiva individual. Ou seja, essa abordagem se concentra na ampliação das escolhas das pessoas, as quais devem participar do processo de desenvolvimento para serem beneficiadas, uma vez que a verdadeira riqueza de uma nação é o seu povo e o propósito do desenvolvimento humano é justamente o de criar um ambiente propício para que as pessoas desfrutem de uma vida longa, saudável e criativa (Varatharajan, 2006, p. 4).

Ainda tratando sobre o desenvolvimento humano, mas com foco especificamente na educação como elemento necessário ao próprio desenvolvimento, é preciso considerar que, apesar de a Índia ter testemunhado certo nível de melhoria na taxa de alfabetização dos adultos nas últimas décadas, ela ainda responde por cerca de 30% da população analfabeta do mundo, e 70% desse grupo é formado por mulheres. Esse cenário enfatiza a necessidade de atenção política especial às disparidades de gênero, desenvolvendo metas de longo prazo com foco especial nas áreas e grupos sociais mais atrasados. Embora a *Gross Enrolment Ratio* tenha aumentado consistentemente desde o ano de 2005, dados apurados a posteriori demonstraram haver uma lacuna social persistente na participação escolar, com a lacuna de gênero, o que significa que um grande número de crianças ainda não se beneficiou da educação formal. Essa realidade exige a adoção de estratégias diferenciadas para lidar com a exclusão, especialmente com a abertura de mais escolas com infraestrutura adequada, em áreas específicas, além da atualização das escolas com classes iniciais do ensino fundamental, o que exige se faça um mapeamento mais sistemático voltado para se elevar o acesso à educação (Govinda; Bandyopadhyay, 2010, p. 21).

Avanços e retrocessos do desenvolvimento humano também podem ser perspectivados segundo a influência das ideologias oportunistas, especialmente, no caso da Índia, as que dominam as ordens política e religiosa. Nessa seara, a ideologia pode ser definida como um sistema de crenças abrangente, composto de ideias padronizadas. Codificadas pelas elites sociais, essas crenças são adotadas por grupos expressivos da sociedade não apenas como justificativas de interesses econômicos das classes, mas como programas abrangentes projetados para moldar e direcionar as comunidades humanas. Como as ideologias desempenham um papel importante sobre o que e como as pessoas pensam, elas são essenciais para o desenvolvimento humano. As ideologias são narrativas relativamente coesas que limitam e direcionam a linguagem e o pensamento e influenciam quais os métodos e objetivos de desenvolvimento considerados possíveis e desejáveis tanto no nível das elites quanto no nível das massas (Joshi, 2012, p. 492).

Outro modo de enfocar o desenvolvimento humano é enfrentá-lo da ótica das infraestruturas, porquanto elas podem variar em níveis diferentes entre as nações, e podem flutuar dentro das regiões de um mesmo país devido a inúmeras possibilidades. A infraestrutura social abrange, em termos gerais, os serviços mínimos e essenciais necessários para uma existência confortável e saudável, caracterizando-se como importante aspecto que compartilha significativamente o papel do desenvolvimento humano. Em setores como hospitais, asilos, escolas, meios de transporte público etc., o desenvolvimento esperado é representativo de um ambiente pragmático que favoreça os indivíduos, dando-lhes suporte para que desenvolvam o seu potencial e tenham a oportunidade de conduzir produtiva e criativamente a própria vida. Aí, a educação surge como um componente essencial para o bem-estar coletivo, e tem sido empregada para medir o grau de desenvolvimento econômico e a qualidade de vida, atributos reputados necessários para determinar se um país é desenvolvido, em desenvolvimento ou subdesenvolvido. Logo, a medida de renda apurada pelo HDI fornece um parâmetro econômico geral, vital para determinar se um país é desenvolvido, criativo ou amorfo. Logo, o HDI é empregado como medida do progresso econômico e pode estabelecer a capacidade aproximada para as comparações sobre a questão do bem-estar econômico, o que é significativamente mais do que mera utilização de números. O HDI é significativo, porque diz como um país está se saindo e é um dos indicadores mais precisos para avaliar-se o seu progresso (Chawla *et al.*, 2022, p. 2.047).

Amartya Sen (2000, p. 66) explica que o nível de qualidade de vida pode ser melhorado, mesmo considerando ambientes de baixa renda, mediante o emprego de serviços sociais adequados, e enfatiza o fato da educação e dos serviços de saúde serem favorecedores do aumento do crescimento econômico, circunstância que confirma o argumento de se dar mais ênfase a esses serviços sociais nas economias mais pobres, sem ter que esperar ficar rico primeiro.

Diante da possibilidade de haver meios diferentes para se quantificar o desenvolvimento humano, merece destaque a circunstância de que na Índia o governo reconheceu, desde a década de 1950, que a monitoração e a avaliação são as ferramentas mais importantes para a utilização otimizada dos recursos, buscando o desenvolvimento. Desde então, alguns sistemas de monitoração foram implantados, em diferentes ministérios e órgãos públicos, para o acompanhamento dos principais projetos e programas de desenvolvimento. Esses sistemas evoluíram, gradualmente, para novas formas de gestão orçamentária, baseadas em resultados, e de sistemas de monitoração em tempo real. As avaliações de projetos e programas de desenvolvimento também são realizadas de tempos em tempos, geralmente quando uma necessidade é identificada. Não obstante, apesar da extensa prática de avaliação de desenvolvimento, a Índia ainda não possui uma política nacional para coordenar e orientar os diferentes componentes da função de avaliação, de modo a se permitir a entrega de dados e evidências avaliativas de alta qualidade. Com exceção de apenas um governo estadual (estado de *Karnataka*, capital *Bangalore*), nenhum outro estado da Índia adotou uma política de avaliação. Em regra, as avaliações têm sido encomendadas por ministérios e departamentos públicos isoladamente e de forma independente, muitas vezes apenas em resposta à necessidade de cumprir os requisitos das propostas de processamento para a continuação ou ampliação de programas, mas não necessariamente como parte do processo de aprendizagem com o propósito de melhorar o desempenho. Além disso, muitos resultados de avaliações não são utilizados e não há um sistema de rastreamento do uso das evidências obtidas. Às vezes, na ausência de padrões técnicos e éticos uniformes estabelecidos nacionalmente, a qualidade das avaliações pode não atingir o nível exigido. Na verdade, a avaliação, como técnica e método regular, ainda não foi reconhecida como um campo profissional de estudo e com qualificações adicionais em *Monitoring and Evaluation* (M&E), para o melhor desempenho dessa função. Ao contrário de alguns países avançados, não há na Índia cursos acadêmicos em tempo integral na área de M&E. Nessas circunstâncias, os avaliadores são oriundos de diversas áreas de estudos, que são complementados por treinamentos de curta duração ou experiências práticas. Requisitos de competência e um sistema de certificação de habilidades nesse campo ainda estão ausentes na Índia (Agrawal; Nandi; Rao, 2022, p. 25).

14.3 *Human Development Index* e o atual ranking de desenvolvimento na Índia

A análise de dados quanto ao atual ranking de desenvolvimento da Índia terá por referência os dados fornecidos pelo *Human Development Report* 2021/2022, elaborado pelo *United Nations Development Programme* (UNDP)[63], que é a mais recente publicação envolvida com as discussões, teóricas e empíricas que tratam sobre as questões, tendências e políticas de desenvolvimento na esfera internacional. Adicionalmente, também serão analisados dados constantes do *Global Multidimensional Poverty Index 2022*, elaborado pela mesma fonte, lembrando-se que a importância desse material de referência está circunscrita a algumas particularidades, como: i) são estudos técnicos de abrangência global, porquanto não se limitam a pequenos grupos de países ou a referências políticas centradas apenas em questões regionalizadas; ii) os conteúdos pesquisados que serviram de base para a elaboração dos relatórios têm metodologia definida e regular; iii) os dados fornecidos têm valor mais significativo, na medida em que estão imunes a pretensões, interesses ou pressões políticas internas de um país ou outro; e, iv) diante das inovações e melhorias tecnológicas, de comunicação e de registro de dados, os conteúdos tendem a fornecer um panorama mais realístico e atual em relação aos países pesquisados.

O *Human Development Report* 2021/2022 é acompanhado de sete anexos (*Statistical Annexs*), substancialmente instruídos com dados objetivamente apurados e discriminados, que favorecem a fluidez da leitura e a compreensão das informações. Entre estes, seis anexos contêm referências relacionadas com a questão do desenvolvimento humano e social na Índia no período compreendido no intervalo de 1990 a 2021. Os anexos, apresentados sob a forma de tabela, são descritos como: i) "*HDI and its components*"; ii) "*HDI trends 1990-2021*"; iii) "*Inequality-adjusted HDI*"; iv) "*Gender Development Index*"; v) "*Gender Inequality Index*"; e vi) "*Multidimentional Poverty Index: development countries*".

No que diz respeito à abrangência, os dados que embasaram a elaboração dos relatórios foram obtidos de um total de 191 países, dos quais 151 são considerados países inseridos em regiões em desenvolvimento (*Developing Regions*) denominadas *Arab States* (20 países), *East Asia and the Pacific* (26 países), *Europe and Central Asia* (17 países), *Latin America and the Caribbean* (33 países), *South Asia* (9 países) e *Sub-Saharan Africa* (46 países).

A Índia ocupou a 132ª posição no ranking do HDI do ano de 2021 e a 130ª posição no ano de 2020, e integra uma região (*South Asia*) ao lado de Afeganistão, Bangladesh, Butão, República Islâmica do Irã, Maldivas, Nepal, Paquistão e Sri Lanka (UN, 2022b, p. 274, 304).

De acordo com o relatório, o progresso no desenvolvimento humano retrocedeu, com tendências de agravamento da pobreza, insegurança alimentar, deslocamento forçado e muitas outras desigualdades agravadas. Pela primeira vez na história, o HDI global caiu por dois anos consecutivos. Todos os anos, alguns países enfrentam quedas sistemáticas em seus HDIs, o que é uma ocorrência comum, mas, mais recentemente, foram 90% dos países que viram seu valor de HDI cair entre os anos de 2020 e 2021. Além disso, enquanto apenas um terço dos países com HDI muito alto registrou um declínio em 2021, em comparação com mais de 90% no ano de 2020, desta vez cerca de 60% dos países com HDI baixo e médio experimentaram quedas bastante significativas (UN, 2022b, p. 29).

Diante desse cenário, foram identificadas em relação à Índia as seguintes particularidades:

I. Registrou HDI no ano de 2021 no patamar de 0,633 contra o HDI de 0,434 registrado no ano de 1990, o que representou uma elevação de 45,85% (UN, 2022b, p. 274, 279). Nesse mesmo período, entretanto, a China registrou HDI de 0,484 no ano de 1990 e atingiu o patamar de 0,768 no ano de 2021, o que representou a extraordinária elevação da ordem de 58,67% (UN, 2022b, p. 273, 278). Nessa análise, a comparação entre Índia e China tem a ver, antes de mais nada, com a circunstância de que ambas as nações possuem o mais elevado estoque populacional do planeta e, segundo, porque também possuem a maior massa concentrada de pessoas vivendo com US$ 1,90 por dia ou menos;

II. Apurou-se que a expectativa de vida na Índia é de 67,2 anos[64], a expectativa de escolaridade é de 11,9 anos[65] e a média de anos de escolaridade é de apenas 6,7 anos[66] (UN, 2022b, p. 274);

III. Apurou-se o coeficiente de desigualdade humana em 24,4[67]; o de desigualdade na expectativa de vida em 16,9[68]; o índice de desigualdade na educação em 36,9[69]; o índice de desigualdade de renda em 19,4[70]; e o coeficiente Gini em 35,7[71] (UN, 2022b, p. 283);

IV. A renda nacional bruta per capita estimada, no ano de 2021, foi de PPP$ 2,277 para as mulheres e de PPP$ 10,633 para os homens[72] (UN, 2022b, p. 288);

V. A taxa ou proporção da população economicamente ativa na força de trabalho, no ano de 2021, foi de 19,2 para as mulheres e de 70,1 para os homens[73] (UN, 2022b, p. 293);

VI. Havia 21,9% da população vivendo abaixo da linha de pobreza no período compreendido entre o ano de 2009 e o de 2019, e, nesse mesmo período, foi de 22,5% a parcela da população que vivia com US$ 1,90 por dia ou menos (UN, 2022b, p. 296).

A par dessas referências, é conveniente que se faça o confronto das grandezas numéricas apresentadas em relação ao desenvolvimento humano verificado na Índia. Para tanto, é preciso que se esclareça, preliminarmente, algumas circunstâncias presentes no relatório que definiu o ranking dos 191 países. Entre estes, a Suécia figurou na 1ª posição, enquanto o Sudão do Sul figurou na última posição, isto é, na 191ª. Também é oportuno registrar que os países foram classificados em quatro grupos distintos. O primeiro grupo refere-se aos países com elevado índice de desenvolvimento humano (*Very High Human Development*; HDI 0,896); no segundo grupo estão os países com alto índice de desenvolvimento humano (*High Human Development*; HDI 0,754); no terceiro grupo estão os países com médio índice de desen-volvimento humano (*Medium Human Development*; HDI 0,636), e no quarto grupo estão os países com baixo índice de desenvolvimento humano (*Low Human Development*; HDI 0,518).

A Suíça registrou HDI de 0,962, o mais elevado, e o Sudão do Sul registrou o HDI de 0,385, o mais reduzido.

O HDI 0,685 é o valor de referência para os países considerados em desenvolvimento (*Developing Countries*) (UN, 2022b, p. 275).

Por conseguinte, confrontando-se os dados obtidos da Índia (HDI 0,633) com os da Suíça (HDI 0,962), conclui-se que, pelos critérios expostos, a Índia não se enquadra como país em desenvolvimento.

Quanto à Suíça, em nível comparativo, o país apresentou o seguinte enquadramento em termos de desenvolvimento humano e social: i) a expec-tativa de vida é de 84 anos, a de escolaridade é de 16,5 anos e a média de escolaridade é de 13,9 anos (UN, 2022b, p. 272); ii) o coeficiente de desi-gualdade humana é de 6,9, a desigualdade na expectativa de vida é de 3,1, o índice de desigualdade na educação é 2,0, o índice de desigualdade de renda é 15,6, e o coeficiente Gini é 33,1 (UN, 2022b, p. 281); iii) a renda nacio-nal bruta per capita estimada, no ano de 2021, foi de PPP$ 54,597 para as mulheres e de PPP$ 79,451 para os homens (UN, 2022b, p. 286); iv) a taxa ou proporção da população economicamente ativa na força de trabalho, no ano de 2021, foi 61,7 para as mulheres e de 72,7 para os homens (UN, 2022b, p. 291); v) não há registro de que havia pessoas na Suíça vivendo abaixo da linha de pobreza no período compreendido entre o ano de 2009 e o de 2019 (UN, 2022b, p. 296).

O perfil de privação mais comum na Índia é o mesmo que se verifica em outros 111 países em desenvolvimento, principalmente caracterizado por pessoas carentes de nutrição, desprovidas de combustível para cozinhar, de saneamento e de habitação. Nesse perfil de privações, há 90% dos pobres da Índia vivendo em áreas rurais e 10% em áreas urbanas, e o exemplo das consequências decorrentes pode ser observado na baixa frequência escolar. Há 1,9% das pessoas, ou 8,2 milhões, fixadas em áreas urbanas, que são pobres e têm uma criança fora da escola, em comparação com os 4,8%, ou 46,3 milhões, que vivem nas áreas rurais e também têm uma criança fora da escola. Além disso, nas áreas rurais, 82,4% das pessoas pobres, que são privadas de frequência escolar, também são privadas de moradia, e 84,7% são privadas de combustível para cozinhar. Nas áreas urbanas, essas percentagens são de 45,4% e 41,6%, respectivamente. De qualquer modo, tanto nas áreas rurais quanto nas urbanas, a privação nutricional é desenfreada, abrangendo cerca de 60% das pessoas (UN, 2022a, p. 21-22).

14.4 Dados da pesquisa econômica na Índia (2022-2023): a visão do Estado

O conceito de desenvolvimento humano surgiu no fim da década de 1980 com a base conceitual fornecida pelos doutores Amartya Sen e Mahbub ul Haq. A abordagem do desenvolvimento humano [*Human Development* (HD)] que empregaram situava as pessoas no centro da agenda do desenvolvimento, em que o crescimento econômico e as riquezas eram considerados meios para o desenvolvimento, e não um fim em si. Ou seja, o ponto de partida para a abordagem do desenvolvimento humano deve considerar o objetivo de se melhorar a vida humana, não só aumentando o rendimento das pessoas, mas também expandindo a gama de coisas que podem ser e fazer, tais como ser saudáveis, bem nutridas, ter conhecimentos e participação na vida comunitária. Por essa ótica, a busca pelo desenvolvimento deve objetivar a remoção dos obstáculos às pessoas, podendo ser considerados obstáculos ou impedimentos: a falta de rendimentos, o analfabetismo, os problemas de saúde e as deficiências, a falta de acesso aos recursos e às liberdades civis e políticas. Conforme mencionado pelo Dr. Sen, o reconhecimento de que os seres humanos podem se sair muito melhor e fazer muito mais para alcançar seus objetivos pode ser visto como teses centrais da abordagem do desenvolvimento humano. Em relatório versando especificamente sobre esse tema, definiu-se o desenvolvimento humano como um processo de alargamento das escolhas das pessoas, que inclui levar uma vida longa e saudável, ter educação e desfrutar de um nível de vida digno, sendo estas as três escolhas mais frequentemente identificadas. Mas, além destas, há opções adicionais que incluem a liberdade política, os Direitos Humanos garantidos e o autorrespeito (Lindstrom, 2010, p. 2).

Assumindo a perspectiva de abordagem acima como um eixo de orientação satisfatório, percebe-se que se trata de uma linha de abordagem filosófica e acadêmica que pode ser considerada atual. Contudo, essa linha de pensamento pode não refletir, necessariamente, a posição real do Estado e das pessoas.

Isso se prende à circunstância de que as perspectivas mudam, principalmente diante da realidade experimentada diante dos inúmeros encargos atribuídos ao Estado, não apenas no âmbito da prestação da educação, mas de toda a vasta gama de serviços e atendimentos de igual ou maior importância acometidos pelo ordenamento constitucional aos órgãos públicos, sem considerar a maior ou menor essencialidade de um ou outro serviço público. Ainda quanto ao Estado, há a questão sempre presente de se manterem os gastos e os investimentos, mesmo a despeito de não haver o correspondente numerário para fazer frente às necessidades rotineiras e as emergenciais. Daí, por vezes, a satisfação dos direitos constitucionalmente tutelados pode não ocorrer em sua integralidade, fazendo com que haja pessoas cada vez mais desassistidas em todos ou em quase todos os setores de atuação do Estado. Então, logicamente, o assistencialismo estatal e a proteção normativa podem ser compreendidos como providências limitadas à medida do materialmente possível, ou seja, apesar de haver previsão e proteção jurídica a inúmeros valores e bens desejáveis e exigíveis, apenas o que é possível em face dos recursos realmente disponíveis é o que pode ser feito, embora não se negue a insuficiência e, portanto, a necessidade de mais e mais recursos. O Estado, nesse contexto, coleciona dados de pesquisa, amontoa recursos financeiros, realiza algumas obras de interesse público, contrata pessoal, fortalecendo o mercado de trabalho, teoriza e discursa com teses protecionistas, a exemplo da proteção de gênero, aos portadores de deficiências, aos menores de idade, aos idosos incapacitados etc., mas, na prática, ainda há muitos indivíduos que sofrem o desamparo, a miséria material, a fome e a desnutrição persistentes, a ausência de respeito e a negação da dignidade, fazendo com que o desenvolvimento humano, na dupla linha do desenvolvimento individual e social, se precarize, apesar do otimismo anunciado em face da perspectiva do crescimento econômico.

Por um olhar mais realista, a Índia é um ambiente que concentra altos índices de pessoas ocupando os mesmos espaços (indivíduos/km^2), nos quais a falta de infraestrutura, o desemprego, a fome e outros tantos obstáculos inibem o crescimento humano, afetado pela ausência da qualidade de vida, que pode ser expressa ou representada pela precariedade da educação, da proteção à saúde e da implantação de estrutura públicas básicas, como o fornecimento de água tratada, o saneamento, a presença de escolas edificadas e acessíveis, postos de saúde na vizinhança etc. A tudo isso se deve ainda acrescentar a religião, importante marcador de diferenças, que influencia a tomada de decisões, especialmente quando se trata da inclusão de alguns com a consequente exclusão de muitos outros.

Objetivamente, a correlação entre o crescimento econômico e o desenvolvimento humano não é apenas um dado estatístico, mas muito mais uma estratégia de administração e de formação de políticas públicas que deve nortear os rumos do Estado e da sociedade. Por esse viés, a política educacional deveria merecer especial atenção dos agentes políticos, concentrando-se na formação e na capacitação das habilidades e competências necessárias ao suprimento da demanda do mercado de trabalho interno e, ainda, na exportação dessas competências também para o parque produtivo internacional.

O exame dos dados atuais do desempenho econômico, pela ótica do Estado, pode facilitar a melhor compreensão quanto ao nível do desempenho humano e social na Índia. Para tanto, antes de examinar alguns dados da pesquisa econômica da Índia, convém revisar os principais traços marcantes do perfil existencial do país na atualidade, tendo como referência a pesquisa conduzida pelo cientista social Shyama Charan Dube:

I. A sociedade indiana contemporânea passou por um trauma de mudanças e enfrenta, atualmente, uma série de dilemas e paradoxos, que doem, mas são inevitáveis. É necessário que a sociedade atual veja os problemas de todas as categorias com empatia, encontre soluções para as disparidades econômicas, lance um programa de alargamento da consciência de massa, promova o verdadeiro sentido da história em oposição à subserviência ao mito (das castas) e inicie um processo de tomada de decisões participativas (Dube, 1990, p. 138);

II. Perfil da economia: até a independência, a Índia possuía, tradicionalmente, um extenso setor agrícola e industrial, embora ambos estivessem definhando, uma vez que o setor industrial era pequeno e relativamente sem importância. As zonas agrícolas existentes foram identificadas de acordo com suas principais culturas, e na maioria das áreas cultivava-se apenas uma cultura anualmente e eram poucas as áreas em que se cultivavam duas culturas. Havia poucos proprietários camponeses, muitos agricultores arrendatários e muitos mais trabalhadores que pertenciam a grupos difusos desempenhando atividades agrícolas (Dube, 1990, p. 124);

III. Política: a Índia descreve-se, orgulhosamente, como a maior democracia do mundo. Mas, até antes da independência, vários observadores estrangeiros, incluindo alguns amigos do país, tinham sérias dúvidas quanto ao sucesso da experiência democrática. Eles argumentavam que a Índia estava acostumada a um governo autoritário e paternalista, e tinha pouca tradição democrática. Os seus líderes não tinham experiência para operar o complexo aparelho do Estado, a coesão nacional era frágil, principalmente devido às diferenças religiosas e de castas, e o eleitorado estava mergulhado na ignorância e no vasto campo das superstições (Dube, 1990, p. 127);

IV. Cultura: as identidades culturais na Índia são formadas, precipuamente, pelas religiões, línguas, regiões e etnias. Entre essas identidades, entende-se que a religião é uma indicação falsa, pois, exceto as crenças, as formas dos cultos e os rituais, há pouco que seja comum entre aqueles que seguem uma fé específica. Mesmo nas formas de cultos e rituais, existem diferenças sectárias e regionais. Culturalmente, os hindus e muçulmanos não são homogêneos. No panorama cultural do país, destacam-se as formas distintas das culturas regionais, com as suas variantes locais (Dube, 1990, p. 130-131).

Esses elementos, definidores do perfil estrutural da sociedade indiana, foram destacados já na abertura desta unidade de modo a demonstrar como um país completamente envolvido por tradições, religiões, misticismos, entre outros vários aspectos característicos de sua existência milenar, tem de se harmonizar com a forma de estado do mundo atual, que exige competência administrativa, legislativa, operacional e, acima de tudo, se orienta pelo Estado de direito e regime democrático, de modo a gerenciar a maior população do planeta, permitindo que os seus cidadãos tenham acesso a serviços públicos eficientes e de qualidade, além de favorecer a concorrência dos indivíduos de modo igualitário e equitativo para terem acesso à educação de qualidade e ao concorrido e exigente mercado de trabalho. Caso se considere apenas o fator religião, é de aceitação majoritária que nenhum outro país do mundo ofereça tão rica diversidade religiosa, que se associa ainda a castas, identidades étnicas e linguísticas, com a extensa diversidade que se verifica na Índia. Por isso, qualquer agrupamento de dados empregados para uma revisão do desenvolvimento humano não poderá ignorar as variações e respectivas combinações ocorrentes entre o povo indiano, como: i) as castas avançadas (*Forward Castes*); ii) as castas atrasadas (*Other Backward Castes*); iii) os *dalits* (*Scheduled Castes*); iv) as tribos (*Scheduled Tribes*); v) os muçulmanos; e vi) outras minorias religiosas (cristãos, sikhs, budistas, jainistas etc.) (Desai *et al.*, 2010, p. 227).

Nimish Adhia (2015, p. 18) descreveu que o governo, na década de 1950, ou seja, logo após a independência, adotou uma estratégia muito particular de desenvolvimento econômico, que foi baseada na rápida industrialização, mediante a implementação de planos quinquenais preparados centralizadamente e que envolveram a arrecadação de uma enorme quantidade de recursos financeiros e o seu investimento na criação de grandes empresas estatais industriais, que ficaram conhecidas como *State-Owned Enterprises* (SOEs). As indústrias escolhidas seriam aquelas que produziriam bens industriais básicos e pesados, como aço, produtos químicos, máquinas, ferramentas, locomotivas e energia. A industrialização foi perseguida porque os líderes acreditavam, em parte com base nas crenças de alguns economistas, que o setor industrial ofereceria maiores facilidades para o crescimento da produção, pois o setor agrícola já não oferecia nenhuma margem para crescimento.

Havia, naquele momento, a necessidade de se estruturar uma economia forte e crescente. Em decorrência disso, a economia que se pretendia implantar deveria ser suportada por uma variedade de empresas e organizações que produziriam bens e serviços com o objetivo taxativo de maximizar o impacto social, ambiental e cultural e, por isso, passou a ser considerada um terceiro setor entre as economias capitalistas existentes, distinta dos setores privado e público. Essa economia incluía organizações animadas pelo princípio da reciprocidade para a prossecução de objetivos econômicos, do controle social e das necessidades econômicas primárias das pessoas. Em uma perspectiva mais aberta e abrangente, essa economia, dita social, ancorava-se nas metas de: i) aumentar a renda per capita e conduzir o desenvolvimento econômico; ii) utilizar os melhores recursos humanos e aumentar as oportunidades de emprego; iii) manter a estabilidade econômica; iv) estimular o bem-estar social e o desenvolvimento regional; v) reduzir as desigualdades econômicas e comunitárias; vi) promover a justiça social e o desenvolvimento integral; e vii) elevar o padrão de vida das pessoas (Nahak, 2018, p. 484).

Aliada aos objetivos da economia social, tem-se a contribuição da educação para o propósito de gerar o crescimento econômico, pois que é um dos seus principais determinantes, além do emprego e da renda. Logo, ignorar a dimensão econômica da educação colocaria em risco a prosperidade das gerações futuras, com repercussões generalizadas na pobreza, na exclusão social e na sustentabilidade dos sistemas de segurança social (Grant, 2017, p. 2).

De acordo com a literatura especializada, há grandes evidências de que o capital humano formado e qualificado pela educação tem o efeito de produzir um impacto significativo no crescimento econômico (Self; Grabowski, 2004, p. 54). Portanto, para se compreender a exata dimensão atual da Índia, como Estado e como sociedade, é importante conhecer não apenas o seu perfil existencial, mas também conjugá-lo à economia e ao padrão educacional conquistado, principalmente, após a independência.

Dito de outro modo, para melhor compreensão, na Índia o desenvolvimento é uma mistura de oportunidades, negligências e privações, pois há algumas áreas, como alguns centros metropolitanos e setores residenciais bem desenvolvidos, possuindo instalações modernas, disponíveis para uma pequena parte da população. Porém, no outro extremo, há grandes áreas rurais e bairros urbanos degradados, que não dispõem de serviços básicos, a exemplo do fornecimento de água potável, educação, infraestruturas de saúde e saneamento, com prejuízos para a maioria da população local. Essa situação, no entanto, agrava-se em relação à distribuição desproporcional das oportunidades de desenvolvimento entre os diferentes setores da sociedade, pois é fato estabelecido que a maioria das castas, das tribos, dos trabalhadores agrícolas sem-terra, dos agricultores pobres, dos moradores dos bairros degradados etc. forma os grupos mais marginalizados, sem contar o grande segmento da população feminina, que é o grupo mais afetado entre os demais. Em acréscimo, as condições, relativas e absolutas, da maioria desses grupos marginalizados agravaram-se enormemente com a forma do desenvolvimento ocorrido ao longo dos anos, impondo que a maioria das pessoas sobrevivesse em condições de pobreza extrema e subumanas. Do ponto de vista do desenvolvimento social, há alguns indicadores que refletem o estado de precariedade da existência humana na Índia, a exemplo do baixo nível de alfabetização, do alto nível de mortalidade infantil, da alta taxa de ocupação das escolas (densidade aluno/professor) e, por conseguinte, da baixa taxa de professor por mil habitantes, da precariedade dos centros de saúde, e, ainda, da ausência de fossas sépticas e descargas nas residências (Ahuja; Phatak, 2019, p. 353).

Sabe-se que o progresso das nações e as condições existenciais de seus nacionais têm sido, convencional e tradicionalmente, medidos em termos de crescimento econômico, tendo como parâmetros principalmente o Produto Interno Bruto (*Gross Domestic Product*) e o Produto Nacional Bruto [*Gross National Product* (GNP)]. Contudo, o GDP e o GNP não medem, real e efetivamente, o bem-estar das pessoas, o que fez com que diferentes países buscassem outros critérios de abordagem para medir o progresso da sociedade. Dentre os critérios mais observados, destacam-se o *Human Development Report* (1990), criado pelo *Office of the United Nations*, e o *Multidimensional Poverty Index* (MPI), criado pela *Oxford University* com o *Human Development Report Office of the United Nations Development Programme*. Cabe mencionar, ainda, que hoje há outro tipo diferenciado de índice, denominado *Bhutan's Gross National Happiness Index*, criado com fundamento no conceito de Felicidade Nacional Bruta [*Gross National Happiness* (GNH)], como resultado de uma iniciativa que coloca o bem-estar dos indivíduos no topo da agenda do desenvolvimento nacional, tendo sido articulado pela primeira vez pelo rei butanês Jigme Singye Wangchuck, no ano de 1972 (Behera, 2016, p. 122-123).

O que se pretende evidenciar com isso é que, para além das realizações do Estado e da sociedade, há também que se pensar no nível do desenvolvimento humano individual e do grau de satisfação com o qual os indivíduos percebem, acolhem e usufruem os bens e serviços públicos, e a forma como eles interferem na qualidade de vida e satisfação das pessoas. Em geral, o desenvolvimento tem sido abordado como um fenômeno multidimensional, constituído por um índice composto, em regra, por algumas variáveis amplamente aceitas, que são: i) a produção econômica ou o nível de desenvolvimento econômico; ii) as necessidades mínimas comuns das pessoas; e iii) os serviços relacionados à saúde. Com isso, resumidamente, chega-se aos fatores considerados mais importantes para o processo de desenvolvimento global, relacionados às necessidades mais essenciais, como a educação, a disponibilidade de alimentos, o mínimo poder de compra, o fornecimento de água potável e a infraestrutura dos serviços de saúde (Das, 1999, p. 342). É pertinente considerar, nesse ponto, que no plano individual a satisfação com as realizações pode ocorrer de modo bastante diferenciado de uma pessoa para outra, de maneira que é improvável haver um índice que seja capaz de medir esse grau de satisfação de modo preciso e uniforme, incluindo-se nesse debate a condição de que as pessoas e as sociedades são, naturalmente, desiguais e competitivas, o que está relacionado diretamente com o fato de que pessoas ricas e poderosas controlam, tendenciosamente, as demais pessoas que se enquadram nas categorias dos grupos vulneráveis (Kumar, 2022, p. 635).

Entretanto, acredita-se que, para atingir padrões minimamente aceitáveis quanto ao desempenho dos serviços públicos e do uso dos bens disponíveis para a coletividade, seria necessária a implantação de uma boa infraestrutura social, capaz de melhorar a qualidade da vida humana. Para tanto, as despesas com a educação, a formação e a melhoria dos serviços de saúde são as providências que mais diretamente contribuem para o aumento da qualidade de vida da população e para o aumento da produtividade (Kaur; Kaur, 2018, p. 180). Essa pretendida melhoria implica, entre outros objetivos, a busca da redução da pobreza, do aumento das oportunidades de emprego, da aceleração do crescimento, da elevação do status da sociedade e da promoção de atividades geradoras de renda (Srivastava; Mondal, 2021, p. 3.053).

A Índia é uma economia subdesenvolvida, mas que caminha rumo ao desenvolvimento. Por isso, economia, educação e pobreza são temas permanentes nas pautas dos governos, nas esferas executiva e legislativa, especialmente porque o país reúne a maior população mundial, com a grande parte desta vivendo em condições de miséria, imersa na pobreza que não é apenas aguda, mas também crônica, e o mais grave: com uma vasta quantidade de recursos naturais não utilizados ou mal-utilizados. Há a coexistência do círculo vicioso da pobreza com os vários círculos de riqueza, a perpetuação da miséria e a frustração de todas as tentativas de eliminação da pobreza. É nesse contexto que se deve enquadrar as principais questões relacionadas ao desenvolvimento, no qual o sistema educacional enfrenta uma transformação sem precedentes, impulsionada por mudanças econômicas e demográficas (Reena, 2018, p. 604). Assim, parece inquestionável, mas o fato é que, durante o século XX, a educação, as competências e a aquisição de conhecimentos tornaram-se determinantes cruciais da produtividade das pessoas e das nações, podendo-se mesmo chamar o século XX de a Era do Capital Humano (*Age of Human Capital*), o que significa dizer que o principal determinante do padrão de vida de um país é quanto ele consegue desenvolver e utilizar as habilidades e os conhecimentos, além de promover a saúde e a educação em benefício da maioria de sua população (Ozturk, 2001, p. 40).

Nesse mesmo sentido, Gogoi (2022, p. 365) destacou que os economistas ainda tratam o capital humano como o fator mais importante para a determinação do crescimento econômico e do desenvolvimento, por isso eles recomendaram que a taxa de formação do capital humano nos países em desenvolvimento deveria ser aumentada para acelerar o processo de desenvolvimento econômico e elevar o nível de vida das pessoas. Mas ressalvou que, na última década, a investigação econômica revelou e atribuiu à educação a condição de ser o mais relevante fator para o desenvolvimento econômico, entendendo que ela é o processo que impulsiona a melhoria das habilidades e conhecimentos humanos e da força de trabalho. Desse modo, a expansão quantitativa das oportunidades educativas, com a sua melhoria qualitativa, ministrada à força de trabalho, é a chave para o desenvolvimento econômico, devido à sua expressiva força contributiva e progressista. Nessa seara, a educação tem sido referida como ganho para o capital humano, e o custo de educar os indivíduos tem sido referido como investimento no homem.

Tendo foco na relação entre o crescimento econômico e a educação de qualidade, Kotásková *et al.* (2018, p. 254) concordaram que o aumento do emprego e o foco na estruturação da economia são ferramentas fundamentais para atuar na melhoria do nível da qualidade da educação, impondo-se que se incentivem e se expandam as oportunidades de formação profissional, que também são cruciais. Porém, identificaram algumas falhas no sistema educacional, observando que há uma questão grave a ser tratada, uma vez que a educação não é gratuita para todos os indianos, a exemplo da área técnica, que é um dos ramos mais importantes e um dos mais caros. Daí, consideraram que o apoio do poder público é imprescindível para se obter o crescimento econômico, e, sem uma reforma educativa significativa, a Índia não pode esperar que ocorram mudanças positivas, o que exigirá que se faça uma expressiva estruturação social e econômica.

Diante de um amplo cenário de construções teóricas, projeções, ensaios e teses doutrinárias, o governo indiano avaliou perspectivas bastantes promissoras como tendências constatáveis quanto ao emprego e ao desempenho da economia, tendo identificado e destacado algumas referências positivas e melhorias substanciais no desempenho da economia:

I. A Índia, como a terceira maior economia do mundo em termos de paridade de poder de compra (*Purchasing Power Parity*) e a quinta maior em taxas de câmbio de mercado, resistiu tanto aos desafios internos como aos externos. Reforçou a crença do país na sua resiliência econômica, uma vez que resistiu aos desafios internos e externos, conseguindo mitigar os desequilíbrios externos causados pelo conflito Rússia-Ucrânia, sem perder o dinamismo do crescimento. A economia indiana enfrentou os desafios colocados pela pandemia, encenando uma recuperação total, à frente de muitas nações, e posicionando-se para ascender ao caminho do crescimento no ano financeiro de 2023-2024, e o crescimento econômico no exercício financeiro de 2022-2023 foi liderado principalmente pelo consumo privado e pela formação de capital, o que contribuiu para a geração de empregos. No entanto, o investimento privado é ainda necessário para a criação de mais empregos e para impulsionar as tendências do crescimento (Lok Sabha Secretariat, 2023, p. 2);

II. As estimativas antecipadas do PIB para o ano 2022-2023 foram de 7%, com a expectativa de crescimento da ordem de 6% a 6,8% no exercício de 2023-2024, dependendo da trajetória da evolução econômica e política no nível mundial. Essa projeção é amplamente comparável às estimativas fornecidas por agências multilaterais como *The World Bank* e *International Monetary Fund* (IMF). As previsões otimistas de crescimento resultaram de uma série de aspectos positivos, como a recuperação do consumo privado, o aumento das despesas de capital, a cobertura vacinal quase universal, o regresso dos trabalhadores migrantes ao trabalho nos estaleiros, além do fortalecimento dos balanços das empresas e bancos do setor público. O apoio adicional ao crescimento econômico proveio da expansão das plataformas digitais públicas, além dos regimes de incentivos ligados à produção para aumentar a produção industrial[74]. A Índia permaneceu uma exceção entre as principais economias e, apesar dos três choques da COVID-19, do conflito Rússia-Ucrânia e dos aumentos das taxas de juros pelos bancos centrais de outras economias, levando à valorização do dólar americano e ao aumento do déficit em conta corrente, ainda assim as agências em todo o mundo continuaram a projetar a Índia como a grande economia de crescimento acelerado, estimado entre 6,5% e 7% para o exercício financeiro de 2023-2024 (Lok Sabha Secretariat, 2023, p. 2-3);

III. A recuperação da Índia no pós-pandemia foi relativamente rápida e o crescimento esperado para o ano de 2024 será apoiado pela procura interna sólida e pela recuperação do investimento de capital. Os sinais de um novo ciclo de formação de capital no setor privado são visíveis e, mais importante, compensando a cautela do setor privado nas despesas de capital, o governo aumentou substancialmente suas despesas de capital. No Orçamento da União para o ciclo de 2023-2024, o desembolso do investimento de capital será aumentado acentuadamente pelo terceiro ano consecutivo em 33%, o que representará 3,3% do PIB. Isto será quase três vezes o investimento praticado no ano de 2019-2020. As reformas estruturais, como a introdução do *Goods and Services Tax and the Insolvency* (imposto) e do *Bankruptcy Code* (Código de Insolvência e Falências), melhorarão a eficiência e a transparência da economia e garantirão a disciplina financeira e seu melhor desempenho (Lok Sabha Secretariat, 2023, p. 8-9);

IV. O Orçamento Geral da União identificou a Índia como uma economia impulsionada pela tecnologia e baseada no conhecimento, com finanças públicas fortes e um setor financeiro robusto. A agenda econômica, para alcançar essa visão, centrou-se em três propostas: i) facilitar amplas oportunidades aos cidadãos, especialmente aos jovens, para concretizarem suas aspirações, ii) proporcionar um forte impulso ao crescimento e ao emprego, e iii) reforçar a estabilidade macroeconômica. O Orçamento identificou áreas prioritárias, nas quais há a necessidade de transformações, como o empoderamento econômico das mulheres, o turismo e o crescimento verde. Nesse contexto, o orçamento previsto para o ciclo de 2023-2024 reflete o compromisso contínuo do governo da União em impulsionar o crescimento econômico, investindo no desenvolvimento de infraestruturas e elevando as despesas de capital em 33,3% em relação às estimativas revisadas do ciclo de 2022-2023 (Lok Sabha Secretariat, 2023, p. 9-10).

A visão do governo indiano para o crescimento da economia no ciclo atual tem sido otimista, até mais que a de outros governos. A questão, entretanto, é como essa melhoria poderá influenciar diretamente a qualidade de vida das pessoas ou, indiretamente, pela via da melhoria qualitativa da educação, lembrando que as propostas do governo para o aumento dos investimentos (*Expenditure*), o aumento da arrecadação de receitas (*Receipts*), a elevação do PIB e a redução do déficit (*Revenue Deficit*) são bastante promissoras, caso se efetivem (PRS Group Independent, 2023, p. 1).

Ainda de acordo com pesquisa recente, acerca do desempenho da economia indiana no cenário internacional, há referências positivas. Uma delas sinalizou que a participação da Índia na economia global tem sido elevada e crescente, com desempenhos notáveis em alguns serviços. A exposição ao comércio aumentou após a redução das barreiras tarifárias no início da década de 1990. No setor da informação e tecnologia, a cota do mercado de exportação da Índia cresceu, criando muitas oportunidades de emprego qualificado e atraindo investimento estrangeiro. O país também apresentou um bom desempenho em alguns setores de bens complexos, com utilização intensiva de competências e de capital, como produtos farmacêuticos e veículos pesados (OECD, 2019a, p. 11).

Mas, mesmo considerando um perfil positivo quanto ao desempenho de alguns setores da economia e também do mercado, é preciso considerar o crescimento inclusivo como um objetivo imediato, uma vez que esse crescimento é do tipo que pode proporcionar justiça social para todos, especialmente para os grupos desfavorecidos. Nessa seara, um aspecto da justiça social que importa destacar é que todos os programas que proporcionem acesso generalizado aos serviços essenciais, como saúde, educação, água potável, saneamento etc., devem ser implementados de forma a garantir o pleno acesso aos grupos desfavorecidos. A concepção e a implementação de regimes especificamente direcionados para esses grupos contribuirão para alcançar o crescimento inclusivo, o que pode exigir uma abordagem inovadora de parcerias do tipo público-privada no fornecimento das necessidades básicas. Nesse contexto, é preciso inovações em produtos e serviços que reduzam os custos, economizem energia e sirvam às necessidades das pessoas mais simples de forma acessível. É preciso inovações nos processos e nos mecanismos de execução, especialmente nos mecanismos de atuação do governo, que precisam ser redesenhados para que possam produzir resultados proporcionais aos recursos existentes (Nayak, 2010, p. 145-146).

Bem colocadas as palavras de modo a sintetizar a correlação entre o crescimento econômico e a contribuição da educação, pode-se estabelecer que, embora a educação promova o crescimento com sua contribuição para a formação e o fortalecimento do capital humano, é o crescimento econômico que fornece os recursos financeiros necessários para a promoção desse capital. Assim, de acordo com Indira e Kumar (2018, p. 90, 96), existe uma relação causal cíclica entre as despesas com a educação superior e o PIB, indicando que o aumento das despesas com a educação contribui para o crescimento econômico, que por sua vez contribui para a elevação do capital humano. Ou seja, há, consequentemente, uma associação positiva entre despesa pública e o aumento das matrículas no ensino superior.

Contudo, orientados por outro ponto de vista, Kundu e Mohanan (2009, p. 16-17) sustentaram que o crescimento econômico não garante, por si mesmo, que o crescimento das oportunidades de emprego acompanhará o da população em idade ativa ou superior a essa. Para eles, apesar da geração de oportunidades de emprego para as mulheres que ocorreu nos últimos anos, a participação delas no mercado de trabalho permaneceu baixa devido a fatores culturais e étnicos. A grande parcela da população feminina adulta, que permaneceu fora da força de trabalho, constituiu um potencial inexplorado para o desenvolvimento.

Noutra perspectiva, estudos específicos sobre as taxas de desemprego demonstraram que elas refletem a medida da extensão da utilização dos recursos de trabalho disponíveis, destacando que, mesmo que no curto prazo sejam sensíveis ao ciclo econômico, no longo prazo são significativamente afetadas pelas políticas governamentais relativas à educação superior e pela modelagem das políticas que buscam facilitar o emprego das mulheres e de outros grupos desfavorecidos (OECD, 2016, p. 120).

Nesse aspecto, o governo indiano argumentou que a taxa de participação feminina na força de trabalho [*Labour Force Participation Rate* (LFPR)] está em ascensão. Segundo os dados apurados, essa taxa, para a faixa etária dos 15 anos de idade ou mais, aumentou consideravelmente e ficou em 32,8% no ano de 2021-2022 contra 23,3% no ano 2017-2018, o que considerou um aumento significativo. Na visão do governo, foram as suas contínuas intervenções um dos principais fatores desse progresso, acrescentando que, apesar das várias ocorrências socioeconômicas, a participação feminina na força de trabalho está aumentando em um ritmo bastante satisfatório. Acerca da melhoria do quadro de empregabilidade feminina, a assistência governamental, em termos de políticas, programas etc., também está associada ao crescimento das matrículas escolares, principalmente na educação superior, o que tem produzido melhorias estruturais na vida das mulheres e pode ser observado com o declínio das taxas de fertilidade e a expansão regular e qualitativa do nível educação feminina (Ministry of Labour and Employment, 2023, p. 36).

O *Development Monitoring and Evaluation Office* (DMEO), órgão do governo central da Índia, por intermédio do Escritório de Desenvolvimento de Recursos Humanos (*Human Resource Development Sector*), apresentou um relatório sucinto e objetivo acerca do desempenho da educação geral no país. O relatório, produzido no ano de 2021, identificou elementos de convergência dos programas educacionais desenvolvidos pelos governos estaduais e central, além da participação do setor educacional privado e das ajudas internacionais, mediante acordos multilaterais e bilaterais pertinentes com a área educacional. O relatório evidenciou as perspectivas e pontos de vista do Estado ante a gestão do maior parque educacional do planeta, e revelou que a Índia tem se empenhado em tornar-se uma economia de 5 bilhões de dólares até o ano de 2024-2025, com o firme propósito de emergir como uma economia de conhecimento no nível global. Para tanto, o país conta com uma série de vantagens estruturais no que diz respeito ao crescimento econômico previsto, sendo a principal delas o seu rico dividendo demográfico. Outra vantagem é que também conta com uma das maiores populações em idade ativa (mais de 58%), com idade média de 29 anos. Na sua trajetória de desenvolvimento econômico e sociopolítico, a educação pode desempenhar um papel crítico e ser uma das mais importantes alavancas para o crescimento econômico planejado (Development Monitoring and Evaluation Office, 2021, p. 15).

Nos termos do relatório, o governo central sustentou:

I. A Índia, desde a sua independência, percorreu um longo caminho com o propósito de alcançar resultados importantes no setor da educação. Esse setor testemunhou diversas políticas e iniciativas para melhorar o desempenho total dos resultados educativos. O apoio dos governos para melhorar os recursos básicos disponíveis no setor da educação e, por conseguinte, melhorar o desempenho total do setor tem sido feito, principalmente, mediante programas específicos, como o *Sarva Shiksha Abhiyan*, voltado para o ensino primário (*Lower/Upper Primary*), e o *Rashtriya Madhyamik Shiksha Abhiyan*, voltado para todo o ensino secundário (*Secondary Education*) e, em parte, para o ensino secundário superior (*Higher Secondary Education*). Os principais objetivos dessas iniciativas foram melhorar o desempenho do país quanto ao desenvolvimento educacional, de forma dirigida primordialmente ao acesso, à equidade e à qualidade. O desempenho obtido ao longo da última década fez com que o acesso à educação básica deixasse de ser a preocupação mais premente. Hoje, contabiliza-se que 90% da população dentro da pertinente faixa etária tem acesso ao ensino básico, e mais de 88% têm acesso franqueado ao ensino secundário. Diante desse cenário, a próxima fase do sistema educativo será impulsionada pela adoção das medidas necessárias para garantir a universalização da educação nos níveis básico e secundário, assegurando, desse modo, uma futura maior adesão dos estudantes ao ensino superior, além de melhorias simultâneas patrocinadas pela equidade e qualidade da educação (Development Monitoring and Evaluation Office, 2021, p. 20-21);

II. O acesso ao ensino superior está aumentando. A Índia registou progressos consideráveis na Taxa Bruta de Matrícula (*Gross Enrolment Ratio*) do ensino superior nos últimos anos. A GER do ensino superior passou de 19% no ano de 2014 para 26,3% no ano de 2018-2019. Mas ainda há uma queda significativa na participação dos estudantes após a conclusão do ensino pós-secundário (*Higher Secondary Education*). Por exemplo, no ano de 2018-2019, quase três quartos da população na faixa etária dos 18 aos 23 anos ainda não estava matriculada no ensino pós-secundário, o que fez com que a GER da Índia fosse consideravelmente inferior à dos seus pares, como o Brasil (50,5% no ano de 2016) e a China (51% no ano de 2017). Além disso, embora a Índia tenha alcançado um crescimento considerável na sua taxa bruta de matrículas nos últimos anos, esse crescimento tem sido lento em comparação com o que seria necessário e com os resultados de outros países semelhantes, como a China. A Índia cresceu apenas 6%, passando de 19,4% no ano de 2010-2011 para 25,2% no ano de 2016-17, enquanto a China cresceu 17%, passando de 25% no ano de 2010-2011 para 42% no ano de 2016-2017. A interpretação dada a esses resultados quanto ao reduzido acesso à educação superior na Índia atribui essa ocorrência a vários fatores, entre os quais o custo proibitivo da educação, a falta de instalações, a insuficiência de instituições de qualidade em muitas regiões do país etc. Há, de fato, grandes disparidades regionais no que diz respeito à disponibilidade da educação superior, que são visíveis, principalmente, no que diz respeito à concentração de instituições de ensino superior para os estudantes na faixa etária dos 18 aos 23 anos de idade em algumas localidades e desconcentração em outras (Development Monitoring and Evaluation Office, 2021, p. 48).

Quanto à geração de receitas e rendas, de acordo com dados apurados pelo *World Bank*, a Índia ocupou a quinta posição no ranking da renda nacional bruta [*Gross National Income* (GNI)] no ano de 2022, com uma renda da ordem de 3,37 bilhões de dólares americanos, estando à frente do Brasil (12ª posição, com 1,75 bilhão de dólares) e da Rússia (10ª posição, com 1,87 bilhão de dólares) (The World Bank, 2023b).

14.5 Panorama atual do desempenho social e econômico na Índia

As expectativas de crescimento da população indiana apontam números estratosféricos. Estima-se que, dentro de um ciclo de 25 anos, iniciado no ano de 2011 e que se estenderá até o ano de 2036, haverá um aumento de 25,7% da população, a uma taxa anual de 1%, fazendo com que a densidade populacional atinja o patamar de 463 pessoas por quilômetro quadrado (463 pessoas/km^2) (Ministry of Health & Family Welfare, 2020, p. 3).

Para o ano de 2023, a população total do país alcançou o patamar de 1,428 bilhão de habitantes, com expectativa de vida de 74 anos. Comparativamente, o Brasil registrou, no ano de 2023, uma população da ordem de 216,4 milhões de habitantes, com expectativa de vida de 79 anos (UNFPA, 2023b, p. 164, 166).

A razão entre a extensão territorial do Brasil e a da Índia é de 2,59 (8.515.770 km^2/3.287.260 km^2), enquanto que a razão entre suas populações é de 0,15 (216.400.000/1.428.000.000). Estes números ajudam a ilustrar e permitem uma melhor compreensão sobre o que é ter 463 pessoas ocupando a área de 1 km^2, no caso da Índia, e o que é ter 25,41 pessoas ocupando essa mesma área, no caso do Brasil.

Além da densidade demográfica bastante acentuada, há um fator de destaque que não pode ser ignorado ao se tratar do crescimento populacional. Trata-se do envelhecimento das pessoas, que, na Índia, gera reflexos importantes na ordem social e econômica.

O envelhecimento da população está ocorrendo de forma mais gradual na Índia. Globalmente, o número de adultos com idade compreendida entre 25 e 64 anos ultrapassa o número de crianças e jovens com menos de 25 anos na ordem de 20%. Com isso, há a previsão de que o número de adultos em idade ativa continue a aumentar, tanto em número como em proporção da população total, até meados deste século, assegurando uma contribuição positiva contínua das alterações demográficas para o crescimento econômico (UN, 2023a, p. 3). Mas, apesar dessa referência positiva, o fato é que a economia do país em relação aos indivíduos os situa em um patamar médio-baixo de renda (*Lower Middle Income*), o que não é suficiente para gerar mudanças substanciais em termos de qualidade de vida (UN, 2023b, p. 119).

Para os idosos, as perspectivas não são das melhores. Atualmente, existem 149 milhões de pessoas na Índia com 60 anos de idade ou mais, compreendendo 10,5% da população do país, com a previsão de que até o ano de 2050 a percentagem de pessoas idosas duplicará, atingindo o patamar de 20,8%, com o número absoluto de 347 milhões de indivíduos idosos (UNFPA, 2023a, p. 2).

Paralelamente a apontada tendência de crescimento populacional, um estudo produzido pelo *National Intelligence Council* (NIC) dos Estados Unidos ainda identificou que populações de vários países estão cada vez mais pessimistas e desconfiadas quanto às recentes tendências econômicas, tecnológicas e demográficas perturbadoras, as quais estão gerando divisões dentro das comunidades e dos Estados, minando o nacionalismo cívico e aumentando a volatilidade. Além disso, mas ainda dentro nesse cenário, países relativamente pobres da África Subsaariana e do Sul da Ásia, como é o caso da Índia, serão responsáveis por quase todo o crescimento da população mundial durante as próximas duas décadas e, ao mesmo tempo, urbanizar-se-ão rapidamente, porém, muito provavelmente, sobrecarregando a sua capacidade de fornecer as infraestruturas e os sistemas educativos necessários para aproveitar de forma plena o seu potencial de crescimento econômico (NIC, 2021, p. 5, 17). Há, contudo, um aspecto favorável, que é a expectativa do crescimento econômico, que, na Índia, foi projetado em 6,1% no ano de 2023, sinalizando o resultado de investimentos mais robustos (IMF, 2023, p. 5). Isso exigirá boa e forte governança como medida para se atingir qualidade institucional, com uma extraordinária capacidade governamental para alocar recursos. Ou seja, espera-se que governos estaduais e central disponham de recursos suficientes para melhorar o desempenho do mercado de capitais e o clima de investimento, estabilizar o sistema burocrático e fornecer serviços públicos, como saúde e educação, o que poderá facilitar o crescimento econômico (Jain, 2021a, p. 7).

Para entender esse cenário, é preciso considerar que, há pouco mais de uma década, já se desenhava uma planificação que teve foco em projetos para a criação de um ambiente propício à realização do desenvolvimento humano mediante o desenvolvimento das capacidades individuais, a realização de vários tipos de atividades de formação e a sensibilização para o desenvolvimento humano. Programas de sensibilização e formação desenvolvidos por *Administrative Training Institutes* (ATIs) envolveram, entre outros atores, servidores públicos, parlamentares, organizações não governamentais e os meios de comunicação social, que foram sensibilizados sobre a necessidade do desenvolvimento humano (UNDP, 2010, p. 9-10).

Entretanto, persistem obstáculos ainda de difícil superação. Por exemplo, entende-se que a educação constitui um importante marcador do desenvolvimento humano e está incluída nos índices de desenvolvimento humano amplamente utilizados, como os desenvolvidos pelo UNDP, que se concentram nos índices das matrículas nos níveis primário, secundário e superior. Todavia, embora sejam marcadores úteis e práticos quanto ao acesso à educação, eles não captam os processos pelos quais emergem os padrões observados e, por vezes, não fornecem nenhum esclarecimento sobre a qualidade da educação. Infelizmente, a compreensão mais profunda das forças sociais que moldam as oportunidades e os resultados educativos tem sido limitada pela falta de dados empíricos. Mesmo que as pesquisas possam documentar a frequência ou a conclusão de uma certificação escolar com relativa facilidade, elas são singularmente mal-estruturadas para avaliar a qualidade da educação (Desai *et al.*, 2010, p. 75-76).

Alinhando-se os projetos voltados para o desenvolvimento humano com a expectativa de que se alcance um sistema educacional de qualidade, chega-se a um ponto intermediário, que aponta para a chamada Educação Comercial. Nessa seara, há um ponto de vista que sustenta que, na atualidade, a Educação Comercial tornou-se a espinha dorsal do sistema econômico de vários países. Na linha desse entendimento, a demanda educacional é forte na Índia e em todo o mundo pela busca de graduados capazes de desenvolver o potencial para assumir cargos de liderança em negócios internacionais. Nesse campo, estima-se que a Índia possa se destacar na gestão de talentos e conhecimentos, mas desde que os governos se unam ao setor de ensino superior para fornecer educação de qualidade aos seus estudantes. Ao tornar a Educação Comercial relevante e orientada para a prática, ela pode impactar a competitividade global dos estudantes indianos (Tabasum; Venkatesh, 2021, p. 130). Aqui, contudo, há um conflito entre o direito a que todos fazem jus, por um lado, que é o de ter acesso à educação pública, universal e de qualidade, e, por outro lado, a inegável mercantilização da educação, que tem a força para elitizar e, ao mesmo tempo, excluir as pessoas ocupantes das classes sociais mais inferiores, alimentando o processo estigmatizante da pobreza e das castas.

Diante dessa realidade, Sreenivasulu (2013, p. 34) sintetizou e concluiu que as reformas educativas atualmente planejadas ou implementadas em todo o mundo precisariam incluir uma análise mais profunda e abrangente sobre o que e como as escolas e os líderes devem fazer de modo a contribuir para o desenvolvimento do sistema econômico indiano. A emergência da sociedade organizada em rede e de economia baseada no conhecimento parece ser uma justificação poderosa para as reformas educativas, principalmente nos países desenvolvidos. Entretanto, viver e trabalhar em um mundo de inovações exige atitudes, conhecimentos e competências fundamentalmente diferentes por parte dos indivíduos, razão pela qual as adaptações tecnológicas e as inovações têm sido os principais motores do crescimento econômico nos países desenvolvidos desde a Segunda Guerra Mundial, com um sucesso econômico alcançado com base em valores elevados, não apenas de baixo custo. O alto valor é mais bem garantido quando se dispõe de pessoal bem treinado e educado, contando com oportunidades flexíveis de aprendizagem ao longo da vida de modo igualitário. A ideia geral apresentada com frequência para aumentar o desenvolvimento econômico indiano segue na direção de equipar as pessoas com competências e atitudes cada vez mais baseadas no conhecimento.

Nessa discussão, o ponto inquestionável é o de que o crescimento econômico e o desenvolvimento humano estão inter-relacionados, reconhecendo-se que nenhum país com crescimento rápido e desenvolvimento humano lento conseguiu manter o ritmo de crescimento durante um longo período. A experiência tem demonstrado que, embora esses dois fatores se reforcem mutuamente, para que se estabeleça uma relação forte e contínua entre ambos, é necessário criar várias outras condições, tais como o crescimento inclusivo com ampla margem de geração de empregos, a igualdade de gênero, grandes investimentos públicos nas áreas de educação e saúde, além da necessária inclusão financeira, entre outras importantes medidas (Raj *et al.*, 2023, p. 37).

Em acréscimo, os elementos-chave do regime econômico e institucional devem incluir a estabilidade macroeconômica, a concorrência, as políticas regulamentares, as regras e procedimentos jurídicos que conduzem ao empreendedorismo e à assunção de riscos. Uma característica fundamental é, também, a qualidade do governo, porque a sua integridade e a sua eficácia determinam as regras básicas da sociedade e do mercado. Outro elemento importante é definir até que ponto o sistema jurídico apoia as regras básicas e os direitos de propriedade. Um regime econômico e institucional eficaz inclui ter um ambiente competitivo que estimule a melhoria do desempenho econômico, um sistema financeiro que mobilize e aloque capital para os seus usos mais produtivos, mercados de trabalho flexíveis, incluindo apoio à melhoria das competências da força de trabalho, e redes de segurança eficazes para facilitar o ajustamento à reestruturação constante (Dahlamn; Utz, 2005, p. 21).

Portanto, o grande dilema, e talvez o maior desafio, é estabelecer um processo contínuo de desenvolvimento econômico que favoreça o desenvolvimento humano, apoiado em uma plataforma educacional que, ao longo do tempo, possa conduzir a nação indiana a níveis reduzidos de pobreza, com a necessária elevação do status social, igualdade de gênero e significativo avanço na qualidade de vida, independentemente das origens, castas, religiões etc.

Por conta dessa necessidade, Partha Roy (2018, p. 332) destacou que a educação começa em casa e chamou atenção para a circunstância de que muitos estudos sugerem que ler para uma criança nos primeiros anos de vida contribui para o desenvolvimento de suas competências. No entanto, as crianças cuja família vive abaixo do limiar da pobreza têm menos probabilidades de ouvir leituras, fator que restringe fortemente o desenvolvimento adequado de suas competências. Além disso, os pais que não receberam uma educação adequada tendem a subestimar a importância da educação e hesitam em desperdiçar dinheiro nas escolas. Mesmo as crianças que frequentam as escolas têm de enfrentar insultos e são muitas vezes tratadas como párias, uma vez que as crianças da geração atual não aceitam outras que não pertençam aos seus respectivos estratos sociais. Aqui, mais uma vez, nota-se o efeito cultural negativo e persistente que as castas têm projetado na sociedade indiana ao longo de sua existência.

Apesar do desenvolvimento da sociedade do conhecimento exigir uma nova atitude relativamente à definição de políticas educativas e à combinação de novas formas de fornecer conhecimento também em relação a outras políticas, observa-se que a situação econômica geral na Índia tem sido favorável à implementação da política educacional, mas as despesas com a educação, enquanto percentagem das despesas orçamentadas totais dos governos central e estaduais, têm diminuído nos últimos anos (Krishnan; Savitha, 2018, p. 247).

Essa realidade, vivenciada nos dias atuais, foi predita pelo professor K. D. Raju há pouco mais de 15 anos, quando discorreu sobre o setor da educação na Índia. Naquela oportunidade, ele confirmou que o referido setor já enfrentava desafios e testemunhava mudanças radicais no passado recente, especialmente diante do número de estudantes e a procura por mais instituições de ensino, que aumentavam sistematicamente, o que levou à entrada de instituições educacionais estrangeiras e à insurgência do setor privado como um ator importante. Foi a crescente procura pelo ensino mais as taxas de matrícula igualmente crescentes que evidenciaram que o governo não foi capaz de fornecer as infraestruturas necessárias e fazer os investimentos, especialmente no ensino superior. Então, a lacuna gerada foi sendo preenchida, continuamente, pelos prestadores privados do país, na contramão da Constituição que assegurava o direito à educação pública, universal e de qualidade para todos os indianos (Raju, 2006, p. 1).

15

CONSIDERAÇÕES FINAIS

Em toda a extensão deste estudo, foram explorados dois importantes vetores da política de Estado indiana: a política de reservas e a educacional, as quais representam, sem dúvida, os mais emblemáticos desafios da administração pública no contexto de um país profundamente caracterizado pelo misticismo, pela religiosidade e pelas tradições culturais milenares, e, ao mesmo tempo, necessitado de se impor como uma ordem jurídico-política estável e moderna, participante de um mercado internacional altamente competitivo e que, internamente, deve prover tratamento igualitário aos seus nacionais, especialmente cumprindo o mandamento constitucional de que não haverá discriminação de nenhuma ordem, como as relacionadas a raça, casta, sexo, origem de nascimento etc., impondo-se ainda que o Estado, em toda a extensão de sua soberania, garanta a todos os indivíduos a igualdade de tratamento perante a lei e a correspondente ação protetiva.

De fato, conforme foi possível constatar, são inúmeras as deficiências estruturais que ainda dificultam em larga escala o estabelecimento e a continuidade das políticas públicas voltadas para o desenvolvimento social e humano, pois a Índia, como agente agrupador e regulamentador, é um Estado deficitário de medidas eficazes e importantes também em relação a várias outras políticas, como as relacionadas à saúde, ao fortalecimento do parque industrial, ao crescimento e à gestão do mercado de trabalho, ao sistema fiscal e financeiro etc. Mas, apesar da relevância desses pontos, que também devem ser tratados como essenciais, a política de reservas e a educacional foram selecionadas para estudo exatamente por estarem sensivelmente relacionadas entre si e também porque são elas as que mais intensamente se evidenciam diante das demais políticas de Estado, por constituírem a base mais importante para a formação dos indivíduos, com a possibilidade de conduzi-los ao mercado de trabalho, no qual cada um poderá obter as condições mínimas existenciais e para o enfrentamento das dificuldades próprias de um sistema competitivo.

Atente-se que a Índia, ao se definir como ordem republicana, democrática e soberana, estabeleceu, como fundamentos, a garantia a todos os indivíduos da justiça social, econômica e política, de que todos gozarão da liberdade de expressão, crença, fé e adoração, e a liberdade de escolhas e oportunidades. Logo, foi nesse contexto que o legislador constituinte dispôs, expressamente, das reservas como garantia cravada no texto original da Constituição, que entrou em vigor no dia 26 de janeiro de 1950.

Com o tempo, o Estado promoveu a reorganização e atualização de seu ordenamento jurídico, fazendo ajustes pontuais na estrutura do texto constitucional. Um desses ajustes foi proporcionado pela 86ª Emenda, do ano de 2002 (*Eighty-Sixth Amendment, Constitution Act* 2002), com a qual foi estabelecida a garantia ao direito à educação, com o sentido singular de que o Estado deverá proporcionar a educação gratuita e obrigatória a todas as crianças com idade entre 6 e 14 anos, nos termos a serem definidos em lei.

O *Right of Children to Free and Compulsory Education*, também conhecido como *Right to Education Act* 2009, foi expedido no ano de 2009, sendo considerado a lei regulamentadora, no nível infraconstitucional, do direito à educação. A referida lei, que dispôs do direito à educação como direito fundamental, somente entrou em vigor no dia 1º de abril de 2010.

Em que pese o sentido inovador que se pode atribuir à norma-garantia da educação, as reservas em geral, assim consideradas, entre outras, as reservas para a representação política (*Reservation of Seats*), as reservas especiais destinadas ao avanço das classes consideradas mais fracas com o propósito de incluí-las nas instituições de ensino, públicas ou privadas (*Reservation in Education*), e as reservas destinadas ao acesso ao mercado de trabalho (*Reservation in Employment*) foram decorrência de mandamento constitucional, imediato e expresso. Nesse aspecto, conforme anteriormente destacado, o tratamento constitucional conferido às reservas e ao direito à educação ocorreu em condições distintas. As reservas foram estabelecidas já no texto original da Constituição no ano de 1950, ao passo que a garantia do direito à educação somente ocorreu no ano de 2002 mediante ato de emenda. Apesar dessa discrepância, a emenda pode ser considerada uma complementação necessária. Nessa perspectiva, é de se questionar: como seria possível garantir reservas para acesso à educação superior, se nem sequer a educação básica foi garantida? De igual modo, como seria possível estabelecer reservas para o acesso ao mercado de trabalho, se, não havendo garantia de acesso à educação, as pessoas não tiverem garantida a necessária formação acadêmica antecedente à formação profissional?

Para melhor entender esses acontecimentos, o estudo concentrou-se em uma ampla revisão de referências, envolvendo artigos, relatórios técnicos, análises e projeções de dados etc., com foco determinado no concerto de conhecimentos, reunião de ideias, pontos de vistas, trocas de experiências, observações, estatísticas e, em certo grau, envolveu uma singela revisão de passagens históricas e alguma imersão no trato de temas filosóficos, sociológicos e econômicos, entre outros.

O objetivo inicialmente proposto foi o de apresentar um estudo que pudesse ser útil e esclarecedor. Então, para atingir esse propósito, o viés da objetividade prevaleceu, evitando-se ideias preconcebidas, a imposição de conclusões e a unicidade de pontos de vista. Ao longo do trabalho, vários comentários, referências e enquadramentos doutrinários não coincidentes foram propositalmente apresentados de modo a fornecer vieses e ângulos distintos acerca da percepção de vários institutos, para que cada interessado no assunto possa ter opções e se ladear, segundo suas inclinações e convicções pessoais, a um ou a outro entendimento, ou até mesmo formular ponto de vista diverso daqueles que foram expostos, construindo uma terceira via.

Ao que interessa, diferentemente do cenário político, internacional e doméstico existente há sete décadas, no momento em que a Índia se tornou Estado independente, na atualidade há grandes e importantes transformações decorrentes das melhorias dos processos tecnológicos, dos sistemas de comunicação e transportes, da geração de energia e, especialmente, da produção do conhecimento especializado, gestado, principalmente, nos ambientes acadêmicos, nas indústrias e nos governos, nesse último caso devido às crescentes necessidades de ajustes fiscais e financeiros, com o objetivo de equilibrar os orçamentos públicos. Nesse cenário, cresceram as oportunidades de forma bastante generosa. Não obstante, junto a esses crescimentos, cresceram as exigências de produção e especialização dos conhecimentos, de ampliação das competências e habilidades e, ainda, há a constante exigência de aperfeiçoamento das qualificações individuais não apenas voltadas para o ingresso no mercado de trabalho, mas também para nele permanecer.

Numa visão ampliada, isso representa dizer que não apenas na Índia, mas em todas as plataformas geográficas que comportam os Estados nacionais, passou-se a recrutar trabalhadores que correspondam às exigências dos mercados internos e internacionais. Dessa forma, tornou-se imperativo que o trabalhador moderno detenha não apenas boas habilidades, mas que seja capaz de produzir resultados com níveis de qualidade e graus de eficiência muito mais otimizados. Para tanto, as competências e qualificações individuais devem refletir o processo ensino-aprendizado, fornecendo as competências e qualificações exigidas. É nesse contexto que a educação acadêmica, considerada em todos os níveis (primário, secundário, superior e pós-graduação), tem o poder de mudar os respectivos destinos humanos, não apenas nos planos individuais, mas também nos níveis das sociedades e dos Estados.

Apesar disso, diante das informações obtidas nas unidades precedentes, uma circunstância não pode ser ignorada: o crescimento econômico das nações não garante, com exclusividade, que haja desenvolvimento social, como também não garante o desenvolvimento dos indivíduos.

O crescimento econômico fundado, por exemplo, no crescimento das transações comerciais, no aumento da produção de bens e riquezas, no aumento da capacidade dos parques industriais e tecnológicos etc., e decorrente das melhorias nos níveis da competitividade e aumento da eficiência, é ótimo balizador do passado e presente, mas o fato que assume dimensão é que, apesar de terem ocorrido esses esperados crescimentos, as desigualdades também se elevaram. Exemplo singular dessa realidade pode ser observado quanto à desigualdade de rendimentos (salários) dos trabalhadores nos mercados emergentes e nos países em desenvolvimento. E nisso as políticas públicas e as instituições têm sido responsáveis pelos níveis de desigualdade verificados. Nessa ordem, é falsa a suposição de que a desigualdade econômica diminuirá à medida que as sociedades se desenvolverem, uma vez que a redução da desigualdade não é resultado direto do crescimento econômico e do desenvolvimento.

A educação, enquanto política pública e instituição social, exerce função essencial para a promoção do desenvolvimento humano e social em qualquer sociedade. Entretanto, sem que haja a prestação da educação, verdadeira e inteiramente universal e de qualidade, pode até haver crescimento econômico e desenvolvimento tecnológico, mas muito provavelmente o desenvolvimento humano permanecerá afetado, acarretando mais exclusões e a adoção de decisões políticas equivocadas, meramente paliativas, inócuas e ineficientes, a exemplo da criação das reservas na Índia, que têm se caracterizado por serem sistemática e indefinidamente mantidas, além de serem constantemente majoradas, em razão do comodismo e do apego político estrategicamente legislado.

É verdade que, embora a desigualdade seja elevada e crescente, há consenso no sentido de que todos os indivíduos tenham iguais acessos às oportunidades, impondo-se que a equidade seja um objetivo comum das políticas públicas. Mas, para tanto, é preciso fortalecer os indicadores da inclusão social, considerada como processo de criação das oportunidades para todos, e os da coesão social, compreendida com o sentido de propósito, confiança e vontade de cooperar em favor do crescimento generalizado dos indivíduos, dos grupos e de seus governos.

Na Índia, o sentido de inclusão e o de coesão social pôde ser observado no momento inicial, quando as pessoas se uniram e se mobilizaram em torno do objetivo crucial para a ocasião, que era a conquista da independência. De fato, esse resultado somente foi possível devido ao interesse que preponderava entre indivíduos e castas, formando quase que na totalidade um corpo único. Todavia, após o advento da independência e o estabelecimento do estatuto constitucional, as marcas das diferenças, como casta, gênero e religião, novamente voltaram ao cenário real, fazendo com que as distinções se tornassem não apenas mais acentuadas, mas também especialmente definidas em normas, que passaram a classificar/catalogar as pessoas em grupos definidos, como castas (SCs), tribos (STs), classes atrasadas (OBCs) e classes mais atrasadas (MOBCs). Nessa perspectiva, integrar um grupo ou classe classificado passou a ser uma ocorrência que marcava as pessoas, e assim permanece, marcando-as com o status de beneficiárias de algum tipo de reserva.

Na linha desse entendimento, impõe-se, com o rigor necessário, o aprimoramento de conceitos sob uma lógica que envolva a realidade diante do possível e a satisfação dos direitos, notadamente aqueles que estão mais intimamente associados à promoção da igualdade com equidade. Explica-se: conjecturando segundo a perspectiva das possibilidades reais, tudo indica que a igualdade de oportunidades (na partida) é a política mais acertada e justa para todos, e não apenas para uma minoria (ou maioria, conforme o caso), do que a igualdade de resultados (na chegada):

I. Igualdade de oportunidades: se o Estado garantisse a todos os indivíduos, sem nenhuma forma de discriminação e com absoluta prioridade, o acesso à educação pública, universal e gratuita, todos teriam, desde os primeiros momentos de sua vida acadêmica, passando pelos níveis primário, secundário e superior, a oportunidade de obter formação, qualificação e desenvolvimento de habilidades, comuns e especiais, com as quais poderiam se valer para, no momento adequado, concorrer e ingressar no mercado de trabalho, de modo que, nesse caso, o esforço, a determinação e o mérito seriam os únicos fatores de distinção válidos, fazendo com que o indivíduo pudesse ocupar o espaço profissional mais bem qualificado e remunerado, com base e exclusivamente em razão de suas qualidades e qualificações pessoais;

II. Igualdade de resultados: no entanto, como a realidade diante do possível tem demonstrado ao longo das décadas, o Estado indiano não conseguiu cumprir a meta de desempenho definida pela Constituição, de organizar um sistema educacional universal e de qualidade, de modo que parcela bastante expressiva da população não teve acesso a nenhum nível de educação, enquanto outra parcela, que teve alguma medida de acesso, apenas encontrou um sistema educacional paupérrimo, que pouco tem contribuído para o desenvolvimento social e humano.

Logo, por essa razão, o emprego das reservas passou a ser uma sofisticada e irrenunciável estratégia política, principalmente porque faz promessas e há quem acredite em promessas, como também porque gera o sentimento de inclusão, embora, em termos práticos, os benefícios decorrentes sejam ínfimos e até ilusórios. Muitos se deixaram envolver pelo discurso idílico dos defensores das reservas.

Certo, ainda, é que o crescimento quantitativo da oferta das reservas trouxe benefício direto em favor da classe política, fazendo com que fossem incorporadas de tal modo na vida política, como uma espécie de ativo negociável, que, nos dias atuais, é impensável uma revisão que proporcione a redução das reservas ou a adoção de qualquer outra medida que importe em não mais classificar os grupos que estão demandando tal providência. Nesse caso, não há interesse da classe política, como também não há interesse dos grupos já classificados e dos grupos que almejam ser classificados quanto à adoção de qualquer medida de revisão da política de reservas, tendente a eliminá-las ou reduzi-las.

Ou seja, em linguagem franca e objetiva, políticos e eleitores, sendo estes os pertencentes ou supostamente pertencentes às castas baixas (*Lower Castes*), têm em comum o interesse de que mais e mais castas, tribos e classes sejam catalogadas como social e/ou economicamente atrasadas, e nesse cenário as ditas minorias (sentido sociológico) transmudaram-se, tornando-se numericamente expressivas (sentido quantitativo): agora, elas são maiorias.

Nisso parece ter havido evidente desvio de finalidade segundo os propósitos almejados pelo legislador constituinte originário.

Mas, sinteticamente, a realidade vem a demonstrando que o continuísmo da política de reservas, envolvida pelo modelo da política educacional, é o que se pode qualificar como um sistema oportunista, com forte viés populista, ao mesmo tempo que também é ineficiente e de alto custo, circunstância que se tornou o fator mais evidente na atualidade diante do fracasso do Estado em face dos incontáveis indivíduos indianos, pobres, miseráveis e socialmente desamparados, contados aos milhões, que acreditaram no discurso sobre as reservas serem medidas capazes de promover a igualdade para o acesso ao mercado de trabalho e às melhores rendas, além de promoverem o esperado desenvolvimento social e humano.

É por esse prisma que a Índia se apresenta para o mundo, podendo ser considerada um extenso laboratório com rico conteúdo social, político, cultural, religioso, linguístico etc., a ser conhecido e estudado.

Assim, com base no material pesquisado e diante das várias ponderações, conclusões, cenários interpretativos etc., não se pode concluir que a Índia tenha alcançado, em um nível minimamente satisfatório, o desenvolvimento social e humano esperado, apesar dos esforços de grandes espíritos nacionais, como Mohandas Karamchand Gandhi, Bhimrao Ramji Ambedkar e Jotirao G. Phule. De igual modo, não se pode afirmar que as políticas de reservas e a educacional tenham contribuído, efetivamente, para a elevação e o aperfeiçoamento dos padrões existenciais das pessoas consideradas individual e coletivamente.

O que se percebe, com clara nitidez, é que o Estado indiano, submetido aos regramentos constitucionais gestados pelo poder constituinte originário, tem produzido, continuamente, políticas públicas com o propósito definido de atender à ordem mandamental constitucional. Mas, apesar do esforço realizado, o fato incontestável é que somente tem havido a sobreposição e sucessão de planos e medidas governamentais, sem alcançar resultados que se possam considerar consistentes e duradouros.

Pode-se entrever que é irrelevante o quantitativo de situações particulares em que houve benefício efetivo (plano individual), e quase nada expressivo no plano coletivo, que possa ser atribuído diretamente à política de reservas, do que se extrai que alguns eventuais resultados positivos estão muito mais associados aos esforços e à determinação individual do que propriamente à política articulada com a finalidade de estabelecer a igualdade conforme a distribuição de reservas para o acesso à educação, ao mercado de trabalho e à esfera política.

De mais a mais,

> [...] é imprescindível buscar soluções mais abrangentes, preterindo-se as que sejam meramente pontuais, particularizadas e que possam, ao longo do tempo, gerar novos conflitos ou mesmo agravar os já existentes, retroalimentando o ciclo causal. (Lima, 2021, p. 21).

REFERÊNCIAS

ADAMS, D. *Defining educational quality*. Virginia, USA: Institute for International Research, Jan. 1993. Disponível em: https://pdf.usaid.gov/pdf_docs/PNACA245.pdf. Acesso em: 1 fev. 2023.

ADHAV, N. C. Positions of dalits in Indian societies. *Elementary Education Online*, v. 20, n. 1, p. 4.453-4.461, Oct. 2021. Disponível em: http://www.ilkogretim-online.org/index.php?fulltxt=139836&fulltxtj=218&fulltxtp=218-1640801195.pdf. Acesso em: 31 ago. 2022.

ADHIA, N. The history of economic development in India since independence. *Association for Asian Studies*, v. 20, n. 3, p. 18-22, Winter 2015. Disponível em: https://www.asianstudies.org/wp-content/uploads/the-history-of-economic-development-in-india-since-independence.pdf. Acesso em: 9 out. 2023.

AGARWALA, B. K. Philosophy of reservation. *Indian Philosophical Quarterly*, v. 17, n. 2, p. 125-146, Apr. 1990. Disponível em: http://www.unipune.ac.in/snc/cssh/ipq/english/IPQ/16-20%20volumes/17%2002/PDF/17-2-1.pdf. Acesso em: 24 ago. 2022.

AGNIHOTRI, A. K. Quality in primary and secondary education. *Scholarly Research Journal for Humanity Science & English Language*, v. 4, n. 21, p. 4.878-4.884, Apr./May 2017. Disponível em: https://www.srjis.com/pages/pdfFiles/14964760296.%20DR%20ANIL%20KUMAR.pdf. Acesso em: 29 jan. 2023.

AGRAWAL, R.; NANDI, R.; RAO, B. V. L. N. Evaluation policy: the core of evaluation ecosystem. *In*: Department Monitoring and Evaluation Office. *Strengthening India's evidence systems for accelerated reforms and inclusive growth*: a compendium of essays. Mar. 2022. Disponível em: https://dmeo.gov.in/sites/default/files/2022-3/Compendium_of_Essays_new.pdf. Acesso em: 15 mar. 2023.

AGUIAR, J. V. A classe social como processo: o conceito de formação da classe trabalhadora. *Configurações Revista de Sociologia*, v. 5, n. 6, Jan. 2009. Disponível em: https://journals.openedition.org/configuracoes/pdf/375. Acesso em: 27 jul. 2023.

AHMAD, N. Racism in India: equality constitutionalism and lego-institutional response. *International Human Rights Law*, Jan. 2017. Disponível em: https://papers.ssrn.com/sol3/Delivery.cfm/SSRN_ID2903995_code1254174.pdf?abstractid=2903995&mirid=1. Acesso em: 17 ago. 2022.

AHUJA, K.; PHATAK, S. S. Factors affecting quality of life in India: an inter-state analysis. *International Bulletin of Management and Economics*, v. 11, p. 351-360, July 2019. Disponível em: http://unnayan.ipsacademy.org/v11/Paper-31.pdf. Acesso em: 11 out. 2023.

AITHAL, P. S. *et al.* Analysis of higher education in Indian national education policy proposal 2019 and its implementation challenges. *International Journal of Applied Engineering and Management Letters*, v. 2, n. 3, July 2019. Disponível em: https://mpra.ub.uni-muenchen.de/95157/1/MPRA_paper_95157.pdf. Acesso em: 18 dez. 2022.

ALEXANDERSSON, L. Political reservations and women's economic activity in India. *School of Business, Economics and Law of University of Gothenburg*, 2020. Disponível em: https://gupea.ub.gu.se/bitstream/handle/2077/65633/gupea_2077_65633_1.pdf?sequence=1&isAllowed=y. Acesso em: 6 out. 2022.

ALLEN, R. C. Absolute poverty: when necessity displaces desire. *American Economic Review*, v. 107, n. 12, p. 3.690-3721, Dec. 2017. Disponível em: https://www.aeaweb.org/articles/pdf/doi/10.1257/aer.20161080. Acesso em: 19 set. 2023.

ALMEIDA, R.; D'ANDREA, T.; LUCCA, D. Situações periféricas: etnografia comparada de pobrezas urbanas. *Novos Estudos*, São Paulo, n. 82, p. 109-130, nov. 2008.

AMBEDKAR FOUNDATION (Ministry of Social Justice & Empowerment). *Dr. Babasaheb Ambedkar*: writings and speeches. New Delhi: Aravali Printers & Publishers, 2019. v. 7. Disponível em: http://drambedkarwritings.gov.in/upload/uploadfiles/files/Volume_07.pdf. Acesso em: 13 set. 2022.

ANDERSON, E. S. What is the point of equality? *Ethics*, v. 109, n. 2, p. 287-337, Jan. 1999. Disponível em: https://www.jstor.org/stable/pdf/2989479.pdf. Acesso em: 3 set. 2023.

ANGELO, C.; TOLINO, S. Minorities as subjects and minorities as producers of Islamic law: past and present. *Journal of Arabic and Islamic Studies*, v. 17, p. 143-155, 2017. Disponível em: https://journals.uio.no/JAIS/article/view/6111/5172. Acesso em: 21 set. 2022.

ARMSTRONG, D. *et al.* Understanding untouchability: a comprehensive study of practices and conditions in 1589 villages. *Robert F. Kennedy Center for Justice & Human Rights*, Jan. 2010. Disponível em: https://www.researchgate.net/publication/46476924. Acesso em: 31 ago. 2022.

ARONSON, A. H. Merit system objectives and realities. *Bulletin*: State Merit System Services, Apr. 1950. Disponível em: https://www.ssa.gov/policy/docs/ssb/v13n4/v13n4p3.pdf. Acesso em: 17 ago. 2023.

ARORA, A. Analysing the Right to Education Act 2009 with special focus on No Detection Policy. *PenAcclaims Multi-Disciplinary National Journal*, v. 15, Apr. 2021. Disponível em: http://www.penacclaims.com/wp-content/uploads/2021/06/Arsh-Arora.pdf. Acesso em: 24 out. 2022.

ARRUTI, C. I. G.; ENRIQUEZ, A. J. M. Responsibility in institutions of higher education: education for sustainable development. *American Journal of Applied Scientific Research*, v. 8, n. 2, p. 25-29, June 2022. Disponível em: https://article.sciencepublishinggroup.com/pdf/10.11648.j.ajasr.20220802.11.pdf. Acesso em: 8 jan. 2023.

ASSOCIATION OF AMERICAN COLLEGES AND UNIVERSITIES (AAC&U). *What higher education can do to reverse our deepening divides*. Washington, DC: AAC&U Publishing, 2015. Disponível em: https://canvas.wisc.edu/files/17332214/download?download_frd=1. Acesso em: 11 abr. 2023.

ATCHABAHIAN, Serge. *Princípio da igualdade e ações afirmativas*. 2. ed. São Paulo: RCS Editora, 2006.

ATHYAL, J. M. From Siddis to Dalits: racial prejudice in India, the legacy of the caste system. *Numen*: Revista de Estudos de Pesquisa da Religião, Juiz de Fora, v. 22, n.1, p. 81-96, jan./jun. 2019. Disponível em: https://periodicos.ufjf.br/index.php/numen/article/view/29603/20187. Acesso em: 9 out. 2022.

AZAD, M. A. K. *The future of education in India: a symposium*. New Delhi: The Publications Division, Ministry of Information and Broadcasting, 1956. Disponível em: http://14.139.60.153/bitstream/123456789/2251/1/The%20Future%20of%20Education%20in%20India%20G1086.pdf. Acesso em: 23 out. 2022.

BAADER, G. The depressed classes of India: their struggle for emancipation. *Irish Quarterly Review*, v. 26, n. 103, p. 399-417, Sept. 1937. Disponível em: https://warwick.ac.uk/fac/arts/history/students/modules/archive/hi297/lectureandseminartimetable/seminar6/the_depressed_classes_of_india_-their_struggle_for_freedom_1937.pdf. Acesso em: 3 abr. 2023.

BABER, Z. Race might be a unicorn, but its horn could draw blood: racialization, class and racism in a non-western context. *Critical Sociology*, v. 48, n.

1, p. 151-169, Jan. 2022. Disponível em: https://journals.sagepub.com/doi/pdf/10.1177/0896920521992093. Acesso em: 9 out. 2022.

BABU, S. Affirmative action: Beyond the quest for merit versus quota. *Social Action: A Quarterly Review of Social Trends*, v. 57, n. 3, p. 316-325, July/Sept. 2007. Disponível em: https://www.academia.edu/510323/AFFIRMATIVE_ACTION_BEYOND_MERIT_VERSUS_QUOTA. Acesso em: 22 ago. 2023.

BABU, S. Caste and class among the Dalits. *In*: RAWAT, R. S.; SATYANARAYANA, K. (org.). *Dalits studies*. Durham, North Carolina: Duke University Press, 2016. p. 233-247. Disponível em: https://library.oapen.org/bitstream/20.500.12657/30117/1/649983.pdf. Acesso em: 9 set. 2022.

BAGDE, U. S. Human rights perspectives of Indian Dalits. *Journal of Law and Conflict Resolution*, v. 11, n. 2, p. 26-32, Sept. 2020. Disponível em: https://academicjournals.org/journal/JLCR/article-full-text-pdf/CF4D40964938. Acesso em: 11 out. 2022.

BAGOLIN, I. P.; COMIM, F. V. Human development index (HDI) and its family of indexes: an evolving critical review. *Revista de Economia*, ano 32, v. 34, n. 2, p. 7-28, maio/ago. 2008. Disponível em: https://core.ac.uk/download/pdf/328060234.pdf. Acesso em: 7 mar. 2023.

BAJPAI, N.; SACHS, J. D. India's challenge to meet the Millennium Development Goals. Center on Globalization and Sustainable Development, Apr. 2005. Working paper n. 24. Disponível em: https://academiccommons.columbia.edu/doi/10.7916/D8251R2R/download. Acesso em: 1 nov. 2022.

BALIBAR, E. Racism and nationalism. *In*: BALIBAR, E.; WALLERSTEIN, I. *Race, nation, class*: ambiguous identities. New York: Verso, 1991. p. 37-67. Disponível em: https://edisciplinas.usp.br/pluginfile.php/347344/mod_resource/content/1/Balibar%20Cap%203%20-%20%E2%80%9CRacism%20and%20Nationalism%E2%80%9D.pdf. Acesso em: 7 maio 2023.

BANERJEE, T.; JAYASANKARA, R. K. Status of higher education in India: challenges, issues and opportunities. *The International Journal of Indian Psychology*, v. 10, n. 1, p. 430-439, Jan./Mar. 2022. Disponível em: https://www.researchgate.net/publication/358957169_Status_of_Higher_Education_in_India_Challenges_Issues_and_Opportunities. Acesso em: 9 jan. 2023.

BANTON, M. *What we now know about race and ethnicity*. New York: Berghahn Books, 2018. Disponível em: https://www.berghahnbooks.com/downloads/OpenAccess/BantonWhat/9781785336584_OA.pdf. Acesso em: 7 maio 2023.

BARBOSA, C. A. A desigualdade nos clássicos políticos: de Platão a Rousseau. *Educação e Filosofia*, v. 18, n. 35/36, p. 145-163, jan./dez. 2004. Disponível em: https://seer.ufu.br/index.php/EducacaoFilosofia/article/view/589/533. Acesso em: 19 set. 2023.

BARKI, S. Practice of untouchability in Indian society: new perspective and methodology. *Indian Journal of Research*, v. 5, n. 5, p. 259-260, May 2016. Disponível em: https://www.worldwidejournals.com/paripex/recent_issues_pdf/2016/May/practice-of-untouchability-in-indian-society-new-perspective-and-methodology_May_2016_7060591566_2308372.pdf. Acesso em: 31 ago. 2022.

BARMAN, B. Concept of hindu marriage of India. *Journal of Emerging Technologies and Innovate Research*, v. 5, n. 9, p. 426-430, Sept. 2018. Disponível em: http://www.jetir.org/papers/JETIR1809710.pdf. Acesso em: 18 set. 2022.

BARMAN, S. Socio-economic status of the scheduled castes, scheduled tribes and other backward classes in India. *Voice of Dalit*, v. 2, n. 1, p. 99-126, Jan. 2009. Disponível em: https://journals.sagepub.com/doi/abs/10.1177/0974354520090109?-journalCode=vodb. Acesso em: 17 jul. 2023.

BARNABÉ, I. R. Elite, classe social e poder local. *Estudos de Sociologia*, v. 4, n. 7, out. 2007. Disponível em: https://periodicos.fclar.unesp.br/estudos/article/view/384/278. Acesso em: 27 jul. 2023.

BARRET, A. M. *et al.* The concept of quality in education: a review of the international literature on the concept of quality in education. *EdQual Research Programme Consortium*, 2006. Working paper n. 3. Disponível em: https://www.edqual.org/publications/workingpaper/edqualwp3.pdf/at_download/file.pdf. Acesso em: 29 jan. 2023.

BARROS, J. D'A. Equality and difference: a conceptual discussion mediated by the counterpoint of inequalities. *Revista Brasileira de Educação*, v. 23, 2018. Disponível em: https://www.scielo.br/j/rbedu/a/djdgg7bsmyr5RGvFTcY37dv/?format=pdf&lang=en. Acesso em: 20 set. 2023.

BARROS, J. D'A. *Igualdade e diferença*: construções históricas e imaginárias em torno da desigualdade humana. Petrópolis: Vozes, 2016.

BARROSO, L. R. *A dignidade da pessoa humana no direito constitucional contemporâneo*: a construção de um conceito jurídico à luz da jurisprudência mundial. Tradução de Humberto Laport de Mello. Belo Horizonte: Fórum, 2014.

BARROSO, L. R. *Curso de direito constitucional contemporâneo*: os conceitos fundamentais e a construção do novo modelo. 5. ed. São Paulo: Saraiva, 2015.

BARTH, P. Educational equity: what does it mean? How do we know when we reach it? *Center for Public Education*, p. 1-10, Jan. 2016. Disponível em: http://files. eric.ed.gov/fulltext/ED608822.pdf. Acesso em: 11 set. 2023.

BASTOS, C. R. *Hermenêutica e introdução constitucional*. 4. ed. São Paulo: Malheiros Editores, 2014.

BEAMAN, L. *et al.* Political reservation and substantive representation: evidence from Indian village councils. *Indian Policy Forum*, v. 7, p. 159-201, 2010-2011. Disponível em: https://www.ncaer.org/wp-content/uploads/2022/09/4_Lori--Beaman_Esther-Duflo_Rohini-Pande_Petia-Topalova.pdf. Acesso em: 27 set. 2022.

BEGUM, M. S. F. Higher education in India: major, contemporary, international challenges. *Shanlax International Journal of Arts, Science and Humanities*, v. 5, n. 3, p. 21-29, Nov. 2017. Disponível em: https://www.researchgate.net/publication/349636383. Acesso em: 19 dez. 2022.

BEHERA, D. K. Measuring socio-economic progress in India: issues and challenges. *Revista Galega de Economia*, Santiago de Compostela, v. 25, n. 2, p. 117-132, Nov. 2016. Disponível em: https://revistas.usc.gal/index.php/rge/article/view/3742/3893. Acesso em: 11 out. 2023.

BEMAL, T. Issue of untouchability in modern India. *Orissa Review*, p. 52-56, Apr. 2006. Disponível em: http://magazines.odisha.gov.in/Orissareview/April2006/engpdf/Issue_of_untouchability.pdf. Acesso em: 31 ago. 2022.

BERGER, P. *Perspectivas sociológicas*: uma visão humanística. Tradução de Donaldson M. Garschagen. 15. ed. Petrópolis: Vozes, 1986.

BERTALANFFY, L. V. *Teoria geral dos sistemas*: fundamentos, desenvolvimento e aplicações. Tradução de Francisco M. Guimarães. 5. ed. Petrópolis: Vozes, 2010.

BETEILLE, A. Varna and jati. *Sociological Bulletin*, v. 45, n. 1, p. 15-28, Mar. 1996. Disponível em: http://ijsw.tiss.edu/collect/sbj/import/vol.45/no.1/15-28.pdf. Acesso em: 12 set. 2022.

BISWAS, M. Reservation policy in India: urge for social justice and equality in education and government services. *International Journal of Research and Analytical Reviews*, v. 5, n. 3, p. 80-85, July 2018a. Disponível em: https://www.ijrar.org/papers/IJRAR1903010.pdf. Acesso em: 30 set. 2022.

BISWAS, S. Gandhi, Ambedkar and British policy on the communal award. *Studies in People's History*, v. 5, n. 1, p. 48-64, June 2018b. Disponível em: https://www.researchgate.net/profile/Sujay-Biswas-4/publication/325459813_Gandhi_Ambedkar_and_British_policy_on_the_communal_award/links/626835f-58cb84a40ac8cc404/Gandhi-Ambedkar-and-British-policy-on-the-communal--award.pdf. Acesso em: 15 ago. 2022.

BOLD, T.; MOLINA, E.; SAFIR, A. Clientelism in the public sector: why public service reforms may to succeed and what to do about it. *World Development Report*, 2017. Disponível em: http://pubdocs.worldbank.org/en/919121486052581145/WDR17-BP-Clientelism-and-service-delivery.pdf. Acesso em: 9 ago. 2023.

BOROOAH, V. K. *Disparity and discrimination in labour market outcomes in India*: a quantitative analysis of inequalities. Cham, Switzerland: Palgrave Macmillan, 2019. Disponível em: https://www.researchgate.net/profile/Vani-Borooah/publication/338782277_Disparity_and_Discrimination_in_Labour_Market_Outcomes_in_India_A_Quantitative_Analysis_of_Inequalities/links/5f76fd5f299b-f1b53e075650/Disparity-and-Discrimination-in-Labour-Market-Outcomes--in-India-A-Quantitative-Analysis-of-Inequalities.pdf. Acesso em: 15 abr. 2023.

BOROOAH, V. K. *et al.* Caste, inequality, and poverty in India: a re-assessment. *Development Studies Research*, v. 1, n. 1, p. 279-294, Oct. 2014. Disponível em: https://www.tandfonline.com/doi/pdf/10.1080/21665095.2014.967877?needAccess=true. Acesso em: 17 ago. 2022.

BOROOAH, V. K.; DUBEY, A.; IYER, S. The effectiveness of jobs reservation: caste, religion and economics status in India. *International Institute of Social Studies*, v. 28, n. 3, p. 423-445, May 2007. Disponível em: https://www.econ.cam.ac.uk/people-files/faculty/si105/Jobs%20ReservationDAC.pdf. Acesso em: 24 ago. 2022.

BOURDIEU, P. What makes a social class? On the theoretical and practical existence of groups. *Berkeley Journal of Sociology*, v. 32, 1987. Disponível em: https://edisciplinas.usp.br/pluginfile.php/2290040/mod_resource/content/1/Bourdieu%20-%20What%20makes%20a%20social%20class.pdf. Acesso em: 25 ago. 2022.

BRADLEY, A. S. Human rights racism. *Harvard Human Rights Journal*, v. 32, July 2019. Disponível em: https://harvardhrj.com/wp-content/uploads/sites/14/2020/06/Human-Rights-Racism-1.pdf. Acesso em: 24 ago. 2022.

BRASIL. *Constituição da República Federativa do Brasil*: texto promulgado em 5 de outubro de 1988. Brasília, DF: Senado Federal, Coordenação de Edições Técnicas, 2022.

BRASS, P. R. *Routledge handbooks of south Asian politics*: India, Pakistan, Bangladesh, Sri Lanka, and Nepal. New York: Routledge International Handbooks, 2010. Disponível em: https://www.defence.lk/upload/ebooks/Routledge%20Handbook%20 of%20South%20Asian%20Politics%20India,%20Pakistan,%20Bangladesh,%20 Sri%20Lanka,%20and%20Nepal.pdf. Acesso em: 12 set. 2022.

BRAY, R. *et al. The hidden dimensions of poverty.* Saint Ouen L'Aumône, France: International Movement ATD Fourth World, 2019. Disponível em: https://www. atd-quartmonde.org/wp-content/uploads/2019/12/Hidden-Dimensions-of-Poverty-20-11-2019.pdf. Acesso em: 11 mar. 2023.

BREY, C.; MUSU, L.; McFARLAND, J. *Status and trends in the educational of racial and ethnic groups* 2018. Washington, DC: National Center for Education Statistics, 2019. Disponível em: https://nces.ed.gov/pubs2019/2019038.pdf. Acesso em: 8 maio 2023.

BRITISH GOVERNMENT. *Indian Independence Act, July 1947.* York House, London: H. M. Stationery Office, 1947. Disponível em: https://www.legislation.gov. uk/ukpga/1947/30/pdfs/ukpga_19470030_en.pdf. Acesso em: 9 ago. 2022.

BRITISH COUNCIL. *The school education system in India*: an overview. New Delhi: British Council, 2019. Disponível em: https://www.britishcouncil.in/sites/default/ files/school_education_system_in_india_report_2019_final_web.pdf. Acesso em: 27 out. 2022.

BROEKMAN, J. Solidarity and multiculturalism. *Illinois Law and Economics*, May 2003. Working paper n. LE03-006. Disponível em: https://papers.ssrn.com/sol3/ Delivery.cfm/SSRN_ID405600_code030512570.pdf?abstractid=405600&mirid=1. Acesso em: 19 ago. 2022.

BROWN, K. S. *et al. Confronting structural racism in research and policy analysis*: charting a course for policy research institutions. Washington, DC: Urban Institute, 2019. Disponível em: https://www.urban.org/sites/default/files/publication/99852/ confronting_structural_racism_in_research_and_policy_analysis_0.pdf. Acesso em: 29 abr. 2023.

BUCCI, M. P. D. *Fundamentos para uma teoria jurídica das políticas públicas.* São Paulo: Saraiva, 2013.

BURAWOY, M. Race, class and colonialism. *Social and Economic Studies*, v. 23, n. 4, p. 521-550, Dec. 1974. Disponível em: http://burawoy.berkeley.edu/Southern%20 Africa/Race,%20Class%20and%20Colonialism.pdf. Acesso em: 17 ago. 2022.

BURCHARDT, T.; HICK, R. Inequality and the capability approach. *Center for Analysis of Social Exclusion*, London, paper n. 201, Jan. 2017. Disponível em: https:// eprints.lse.ac.uk/103504/1/casepaper201.pdf. Acesso em: 11 abr. 2023.

BURCHARDT, T.; VIZARD, P. Definition of equality and framework for measurement: final recommendations of the equalities review steering group on measurement. *Centre for Analysis of Social Exclusion*, London School of Economics, paper n. 120, Apr. 2007. Disponível em: https://papers.ssrn.com/sol3/Delivery. cfm/CASEpaper120.pdf?abstractid=1159351&mirid=1. Acesso em: 3 set. 2023.

CACCIAMALI, M. C. Globalização e processo de informalidade. *Economia e Sociedade*, Campinas, v. 14, p. 153-174, jun. 2000. Disponível em: https://www.eco.unicamp. br/images/arquivos/artigos/507/06-Cacciamali.pdf. Acesso em: 15 abr. 2023.

CANOTILHO, J. J. G. *Estudos sobre direitos fundamentais*. Coimbra: Coimbra Editora, 2004.

CARMO, R. M. Social inequalities: theories, concepts and problematics. *Springer Nature Social Sciences*, v. 1, n. 116, May 2021. Disponível em: https://repositorio. iscte-iul.pt/bitstream/10071/22797/1/article_81783.pdf. Acesso em: 6 abr. 2023.

CARTER, E. R.; MURPHY, M. C. Group-based differences in perceptions of racism: what counts, to whom, and why? *Social and Personality Psychology Compass*, v. 9, n. 6, p. 269-280, June 2015. Disponível em: https://equity.ucla.edu/wp-content/ uploads/2016/11/Carter-Murphy-2015.pdf. Acesso em: 8 maio 2023.

CARVALHO, E. M. Integração normativa e a tradução das tradições jurídicas: compreender o mundo para regulá-lo, traduzir o mundo para compreendê-lo. *In*: CARVALHO, E. M.; GREENSTEIN, R. (org.). *Integração normativa*: o direito em um contexto multicultural e multilingual. Rio de Janeiro: Editora FGV, 2013. p. 75-122.

CASTELLI, L.; RAGAZZI, S.; CRESCENTINI, A. Equity in education: a general overview. *Procedia Social and Behavioral Sciences*, v. 69, p. 2.243-2.250, Dec. 2012. Disponível em: https://core.ac.uk/download/pdf/82548207.pdf. Acesso em: 11 set. 2023.

CASTRO, C. A. P. *Sociologia do direito*: fundamentos de sociologia geral. 2. ed. São Paulo: Atlas, 1985.

CENTURION, R. O político na língua: tramando sentidos. *Revista Ecos*, v. 8, n. 1, p. 103-111, nov. 2016. Disponível em: https://periodicos.unemat.br/index.php/ecos/article/view/959/971. Acesso em: 8 maio 2023.

CHADHA, A. A case for reservation in favour of religious minorities. *Social Science Research Network*, Mar. 2015. Disponível em: https://papers.ssrn.com/sol3/Delivery.cfm/SSRN_ID2574651_code2200614.pdf?abstractid=2574651&mirid=1. Acesso em: 26 jul. 2023.

CHAKRABARTI, A. *The higher education and research in India*: an overview. Helsinki, Finland: Edita Prima, 2007. Disponível em: https://www.sitra.fi/app/uploads/2017/02/raportti74-2.pdf. Acesso em: 19 dez. 2022.

CHAKRABARTY, B. *Indian politics and society since independence*: events, processes and ideology. Abingdon, UK: Routledge, 2008. Disponível em: http://www.hkrdb.kar.nic.in/documents/Downloads/Good%20Reads/Indian%20Politics%20and%20Society%20Since%20Independence%20-%20Bidyut%20Chakrabarty.pdf. Acesso em: 9 ago. 2022.

CHAKRABARTY, T. Merit, capital and middle class: exploring the linkages. *Indian Journal of Human Development*, v. 16, n. 1, p. 158-168, Apr. 2022. Disponível em: https://journals.sagepub.com/doi/reader/10.1177/09737030221099328. Acesso em: 28 ago. 2023.

CHALAM, K. S. Caste reservations and equality of opportunity in education. *Economic and Political Weekly*, v. 25, n. 41, p. 2.333-2.339, Oct. 1990. Disponível em: http://dspace.stellamariscollege.edu.in:8080/xmlui/bitstream/handle/123456789/805/Caste_Reservations_and_Equality_of_Opportunity_in_Education%281%29.pdf?sequence=1&isAllowed=y. Acesso em: 10 abr. 2023.

CHANANA, K. Inclusive secondary education in India: challenges and future directions. *Journal of International Cooperation in Education*, v. 16, n. 2, p. 121-138, Apr. 2014. Disponível em: https://cice.hiroshima-u.ac.jp/wp-content/uploads/2014/10/16-2-8.pdf. Acesso em: 3 nov. 2022.

CHANDEL, N. Varna: a historical review. *Research Review International Journal of Multidisciplinary*, v. 3, n. 6, p. 357-362, June 2018. Disponível em: https://old.rrjournals.com/wp-content/uploads/2018/06/357-362_RRIJM18030670-1.pdf. Acesso em: 12 set. 2022.

CHANDRA, B. *et al. India's struggle for independence 1857-1947*. Gurugram, India: Penguin Random House India, 2016. Disponível em: https://mppscadda.com/books/ncert/PDF/H_1.pdf. Acesso em: 9 ago. 2022.

CHANG, R.; SINGH, J. Workforce changes and employment. *National Institution for Transforming India* (Government of India), paper n. 1/2022, Mar. 2022. Disponível em: https://www.niti.gov.in/sites/default/files/2022-04/Discussion_Paper_on_Workforce_05042022.pdf. Acesso em: 19 abr. 2023.

CHANTER, T. *Gênero*: conceitos-chave em filosofia. Tradução de Vinicius Figueira. Porto Alegre: Artmed, 2011.

CHAUCHARD, S. Can descriptive representation change beliefs about a stigmatized group? Evidence from rural India. *American Political Science Review*, May 2014. Disponível em: http://www.simonchauchard.com/wp-content/uploads/2014/02/APSR2014.pdf. Acesso em: 9 ago. 2022.

CHAUDHARY, A. Modernization: impart, theory, advantages and disadvantages. *International Journal for Research in Education*, v. 2, n. 2, p. 34-38, Feb. 2013. Disponível em: http://www.raijmr.com/ijre/wp-content/uploads/2017/11/IJRE_2013_vol02_issue_02_08.pdf. Acesso em: 27 mar. 2023.

CHAUDHRY, P. Caste as an institutionalized system of social exclusion and discrimination: some evidences. *International Journal of Gender and Women's Studies*, v. 1, n. 1, p. 56-63, June 2013. Disponível em: http://ijgws.com/journals/ijgws/Vol_1_No_1_June_2013/5.pdf. Acesso em: 16 out. 2022.

CHAUDHRY, S. Caste and upliftment of backwards in India. *Social Science Research Network*, Oct. 2010. Disponível em: https://papers.ssrn.com/sol3/papers.cfm?abstract_id=1703363. Acesso em: 30 ago. 2022.

CHAWLA, S. *et al.* Human development index among states of India: an empirical study. *In*: 7th North American International Conference on Industrial Engineering and Operations Management, June 12-14, 2022. Orlando, Florida. p. 2.046-2.053, Disponível em: https://ieomsociety.org/proceedings/2022orlando/460.pdf. Acesso em: 15 mar. 2023.

CHENEY, G. R. India education report. *National Center on Education and the Economy*, Nov. 2005. Disponível em: https://www.ncee.org/wp-content/uploads/2010/04/India-Education-Report.pdf. Acesso em: 4 nov. 2022.

CHIN, A.; PRAKASH, N. The redistributive effects of political reservation for minorities: evidence from India. *National Bureau of Economic Research*, Oct. 2010. Working paper n. 16.509. Disponível em: https://www.nber.org/system/files/working_papers/w16509/w16509.pdf. Acesso em: 6 out. 2022.

CHOWDHURY, P. D. Education policy in India: changes, challenges and implementation. *International Journal of Science and Research*, v. 10, n. 9, p. 563-567, Sept. 2021. Disponível em: https://www.ijsr.net/archive/v10i9/SR21911171745.pdf. Acesso em: 12 out. 2022.

CHR&GJ. Caste discrimination against Dalits or so-called untouchables in India. *Center for Human Rights and Global Justice*, Feb. 2007. Disponível em: https://www2. ohchr.org/english/bodies/cerd/docs/ngos/chrgj-hrw.pdf. Acesso em: 15 maio 2023.

CHRISPINO, A. *Introdução ao estudo das políticas públicas*: uma visão interdisciplinar e contextualizada. Rio de Janeiro: Editora FGV, 2016.

CHU, A. C.; KOU, Z.; WANG, X. An economic analysis of political meritocracy. *Munich Personal RePEc Archive*, Oct. 2021. Paper n. 110187. Disponível em: https:// mpra.ub.uni-muenchen.de/110187/1/MPRA_paper_110187.pdf. Acesso em: 28 ago. 2023.

CHU, Y. What are they talking about when they talk about equity? A content analysis of equity principles and provisions in state every student succeeds act plans. *Education Policy Analysis Archives*, [Arizona], v. 27, n. 158, Dec. 2019. Disponível em: https://epaa.asu.edu/index.php/epaa/article/view/4558/2354. Acesso em: 11 set. 2023.

CINGANO, F. Trends in income inequality and its impact on economic growth. *OECD Social*: Employment and Migration Working Papers, n. 163, 2014. Disponível em: https://www.oecd-ilibrary.org/trends-in-income-inequality-and-its-impact--on-economic-growth_5jxrjncwxv6j.pdf?itemId=%2Fcontent%2Fpaper%2F5jxr-jncwxv6j-en&mimeType=pdf. Acesso em: 11 abr. 2023.

CIVIL SERVICE COMMISSION (Government of United Kingdom). *Recruitment principles*. London: CSC, 2018. Disponível em: https://civilservicecommission. independent.gov.uk/wp-content/uploads/2019/03/02a_RECRUITMENT-PRIN-CIPLES-April-2018-FINAL-.pdf. Acesso em: 3 ago. 2023.

CLAIR, M.; DENIS, J. S. Sociology of racism. *International Encyclopedia of the Social & Behavioral Sciences (2nd ed.)*, v. 19, p. 857-863, Dec. 2015. Disponível em: https://projects.iq.harvard.edu/files/deib-explorer/files/sociology_of_racism. pdf. Acesso em: 7 maio 2023.

CLAVEYROLAS, M. Hinduism and caste system. *In*: JODKA, S; NAUDET, J (org.). *The Oxford handbook on caste*. New Delhi: Oxford University Press, 2022.

p. 236-246. Disponível em: https://hal.science/hal-03746423/document. Acesso em: 18 maio 2023.

CLAVEYROLAS, M. The land of the Vaish? Caste structure and ideology in Mauritius. *South Asia Multidisciplinary Academic Journal*, Apr. 2019. Disponível em: https://www.semanticscholar.org/paper/The-%E2%80%98Land-of-the--Vaish%E2%80%99-Caste-Structure-and-in-Claveyrolas/2c7445399dde088533c-0cada183eb3c4fb2ca5d5. Acesso em: 18 maio 2023.

CODRINGTON III, W. U. The benefits of equity in the constitutional quest for equality. *The Harbinger*: Brennan Center for Justice, v. 43, p. 105-114, June 2019. Disponível em: https://www.brennancenter.org/media/4961/download. Acesso em: 9 out. 2023.

COFFEY, D. *et al.* Explicit prejudice: evidence from a new survey. *Economic & Political Weekly*, v. 53, n. 1, p. 46-54, Jan. 2018. Disponível em: https://www.im4change. org/siteadmin/tinymce/uploaded/Explicit%20Prejudice%20Evidence%20from%20 a%20New%20Survey.pdf. Acesso em: 15 maio 2023.

COLONNELLI, E.; TESO, E.; PREM, M. Patronage in the allocation of public sector jobs. *Department of Economics*, Harvard University, Jan. 2018. Disponível em: https://scholar.harvard.edu/files/edoardoteso/files/edoardoteso_jmp.pdf. Acesso em: 9 ago. 2023.

COOK, K. S. HEGTVEDT, K. A. Distributive justice, equity, and equality. *Annual Review of Sociology*, v. 9, p. 217-241, 1983. Disponível em: https://www.annualreviews. org/doi/pdf/10.1146/annurev.so.09.080183.001245. Acesso em: 20 set. 2023.

CORNELL, S.; HARTMANN, D. *Ethnicity and race*: making identities in a changing world. 2nd ed. Thousand Oaks, CA: Sage Publications Company, 2007. Disponível em: http://hillkm.com/yahoo_site_admin/assets/docs/Making_identities_in_a_ changing_world.34784331.pdf. Acesso em: 13 out. 2022.

COSTA, M. S. Trabalho informal: um problema estrutural básico no entendimento das desigualdades na sociedade brasileira. *Cadernos CRH*, Salvador, v. 23, n. 58, p. 171-190, jan./abr. 2010. Disponível em: https://www.scielo.br/j/ccrh/a/ yj6WzVDLPLscCtPjYVF7BHh/?lang=pt&format=pdf. Acesso em: 15 abr. 2023.

COSTA, R. N.; PÉREZ-DUARTE, S. Not all inequality measures were created equal. *European Central Bank*, Dec. 2019. Statistics paper series n. 31. Disponível em: https://www.ecb.europa.eu/pub/pdf/scpsps/ecb.sps31~269c917f9f.en.pdf. Acesso em: 11 abr. 2023.

COWELL, F. A. Income distribution and inequality. *London School of Economics*, Oct. 2007. Disponível em: https://eprints.lse.ac.uk/3780/1/Income_Distribution_and_Inequality.pdf. Acesso em: 6 abr. 2023.

COX, O. C. Race and caste: a distinction. *The American Journal of Sociology*, v. 50, n. 5, p. 360-368, Mar. 1945. Disponível em: http://users.clas.ufl.edu/marilynm/Theorizing_Black_America_Syllabus_files/Race_and_Caste_A_distinction.pdf. Acesso em: 17 ago. 2022.

CULYER, A. J. Equity, some theory and its policy implications. *Journal of Medical Ethics*, v. 27, n. 4, p. 275-283, Aug. 2001. Disponível em: https://www.ncbi.nlm.nih.gov/pmc/articles/PMC1733434/pdf/v027p00275.pdf. Acesso em: 11 set. 2023.

CUSSET, F. *Filosofia francesa*: a influência de Foucault, Derrida, Deleuze & cia. Tradução de Fátima Murad. Porto Alegre: Artmed, 2008.

DAHLAMN, C.; UTZ, A. *India and the knowledge economy*: leveraging strengths and opportunities. Washington DC: The World Bank Institute, 2005. Disponível em: https://documents.worldbank.org/curated/en/375181468041958316/pdf/329240India0Knowledge01not0external1.pdf. Acesso em: 8 nov. 2023.

DANZIGER, S. *et al.* Income transfers and the economics status of the elderly. *In*: MOON, M. (org.). *National Bureau of Economic Research*. 1984. p. 239-282. Disponível em: https://www.nber.org/system/files/chapters/c8810/c8810.pdf. Acesso em: 7 abr. 2023.

DAS, A. Socio-economic development in India: a regional analysis. *Development and Society*, v. 28, n. 2, p. 313-345, Dec. 1999. Disponível em: https://s-space.snu.ac.kr/handle/10371/86607. Acesso em: 11 out. 2023.

DAS, R.; AHAMED, K. Constitutional law and reservation: a critical study. *International Journal of Research and Analytical Reviews*, v. 6, n. 1, p. 730-734, Mar. 2019. Disponível em: http://ijrar.com/upload_issue/ijrar_issue_20543425.pdf. Acesso em: 5 ago. 2023.

DASGUPTA, I.; PAL, S. Touch thee not: group conflict, caste power, and untouchability in rural India. *Institute of Labor Economics*, Dec. 2018. Paper n. 12.016. Disponível em: https://docs.iza.org/dp12016.pdf. Acesso em: 16 out. 2022.

DASGUPTA, U. *et al.* Caste differences in behavior and personality: evidence from India. *World Institute for Development Economics Research*, May 2016. United Nations

University, working paper n. 2016/60. Disponível em: https://www.econstor.eu/bitstream/10419/146251/1/859460126.pdf. Acesso em: 17 ago. 2022.

DAVIS, K. Intermarriage in caste societies. *American Anthropologist*, v. 43, n. 3, p. 376-395, July/Sept. 1941. Disponível em: https://anthrosource.onlinelibrary.wiley.com/doi/epdf/10.1525/aa.1941.43.3.02a00030. Acesso em: 18 set. 2022.

DEANE, T. A commentary on the positive discrimination policy of India. *Potchefstroom Electronic Law Journal*, v. 12, n. 1, p. 28-52, Mar. 2009. Disponível em: https://perjournal.co.za/article/download/2719/2523/9774. Acesso em: 23 ago. 2022.

DEATON, A.; DREZE, J. Poverty and inequality in India: a re-examination. *Economic and Political Weekly*, p. 3.729-3.748, Sept. 2002. Disponível em: https://rpds.princeton.edu/sites/g/files/toruqf1956/files/media/deaton_dreze_poverty_india.pdf. Acesso em: 11 abr. 2023.

DELIÈGE, R. Is there still untouchability in India? *Heidelberg Papers in South Asian and Comparatives Politics*, June 2002. Working paper n. 5. Disponível em: https://hasp.ub.uni-heidelberg.de/journals/hdpapers/article/view/2167/2180. Acesso em: 31 ago. 2022.

DÉNIS, L. *Depois da morte*: exposição da doutrina dos espíritos. 28. ed. Brasília: FEB, 2013.

DESAI, M. *A vingança de Marx*: a ressurgência do capitalismo e a morte do socialismo estatal. Tradução de Sérgio Bath. São Paulo: Códex, 2003.

DESAI, S. B. *et al. Human development in India*: challenges for a society in transition. New Delhi: Oxford University Press, 2010. Disponível em: http://www.researchgate.net/publication/224952908_Human_Development_in_India_Challenges_for_a_Society_in_Transition/file/d912f4fb234250d962.pdf. Acesso em: 8 nov. 2023.

DESHPANDE, A.; RAMACHANDRAN, R. How backward are the other backward classes? Changing contours of caste disadvantage in India. *Centre for Development Economics*, Nov. 2014. Working paper n. 233. Disponível em: http://www.cdedse.org/pdf/work233.pdf. Acesso em: 30 ago. 2022.

DESHPANDE, A.; RAMACHANDRAN, R. The 10% quota: is caste still an indicator of backwardness? *Economic & Political Weekly*, v. 54, n. 13, p. 27-31, Mar. 2019. Disponível em: http://yp2020.stepbystep.school/Lok%20Sabha_Article1.pdf. Acesso em: 5 out. 2022.

DESHPANDE, S. Exclusive inequalities: merit, caste and discrimination in Indian higher education today. *Economic and Political Weekly*, p. 2.438-2.444, June 2006. Disponível em: http://people.du.ac.in/~sdeshpande/AssetFiles/ExclusiveInequalities.pdf. Acesso em: 18 ago. 2023.

DEVELOPMENT MONITORING AND EVALUATION OFFICE (Government of India). *Human resource development*. New Delhi: Sector Report, 2021. Disponível em: https://dmeo.gov.in/sites/default/files/2021-07/3_Sector_Report_Human_Resource_Development.pdf. Acesso em: 15 out. 2023.

DEWAN, S.; KRISHNAMURTHY, M.; TANEJA, D. Digitalization and the Indian labour market: trends, challenges, and opportunities. *Deutsche Gesellschaft für Internationale Zusammenarbeit*, Sept. 2022. Disponível em: https://www.bmz-digital.global/wp-content/uploads/2022/09/GIZ_2022_Digitalisation-and-the-Indian--Labour-Market.pdf. Acesso em: 15 abr. 2023.

DHANDA, M. The concurrence of anti-racism and anti-casteism. *The Political Quarterly*, v. 93, n. 3, p. 478-487, July/Sept. 2022. Disponível em: https://onlinelibrary.wiley.com/doi/epdf/10.1111/1467-923X.13147. Acesso em: 6 jan. 2024.

DITTRICH, A. A que servem os "ismos" em debates acadêmicos e científicos? *Acta Comportamentalia*: Revista Latina de Análisis de Comportamiento, México, v. 27, n. 4, p. 511-522, nov. 2019. Disponível em: https://www.redalyc.org/articulo.oa?id=274561551007. Acesso em: 8 maio 2023.

DOUGHERTY, S.; VITTORIO, V. Comparing China and India: an introduction. *The European Journal of Comparative Economics*, v. 6, n. 1, p. 53-55, June 2009. Disponível em: https://core.ac.uk/download/pdf/26084691.pdf. Acesso em: 9 ago. 2022.

DREZE, J.; SEN, A. *Glória incerta*: a Índia e suas contradições. Tradução de Ricardo Doninelli Mendes e Laila Coutinho. São Paulo: Companhia das Letras, 2015.

DREZE, J.; SEN, A. *Indian development*: selected regional perspectives. United Kingdom: Oxford University Press, 2020. Disponível em: https://academic.oup.com/book/33020/book-pdf/53444634/acprof-9780198292043.pdf. Acesso em: 24 ago. 2022.

DUBE, S. C. *Indian society*. New Delhi: National Book Trust, 1990. Disponível em: https://www.arvindguptatoys.com/arvindgupta/sociology-dube.pdf. Acesso em: 11 jan. 2024.

DUDI, D. C; POONIA, M. Occupational segregation by caste in present India. *International Journal of Development Research*, v. 7, n. 8, p. 14.444-14.448, Aug. 2017.

Disponível em: https://www.journalijdr.com/sites/default/files/issue-pdf/9643. pdf. Acesso em: 31 ago. 2022.

DUFLO, E. Why political reservations? *Journal of the European Economic Association*, v. 3, n. 2-3, Sept. 2004. Disponível em: https://www.poverty-action.org/ sites/default/files/publications/Duflo_Why_Political_Reservations.pdf. Acesso em: 28 set. 2022.

DUPAS, G. *Economia global e exclusão social*: pobreza, emprego, estado e o futuro do capitalismo. 3. ed. São Paulo: Paz e Terra, 1999.

DURLAUF, S. N. Affirmative action, meritocracy, and efficiency. *Politics, Philosophy & Economics*, v. 7, n. 2, p. 131-158, Apr. 2008. Disponível em: https://hceconomics. uchicago.edu/sites/default/files/pdf/events/Durlauf_2008_PolPhilEc_v7_n2_0. pdf. Acesso em: 13 ago. 2023.

DWIVEDI, A. Varna: hinduism and tribal religions. *In*: LONG, J. D. *et al.* (org.). *Encyclopedia of Indian Religions*, May 2018. Disponível em: https://www.researchgate.net/publication/325993457_Varna. Acesso em: 12 set. 2022.

DWORKIN, R. What is equality: equality of welfare. *Philosophy & Public Affairs*, v. 10, n. 3, p. 185-246, Summer 1981. Disponível em: https://cedires.com/wp-content/uploads/2019/12/Dworkin_Ronald_Equality-of-Welfare_1981.pdf. Acesso em: 3 set. 2023.

EDWARDS, M. *The Oxford handbook of civil society*. New York: Oxford University Press, 2011. Disponível em: https://academic.oup.com/edited-volume/28264. Acesso em: 9 jul. 2023.

EISNER, R. Transfer in a total incomes system of accounts. *In*: MOON, M. (org.). *National Bureau of Economic Research*. 1984. p. 9-36. Disponível em: https://core. ac.uk/download/pdf/6870769.pdf. Acesso em: 7 abr. 2023.

ELDER, J. Enduring stereotypes about India: India's caste system. *Education About Asia*, v. 1, n. 2, p. 20-22, Fall 1996. Disponível em: https://www.asianstudies.org/ wp-content/uploads/enduring-stereotypes-about-south-asia-indias-caste-system. pdf. Acesso em: 15 maio 2023.

ELY, J. H. *Democracia e desconfiança*: uma teoria do controle judicial de constitucionalidade. Tradução de Juliana Lemos. São Paulo: WMF Martins Fontes, 2010.

EMES, J.; HAHN, T. Measuring development an index of human progress. *The Fraser Institute* (Public Policy Sources), Vancouver, 2001. Paper n. 36. Disponível em: https://www.fraserinstitute.org/sites/default/files/MeasuringDevelopmentIHP.pdf. Acesso em: 5 mar. 2023.

ENCYCLOPEDIA BRITANNICA. Varna (Hinduism). *Encyclopaedia Britannica*, Dec. 2023. Disponível em: https://www.britannica.com/topic/varna-Hinduism. Acesso em: 11 jan. 2024.

EQUAL OPPORTUNITY COMMISSION (Government of India). *What, why and how?* (report). New Delhi: Gazette of India (Ministry of Minority Affairs), 2008. Disponível em: https://www.minorityaffairs.gov.in/WriteReadData/RTF1984/1658385481.pdf. Acesso em: 2 out. 2023.

ERIVWO, A. *et al.* Meritocracy in the educational system. *International Socioeconomics Laboratory*, v. 1, n. 4, 2021. Disponível em: https://zenodo.org/record/4740695/files/Meritocracy%20in%20the%20Educational%20System.pdf. Acesso em: 16 ago. 2023.

ETZIONI, Amitai. *Organizações modernas*. Tradução de Miriam L. M. Leite. São Paulo: Livraria Pioneira Editora, 1967.

FANIKO, K.; LORENZI-CIOLDI, F.; BUSCHINI, F. Education, meritocracy and opinions toward affirmative action targeted at women in Albania. *SSER Journal for Labour and Social Affairs in Eastern Europe*, v. 13, n. 4, p. 565-577, 2010. Disponível em: https://www.nomos-elibrary.de/10.5771/1435-2869-2010-4-565.pdf. Acesso em: 18 ago. 2023.

FÁREK, M. Caste, race, and slavery: on comparisons between race in the United States and caste in India, and to forgotten assumptions behind the legal categories. *Oñati International Institute for the Sociology of Law*, v. 13, n. 1, p. 58-88, Feb. 2023. Disponível em: https://opo.iisj.net/index.php/osls/article/view/1429/1817. Acesso em: 4 out. 2022.

FAVERET FILHO, P.; OLIVEIRA, P. J. A universalização excludente: reflexões sobre as tendências do sistema de saúde. *Revista Planejamento e Políticas Públicas*, n. 3, p. 139-161, jun. 1990. Disponível em: https://repositorio.ipea.gov.br/bitstream/11058/7358/1/ppp_3_Universalizacao.pdf. Acesso em: 9 out. 2023.

FEDERATION OF INDIAN CHAMBERS OF COMMERCE AND INDUSTRY. *Higher education in India*: moving towards global relevance and competitiveness (FICCI Higher Education Summit 2014). New Delhi: Federation House, 2014. Disponível em: https://ficci.in/spdocument/20513/FICCI-EYReport2014.pdf. Acesso em: 19 dez. 2022.

FERES JÚNIOR *et al.* O conceito de ação afirmativa. *In*: AÇÃO afirmativa: conceito, história e debates. Rio de Janeiro: EDUERJ, 2018. p. 13-25. Disponível em: https://books.scielo.org/id/2mvbb/pdf/feres-9786599036477.pdf. Acesso em: 19 set. 2022.

FERREIRA, F. H. G; GIGNOUX, J. The measurement of educational inequality: achievement and opportunity. *Institute for the Study of Labor*, Nov. 2011. Paper n. 6.161. Disponível em: https://ftp.iza.org/dp6161.pdf. Acesso em: 11 abr. 2023.

FERREIRA, F. H. G; PERAGINE, V. Equality of opportunity: theory and evidence. *Institute for the Study of Labor*, Apr. 2015. Paper n. 8.994. Disponível em: https://econpapers.repec.org/scripts/redir.pf?u=https%3A%2F%2Fdocs.iza.org%2Fdp8994.pdf;h=repec:iza:izadps:dp8994. Acesso em: 20 set. 2023.

FIORIN, J. L. *Argumentação*. São Paulo: Contexto, 2017.

FLEW, A. Four kinds of equality. *Reason Foundation Papers*, n. 8, p. 17-35, Summer 1982. Disponível em: https://reasonpapers.com/pdf/08/rp_8_2.pdf. Acesso em: 21 set. 2023.

FORBES, N. Higher education in India: growth with challenges. *In*: DUTTA, S.; LANVIN, B.; WUNSCH-VINCENT, S. (org.). *The Global Innovation Index 2014*: the human factor in innovation. 2014. p. 85-91. Disponível em: https://www.globalinnovationindex.org/userfiles/file/reportpdf/GII-2014-v5.pdf. Acesso em: 19 dez. 2022.

FOURIE, C. What is social equality? an analysis of status equality as a strongly egalitarian ideal. *Res Publica*, v. 18, n. 2, p. 107-126, May 2012. Disponível em: https://core.ac.uk/download/pdf/159153218.pdf. Acesso em: 20 set. 2023.

FRASER, E. The dalits of India: education and development. *E-international Relations*, June 2010. Disponível em: https://www.e-ir.info/pdf/4474. Acesso em: 26 jul. 2023.

FUKUDA-PARR, S. Indicators of human development and human rights: overlaps, differences, and what about the human development index? *Statistical Journal of the United Nations Economic Commission for Europe*, v. 18, n. 2-3. p. 239-248, Oct. 2001. Disponível em: http://sakikofukudaparr.net/wp-content/uploads/2016/06/Indicators-of-human-development-and-human-rights.pdf. Acesso em: 5 mar. 2023.

G20 (Secretariat by Government of India). *Education, equity and inclusion*: a policy paper for the G20 (report), 2023. Disponível em: https://www.varkeyfoundation.org/media/4666/education-equity-and-inclusion-policy-v2.pdf. Acesso em: 9 out. 2023.

GAEDTKE, K. M. O conceito de classe: os livros didáticos de sociologia e a proposta de E. P. Thompson. *Em Tese*: Sociologia Política, v. 12, n. 2, p. 65-80, ago./dez. 2015. Disponível em: https://periodicos.ufsc.br/index.php/emtese/article/view/1806-5023.2015v12n2p65/30822. Acesso em: 27 jul. 2023.

GANDHAM, S.; SREEDEVI, A. Dalit castegories, paradigms of casteism and oppression: an analysis of Suraj Yengde's ethnography. *International Journal of Multidisciplinary Educational Research*, v. 10, n. 2(4), p. 128-134, Feb. 2021. Disponível em: http://s3-ap-southeast-1.amazonaws.com/ijmer/pdf/volume10/volume10-issue2(4)/22.pdf. Acesso em: 31 ago. 2022.

GARADA, R. Beyond structural-functional perspective: a critical heart searching for dalit, tribal and gender in Indian sociology. *Journal of Humanities and Social Science*, v. 16, n. 6, p. 7-18, Nov./Dec. 2013. Disponível em: https://www.iosrjournals.org/iosr-jhss/papers/Vol16-issue6/B01660718.pdf. Acesso em: 12 set. 2022.

GARVY, G. Inequality of income: causes and measurement. *In*: *National Bureau of Economic Research*, v. 15, p. 25-47, Jan. 1952. Conference on Research in Income and Wealth. Disponível em: https://www.nber.org/system/files/chapters/c9764/c9764.pdf. Acesso em: 6 abr. 2023.

GELLNER, E. *Nacionalismo e democracia*. Tradução de Vamireh Chacon. Brasília, DF: Editora Universidade de Brasília, 1981.

GHISLANDI, S.; SANDERSON, W. C; SCHERBOV, S. A simple measure of human development: the human life indicator. *Population and Development Review*: Data and Perspectives, v. 45, n. 2, Nov. 2018. Disponível em: https://pure.iiasa.ac.at/15370/1/Ghislandi_et_al-2018-Population_and_Development_Review.pdf. Acesso em: 5 mar. 2023.

GHOHMANN, R.; FIGARO, R. O conceito de classe social em estudos de recepção brasileiros. *Animus*: Revista Interamericana de Comunicação Midiática, v. 13, n. 25, p. 58-69, 2014. Disponível em: https://periodicos.ufsm.br/animus/article/view/15775/pdf. Acesso em: 27 jul. 2023.

GHURYE, G. S. *Caste and class in India*. 2nd ed. Bombay, India: Popular Press Private, 1957. Disponível em: https://sahitya-akademi.gov.in/library/e-books/Caste_and_Class_in_India.pdf. Acesso em: 30 abr. 2023.

GIDDENS, A.; SUTTON, P. W. *Conceitos essenciais da sociologia*. Tradução de Cláudia Freire. 2. ed. São Paulo: Editora UNESP, 2017.

GILLE, V. *Stigma in positive discrimination application?* Evidence from quotas in education in India. Mar. 2013. Disponível em: https://www.iza.org/conference_files/worldb2013/gille_v9053.pdf. Acesso em: 5 out. 2022.

GIRI, Y. L.; GIRI, V. V. A study on Indian higher education system. *International Journal in Management and Social Science*, v. 4, n. 7, p. 749-761, July 2016. Disponível em: https://www.academia.edu/28959419/Higher_Education_System_in_India_pdf. Acesso em: 9 jan. 2023.

GIROUX, H. A. *Atos impuros*: a prática política dos estudos culturais. Tradução de Ronaldo C. Costa. Porto Alegre: Artmed, 2003.

GNANA, S. R. Caste system, dalitization and its implications in contemporary India. *International Journal of Sociology and Anthropology*, v. 10, n. 7, p. 65-71, Oct. 2018. Disponível em: https://academicjournals.org/journal/IJSA/article-full-text-t-pdf/C25901E59025. Acesso em: 3 set. 2022.

GOGOI, S. J. Role of education in economic development: an analysis highlighting the evidences across countries. *International Journal of Mechanical Engineering*, v. 7 (special), p. 364-369, Jan./Feb. 2022. Disponível em: https://kalaharijournals.com/resources/SP%20Jan_Feb_46.pdf. Acesso em: 12 out. 2023.

GOMES, J. B. B. A recepção do instituto da ação afirmativa pelo Direito Constitucional brasileiro. *Revista de Informação Legislativa*, Brasília, DF, ano 38, n. 151, p. 129-152, jul./set. 2001. Disponível em: https://www2.senado.leg.br/bdsf/bitstream/handle/id/705/r151-08.pdf?sequence=4&isAllowed=y. Acesso em: 19 set. 2022.

GOMES, J. B. B. O debate constitucional sobre as ações afirmativas. *In*: SANTOS, R. E.; LOBATO, F. (org.). *Ações afirmativas*: políticas públicas contra as desigualdades raciais. Rio de Janeiro: DP&A, 2003. p. 15-57.

GOVERNMENT OF HUMAN RESOURCE DEVELOPMENT (Government of India). *Education for all*: towards quality with equity. New Delhi: National University of Educational Planning and Administration, 2014. Disponível em: https://unesdoc.unesco.org/ark:/48223/pf0000229873. Acesso em: 9 out. 2023.

GOVERNMENT OF INDIA. *Report of the backward classes commission*. 1980. 1st part, v. 1-2. Disponível em: http://www.ncbc.nic.in/Writereaddata/Mandal%20Commission%20Report%20of%20the%201st%20Part%20English635228715105764974.pdf. Acesso em: 25 ago. 2022.

GOVERNMENT OF INDIA. *Report of the backward classes commission*. 1955. v. 1. Disponível em: https://dspace.gipe.ac.in/xmlui/bitstream/handle/10973/33678/GIPE-058127.pdf?sequence=2&isAllowed=y. Acesso em: 25 ago. 2022.

GOVERNMENT OF JAMMU AND KASHMIR. *Evaluation report on Sarva Shiksha Abhiyasn*. Planning Commission Government of India, Report n. 203. New Delhi, 2010. Disponível em: https://dmeo.gov.in/sites/default/files/2019-10/Evaluation%20Report%20on%20Sarva%20Shiksha%20Abhiyan%20%28English%29.pdf. Acesso em: 29 out. 2022.

GOVERNMENT OF MAHARASHTRA (Secretary of Education). *Dr. Babasaheb Ambedkar*: writings and speeches. New Delhi: Dr. Ambedkar Foundation, 2014. v. 5. Disponível em: https://www.mea.gov.in/Images/attach/amb/Volume_05.pdf. Acesso em: 31 ago. 2022.

GOVINDA, R. Access to elementary education in India: country analytical review. *Consortium for Research on Educational Access, Transitions and Equity*, July 2008. Disponível em: http://www.create-rpc.org/pdf_documents/India_CAR.pdf. Acesso em: 1 nov. 2022.

GOVINDA, R.; BANDYOPADHYAY, M. Education. *In*: Institute for Human Development (org.). *Human development in India*: emerging issues and policy perspectives. Feb. 2010. p. 19-26. Disponível em: http://www.ihdindia.org/PDFs/Consultation-Report.pdf. Acesso em: 15 mar. 2023.

GRANT, C. The contribution of education to economic growth. *Institute of Development Studies*, Brighton, UK, Mar. 2017. Disponível em: https://assets.publishing.service.gov.uk/media/5b9b87f340f0b67896977bae/K4D_HDR_The_Contribution_of_Education_to_Economic_Growth_Final.pdf. Acesso em: 10 out. 2023.

GRINSELL, S. Caste and the problem of social reform in Indian equality law. *The Yale Journal of International Law*, v. 35, n. 1, p. 199-236, 2010a. Disponível em: https://www.yjil.yale.edu/files/2016/09/35-1-grinsell-caste-and-social-reform--pti2l.pdf. Acesso em: 17 ago. 2022.

GRINSELL, S. The prejudice of caste: the misreading of justice Harlan and the ascendency of anticlassification. *Michigan Journal of Race and Law*, v. 15, n. 2, p. 317-367, 2010b. Disponível em: https://repository.law.umich.edu/cgi/viewcontent.cgi?article=1083&context=mjrl. Acesso em: 10 maio 2023.

GRISAY, A.; MÄHLCK, L. The quality of education in developing countries: a review of some research studies and policy documents. *International Institute for*

Educational Planning, Apr. 1991. Disponível em: https://unesdoc.unesco.org/ark:/48223/pf0000088661/PDF/88661eng.pdf.multi. Acesso em: 1 fev. 2023.

GRONDIN, J. *Hermenêutica*. Tradução de Marcos Marcionilo. São Paulo: Parábola, 2012.

GRURYE, G. S. *Caste and class in India*. Bombay, India: Popular Book Depot, 1957. Disponível em: http://sahitya-akademi.gov.in/library/e-books/Caste_and_Class_in_India.pdf. Acesso em: 12 set. 2022.

GUNDEMEDA, N. Caste in twenty first century India: sociological reflections on university students' perceptions in south India. *Asian and African Studies*, v. 29, n. 1, p. 89-110, 2020. Disponível em: https://www.sav.sk/journals/uploads/05281234AAS_20-1_Gundemeda.pdf. Acesso em: 3 set. 2022.

GUPTA, A. Focus on quality in higher education in India. *Indian Journal of Public Administration*, v. 67, n. 1, p. 54-70, Mar. 2021. Disponível em: https://journals.sagepub.com/doi/epub/10.1177/00195561211007224. Acesso em: 1 fev. 2023.

GUPTA, B. K. Reservation policy under Indian constitution: a tool of political trick. *Asia Pacific Law & Policy Review*, v. 4, p. 44-58, July 2018. Disponível em: https://thelawbrigade.com/wp-content/uploads/2019/05/Badal.pdf. Acesso em: 9 ago. 2022.

GUPTA, D.; GUPTA, N. Higher education in India: structure, statistics and challenges. *Journal of Education and Practice*, v. 3, n. 2, p. 17-24, 2012. Disponível em: https://core.ac.uk/download/pdf/234633289.pdf. Acesso em: 21 dez. 2022.

GUPTA, K. Caste system: how it develops and its effect in modern India. *Pen Acclaims*: Multi-disciplinary National Journal, v. 2, July 2018. Disponível em: http://www.penacclaims.com/wp-content/uploads/2018/08/Kaushambhi-Gupta.pdf. Acesso em: 3 set. 2022.

GUPTA, S. S. The rise and fall of Varna-Vyavastha. *The Indian Journal of Social Work*, v. 62, n. 2, p. 169-179, Apr. 2001. Disponível em: https://ijsw.tiss.edu/greenstone/collect/ijsw/index/assoc/HASH0150/3433f54c.dir/doc.pdf. Acesso em: 12 set. 2022.

GURAWA, A.; CHAUHAN, V. S. Comparative analysis of Dr. Ambedkar slavery and untouchability which in worst and Fredric Douglass slaves' narratives. *International Journal of Advanced Academic Studies*, v. 3, n. 1, p. 341-344, Jan./Mar. 2021. Disponível em: https://www.allstudyjournal.com/article/505/3-1-57-905.pdf. Acesso em: 21 set. 2022.

GURJAR, K. Discarding originalism in the context of reservation system in India. *Pimpri Law Review*, v. 1, n. 1, 2022. Disponível em: https://law.dypvp.edu.in/plr/Publication/all-publication/Discarding-Originalism-ver-2.pdf. Acesso em: 13 ago. 2023.

GUY, M. E.; McCANDELESS, S. A. Social equity: its legacy, its promise. *Public Administration Review*, Denver, USA, v. 72, n. S1, p. S5-S13, Oct. 2012. Disponível em: https://selc.wordpress.ncsu.edu/files/2013/03/Social-Equity-Its-Legacy-Its-Prmise.pdf. Acesso em: 11 set. 2023.

HÄBERLE, P. *Novos ensaios constitucionais e uma aula de jubileu*. Tradução de Carlos dos Santos Almeida. São Paulo: Saraiva, 2012.

HAGE, G. Insiders and outsiders in Beilharz and Hogan. *Sociology*: place, time and division. Oxford University Press, 2006. Disponível em: https://www.academia.edu/1596849/Insiders_and_Outsiders. Acesso em: 18 jul. 2023.

HANCHINAMANI, B. B. Human rights abuses of Dalits in India. *Human Rights Brief*, v. 8, n. 2, p. 15-29, 2001. Disponível em: https://digitalcommons.wcl.american.edu/cgi/viewcontent.cgi?article=1486&context=hrbrief. Acesso em: 11 out. 2022.

HAOKIP, S. Reservation policy in India: the practice of reservation policy on education in India. *Journal of Emerging Technologies and Innovative Research*, v. 6, n. 5, p. 619-633, May 2019. Disponível em: http://www.jetir.org/papers/JETIRCU06118.pdf. Acesso em: 30 set. 2022.

HARRINGTON, A.; MARSHALL, B. L.; MÜLLER, H-P. *Encyclopedia of social theory*. London: Routledge, 2006. Disponível em: https://www.hzu.edu.in/uploads/2020/9/Encyclopedia%20of%20Social%20Theory.pdf. Acesso em: 27 jul. 2023.

HARRISON, K.; BOYD, T. *Understanding political ideas and movements*. Manchester, UK: Manchester University Press, 2003. Disponível em: https://library.oapen.org/bitstream/id/a5596b06-ceec-4abd-a417-c3d9d8a1206c/341409.pdf. Acesso em: 3 set. 2023.

HASLANGER, S. Racism, ideology, and social movements. *Res Philosophica*, v. 94, n. 1, Jan. 2017. Disponível em: https://pdfs.semanticscholar.org/933c/3c42c-19c0610577b6d9d79b1674a30c2023b.pdf. Acesso em: 8 maio 2023.

HE, B. A discussion of Daniel A. Bell's the China model: political democracy and the limits of democracy. *American Political Science Association*, v. 14, n. 1, p. 147-149, Mar. 2016. Disponível em: https://dr.ntu.edu.sg/bitstream/10220/41926/1/A%20

Discussion%20of%20Daniel%20A.%20Bell%E2%80%99s%20The%20China%20 Model_Political%20Meritocracy%20and%20the%20Limits%20of%20Democracy. pdf. Acesso em: 25 ago. 2023.

HE, B.; WARREN, M. E. Can meritocracy replace democracy? a conceptual framework. *Philosophy & Social Criticism*, v. 46, n. 9, Aug. 2020. Disponível em: https://www.researchgate.net/publication/343700765_Can_meritocracy_replace_democracy_A_conceptual_framework. Acesso em: 22 ago. 2023.

HEPPLE, B. *Declaration of principles on equality*. Washington, DC: Organization of American States (Department of International Law), 2008. Disponível em: https://www.equalrightstrust.org/ertdocumentbank/Pages%20from%20Declaration%20perfect%20principle.pdf. Acesso em: 2 out. 2023.

HESLOP, L. *Understanding India*: the future of higher education and opportunities for international cooperation. Manchester, UK: British Council, 2014. Disponível em: http://hdl.voced.edu.au/10707/400877. Acesso em: 9 jan. 2023.

HILL, S.; CHALAUX, T. Improving access and quality in the Indian education system. *Organization for Economic Co-Operation and Development*, July 2011. Working paper n. 885. Disponível em: https://www.oecd-ilibrary.org/improving-access--and-quality-in-the-indian-education-system_5kg83k687ng7.pdf. Acesso em: 1 fev. 2023.

HING, L. S. S; BOBOCEL, D. R.; ZANNA, M. P. Meritocracy and opposition to affirmative action: making concessions in the face of discrimination. *Journal of Personality and Social Psychology*, v. 83, n. 3, p. 493-509, Sept. 2002. Disponível em: https://www.researchgate.net/publication/11169298_Meritocracy_and_Opposition_to_Affirmative_Action_Making_Concessions_in_the_Face_of_Discrimination#fullTextFileContent. Acesso em: 25 ago. 2023.

HIRATA, G. I.; MACHADO, A. F. Conceito de informalidade/formalidade e uma proposta de tipologia. *Instituto de Pesquisa Econômica Aplicada*, n. 34, p. 23-29, nov. 2007. Mercado de trabalho. Disponível em: https://portalantigo.ipea.gov.br/agencia/images/stories/PDFs/mercadodetrabalho/04Nota2.pdf. Acesso em: 15 abr. 2023.

HIREMATH, S. S.; ALBAL, D. R. Current scenario of higher education in India: reflections on some critical issues. *International Research Journal of Social Science & Humanities*, v. 1, n. 1, p. 73-78, 2016. Disponível em: https://www.researchgate.net/publication/329920792. Acesso em: 18 dez. 2022.

HIWRALE, Anup. Caste: understanding the nuances from Ambedkar's expositions. *Journal of Social Inclusion Studies*, v. 6, n. 1, p. 78-96, June 2020. Disponível em: https://journals.sagepub.com/doi/pdf/10.1177/2394481120944772?download=true. Acesso em: 16 out. 2022.

HOFBAUER, A. Castas, raças e a política colonial na Índia. *Afro-Ásia*, n. 62, p. 181-222, dez. 2020. Disponível em: https://periodicos.ufba.br/index.php/afroasia/article/view/33714/24116. Acesso em: 9 out. 2022.

HOFFMANN, R. Concepts of social inequality. *In*: HOFFMANN, R. (org.). *Socioeconomic differences in old age mortality*. 2008. p. 29-55. (The Springer Series on Demographic Methods and Population Analysis, v. 25). Disponível em: https://link.springer.com/content/pdf/10.1007/978-1-4020-8692-2_4.pdf. Acesso em: 4 abr. 2023.

HOLT-GIMÉNEZ, E.; HARPER, B. Dismantling racism in the food system. *Institute for Food & Development Policy*, n. 1, Spring 2016. Disponível em: https://archive.foodfirst.org/wp-content/uploads/2016/03/DR1Final.pdf. Acesso em: 14 out. 2022.

HUMAN RIGHTS WATHC. *Caste discrimination*: a global concern. Aug. 2001. v. 13, n. 3. Disponível em: https://www.hrw.org/reports/2001/globalcaste/caste0801.pdf. Acesso em: 30 abr. 2023.

HUSSMANNS, R. Measuring the informal economy: from employment in the informal sector to informal employment. *Policy Integration Department Bureau of Statistics*, Geneva, Dec. 2004. Working paper n. 53. Disponível em: https://www.ilo.org/wcmsp5/groups/public/---dgreports/---ntegration/documents/publication/wcms_079142.pdf. Acesso em: 15 abr. 2023.

ILAIAH, K. Merit of reservation. *Economic and Political Weekly*, v. 41, n. 24, p. 2.447-2.449, June 2006. Disponível em: https://jan.ucc.nau.edu/~sj6/epwKanchaIliahReservations.pdf. Acesso em: 24 ago. 2022.

IMAMURA, K. Meritocracy versus diversity. *Department of Economics*, Nov. 2020. Boston College. Disponível em: http://www.cirje.e.u-tokyo.ac.jp/research/workshops/micro/micropaper20/micro1217_1.pdf. Acesso em: 16 ago. 2023.

INDIRA, M.; KUMAR, I. An empirical analysis of relationship between higher education and economic growth in India. *International Journal of Research and Innovation in Social Science*, v. 2, n. 6, p. 90-97, June 2018. Disponível em: https://www.rsisinternational.org/journals/ijriss/Digital-Library/volume-2-issue-6/90-97.pdf. Acesso em: 14 out. 2023.

INGRAM, D. *Filosofia do direito*: conceitos-chaves em filosofia. Tradução de José Alexandre D. Guerzoni. Porto Alegre: Artmed, 2010.

INTER-REGIONAL INEQUALITY FACILITY (IRIF). *Policy Brief* 14: affirmative action. Feb. 2006. Disponível em: https://assets.publishing.service.gov.uk/media/57a08c2de5274a27b200101f/IRIFPolicyBrief14.pdf. Acesso em: 23 ago. 2022.

INTERNATIONAL LABOUR ORGANIZATION (ILO). Effect to be given to resolutions adopted by the International Labour Conference at its 90th Session: resolution concerning decent work and the informal economy. *Governing Body (285th Session)*, doc. n. GB.285/7/2 (7th item on the agenda), Geneva, Nov. 2002. Disponível em: https://www.ilo.org/public/english/standards/relm/ilc/ilc90/pdf/pr-25res.pdf. Acesso em: 15 abr. 2023.

INTERNATIONAL LABOUR ORGANIZATION (ILO). *India labour market update.* Geneva: International Labour Office, 2017a. Disponível em: https://www.ilo.org/wcmsp5/groups/public/---asia/---ro-bangkok/---sro-new_delhi/documents/publication/wcms_568701.pdf. Acesso em: 17 abr. 2023.

INTERNATIONAL LABOUR ORGANIZATION (ILO). *World employment and social outlook*: trends 2023. Geneva: International Labour Office, 2023. Disponível em: https://www.ilo.org/wcmsp5/groups/public/---dgreports/---nst/documents/publication/wcms_865332.pdf. Acesso em: 17 abr. 2023.

INTERNATIONAL LABOUR ORGANIZATION (ILO). *World employment and social outlook*: trends 2022. Geneva: International Labour Office, 2022. Disponível em: https://www.ilo.org/wcmsp5/groups/public/---dgreports/---dcomm/---publ/documents/publication/wcms_834081.pdf. Acesso em: 17 abr. 2023.

INTERNATIONAL LABOUR ORGANIZATION (ILO). *World employment social outlook*: trends for women 2017. Geneva: International Labour Office, 2017b. Disponível em: https://www.ilo.org/wcmsp5/groups/public/---dgreports/---inst/documents/publication/wcms557245.pdf. Acesso em: 16 maio 2023.

ISLAM, A. *et al.* Gender inequality and caste: field experimental evidence from India. *Institute of Labor Economics*, p. 1-27, Sept. 2021. Paper n. 14.713. Disponível em: https://docs.iza.org/dp14713.pdf. Acesso em: 16 maio 2023.

ISLAM, S. M. Quotas versus merit: from affirmative action to meritocracy. *Institute of Governance Studies*, July 2013. Disponível em: https://core.ac.uk/download/pdf/61803457.pdf. Acesso em: 13 ago. 2023.

ISMAIL, S. Equity and education. *International Encyclopedia of the Social & Behavioral Sciences*, 2nd ed, v. 7, p. 918-923, Dec. 2015. Disponível em: https://www.researchgate.net/publication/304194416_Equity_and_Education. Acesso em: 11 set. 2023.

ISRÄEL, N. *Genealogia do direito moderno*: o estado de necessidade. Tradução de Maria E. A. P. Galvão. São Paulo: Editora WMF Martins Fontes, 2009.

JACKSON-PREECE, J. Beyond the (non) definition on minority. *Europe Centre for Minority Issues*, Feb. 2014. Report n. 30. Disponível em: https://www.ecmi.de/fileadmin/redakteure/publications/pdf/Brief_30.pdf. Acesso em: 21 set. 2022.

JAFFRELOT, C. The rise of the other backward classes in the Hindi belt. *The Journal of Asian Studies*, v. 59, n. 1, p. 68-108, Feb. 2000. Disponível em: https://charansingh.org/sites/default/files/2000%20Jaffrelot.%20Rise%20of%20OBCs%20in%20the%20Hindi%20Belt%2C%20JAS.pdf. Acesso em: 31 ago. 2022.

JAIN, A. Caste system in India. *International Research Journal of Management Sociology & Humanity*, v. 6, n. 12, p. 268-275, Dec. 2015. Disponível em: http://www.irjmsh.com/Artical_request.aspx?id=4181. Acesso em: 21 ago. 2022.

JAIN, C.; TIWARI, V. K.; CHAUBEY, A. K. Quality in higher education and research in India: present scenario. *International Journal of Multidisciplinary Educational Research*, v. 4, n. 5(2), p. 91-105, May 2015. Disponível em: http://s3-ap-southeast-1.amazonaws.com/ijmer/pdf/volume4/volume4-issue5(2)-2015.pdf. Acesso em: 1 fev. 2023.

JAIN, P. Institutions and economic development: understanding the evidence from Indian states. *Institute of Economic Growth*, 2021a. Disponível em: https://www.ies.gov.in/pdfs/Seminar_Paper_FE.pdf. Acesso em: 8 nov. 2023.

JAIN, R. Values and ethics for quality higher education. *In*: University Grants Commission. *Quality mandate for higher education institutions in India*. New Delhi: Secretary UGC, 2021b. p. 26-36. Disponível em: https://www.ugc.ac.in/e-book/Quality%20Mandate%20E-BOOK.pdf. Acesso em: 1 fev. 2023.

JAIN, S.; BHARDWAJ, G. Striving for social justice: understanding gender issues at the workplace in India. *Health Psychology Report*, v. 4, n. 3, p. 246-260, 2016. Disponível em: https://hpr.termedia.pl/pdf-61703-74122?filename=Striving%20for%20social.pdf. Acesso em: 28 ago. 2022.

JAIRAM, R. The varna system as perceived by veda vyasa: a socio-political dialogue. *Journal of Social Science and Humanities Research*, v. 2, n. 10, p. 22-30, Oct. 2017.

Disponível em: https://www.ijrdo.org/index.php/sshr/article/download/872/822/. Acesso em: 12 set. 2022.

JAISWAL, M.; CHAUHAN, M. S. Conceptual analysis of Indian reservation policy in contemporary times. *International Journal of Research and Analytical Reviews*, v. 6, n. 1, p. 159-161, Mar. 2019. Disponível em: http://ijrar.com/upload_issue/ijrar_issue_20543316.pdf. Acesso em: 9 ago. 2022.

JAKOPOVICH, D. The concept of class. *Cambridge Studies in Social Research*, 2014 Paper n. 14. Disponível em: https://www.sociology.cam.ac.uk/system/files/documents/cs14.pdf. Acesso em: 27 jul. 2023.

JANGIR, S. K. Reservation policy and Indian Constitution in India. *American International Journal of Research in Humanities, Arts and Social Sciences*, v. 3, n. 1, p. 126-128, June/Aug. 2013. Disponível em: http://iasir.net/AIJRHASSpapers/AIJRHASS13-225.pdf. Acesso em: 9 ago. 2022.

JANUARY-BARDILL, N. The international legal response to racism. *In: Office of the Nations High Commissioner for Human Rights*. Dimensions of racism. New York, 2003. p. 21-37. Disponível em: https://www.ohchr.org/Documents/Publications/DimensionsRacismen.pdf. Acesso em: 29 abr. 2023.

JASPAL, R. Caste, social stigma and identity process. *Psychology and Development Societies*, v. 23, n. 1, p. 27-62, Mar. 2011. Disponível em: https://www.researchgate.net/publication/257377820_Caste_Social_Stigma_and_Identity_Processes. Acesso em: 2 set. 2022.

JAVAID, U.; MAJID, A.; ZAHID, S. F. Low caste in India (untouchables). *Research Journal of South Asian Studies*, v. 29, n. 1, p. 7-21, Jan./July 2014. Disponível em: http://pu.edu.pk/images/journal/csas/PDF/1.%20Dr.%20Abdul%20Majid_29_1.pdf. Acesso em: 16 out. 2022.

JENA, P. K. Mahatma Gandhi and basic education. *In:* KUMAR, C. (org.). *Mahatma Gandhi from holy deeds to unholy death*. Anu Books, 2020. Disponível em: https://osf.io/8hvm6/download. Acesso em: 23 out. 2022.

JENSENIUS, F. R. Development from representation? A study of quotas for the Scheduled Castes in India. *American Economic Journal*: Applied Economics, v. 7, n. 3, July 2015a. Disponível em: https://www.francesca.no/wp-content/2015/12/Development_reservations_postprint.pdf. Acesso em: 20 set. 2022.

JENSENIUS, F. R. Mired in reservations: the path-dependent history of electoral quotas in India. *The Journal of Asian Studies*, v. 74, n. 1, p. 85-105, Feb. 2015b. Disponível em: https://www.francesca.no/wp-content/2015/02/Jensenius2015_JAS_Mired.pdf. Acesso em: 9 ago. 2022.

JENSENIUS, F. R. Political quotas in India: perceptions of constituent political representation. *Asian Survey*, v. 52, n. 2, p. 373-394, Apr. 2012. Disponível em: https://online.ucpress.edu/as/article-pdf/52/2/373/77481/as_2012_52_2_373.pdf. Acesso em: 20 set. 2022.

JENSENIUS, F. R. *Power, performance and bias*: evaluating the electoral quotas for scheduled castes in India. 2013. Thesis (Doctoral of Philosophy in Political Science) – University of California, Berkeley, USA, 2013. Disponível em: https://escholarship.org/uc/item/7qt35859. Acesso em: 20 set. 2022.

JHA, G. M. *et al.* Mandal Commission: equality and liberty. *International Research Journal of Social Sciences*, v. 2, n. 6, p. 35-38, June 2013. Disponível em: http://www.isca.in/IJSS/Archive/v2/i6/7.ISCA-IRJSS-2013-070.pdf. Acesso em: 24 ago. 2022.

JODHKA, S. S.; NEWMAN, K. In the name of globalization: meritocracy, productivity and the hidden Language of caste. *Economic and Political Weekly*, v. 42, n. 41, p. 4.125-4.132, Oct. 2007. Disponível em: https://mittalsouthasiainstitute.harvard.edu/wp-content/uploads/2018/11/In-the-Name-of-Globalisation-Meritocracy--Productivity-and-the-Hidden-Language-of-Caste.pdf. Acesso em: 27 ago. 2023.

JODHKA, S. S. Ascriptive hierarchies: caste and its reproduction in contemporary India. *Current Sociology*, v. 64, n. 2, Dec. 2015. Disponível em: https://www.researchgate.net/publication/285729448_Ascriptive_hierarchies_Caste_and_its_reproduction_in_contemporary_India. Acesso em: 3 set. 2022.

JOGDAND, P. G. Reservation policy and the empowerment of Dalits. *In*: MICHAEL, S. M. (org.). *Dalits in modern India*: vision and values. 2nd ed. New Delhi: Sage Publications India Pvt, 2007. p. 315-335. Disponível em: https://nizamcollege.ac.in/library/ebooks/history/history-ebooks-08.pdf. Acesso em: 17 out. 2022.

JOHN, M. Identity and the social Revolution: on the political sociology of constitutionalism in contemporary India. *Center for the Study of Law and Governance*, Nov. 2012. Jawaharlal Nehru University, paper n. 18. Disponível em: https://www.jnu.ac.in/sites/default/files/u63/18-Identity%20%28John%29.pdf. Acesso em: 16 out. 2022.

JOHN, S.; HASNAIN, S. E. Higher education institutions in building universities: benchmarking with world's best universities. *In*: MITTAL, P.; PANI, S. R. D. (org.).

Reimagining Indian universities. New Delhi: Association of Indian Universities, 2020. p. 375-390. Dsponível em: https://www.aiu.ac.in/documents/AIU_Publications/AIU%20Books/Reimagining%20Indian%20Universities.pdf. Acesso em: 21 dez. 2022.

JOLLIFFE, D. *et al.* Assessing the impact of the 2017 PPPs on the international poverty line and global poverty. *Development Data Group & Poverty and Equity Global Practice*, Feb. 2022. Working paper n. 9.941. Disponível em: https://documents1.worldbank.org/curated/en/353811645450974574/pdf/Assessing-the-Impact--of-the-2017-PPPs-on-the-International-Poverty-Line-and-Global-Poverty.pdf. Acesso em: 13 mar. 2023.

JOSHI, D. K. The politics of human development in India and China: it pays to invest in women and children. *Law and Business Review of the Americas*, v. 18, n. 4, p. 487-514, 2012. Disponível em: https://core.ac.uk/download/pdf/147642389.pdf. Acesso em: 15 mar. 2023.

JOUMARD, I.; PISU, M.; BLOCH, D. Tacking income inequality: the role of taxes and transfers. *OECD Journal Economics Studies*, v. 1, p. 37-70, July 2012. Disponível em: https://www.oecd.org/economy/growth/tackling-income-inequality-the-role-of-taxes-and-transfers.pdf. Acesso em: 7 abr. 2023.

JUDGE, P. S. Between exclusion and exclusivity: dalits in contemporary India. *Polish Sociological Review*, v. 178, n. 2, p. 265-279, 2012. Disponível em: https://polish-sociological-review.eu/pdf-126362-54183?filename=Between%20Exclusion%20and.pdf. Acesso em: 5 set. 2022.

JUERGENSMEYER, M. What if the untouchables do not believe in untouchability? *Bulletin of Concerned Asian Scholars*, v. 21, n. 1, p. 23-28, July 2019. Disponível em: https://www.tandfonline.com/doi/pdf/10.1080/14672715.1980.10405559. Acesso em: 16 out. 2022.

KADUN, P. B.; GADKAR, R. D. Social exclusion: its types and impact on dalits in India. *IOSR Journal of Humanities and Social Science*, v. 19, n. 4(4), p. 81-85, Apr. 2014. Disponível em: https://www.iosrjournals.org/iosr-jhss/papers/Vol19-issue4/Version-4/I019448185.pdf. Acesso em: 31 ago. 2022.

KAHLENBERG, R. D. *The remedy*: class, race, and affirmative action. New York: Basic Books, 1996.

KAILASH SATYARTHI CHILDREN'S FOUNDATION. *Quality of elementary education in India*: an inter-state comparison. New Delhi: Kailash Satyarthi Children's Foundation, 2020. Disponível em: https://satyarthi.org.in/wp-content/uploads/2021/10/QualityofElementaryEducationinIndiaF.pdf. Acesso em: 25 out. 2022.

KAKWANI, N. C. *Income inequality and poverty*: methods of estimation and policy applications. Washington, DC: The World Bank, 1980. Disponível em: https://documents.worldbank.org/curated/en/456591468740159687/pdf/multi-page.pdf. Acesso em: 6 abr. 2023.

KALYANI, M. Indian informal sector: an analysis. *International Journal of Managerial Studies and Research*, v. 4, n. 1, p. 78-85, Jan. 2016. Disponível em: https://www.arcjournals.org/pdfs/ijmsr/v4-i1/9.pdf. Acesso em: 17 abr. 2023.

KALYANI, M. Labour market situation in India: an analysis. *International Journal of New Technology and Research*, v. 1, n. 8, p. 44-52, Dec. 2015. Disponível em: https://www.ijntr.org/download_data/IJNTR02010021.pdf. Acesso em: 18 abr. 2023.

KAMBOJU, R. Caste system and political change in Indian democracy: a study. *International Journal of Creative Research Thoughts*, v. 8, n. 11, p. 702-707, Nov. 2020. Disponível em: https://www.ijcrt.org/papers/IJCRT2011075.pdf. Acesso em: 18 set. 2022.

KANDASAMY, W. B. V.; SMARANDACHE, F.; KANDASAMY, K. *Reservation for other backward classes in Indian central government*. Cornell University, 2009. Disponível em: https://arxiv.org/ftp/arxiv/papers/0909/0909.1083.pdf. Acesso em: 5 out. 2022.

KANT, M. The signage higher education in India: reflections, images, and vision. *The Signage Research Journal of Education & Social Sciences*, v. 3, n. 2, July/Dec. 2015. Disponível em: https://www.mvmujjain.org/wp-content/uploads/2022/01/dr._mani_kant.pdf. Acesso em: 19 dez. 2022.

KANTI, S. T. Human rights and Dalits in India: a sociological analysis. *International Research Journal of Social Sciences*, v. 3, n. 3, p. 36-40, Mar. 2014. Disponível em: http://www.isca.me/IJSS/Archive/v3/i3/7.ISCA-IRJSS-2014-07.pdf. Acesso em: 2 set. 2022.

KARNATAKA STATE OPEN UNIVERSITY. *Education in India*: compulsory course (*Bachelor of Education Programme*). Kolkata, India: The Registrar, 2013. Disponível em: http://www.wbnsou.ac.in/online_services/SLM/BED/CC-01.pdf. Acesso em: 18 out. 2022.

KATEB, G. *Human dignity*. Cambridge, MA: Harvard University Press, 2011.

KAUR, A.; KAUR, R. Role of social and economic infrastructure in economic development of Punjab. *International Journal of Innovative Knowledge Concepts*, v. 6, n. 5, p. 180-188, May 2018. Disponível em: https://core.ac.uk/download/pdf/233155341.pdf. Acesso em: 12 out. 2023.

KAUSAR, H.; HUSAIN, K. Reservation in India: deviating from its original purpose. *International Monthly Journal*, v. 2, n. 8, p. 1-7, May 2015. Disponível em: https://journal.lawmantra.co.in/wp-content/uploads/2015/05/24.pdf. Acesso em: 13 ago. 2023.

KAUSHALYA K. P. Socio-cultural attitude towards women and Shudras in ancient age: a study of the Vedas and Dharmashastra. *International Journal of Social Science and Humanity*, v. 9, n. 4, p. 107-110, Nov. 2019. Disponível em: http://www.ijssh.org/vol9/1000-AP1013.pdf. Acesso em: 12 set. 2022.

KEANE, D. India, the UN and caste as a form of racial discrimination: resolving the dispute. *In*: DAVY, U.; FLÜCHTER, A. (org.). *Imagining unequals, imagining equals*: concepts of equality in history and law. Bielefeld, Germany: Bielefeld University Press, 2022. p. 201-230. Disponível em: https://www.transcript-open.de/pdf_chapter/bis%205999/9783839458877/9783839458877-008.pdf. Acesso em: 30 abr. 2023.

KHAN, B. U.; RAHMAN, M. M. *Protection of minorities*: regimes, norms and issues in south Asia. United Kingdom: Cambridge Scholars Publishing, 2012. Disponível em: https://www.cambridgescholars.com/resources/pdfs/978-1-4438-3992-1-sample.pdf. Acesso em: 21 set. 2022.

KHARAS, H.; DOOLEY, M. *The evolution of global poverty 1990-2030*. Washington, DC: Center of Sustainable Development at Brookings, 2022. Disponível em: https://www.brookings.edu/wp-content/uploads/2022/02/Evolution-of-global-poverty.pdf. Acesso em: 13 mar. 2023.

KNIIVILÄ, M. Industrial development and economic growth: implications for poverty reduction and income inequality. *In*: *Industrial development for the 21*[st] *century*: sustainable development perspectives. New York: United Nations (Department of Social and Economic Affairs), 2007. p. 295-332. Disponível em: https://www.un.org/esa/sustdev/publications/industrial_development/3_1.pdf. Acesso em: 14 out. 2023.

KOLGE, N. Was Gandhi a champion of the caste system? Reflections on his practices *Economic & Political Weekly*, v. 52, n. 13, p. 42-50, Apr. 2017. Disponível em:

https://www.csds.in/uploads/custom_files/1532340247_Was%20Gandhi%20a%20%E2%80%98Champion%20of%20the%20Caste%20System%E2%80%99.pdf. Acesso em: 12 set. 2022.

KONRAD ADENAUER STIFTUNG. *Skill development in India*. New Delhi: Foundation Office India, 2015. Disponível em: https://www.kas.de/c/document_library/get_file?uuid=74834418-2293-25d4-3d30-eab638a48e0b&groupId=252038. Acesso em 22 fev. 2023.

KOTÁSKOVÁ, S. K. *et al.* The impact of education on economic growth: the case of India. *Acta Universitatis Agriculturae et Silviculturae Mendelianae Brunensis*, v. 66, n. 1, p. 253-262, 2018. Disponível em: https://acta.mendelu.cz/artkey/acu-201801-0029_the-impact-of-education-on-economic-growth-the-case-of-india.php. Acesso em: 12 out. 2023.

KRAMER, S. Religious compositions of India: all religious groups in India show major declines in fertility rates, limiting change in the country's religious composition over time. *Pew Research Center*, Sept. 2021. Paper 4.372. Disponível em: https://www.pewresearch.org/religion/wp-content/uploads/sites/7/2021/09/PF_09.21.21_Religious-Composition-of-India-FULL.pdf. Acesso em: 26 jul. 2023.

KREUZ, L. R. C.; SANTANO, A. C. Laicidade à brasileira e a decisão do Supremo Tribunal Federal sobre ensino religioso confessional. *Espaço Jurídico Journal of Law*, v. 23, n. 2, p. 252-280, jul./dez. 2022. Disponível em: https://periodicos.unoesc.edu.br/espacojuridico/article/view/20520/18283. Acesso em: 20 dez. 2022.

KRISHNAN, P. G.; SAVITHA, N. India's new education policy and economic growth. *Emperor International Journal of Finance and Management Research*, v. 4, n. 4, p. 241-248, Apr. 2018. Disponível em: https://mayas.info/static/uploads/Articles/pdf/29.pdf. Acesso em: 8 nov. 2023.

KUDEKALLU, R. J. Race, caste, and hunger. *Fordham International Law Journal*, v. 43, n. 4, p. 1.103-1.132, 2020. Disponível em: https://ir.lawnet.fordham.edu/cgi/viewcontent.cgi?article=2783&context=ilj. Acesso em: 14 out. 2022.

KUMAR, D. Higher education system in India: a critical analysis. *International Journal for Innovative Research in Multidisciplinary Field*, v. 7, n. 9, p. 159-163, Sept. 2021a. Disponível em: https://www.ijirmf.com/wp-content/uploads/IJIRMF202109025.pdf. Acesso em: 23 dez. 2022.

KUMAR, R. The concept, origin and evaluation of reservation policy in India. *Legal Service India*, 2021b. Disponível em: https://www.legalserviceindia.com/legal/

article-6526-the-concept-origin-and-evaluation-of-reservation-policy-in-india. html. Acesso em: 23 ago. 2022.

KUMAR, S. The creamy layer and reservation. *International Journal of Innovative Research in Science, Engineering and Technology*, v. 6, n. 10, p. 20.492-20.496, Oct. 2017. Disponível em: http://www.ijirset.com/upload/2017/october/217_49_CREAMY. pdf. Acesso em: 19 ago. 2022.

KUMAR, V. The socio-cultural changes in Indian society: a sociological perspective. *International Journal of Creative Research Thoughts*, v. 10, n. 6, p. 634-637, June 2022. Disponível em: https://ijcrt.org/papers/IJCRT22A6813.pdf. Acesso em: 12 out. 2023.

KUMAR, V. Understanding the politics of reservation: a perspective from below. *Economic and Political Weekly*, v. 40, n. 9, p. 803-806, Feb. 2005. Disponível em: https://www.jstor.org/stable/4416259. Acesso em: 20 ago. 2023.

KUNDU, A; MOHANAN, P. C. Employment and inequality outcomes in India. *International Household Survey Network*, 43 p., 2009. Disponível em: http://www1. oecd.org/els/emp/42546020.pdf. Acesso em: 14 out. 2023.

KURIAN, S. The higher education system in India and its impact on the economy. *International Journal of Scientific & Engineering Research*, v. 7, n. 8, p. 787-791, Aug. 2016. Disponível em: https://www.ijser.org/researchpaper/The-Higher-Education--System-in-India-and-its-Impact-on-the-Economy.pdf. Acesso em: 23 dez. 2022.

KUZNETS, S. Economic growth and income inequality. *The American Economic Review*, v. 45, n. 1, Mar. 1955. Disponível em: https://edisciplinas.usp.br/pluginfile.php/347317/mod_resource/content/1/Kusnetz%20(1955)%20Economic%20 Growth%20and%20income%20inequality.pdf. Acesso em: 6 abr. 2023.

LAKHOTIA, S. C. Deemed universities and other universities. *Current Science*, v. 89, n. 8, p. 1.303-1.304, Oct. 2005. Disponível em: https://www.researchgate.net/publication/236031134_Deemed_universities_and_other_universities. Acesso em: 5 dez. 2022.

LAL, L. D. In search of a utopian Society: situating dalit conversions in contemporary India. *Caste*: A Global Journal on Social Exclusion, v. 4, n. 2, p. 288-305, Oct. 2023. Disponível em: https://journals.library.brandeis.edu/index.php/caste/ article/view/503/255. Acesso em: 6 jan. 2024.

LALL, M. The challenges for India's education system. *The Royal Institute of International Affairs*, Apr. 2005. Briefing paper n. 5. Disponível em: https://www.

chathamhouse.org/sites/default/files/public/Research/Asia/bpindiaeducation. pdf. Acesso em: 12 out. 2022.

LASKAR, M. H. Rethinking reservation in higher education in India. *ILI Law Review*, v. 1, n. 1, p. 25-53, May 2010. Disponível em: https://papers.ssrn.com/sol3/papers.cfm?abstract_id=1597863. Acesso em: 8 jan. 2023.

LATOUR, B. *Jamais fomos modernos*: ensaio de antropologia simétrica. Tradução de Carlos Irineu da Costa. 3. ed. São Paulo: Editora 34, 2013.

LAURIE, T.; KHAN, R. The concept of minority for the study of culture. *Continuum Journal of Media & Cultural Studies*, v. 31, n. 1, Feb. 2017. Disponível em: https://www.academia.edu/31725889/2017_The_Concept_of_Minority_for_the_Study_of_Culture. Acesso em: 21 set. 2022.

LEAL, L. O. O sistema de cotas raciais como ação afirmativa no direito brasileiro. *Revista da EMERJ*, v. 8, n. 31, p. 104-123, jul. 2005. Disponível em: https://www.emerj.tjrj.jus.br/revistaemerj_online/edicoes/revista31/Revista31_104.pdf. Acesso em: 19 set. 2022.

LEGISLATIVE DEPARTMENT (Government of India). *The protection of civil rights Act n. 22 of 8th May*. 1955. Disponível em: https://www.indiacode.nic.in/bitstream/123456789/1544/3/a1955-22.pdf#search=1955. Acesso em: 23 ago. 2022.

LEVIN, B. Approaches to equity in policy for lifelong learning. *Education and Training Policy Division*, Aug. 2003. OECD. Disponível em: https://www.oecd.org/education/school/38692676.pdf. Acesso em: 11 set. 2023.

LEVINSON, M.; GERON, T.; BRIGHOUSE, H. Conceptions of educational equity. *American Educational Research Association*, v. 8, n. 1, Jan./Dec. 2022. Disponível em: https://files.eric.ed.gov/fulltext/EJ1360521.pdf. Acesso em: 11 set. 2023.

LEWGOY, B. Cotas raciais na UnB: as lições de um equívoco. *In*: STEIL, C. A. (org.). *Cotas raciais na universidade*: um debate. Porto Alegre: Editora UFRGS, 2006. p. 57-61.

LIGER, Q.; GUHTEIL, M. *Protection against racism, xenophobia and racial discrimination, and the EU anti-racism Action Plan*. Brussels: European Parliament, 2022. Disponível em: https://www.europarl.europa.eu/RegData/etudes/STUD/2022/730304/IPOL_STU(2022)730304_EN.pdf. Acesso em: 7 maio 2023.

LILLIBRIDGE, N. The promise of equality: a comparative analysis of the constitutional guarantees of equality in India and the United States. *Willliam & Mary*

Bill of Rights Journal, v. 13, n. 4, p. 1.301-1.340, Apr. 2005. Disponível em: https://scholarship.law.wm.edu/cgi/viewcontent.cgi?article=1219&context=wmborj. Acesso em: 3 out. 2023.

LIMA, J. W. F. *Dimensionamento e integração do sistema de cotas raciais em face do direito à educação no Brasil*. Curitiba: Appris, 2021.

LIMA, T. B.; COSTA, M. S. Trabalho informal: uma revisão sistemática da literatura brasileira na área de administração entre 2004 e 2013. *Cadernos EBAPE.BR*, Rio de Janeiro, v. 14, n. 2, p. 310-324, abr./jun. 2016. Art. 5. Disponível em: https://www.scielo.br/j/cebape/a/p9kPJyWd3NFQqjGjpqLshxz/?format=pdf&lang=pt. Acesso em: 15 abr. 2023.

LIN, Z.; DESAI, S.; CHEN, F. The emergence of educational hypogamy in India. *Demography*, v. 57, p. 1.215-1.240, June 2020. Disponível em: https://read.dukeupress.edu/demography/article-pdf/57/4/1215/845170/1215lin.pdf. Acesso em: 18 set. 2022.

LINDSTROM, P. *Human development in India*: analysis to action. New Delhi: United Nations Development Programme, 2010. Disponível em: https://www.undp.org/sites/g/files/zskgke326/files/migration/in/human_development_analysis_to_action.pdf. Acesso em: 7 jan. 2024.

LITTLER, J. *Against meritocracy*: culture, power and myths of mobility. New York: Routledge, 2018. Disponível em: https://core.ac.uk/download/pdf/227454065.pdf. Acesso em: 13 ago. 2023.

LOK SABHA SECRETARIAT (Government of India). *Minority education (reference note)*. Parliament Library and Reference, Research, Documentation and Information Service, n. 32, Dec. 2013. Disponível em: https://loksabhadocs.nic.in/Refinput/New_Reference_Notes/English/Minority_Education.pdf. Acesso em: 26 jul. 2023.

LOK SABHA SECRETARIAT (Government of India). *Present state of the India economy (reference note)*. Parliament Library and Reference, Research, Documentation and Information Service, n. 3, Feb. 2023. Disponível em: https://loksabhadocs.nic.in/Refinput/New_Reference_Notes/English/13022023_150309_102120474.pdf. Acesso em: 12 out. 2023.

LOPEZ, A. The concept of social class applied to the world-system. *Philosophy International Journal*, v. 5, n. 4, 2022. Disponível em: https://medwinpublishers.com/PhIJ/the-concept-of-social-class-applied-to-the-world-system.pdf. Acesso em: 27 jul. 2023.

LUEBKER, M. Income inequality, redistribution and poverty: contrasting rational choice and behavioral perspective. *International Labour Office*, June 2012. Paper n. 1. Disponível em: https://www.ilo.org/wcmsp5/groups/public/---dgreports/---inst/documents/publication/wcms_183987.pdf. Acesso em: 6 abr. 2023.

LYNCH, K.; BAKER, J. Equality in education: an equality of condition perspective. *Theory and research in education*, v. 3, n. 2, p. 131-164, 2005. Disponível em: https://www.educatetogether.ie/wordpress/wp-content/uploads/2010/03/Equality-in--Education-LynchBaker.pdf. Acesso em: 18 jan. 2024.

MacDONELL, A. A. The early history of caste. *The American Historical Review*, v. 19, n. 2, p. 230-244, Jan. 1914. Disponível em: https://www.jstor.org/stable/pdf/1862285.pdf. Acesso em: 30 ago. 2022.

MACHADO, A.; CORBELLINI, D.; FISCHER, M. C. B. Exclusão social, desemprego e direitos humanos. *In*: PIRES, C. P. *et al.* (org.). *Direitos humanos, pobreza e exclusão*. São Leopoldo: ADUNISINOS, 2000. p. 123-133.

MADAN, A. Sociologising merit. *Economic and Political Weekly*, p. 3.044-3.050, July 2007. Disponível em: https://www.rrcee.net/wp-content/uploads/2016/03/83_Sociologising_Merit.pdf. Acesso em: 31 ago. 2023.

MAHAJAN, G. Higher education reservations and India's economic growth: an examination. *Centre of International Governance Innovation*, Sept. 2008. Paper n. 36. Disponível em: https://www.files.ethz.ch/isn/91239/WP%2036.pdf. Acesso em: 22 dez. 2022.

MAITI, D. Trade, labor share, and productivity in India's Industries. *Asian Development Bank Institute*, Tokyo, Feb. 2019. Paper n. 926. Disponível em: https://www.adb.org/sites/default/files/publication/487696/adbi-wp926.pdf. Acesso em: 19 abr. 2023.

MAJHI, P.; DANSANA, A. Functioning of unitary university: a perspective of India. *Educational Quest*: An Int. J. of Education and Applied Social Sciences, v. 13, n. 1, p. 11-16, Apr. 2022. Disponível em: http://ndpublisher.in/admin/issues/EQv13n1b.pdf. Acesso em: 5 dez. 2022.

MAJUMDAR, R. An analysis of India's labour market. *Deloitte Touche Tohmatsu Limited*, Mar. 2022. Disponível em: https://www2.deloitte.com/content/dam/Deloitte/in/Documents/about-deloitte/in-soe-labour-market-noexp.pdf. Acesso em: 15 abr. 2023.

MAJUMDAR, S. *Workforce development in India*: policies and practices. Tokyo: Asian Development Bank Institute, 2008. Disponível em: https://www.adb.org/sites/default/files/publication/159351/adbi-workforce-dev-india.pdf. Acesso em: 19 abr. 2023.

MANDAL, S. Caste and reservation in India. *International Journal of English Literature and Social Sciences*, v. 6, n. 2, p. 265-270, Mar./Apr 2021. Disponível em: https://www.researchgate.net/publication/350974716_Caste_and_Reservation_in_India. Acesso em: 9 ago. 2022.

MANDELBAUM, D. G. Concepts and methods in the study of caste. *The Economic Weekly Annual*, p. 145-148, Jan. 1959. Disponível em: https://www.epw.in/system/files/pdf/1959_11/4-5-6/conceptsandmethodsinthestudyofcaste.pdf. Acesso em: 9 ago. 2022.

MANGUBHAI, J. Human rights as practice: agency, power and strategies of Dalit women in rural South India. *Netherlands Quarterly of Human Rights*, v. 31, n. 4, p. 445-472, 2013. Disponível em: https://www.corteidh.or.cr/tablas/r32440.pdf. Acesso em: 26 jul. 2023.

MANJULE, R. An affiliation system, the best tool for improving quality in education. *International Journal of Application or Innovation in Engineering & Management*, v. 3, n. 1, p. 204-206, Jan. 2014. Disponível em: https://www.ijaiem.org/volume3issue1/IJAIEM-2014-01-22-050.pdf. Acesso em: 5 dez. 2022.

MANJUNATHA, M; NARASIMHAMURTHY, M. An analysis of backward classes movement in India. *International Journal of Arts, Science and Humanities*, v. 6, n. 3, p. 60-65, Jan. 2019. Disponível em: http://www.shanlaxjournals.in/journals/index.php/sijash/article/view/282/181. Acesso em: 30 ago. 2022.

MANTUR, N. G. Right to equality: it is a basic feature of our constitution. *Pen Acclaims Journal*, v. 10, May 2020. Disponível em: http://www.penacclaims.com/wp-content/uploads/2020/06/Nikhil-Mantur.pdf. Acesso em: 3 out. 2023.

MARES, P. The myth of merit: our faith in meritocracy is stopping us from thinking clearly about inequality. *Inside Story*: Books & Arts, June 2021. Disponível em: https://insidestory.org.au/the-myth-of-merit/. Acesso em: 16 ago. 2023.

MARGALIT, A. *The decent society*. Translated by Naomi Goldblum. Cambridge, MA: Harvard University Press, 1998.

MARINHO, A.; OCKÉ-REIS, C. O. *SUS*: o debate em torno da eficiência. Rio de Janeiro: Editora Fiocruz, 2022.

MARTIN, R.; MOORE, J.; SCHINDLER, S. Defining Inequality. *Arq.*, Santiago, n. 93, p. 30-41, Aug. 2016. Disponível em: https://www.scielo.cl/pdf/arq/n93/en_art05.pdf. Acesso em: 4 abr. 2023.

MATEI, A.; CAMPEANU, C. Meritocracy in the civil service: young professionals' scheme in Romania. *Procedia Social and Behavioral Sciences*, n. 191, p. 1.571-1.575, June 2015. Disponível em: http://www.sciencedirect.com/science/article/pii/S1877042815027871/pdf?md5=79f8bf97a8c0af2cb9db54351be0f207&pid=1-s2.0-S1877042815027871-main.pdf. Acesso em: 16 ago. 2023.

MATTOS, M. B. Classes sociais e luta de classes: a atualidade de um debate conceitual. *Revista em Pauta*: Teoria Social & Realidade Contemporânea, n. 20, p. 33-55, 2007. Disponível em: https://www.e-publicacoes.uerj.br/revistaempauta/article/view/158/183. Acesso em: 27 jul. 2023.

McKEOWN, R.; HOPKINS, C. Quality education and education for sustainable development. *In*: MICHELSON, G.; WELLS, P. J. (org.). *A decade of progress on education for sustainable development*: reflections from the UNESCO chairs programmed. Paris: UNESCO, 2017. p. 28-37. Disponível em: https://unesdoc.unesco.org/ark:/48223/pf0000252319. Acesso em: 29 jan. 2023.

MEHARIA, A. History of Indian caste system and its prevalence post-independence. *International Journal of Research and Analytical Reviews*, v. 7, n. 2, p. 519-525, Apr. 2020. Disponível em: https://ijrar.org/download.php?file=IJRAR2004209.pdf. Acesso em: 4 set. 2022.

MEHRA, A. K. O sistema político partidário da Índia. *In*: CADERNOS Adenauer. Partidos políticos: quatro continentes. Rio de Janeiro: Fundação Konrad Adenauer, nov. 2007. p. 75-100. v. 8, n. 3. Disponível em: https://www.kas.de/c/document_library/get_file?uuid=95cc1e28-3c64-b94c-49f2-d00329c5e989&-groupId=265553. Acesso em: 19 ago. 2022.

MEHROTRA, S. Informal employment trends in the Indian economy: persistent informality, but growing positive development. *International Labour Organization*: Employment Policy Department, Jan. 2020. Working paper n. 254. Disponível em: https://www.ilo.org/wcmsp5/groups/public/---ed_emp/---ifp_skills/documents/publication/wcms_734503.pdf. Acesso em: 18 abr. 2023.

MEHROTRA, S. Integrating economic and social policy: good practices from high-achieving countries. *Innocent Research Centre*. Oct. 2000. UNICEF, working paper n. 80. Disponível em: https://www.unicef-irc.org/publications/pdf/iwp80.pdf. Acesso em: 14 out. 2023.

MEHROTRA, S. The Indian labour market: a fallacy, two looming crises and a tragedy. *Center for Sustainable Employment*, Apr. 2018. Paper n. 2018-9. Disponível em: https://cse.azimpremjiuniversity.edu.in/wp-ontent/uploads/2018/05/Mehrotra_Labour_Market_Myth_Crises_Tragedy.pdf. Acesso em: 17 abr. 2023.

MEHROTRA, S.; PARIDA, J. K. India's employment crisis: rising education levels and falling non-agricultural job growth. *Center for Sustainable Employment*, Oct. 2019. Working paper n. 2019-4. Disponível em: https://cse.azimpremjiuniversity.edu.in/wp-content/uploads/2019/10/Mehrotra_Parida_India_Employment_Crisis.pdf. Acesso em: 17 abr. 2023.

MEROE, A. S. Democracy, meritocracy and the uses of education. *The Gordon Commission on the Future of Assessment in Education*, Oct. 2014. Disponível em: https://www.ets.org/Media/Research/pdf/meroe_democracy_meritocracy_uses_education.pdf. Acesso em: 22 ago. 2023.

METHA, P. B. Meritocracy and its discontents. *National University of Judicial Sciences Law Review*, n. 5, p. 5-13, Jan./Mar. 2011. Disponível em: http://nujslawreview.org/wp-content/uploads/2016/12/mehta.pdf. Acesso em: 31 ago. 2023.

METHA, P. B. State and democracy in India. *Polish Sociological Review*, v. 178, n. 2, p. 203-225, 2012. Disponível em: https://polish-sociological-review.eu/pdf-126358-54180?filename=State%20and%20Democracy%20in.pdf. Acesso em: 9 set. 2022.

MIGLANI, S. Journey of secondary school education during five-year plans in India. *International Journal of Creative Research Thoughts*, v. 8, n. 7, p. 4.506-4.511, July 2020. Disponível em: https://ijcrt.org/papers/IJCRT2007480.pdf. Acesso em: 4 nov. 2022.

MILANOVIC, B. Global income inequality: what it is and why it matters? *Economic & Social Affairs*, Aug. 2006. United Nations, working paper n. 26. Disponível em: https://www.un.org/esa/desa/papers/2006/wp26_2006.pdf. Acesso em: 6 abr. 2023.

MILL, J. S. *Utilitarismo*: texto integral. Tradução de Ricardo Marcelino Palo Rodrigues. São Paulo: Hunter Books, 2014.

MINISTRY OF EDUCATION (Government of India). *All India survey on higher education 2019-20*. New Delhi: Department of Higher Education, 2020. Disponível em: https://www.education.gov.in/sites/upload_files/mhrd/files/statistics-new/aishe_eng.pdf. Acesso em: 18 dez. 2022.

MINISTRY OF FINANCE (Government of India). *Economic survey 2022-23*. New Delhi: Department of Economic Affairs, 2023. Disponível em: https://www.indiabudget.gov.in/economicsurvey/doc/echapter.pdf. Acesso em: 13 mar. 2023.

MINISTRY OF HEALTH & FAMILY WELFARE (Government of India). *Populations projections for India and States 2011-2036*. New Delhi: National Commission on Population, 2020. Disponível em: https://main.mohfw.gov.in/sites/default/files/Population%20Projection%20Report%202011-2036%20-20upload_compressed_0.pdf. Acesso em: 2 nov. 2023.

MINISTRY OF HEALTH & FAMILY WELFARE (Government of India). *Report of the technical group on population projections*. New Delhi: National Commission on Population, 2019. Disponível em: https://nhm.gov.in/New_Updates_2018/Report_Population_Projection_2019.pdf. Acesso em: 9 ago. 2022.

MINISTRY OF HUMAN RESOURCE DEVELOPMENT (Government of India). *National Educational Policy 2020*. New Delhi: Government of India, 2020. Disponível em: https://www.education.gov.in/sites/upload_files/mhrd/files/NEP_Final_English_0.pdf. Acesso em: 25 out. 2022.

MINISTRY OF INFORMATION & BROADCASTING (Government of India). *Employment situation in new India*. New Delhi: Press Information Bureau, 2022. Disponível em: https://static.pib.gov.in/WriteReadData/specificdocs/documents/2022/feb/doc202222418201.pdf. Acesso em: 17 abr. 2023.

MINISTRY OF LABOUR & EMPLOYMENT (Government of India). *Employment in informal sector and conditions of informal employment*. V. IV. Chandigarh, India: Labour Bureau, 2014. Disponível em: https://labour.gov.in/sites/default/files/Report%20vol%204%20final.pdf. Acesso em: 15 abr. 2023.

MINISTRY OF LABOUR & EMPLOYMENT (Government of India). *Indian labour year book*. Chandigarh, India: Labour Bureau, 2015. Disponível em: http://www.labourbureaunew.gov.in/UserContent/ILYB_2015.pdf?pr_id=zfAb%2Bvimyb-M%3DMar31,2017. Acesso em: 17 abr. 2023.

MINISTRY OF LABOUR AND EMPLOYMENT (Government of India). Female labour utilization in India. *Employment Statistics in Focus April 2023 (report)*. Apr.

2023. Disponível em: https://dge.gov.in/dge/sites/default/files/2023-05/Female_
Labour_Utilization_in_India_April_2023_final__1_-pages-1-2-merged__1_.pdf.
Acesso em: 14 out. 2023.

MINISTRY OF MINORITY AFFAIRS (Government of India). *National Commission
for Minorities Act*. May 17th, 1992. Disponível em: https://www.minorityaffairs.
gov.in/sites/default/files/ncm_act1992.pdf. Acesso em: 29 ago. 2022.

MISHRA, N. India and colorism: the finer nuances. *Washington University Global
Studies Law Review*, v. 14, n. 4, p. 725-750, 2015. Disponível em: https://openscho-
larship.wustl.edu/cgi/viewcontent.cgi?article=1553&context=law_globalstudies.
Acesso em: 12 set. 2022.

MISHRA, S. *Quality assurance in higher education*: an introduction. Bangalore, India:
National Assessment and Accreditation Council, 2007. Disponível em: https://oasis.
col.org/colserver/api/core/bitstreams/5154fb34-2c2e-4bd0-8388-c2f5b2046f26/
content. Acesso em: 1 fev. 2023.

MITRA, A. The Indian labour market: an overview. *International Labour Organization*: Asian Decent Work Decade 2006-2015, May 2008. Disponível em: https://
citeseerx.ist.psu.edu/document?repid=rep1&type=pdf&doi=905b8b7e26dad27c-
c29df21886aa441e6726389f. Acesso em: 18 abr. 2023.

MITTAL, D. Curriculum reform, school culture, change: reflections from caste-rid-
den India. *Human Rights Education in Asia-Pacific*, v. 10, p. 239-254, 2020. Disponível
em: https://www.hurights.or.jp/archives/asia-pacific/section1/hreap_v10_com-
plete.pdf. Acesso em: 16 maio 2023.

MODI, I. Society and sociology in India: some reflections. *Polish Sociological Review*,
v. 178, n. 2, p. 141-144, 2012. Disponível em: https://polish-sociological-review.eu/
pdf-126354-54176?filename=Sociology%20of%20India_.pdf. Acesso em: 9 set. 2022.

MOHAN, B. S; RAJU, D. Caste & varna and their impact on society and women:
Dr. B. R. Ambedkar's perspective. *International Journal of Scientific Research*, v. 2, n.
6, p. 564-566, June 2013. Disponível em: https://www.worldwidejournals.com/
international-journal-of-scientific-research-(IJSR)/recent_issues_pdf/2013/June/
June_2013_1370005680_bae12_194.pdf. Acesso em: 12 set. 2022.

MONDAL, A. K.; NANDY, S. Sarva Shiksha (SSA) an effective programme on
elementary education system in India: a study. *International Journal of Research
Culture Society*, v. 4, n. 6, p. 157-164, June 2020. Disponível em: https://ijrcs.org/
wp-content/uploads/IJRCS202006028.pdf. Acesso em: 29 out. 2022.

MONDAL, A. The Lord Macaulay's Minute, 1835: re-examining the British educational policy. *Academia Letters*, Aug. 2022. Paper n. 2.872. Disponível em: https://www.academia.edu/80407444/The_Lord_Macaulay_s_Minute_1835_Re_examining_the_British_Educational_Policy. Acesso em: 6 nov. 2022.

MOOSE, D. Caste and development: contemporary perspectives on a structure of discrimination and advantage. *World Development*, n. 110, p. 422-436, Oct. 2018. Disponível em: https://www.sciencedirect.com/science/article/pii/S0305750X18301943/pdfft?md5=32bf31bfe0f15e9d5392e34ee5528eea&pid=-1-s2.0-S0305750X18301943-main.pdf. Acesso em: 15 maio 2023.

MUCHA, J. Sociology of India, sociology in India, Indian sociology. *Polish Sociological Review*, v. 178, n. 2, p. 145-150, 2012. Disponível em: https://polish-sociological-review.eu/pdf-126354-54176?filename=Sociology%20of%20India_.pdf. Acesso em: 9 set. 2022.

MUELLER, H. Patronage or meritocracy: political institutions and bureaucratic efficiency. *Institut d'Analisi Economica*, Barcelona, Sept. 2009. Disponível em: http://www.iae.csic.es/investigatorsMaterial/a10191094839archivoPdf34790.pdf. Acesso em: 27 ago. 2023.

MUKERJEE, R. Caste and social change in India. *The American Journal of Sociology*, v. 43, n. 3, p. 377-390, Nov. 1937. Disponível em: https://warwick.ac.uk/fac/arts/history/students/modules/archive/hi297/lectureandseminartimetable/seminar6/mukerjee_caste_and_social_change_in_india.pdf. Acesso em: 5 set. 2022.

MULGAN, T. *Utilitarismo*. Tradução de Fábio Creder. Petrópolis: Vozes, 2012.

MUNJAL, M. N. A critical study of Indian higher education system: challenges and measures. *International Journal of Research in Economics and Social Sciences*, v. 8, n. 11, p. 13-17, Nov. 2018. Disponível em: https://www.academia.edu/43038737/A_Critical_Study_of_Indian_Higher_Education_System_Challenges_and_Measures. Acesso em: 18 dez. 2022.

MUNSHI, K. Caste and the Indian economy. *Journal of Economic Literature*, v. 57, n. 4, p. 781-834, Dec. 2019. Disponível em: https://pubs.aeaweb.org/doi/pdfplus/10.1257/jel.20171307. Acesso em: 17 ago. 2022.

MUNUSAMY, K. The legal basis for affirmative action in India. *United Nations University*, July 2022. Working paper n. 2022/74. Disponível em: https://www.wider.unu.edu/sites/default/files/Publications/Working-paper/PDF/wp2022-74-legal--basis-affirmative-action-India.pdf. Acesso em: 20 set. 2022.

MURALI, B. Dr. B. R. Ambedkar's contribution for reservation and social justice. *International Journal of Multidisciplinary Educational Research*, v. 10, n. 4, p. 56-59, Mar. 2021. Disponível em: http://s3-ap-southeast-1.amazonaws.com/ijmer/pdf/volume10/volume10-issue3(4)/11.pdf. Acesso em: 9 ago. 2022.

NAHAK, N. Concept of social economy and its relevance to India. *Journal of Emerging Technologies and Innovative Research*, v. 5, n. 10, p. 483-489, Oct. 2018. Disponível em: https://www.jetir.org/papers/JETIR1810971.pdf. Acesso em: 10 out. 2023.

NANDI, R. India's position in the global community: with respect to higher education scenario. *International Journal of Educational Planning & Administration*, v. 4, n. 1, p. 37-48, 2014. Disponível em: https://www.ripublication.com/ijepa/ijepav4n1_05.pdf. Acesso em: 26 dez. 2022.

NARULA, S. Equal by law, unequal by caste: the untouchable condition in critical race perspective. *Wisconsin International Law Journal*, v. 26, n. 2, p. 255-343, Feb. 2010. Paper n. 08. Disponível em: https://papers.ssrn.com/sol3/Delivery.cfm/SSRN_ID1275789_code419245.pdf?abstractid=1273803&mirid=. Acesso em: 16 out. 2022.

NASEEM, N. Reservations are restrictions of present India. *International Journal of Science and Research*, v. 5, n. 4, p. 269-271, Apr. 2016. Disponível em: https://www.ijsr.net/archive/v5i4/NOV162576.pdf. Acesso em: 28 set. 2022.

NASIR, A.; ANURAGINI, P. Of merit and Supreme Court: a tale of imagined superiority and artificial thresholds. *Economically and Political Weekly*, v. 58, n. 11, p. 2-9, Mar. 2023. Disponível em: https://www.epw.in/ys/engage-pdf/161715. Acesso em: 28 ago. 2023.

NATARAJAN, R. R.; SCHOTTE, S.; SEN, K. Transitions between informal and formal jobs in India. *United Nations University Wider*, p. 1-39, Aug. 2020. Paper n. 2020/101. Disponível em: https://www.wider.unu.edu/sites/default/files/Publications/Working-paper/PDF/wp2020-101.pdf. Acesso em: 19 abr. 2023.

NATIONAL COMMISSION FOR BACKWARD CLASSES (NCBC). *Annual report 2003-2004*. New Delhi: Bhikaiji Cama Place, 2005. Disponível em: http://www.ncbc.nic.in/Writereaddata/20032004.PDF. Acesso em: 27 ago. 2022.

NATIONAL COUNCIL OF EDUCATIONAL RESEARCH AND TRAINING (NCERT). *Indian society*: social institutions: continuity and change. New Delhi: NCERT Campus, 2019. Chapter 3. Disponível em: https://afeias.com/wp-content/uploads/2019/04/Class-12-INDIAN-SOCIETY-english.pdf. Acesso em: 12 set. 2022.

NATIONAL INTELLIGENCE COUNCIL (NIC). Global trends 2040: a more contested world. *Office of the Director of National Intelligence Council*, USA, p. 1-144, Mar. 2021. Disponível em: https://www.dni.gov/files/ODNI/documents/assessments/GlobalTrends_2040.pdf. Acesso em: 8 nov. 2023.

NATIONAL LEGISLATIVE BODIES (Government of India). *Scheduled Castes and the Scheduled Tribes (Prevention of Atrocities) Act n. 33 of 1989*. Disponível em: https://adsdatabase.ohchr.org/IssueLibrary/INDIA_Scheduled%20Castes%20and%20the%20Scheduled%20Tribes%20(Prevention%20of%20Atrocities)%20Act.pdf. Acesso em: 23 ago. 2022.

NATIONAL STATISTICAL OFFICE (Government of India). *First advance estimates of national income 2022-23*. Ministry of Statistics & Programme Implementation, Jan. 2023. Disponível em: https://static.pib.gov.in/WriteReadData/specificdocs/documents/2023/jan/doc202316150501.pdf. Acesso em: 10 mar. 2023.

NAUDET, J. Ambedkar and the critique of caste society. *La Vie des Idées*, Paris, p. 1-9, Nov. 2009. Collège de France. Disponível em: https://booksandideas.net/IMG/pdf/20091127_Ambedkar_EN.pdf. Acesso em: 16 out. 2022.

NAUDET, J. Caste, untouchability and social success in India. *La Vie des Idées*, Paris, p. 1-11, Mar. 2010. Collège de France. Disponível em: https://booksandideas.net/IMG/pdf/20090313_castesENG.pdf. Acesso em: 16 out. 2022.

NAYAK, P. K. Inclusive growth and its regional dimension. *Reserve Bank of India Occasional Papers*, v. 31, n. 3, p. 91-156, Winter 2010. Disponível em: https://rbidocs.rbi.org.in/rdocs/content/pdfs/2igrdi050511.pdf. Acesso em: 14 out. 2023.

NEUMANN JR., R. K. *Legal reasoning and legal writing*: structure, strategy, and style. 5th ed. New York: Aspen Publishers, 2005.

NINO, C. S. *Introdução à análise do direito*. Tradução de Elza Maria Gasparotto. São Paulo: Editora WMF Martins Fontes, 2010.

NOBRE, S.; CASTRO, F. V.; BRIEGAS, J. J. Maldonado. Enhance democracy: resilience and meritocracy. *International Journal of Development and Educational Psychology*, v. 1, n. 1, p. 37-43, 2018. Disponível em: https://www.redalyc.org/journal/3498/349855553004/349855553004.pdf. Acesso em: 23 ago. 2023.

NOGUEIRA FILHO, O. C. *Introdução à filosofia política*. 2. ed. Brasília, DF: Senado Federal; UNILEGIS, 2010.

NURULA, S. Equal by law, unequal by caste: the untouchable condition in critical race perspective. *Wisconsin International Law Journal*, v. 26, n. 2, p. 256-343, Feb. 2010. Disponível em: https://papers.ssrn.com/sol3/Delivery.cfm/SSRN_ID1275789_code419245.pdf?abstractid=1273803&mirid=1. Acesso em: 31 ago. 2022.

NUSSBAUM, M. C. *Fronteiras da justiça*: deficiência, nacionalidade, pertencimento à espécie. Tradução de Susana de Castro. São Paulo: WMF Martins Fontes, 2013.

OFFICER OF THE REGISTRAR GENERAL. *Census of India 1951*. New Delhi: The Indian Civil Service, 1951. v. 1, part. 1-A. Disponível em: https://ia804704.us.archive.org/31/items/in.ernet.dli.2015.98367/2015.98367.Census-Of-India--1951--Vol--Part-1-a_text.pdf. Acesso em: 9 ago. 2022.

OMVEDT, G. Jotirao Phule and the sociology of social revolution in India. *Economic and Political Weekly*, v. 6, n. 37, p. 1.969-1.180, Sept. 1971. Disponível em: https://indianculturalforum.in/wp-content/uploads/2016/07/jotirao_phule_and_the_ideology_of_social_revolution_in_india.pdf. Acesso em: 24 ago. 2022.

ORGANIZATION FOR ECONOMIC CO-OPERATION AND DEVELOPMENT (OECD). *Equity and quality in education*: supporting disadvantaged students and schools. Paris: OECD Publishing, 2012. Disponível em: https://www.oecd.org/education/school/50293148.pdf. Acesso em: 6 abr. 2023.

ORGANIZATION FOR ECONOMIC CO-OPERATION AND DEVELOPMENT (OECD). *OECD Economic Surveys*: India. Paris: OECD Publishing, 2019a. Disponível em: https://www.oecd-ilibrary.org/deliver/554c1c22-en.pdf?itemId=%2Fcontent%2Fpublication%2F554c1c22-en&mimeType=pdf. Acesso em: 14 out. 2023.

ORGANIZATION FOR ECONOMIC CO-OPERATION AND DEVELOPMENT (OECD). *OECD Factbook 2015-2016*: economic, environmental and social statistics. Paris: OECD Publishing, 2016. Disponível em: https://read.oecd.org/10.1787/factbook-2015-en?format=pdf. Acesso em: 14 out. 2023.

ORGANIZATION FOR ECONOMIC CO-OPERATION AND DEVELOPMENT (OECD). *OECD Factbook 2010*: economic, environmental and social statistics. Paris: OECD Publishing, 2010. Disponível em: https://www.oecd-ilibrary.org/oecd-factbook-2010_5kmlhlh7mknt.pdf?itemId=%2Fcontent%2Fpublication%-2Ffactbook-2010-en&mimeType=pdf. Acesso em: 14 out. 2023.

ORGANIZATION FOR ECONOMIC CO-OPERATION AND DEVELOPMENT (OECD). *Public integrity handbook*. Paris: OECD Publishing, 2020. Disponível em: https://benac.ces.uc.pt/wp-content/uploads/2021/11/OCDE-integrity-an-dbook_2020.pdf. Acesso em: 3 ago. 2023.

ORGANIZATION FOR ECONOMIC CO-OPERATION AND DEVELOP-MENT (OECD). *Society at a glance 2019*: OECD social indicators. Paris: OECD Publishing, 2019b. Disponível em: https://read.oecd.org/10.1787/soc_glan-ce-2019-en?format=pdf. Acesso em: 6 abr. 2023.

OSBORNE, E. W. Culture, development, and government: reservations in India. *Economic Development and Cultural Change*, v. 49, n. 3, p. 659-685, Apr. 2001. Disponível em: https://corescholar.libraries.wright.edu/cgi/viewcontent.cgi?referer=&httpsredir=1&article=1001&context=econ. Acesso em: 2 nov. 2022.

OZTURK, I. The role of education in economic development: a theoretical perspective. *Journal of Rural Development and Administration*, v. 33, n. 1, p. 39-47, Winter 2001. Disponível em: https://papers.ssrn.com/sol3/Delivery.cfm/SSRN_ID1137541_code568 270.pdf?abstractid=1137541&mirid=1. Acesso em: 12 out. 2023.

PADMA, K. V.; SWETHA, N.; JOHN, K. Social economy of weaker sections: SC, St, OBC, differently abled and minorities. *Journal of Emerging Technologies and Innovative Research*, v. 5, n. 10, p. 468-475, Oct. 2018. Disponível em: http://www.jetir.org/papers/JETIR1810968.pdf. Acesso em: 25 ago. 2022.

PAL, K. *Development of education system*. New Delhi: USI Publications, 1990. Disponível em: https://ebooks.lpude.in/arts/ma_education/year_2/DEDU501_DEVE-LOPMENT_OF_EDUCATION_SYSTEM_ENGLISH.pdf. Acesso em: 28 out. 2022.

PANDA, P.; REDDY, A. N. Secondary education in India. *Asian Network of Training and Research Institutions in Educational Planning*, v. 12, n. 2 (v. 13, n. 1), p. 7-11, July/June 2007-2008. Disponível em: http://www.antriep.org/download/Newsletters/ANTRIEP%20July%202007%20to%20June%202008.pdf. Acesso em: 3 nov. 2022.

PANDEY, B. Achieving SDG 4 In India: moving from quantity to quality education for all. *Research and Information System for Developing Countries*, Aug. 2018, paper n. 232. Disponível em: https://ris.org.in/sites/default/files/Publication/DP%20 232%20Dr%20Beena%20Pandey.pdf. Acesso em: 1 fev. 2023.

PANDYA, P. J. Improving quality of higher education in India. *Inter-Disciplinary National Peer & Double Reviewed e-Journal of Languages, Social Sciences and Commerce*, n. 1, p. 52-56, Mar. 2016. Disponível em: https://uancmahilacollege.org/papers/10.pdf. Acesso em: 23 dez. 2022.

PARKER, D. K. The economic impact of regulatory policy: a literature review of quantitative evidence. *Measuring Regulatory Performance*, Aug. 2012. OECD, paper n. 3. Disponível em: https://www.oecd.org/gov/regulatory-policy/3_Kirkpatrick%20 Parker%20web.pdf. Acesso em: 19 set. 2023.

PARMAR, J. K.; BHADAURIYA, V. S. Varna, caste and Indian culture: a study concerning the Ramayana and the Mahabharata. *Gradiva Review Journal*, v. 7, n. 5, p. 136-143, May 2021. Disponível em: https://www.researchgate.net/publication/351547506. Acesso em: 12 set. 2022.

PARVEEN, S. *et al.* Hypergamy and social stratification: an indigenous tool for procurement resources. *Pakistan Association of Anthropology*, v. 27, n. 4, p. 3.829-3.831, July/Aug. 2015. Disponível em: http://www.sci-int.com/pdf/202728470233-3829-3831-%20Special%20issue%203%20Saira%20HYPERGAMY%20AND%20 SOCIAL%20STRATIFICATION%20AN%20INDIGENOUS%20TOOL%20 FOR%20PROCUREMENT%20OF%20RESOURCES.pdf. Acesso em: 18 set. 2022.

PATEL, J. I. Education system in India. *International Journal for Research in Education*, v. 2, n. 2, p. 39-48, Feb. 2013. Disponível em: https://www.raijmr.com/ ijre/wp-content/uploads/2017/11/IJRE_2013_vol02_issue_02_09.pdf. Acesso em: 27 out. 2022.

PATHANIA, G.; TIERNEY, W. G. An ethnography of caste and class at an Indian university: creating capital. *Tertiary Education and Management*, Feb. 2018. Disponível em: file:///C:/Users/wferr/Downloads/An_Ethnography_of_Caste_and_Class_ at_an.pdf. Acesso em: 31 ago. 2022.

PERELMAN, C.; OLBRECHTS-TYTECA, L. *Tratado da argumentação*: a nova retórica. 3. ed. São Paulo: Editora WMF Martins Fontes, 2014.

PIEROTH, B.; SCHLINK, B. *Direito fundamentais*. Tradução de Antonio Francisco de Sousa. São Paulo: Saraiva, 2012.

PLANNING COMMISSION (Government of India). Scheduled castes, scheduled tribes, other backward classes, minorities, and other vulnerable groups. *In*: ELEVENTH Five Year Plan (2007-2012): inclusive growth. New Delhi: Oxford University Press, 2008. v. 1, p. 101-136. Disponível em: https://policy.asiapacificenergy.org/sites/default/files/Eleventh%20Five%20Year%20Plan%202007-12. pdf. Acesso em: 19 ago. 2022.

POST, R. Democracy and equality. *The Annals of the American Academy of Political and Social Science*, v. 603, n. 1, p. 24-36, Jan. 2006. Disponível em: https://openyls.

law.yale.edu/bitstream/handle/20.500.13051/1025/Democracy_and_Equality.pdf?sequence=2. Acesso em: 3 set. 2023.

POUTIGNAT, P.; STREIFF-FENART, J. *Teorias da etnicidade*: seguido de grupos étnicos e suas fronteiras de Fredrik Barth. Tradução de Élcio Fernandes. 2. ed. São Paulo: Editora UNESP, 2011.

POWER, R. Competing equalities: law and the backward classes in India. *Washington University Law Review*, v. 63, n. 3, p. 565-575, Jan. 1985. Disponível em: https://journals.library.wustl.edu/lawreview/article/5396/galley/22229/download/. Acesso em: 30 ago. 2022.

PRAKASAM, G. R. Secondary education in India: determinants of development and performance. *Indian Institute of Technology*, Jan. 2007. 43rd Annual Conference of the Indian Econometric Society. Disponível em: https://www.researchgate.net/publication/23778564_Secondary_Education_in_India_Determinants_of_Development_and_Performance. Acesso em: 4 nov. 2022.

PRASAD, I. Caste-ing space: mapping the dynamics of untouchability in rural Bihar, India. *Caste*: Global Journal on Social Exclusion, v. 2, n. 1, p. 132-152, Apr. 2021. Disponível em: https://journals.library.brandeis.edu/index.php/caste/article/download/232/64/. Acesso em: 16 out. 2022.

PRICEWATERHOUSECOOPERS INTERNATIONAL LIMITED (PWCIL). *India higher education sector*: opportunities for private participation. New Delhi: PwC Brand and Communications, 2012. Disponível em: https://www.pwc.in/assets/pdfs/industries/education-services.pdf. Acesso em: 26 dez. 2022.

PRS GROUP INDEPENDENT. Union budget 2023-24 analysis. *Institute for Policy Research Studies*, Feb. 2023. Disponível em: https://prsindia.org/files/budget/budget_parliament/2023/Union_Budget_Analysis-2023-24.pdf. Acesso em: 14 jan. 2024.

QUIGLEY, D. Is a theory of caste still possible? *Social Evolution & History*, v. 1, n. 1, p. 140-170, July 2002. Disponível em: http://www.sociostudies.org/journal/files/seh/2002_1/is_a_theory_of_caste_still_possible.pdf. Acesso em: 31 ago. 2022.

RAINA, J. Mapping the exacerbated crisis in elementary education: issues and challenges. *In*: RAINA, Jyoti (org.). *Elementary education in India*. New York: Routledge T & F Group, 2020. Disponível em: https://gargicollege.in/wp-content/uploads/2020/03/9780429328794_preview.pdf. Acesso em: 25 out. 2022.

RAJ, A. P.; GUNDEMEDA, N. The idea of social justice: a sociological analysis of the university student's reflections on the reservation policy in India. *Journal of Sociology and Social Anthropology*, v. 6, n. 1, p. 125-135, Jan. 2015. Disponível em: http://www.krepublishers.com/02-Journals/JSSA/JSSA-06-0-000-15-Web/JSSA-06-1-000-15-Abst-PDF/JSSA-6-1-125-15-195-Raj-P-A/JSSA-6-1-125-15-195-Anthonyraj-P-Tx[10].pdf. Acesso em: 20 set. 2022.

RAJ, J. *et al.* Economic growth & human development in India: are states converging? *The Centre for Social and Economic Progress*, June 2023. Working paper n. 51. Disponível em: https://csep.org/wp-content/uploads/2023/06/Economic-Growth-HD-in-India.pdf. Acesso em: 8 nov. 2023.

RAJADESINGAN, A. *et al.* Smart, responsible, and upper caste only: measuring caste attitudes through large-scale analysis of matrimonial profiles. *Thirteenth International AAAI Conference on Web and Social Media*, Munich, v. 13, p. 393-404, June 2019. Disponível em: https://ojs.aaai.org/index.php/ICWSM/article/view/3239/3107. Acesso em: 16 maio 2023.

RAJIV GANDHI UNIVERSITY. *Introduction to sociology*. Ram Nagar; New Delhi, India: Publishing House Pvt., 2016. Disponível em: https://rgu.ac.in/wp-content/uploads/2021/02/Download_636.pdf. Acesso em: 3 set. 2022.

RAJU, K. D. Indian education sector: growth and challenges (paper). *Leibniz Information Centre for Economics*, July 2006. paper n. 916.065. Disponível em: https://papers.ssrn.com/sol3/papers.cfm?abstract_id=916065. Acesso em: 8 nov. 2023.

RAMACCIOTTI, B. L.; CALGARO, G. A. Construção do conceito de minorias e o debate teórico no campo do direito. *Sequência Estudos Jurídicos e Políticos*, v. 42, n. 89, 2021. Disponível em: https://www.scielo.br/j/seq/a/BLwwNgTCLH-78vk7HHvhhxzs/?format=pdf&lang=pt. Acesso em: 27 ago. 2023.

RAMAN, V. The implementation of quotas for women: the Indian experience. *International Institute for Democracy and Electoral Assistance*, p. 23-32, Sept. 2002. Disponível em: https://www.idea.int/sites/default/files/publications/implementation-of-quotas-asian-experiences.pdf. Acesso em: 6 out. 2022.

RANI, C. Higher education in India: challenges and opportunities. *Journal of Emerging Technologies and Innovative Research*, v. 6, n. 3, p. 138-143, Mar. 2019. Disponível em: https://www.jetir.org/papers/JETIRDL06024.pdf. Acesso em: 19 dez. 2022.

RANIS, G.; STEWART, F.; SAMMAN, E. Human development: beyond the human development index. *Journal of Human Development*, v. 7, n. 3, p. 323-358, Nov.

2006. Disponível em: http://www.econ.yale.edu/~granis/papers/human-develop-jhd-2006.pdf. Acesso em: 5 mar. 2023.

RANJAN, R. Private universities in India and quality of education. *International Journal of Humanities Social Sciences and Education*, v. 1, n. 9, p. 140-144, Sept. 2014. Disponível em: https://www.arcjournals.org/pdfs/ijhsse/v1-i9/19.pdf. Acesso em: 29 jan. 2023.

RAO, J. The caste system: effects on poverty in India, Nepal and Sri Lanka. *Global Majority E-Journal*, v. 1, n. 2, p. 97-106, Dec. 2010. Disponível em: https://www.american.edu/cas/economics/ejournal/upload/rao_accessible.pdf. Acesso em: 18 set. 2022.

RAO, N. *et al.* Fostering equitable access to quality preschool education in India: challenges and opportunities. *International Journal of Child Care and Education Policy*, v. 15, n. 9, Aug. 2021. Disponível em: https://ijccep.springeropen.com/counter/pdf/10.1186/s40723-021-00086-6.pdf. Acesso em: 1 fev. 2023.

RAO, P. V. Colonial state as New Manu? Explorations in education policies in relation to dalit and low-caste education in the nineteenth-century India. *Contemporary Education Dialogue*, v. 16, n. 1, p. 84-107, Jan. 2019. Disponível em: https://journals.sagepub.com/doi/reader/10.1177/0973184918807812. Acesso em: 26 jul. 2023.

RATAN, A. Mandal Commission: Persistence of caste identities and reservations in India. *Dhirubhai Ambani Institute of Information and Communication Technology*, Apr. 2014. Disponível em: https://www.researchgate.net/profile/Akshay-Ratan-2/publication/262724077_MANDAL_COMMISSION_-PERSISTENCE_OF_CASTE_IDENTITIES_and_RESERVATIONS_IN_INDIA/links/0deec5388b757be774000000/MANDAL-COMMISSION-PERSISTENCE-OF-CASTE-IDENTITIES-and-RESERVATIONS-IN-INDIA.pdf?_tp=eyJjb-250ZXh0Ijp7ImZpcnN0UGFnZSI6InB1YmxpY2F0aW9uIiwicGFnZSI6InB1YmxpY2F0aW9uIn19. Acesso em: 9 ago. 2022.

RATHORE, M. Per capita national income in India financial year 2015-2023. *Economy & Politics*, Aug. 2023. Disponível em: https://www.statista.com/statistics/802122/india-net-national-income-per-capita/. Acesso em: 14 jan. 2024.

RAVEENDRAN, G. The Indian labour market: a gender perspective. *UE Women*: Discussion Paper Series, Feb. 2016. Paper n. 8. Disponível em: https://www.unwomen.org/sites/default/files/Headquarters/Attachments/Sections/Library/Publications/2016/IndianLabourForceAnalysis.pdf. Acesso em: 18 abr. 2023.

RAVI, S.; GUPTA, N.; NAGARAJ, P. Reviving higher education in India. *Brookings Institution India Center*, Nov. 2019. Paper n. 112019-01. Disponível em: https://www.brookings.edu/wp-content/uploads/2019/11/Reviving-Higher-Education--in-India-email.pdf. Acesso em: 9 jan. 2023.

RAWAT, R. S.; SATYANARAYANA, K. Dalit studies: new perspectives on Indian history and society. *In*: RAWAT, R. S.; SATYANARAYANA, K. (org.). *Dalits studies*. Durham, NC: Duke University Press, 2016. Disponível em: https://library.oapen.org/bitstream/handle/20.500.12657/30117/649983.pdf?sequence=1&isAllowed=y. Acesso em: 16 out. 2022.

RAWAT, T. C. Education system in India: issues and challenges. *World Educators Forum*, v. 2, n. 1, 2013. Disponível em: https://www.globalacademicgroup.com/journals/world%20educators%20forum/Education%20System%20in%20India.pdf. Acesso em: 29 out. 2022.

RAWLS, J. *Uma teoria da justiça*. Tradução de Jussara Simões. 3. ed. São Paulo: WMF Martins Fontes, 2008.

RAZ, J. *O conceito de sistema jurídico*: uma introdução à teoria dos sistemas jurídicos. Tradução de Maria Cecília Almeida. São Paulo: WMF Martins Fontes, 2012.

RAZ, J. *Valor, respeito e apego*. Tradução de Vadim Nikitin. São Paulo: WMF Martins Fontes, 2004.

REENA, S. The role of education in Indian economy. *International Journal of Advanced Research and Development*, v. 3, n. 1, p. 603-606, Jan. 2018. Disponível em: https://www.multidisciplinaryjournal.net/assets/archives/2018/vol3issue1/3-1-256-167.pdf. Acesso em: 12 out. 2023.

REEVES, M. A challenge to the obviousness of equality of opportunity. *Mutatis Mutandis Revista Internacional de Filosofia*, n. 8, p. 7-43, June 2017. Disponível em: https://dialnet.unirioja.es/descarga/articulo/6065190.pdf. Acesso em: 18 jan. 2024.

RIAÑO, J. F. Bureaucratic nepotism. *Department of Economics and King Center on Global Development*, USA, July 2023. Stanford University. Disponível em: https://www.juanfeliperiano.com/papers/jmp_a.pdf. Acesso em: 9 ago. 2023.

RISLEY, H. H. *The people of India*. 2nd ed. Calcutta: Thacker, Spink & Co., 1915. Disponível em: https://archive.org/download/cu31924024114773/cu31924024114773.pdf. Acesso em: 12 set. 2022.

ROSE, E. Education and hypergamy in marriage markets. *Center of Studies in Demography and Ecology*, USA, Mar. 2004. University of Washington, working paper n. 04-03. Disponível em: https://csde.washington.edu/downloads/04-03.pdf. Acesso em: 18 set. 2022.

ROTHSTEIN, B. Gender equality, corruption and meritocracy. *Blatvanik School of Government*, Oxford, UK, June 2017. Oxford University, working paper n. 2017/018. Disponível em: https://www.bsg.ox.ac.uk/sites/default/files/2018-05/BSG-WP-2017-018.pdf. Acesso em: 28 ago. 2023.

ROY, B. Understanding India's sociological diversity, unity in diversity and caste system in contextualizing a global conservation model. *International Journal of Sociology and Anthropology*, v. 5, n. 2, p. 440-451, Feb. 2016. Disponível em: https://www.internationalscholarsjournals.com/articles/understanding-indias-sociological-diversity-unity-in-diversity-and-caste-system-in-contextualizing-a-global--conservation.pdf. Acesso em: 3 set. 2022.

ROY, N. C. *Indian Civil Service*. Calcutta, India: Book Company, 1935. Disponível em: https://ir.nbu.ac.in/bitstream/123456789/2041/1/24875.pdf. Acesso em: 3 ago. 2023.

ROY, P. Effects of poverty on education in India. *Journal of Emerging Technologies and Innovative Research*, v. 5, n. 8, p. 331-336, Aug. 2018. Disponível em: https://files.eric.ed.gov/fulltext/ED612684.pdf. Acesso em: 8 nov. 2023.

ROYCHOWDHURY, P.; DHAMAIJA, G. Do not cross the line: bounding the causal effect of hypergamy violation on domestic violence in India. *Global Labour Organization*, Apr. 2022. working paper n. 1.085. Disponível em: https://www.econstor.eu/bitstream/10419/253543/1/GLO-DP-1085.pdf. Acesso em: 18 set. 2022.

RUBIN, Z. Do American women marry up? *American Sociological Review*, v. 33, n. 5, p. 750-760, Oct. 1968. Disponível em: https://www.jstor.org/stable/2092885. Acesso em 18 set. 2022.

RUIZ VIEYTEZ, E. J. Protecting linguistic and religious minorities: looking for synergies among legal instruments. *Religions*, v. 12, n. 9, Aug. 2021. Disponível em: https://www.mdpi.com/2077-1444/12/9/706/pdf?version=1630403647. Acesso em: 26 jul. 2023.

RUNCIMAN, W. G. *A teoria das seleções cultural e social*. Tradução de Caesar Souza. Petrópolis: Vozes, 2018.

SAHGAL, N.; EVANS, J.; SCHILLER, A. Religion in India: tolerance and segregation. Pew Research Center, June 2021. Disponível em: https://search.issuelab.org/resources/38781/38781.pdf. Acesso em: 26 jul. 2023.

SAIKIA, S. Discrimination of fundamental rights: a critical review on the present caste-based status on dalits in India. *Journal of Social Welfare and Human Rights*, v. 2, n. 1, p. 41-52, Mar. 2014. Disponível em: http://jswhr.com/journals/jswhr/Vol_2_No_1_March_2014/4.pdf. Acesso em: 31 ago. 2022.

SALAPAKA, V. R. M. Measuring informal economy in India: Indian experience. *In*: *IMF Seventh Statistical Forum*: measuring the formal economy. Washington, DC: International Monetary Fund, 2019. Disponível em: https://www.imf.org/-/media/Files/Conferences/2019/7th-statistics-forum/session-ii-murthy.ashx. Acesso em: 18 abr. 2023.

SALAS-BOURGOIN, M. A. A proposal for a modified human development index. *Cepal Review*: Economic Commission for Latin America and The Caribbean, n. 112, p. 29-44, Apr. 2014. Disponível em: http://repositorio.cepal.org/bitstream/handle/11362/37343/1/S20131015_en.pdf. Acesso em: 8 mar. 2023.

SALTER, P. S.; ADAMS, G.; PEREZ, M. J. Racism in the structure of everyday worlds: a cultural-psychological perspective. *Current Directions in Psychological Science*, v. 27, n. 3, p. 150-155, 2018. Disponível em: https://journals.sagepub.com/doi/pdf/10.1177/0963721417724239. Acesso em: 7 maio 2023.

SAN FRANCISCO (City and county). What is the merit system? *Department of Human Resources*: Civil Service Commission, n. 10, Sept. 2000. Disponível em: https://sfgov.org/civilservice/sites/default/files/10-What-is-the-Merit-System.pdf. Acesso em: 3 ago. 2023.

SANDEFUR, G. D.; CAMPBELL, M. E.; EGGERLING-BOECK, J. Racial and ethnic identification, official classifications, and health disparities. *In*: ANDERSON N. B. *et al.* (org.). *Critical perspectives on racial and ethnic differences in health in late life*. Washington, DC: The National Academies Press, 2004. p. 25-52. Disponível em: https://nap.nationalacademies.org/cart/download.cgi?record_id=11086. Acesso em: 11 out. 2022.

SANIL, A. Revisiting inequality and caste in stat and social laws: perspectives of Manu, Phule and Ambedkar. *Caste*: A Global Journal on Social Exclusion, v. 4, n. 2, p. 267-287. Oct. 2023. Disponível em: https://journals.library.brandeis.edu/index.php/caste/article/view/502/254. Acesso em: 6 jan. 2024.

SANKARAN, S.; SEKERDEJ, M.; HECKER, U. V. The role of Indian caste identity and caste inconsistent norms on status representation. *The Journal Frontiers in Psychology*, v. 8, n. 487, Mar. 2017. Disponível em: https://www.ncbi.nlm.nih.gov/pmc/articles/PMC5374864/pdf/fpsyg-08-00487.pdf. Acesso em: 9 set. 2022.

SANTOS, J. A. F. *Questão de classe*: teorias e debates acerca das classes sociais nos dias de hoje. Juiz de Fora: Clio Edições Eletrônicas, 2004. Disponível em: https://www2.ufjf.br/clioedel/wp-content/uploads/sites/75/2009/10/COD04001.pdf. Acesso em: 26 ago. 2022.

SARKAR, K. Can status exchanges explain educational hypogamy in India? *Demographic Research*, v. 46, n. 28, p. 809-848, May 2022. Disponível em: https://www.demographic-research.org/volumes/vol46/28/46-28.pdf. Acesso em: 18 set. 2022.

SARUKKAI, S. Phenomenology of untouchability. *Economic & Political Weekly*, v. 44, n. 37, p. 39-48, Sept. 2009. Disponível em: http://eprints.nias.res.in/149/1/Phenomenology_of_Untouchability.pdf. Acesso em: 16 out. 2022.

SCHMID-DRÜNER, M. Economic inequality. *European Parliament*, July 2016. Economic and monetary affairs. Disponível em: https://www.europarl.europa.eu/RegData/etudes/BRIE/2016/587294/IPOL_BRI(2016)587294_EN.pdf. Acesso em: 6 abr. 2023.

SELF, S.; GRABOWSKI, R. Does education at all levels cause growth? India, a case study. *Economics of Education Review*, v. 23, n. 1, p. 47-55, Feb. 2004. Disponível em: https://www.csus.edu/indiv/l/langd/self_grabowski.pdf. Acesso em: 10 out. 2023.

SEN, A. *Desenvolvimento com liberdade*. Tradução de Laura Teixeira Motta. São Paulo: Companhia das Letras, 2000.

SEN, A. Equality of what? *The Tanner Lecture on Human Values*, USA, p. 197-220, May 1979. Stanford University. Disponível em: https://www.ophi.org.uk/wp-content/uploads/Sen-1979_Equality-of-What.pdf. Acesso em: 20 set. 2023.

SHAH, P. J. Regulatory structure of higher education in India (report). *International Growth Centre*, Nov. 2015. Disponível em: http://www.theigc.org/wp-content/uploads/2015/11/Shah-2015-Working-paper.pdf. Acesso em: 8 jan. 2023.

SHAH, P. Orientalism, multiculturalism, and identity politics: Hindus and the British caste law. *Queen Mary School of Law Legal Studies Research*, v. 20, p. 111-125, Sept. 2017. Paper n. 267. Disponível em: https://www.academia.edu/48956244/Shah_final_published_version. Acesso em: 14 out. 2022.

SHAILAJA, M. L.; PANKAJAKSHI, R. Higher education: in the context of meritocracy vs reservation: a conceptual analysis in Indian scenario. *International Journal of Engineering and Management Research*, v. 5, n. 12, Dec. 2015. Disponível em: https://ijemr.in/wp-content/uploads/2018/01/Higher-Education-In-the-Context-of-Meritocracy-Vs-Reservation-A-Conceptual-Analysis-in-Indian-Scenario.pdf. Acesso em: 27 ago. 2023.

SHARIFF, A.; BHAT, M. M. A. Economically weaker section quota in India: realistic target group and objective criteria for eligibility. *Center for Research and Debates in Development Policy of US-India Institute*, May 2019. Disponível em: https://www.researchgate.net/profile/Abusaleh-Shariff/research. Acesso em: 24 ago. 2022.

SHARMA, K. L. Is there today caste system or there is only caste in India? *Polish Sociological Review*, v. 178, n. 2, p. 245-263, 2012. Disponível em: https://polish--sociological-review.eu/pdf-126361-54182?filename=Is%20there%20Today%20Caste.pdf. Acesso em: 3 set. 2022.

SHARMA, R. Empowerment of the socially disadvantaged groups. *International Journal of Educational Technology*, v. 8, n. 3, p. 99-104, Dec. 2018. Disponível em: https://ndpublisher.in/admin/issues/TLv8n2j.pdf. Acesso em: 5 out. 2022.

SHEIKH, Y. A. Higher education in India: challenges and opportunities. *Journal of Education and Practice*, v. 8, n. 1, p. 39-42, 2017. Disponível em: https://iiste.org/Journals/index.php/JEP/article/view/35062/36060. Acesso em: 19 dez. 2022.

SHEOKAND, U. Primary education in India: an elucidation of policy initiatives, accomplishment and contradictions. *International Journal of Advanced Research*, v. 5, n. 6, p. 482-490, June 2017. Disponível em: http://www.journalijar.com/uploads/77_IJAR-17937.pdf. Acesso em: 25 out. 2022.

SHINGAL, A. The devadasi system: temple prostitution in India. *UCLA Women's Law Journal*, v. 22, n. 1, p. 107-123, 2015. Disponível em: https://escholarship.org/content/qt37z853br/qt37z853br.pdf. Acesso em: 14 out. 2022.

SHIVDAS, A. Varna system: the forgotten meaning. *International Research Journal of Social Sciences*, v. 5, n. 12, p. 42-46, Dec. 2016. Disponível em: http://www.isca.me/IJSS/Archive/v5/i12/8.ISCA-IRJSS-2016-173.pdf. Acesso em: 12 set. 2022.

SIDDIQUE, Z. Caste based discrimination: evidence and policy. *The Institute of the Study of Labor*, Bonn, Germany, Sept. 2008. Paper n. 3.737. Disponível em: http://ftp.iza.org/dp3737.pdf. Acesso em: 17 ago. 2022.

SINGH, B. P. *Our India*. New Delhi: NCERT Campus, 2011. Disponível em: https://ncert.nic.in/pdf/publication/otherpublications/tioi101.pdf. Acesso em: 12 set. 2022.

SINGH, D. Dalits goes on-line: the construction of identity and social space. *International Interdisciplinary Research Journal*, v. 9, n. 5 (special), p. 379-391, June 2019a. Disponível em: https://www.researchgate.net/publication/333774137_Dalit_Goes_Online_The_Construction_of_Identity_and_Social_Space. Acesso em: 2 set. 2022.

SINGH, D. P.; GOYAL, J. Academic performance of OBCs students in universities: findings from three states. *Economic & Political Weekly*, v. 49, n. 5, p. 55-62, Feb. 2014. Disponível em: https://www.researchgate.net/profile/Dharmendra-Singh-39/publication/292639555_Academic_performance_of_OBC_students_in_universities_Findings_from_three_states/links/5fc1dc72299bf104cf878fa6/Academic--performance-of-OBC-students-in-universities-Findings-from-three-states.pdf. Acesso em: 3 abr. 2023.

SINGH, J. D. Education for All in India: the major issues, challenges and possible enablers. *Education Confab*, v. 2, n. 4, p. 234-240, Apr. 2013. Disponível em: https://www.researchgate.net/profile/J-D-Singh/publication/263469541_Education_for_All_in_India_The_Major_Issues_Challenges_and_Possible_Enablers/links/0a85e53b033948af34000000/Education-for-All-in-India-The-Major-Issues-Challenges-and-Possible-Enablers.pdf. Acesso em: 1 nov. 2022.

SINGH, L. Movement for the changing social status of untouchables in India: a sociological study. *International Journal of Humanities Social Sciences and Education*, v. 2, n. 1, p. 138-143, Jan. 2015. Disponível em: https://www.arcjournals.org/pdfs/ijhsse/v2-i1/18.pdf. Acesso em: 16 out. 2022.

SINGH, S. K. Reservation system and judicial aptitude. *Acclaims Multi-Disciplinary Nations Journal*, v. 5, Jan. 2019b. Disponível em: http://www.penacclaims.com/wp-content/uploads/2019/02/Sahaj-Karan-Singh.pdf. Acesso em: 5 ago. 2023.

SITAPATI, V. Reservations. *In*: OXFORD Handbooks of the Indian Constitution. *Harvard South Asia Instituto*, Feb. 2017. Disponível em:https://mittalsouthasiainstitute.harvard.edu/wp-content/uploads/2018/11/Reservations-The-Oxford-Handbook-of-the-Indian-Constitution.pdf. Acesso em: 1 out. 2022.

SLATE, N. Translating race and caste. *Journal of Historical Sociology*, v. 24, n. 1, p. 62-79, Mar. 2011. Disponível em: https://crossculturalsolidarity.com/wp-content/uploads/2020/07/translating-race-and-caste.pdf. Acesso em: 6 jan. 2024.

SOMACHARY, Y. Right to education act issues and challenges: a study. *International Journal of Creative Research Thoughts*, v. 6, n. 2, p. 1.328-1.333, Apr. 2018. Disponível em: https://ijcrt.org/papers/IJCRT1812190.pdf. Acesso em: 24 out. 2022.

SONAWANI, S. *The origins of the caste system*: a new perspective. Pune, India: Pushpa Prakashan, 2017. Disponível em: https://www.researchgate.net/publication/321183899_Origins_of_the_caste_System_A_new_Perspective. Acesso em: 23 ago. 2022.

SONI, N. K.; PATEL, T. P. Quality teaching & higher education system in India. *International Journal of Scientific and Research Publications*, v. 4, n. 1, Jan. 2014. Disponível em: https://www.ijsrp.org/research-paper-0114/ijsrp-p25109.pdf. Acesso em: 1 fev. 2023.

SÖNMEZ, T.; YENMEX, M. B. Supplement to affirmative action in India via vertical, horizontal, and overlapping reservations. *Econometrica Supplementary Material*, v. 90, n. 3, p. 1.143-1.176, May 2022. Disponível em: https://www.tayfunsonmez.net/wp-content/uploads/2022/05/SonmezYenmez20222-ECTA17788.pdf. Acesso em: 5 out. 2022.

SÖNMEZ, T.; YENMEZ, M. B. Affirmative action in India via vertical and horizontal reservations. *Boston College Working Papers in Economics*, n. 977, 2019. Disponível em: https://dlib.bc.edu/islandora/object/bc-ir:108487/datastream/PDF/view. Acesso em: 20 set. 2022.

SOORYAMOORTHY, R. Untouchability in modern India. *International Sociology Association*, v. 23, n. 2, p. 283-293, Mar. 2008. Disponível em: https://www.researchgate.net/publication/240711506_Untouchability_in_Modern_India. Acesso em: 31 ago. 2022.

SOREN, C. Reservation in India: rhetoric and reality. *International Journal of Advanced Research*, v. 9, n. 7, p. 507-515, July 2021. Disponível em: https://www.journalijar.com/uploads/6113aab0b7e28_IJAR-36569.pdf. Acesso em: 29 ago. 2022.

SOUSA, L. Clientelism and the quality(ies) of democracy public and policy aspects. *Center for the Study of Imperfections in Democracy*, June 2008. Working paper n. 2008/2. Disponível em: http://pdc.ceu.hu/archive/00004462/01/discwp-2008-02.pdf. Acesso em: 9 ago. 2023.

SOWELL, T. *Ação afirmativa ao redor do mundo*: um estudo empírico sobre cotas e grupos preferenciais. Tradução de Joubert de Oliveira Brízida. São Paulo: É Realizações, 2016.

SPICKER, P. *Liberty, equality, fraternity*. Bristol, UK: Policy Press University of Bristol, 2006. Disponível em: https://library.oapen.org/bitstream/id/04cb0317-f8a-4-4559-b644-efc853ab2b21/9781847421647.pdf. Acesso em: 21 set. 2023.

SREEKANTHACHARI, J. G.; NAGARAJA, G. An overview of rural education in India. *Advance Research Journal of Social Science*, v. 4, n. 1, p. 115-119, June 2013. Disponível em: http://researchjournal.co.in/upload/assignments/4_115-119.pdf. Acesso em: 13 nov. 2023.

SREENIVAS, T.; BABU, N. S. Higher education in India: quality perspective. *International Journal of Advanced Research in Management and Social Sciences*, v. 4, n. 7, p. 27-43, July 2015. Disponível em: https://garph.co.uk/IJARMSS/July2015/3. pdf. Acesso em: 19 dez. 2022.

SREENIVASULU, S. E. Role and importance of educational for effective growth of Indian economy: as overview. *Journal of Humanities and Social Science*, v. 7, n. 5, p. 32-35, Jan./Feb. 2013. Disponível em: https://www.iosrjournals.org/iosr-jhss/papers/Vol7-issue5/E0753235.pdf. Acesso em: 8 nov. 2023.

SRIDHAR, S. Review study on importance of rural education in India. *International Journal of Innovative Technology and Research*, p. 17-20, June 2020. Disponível em: https://core.ac.uk/download/327105052.pdf. Acesso em: 25 out. 2022.

SRIJA, A.; SHIRKE, S. V. An analysis of the informal labour market in India. *Confederation of Indian Industry*, p. 40-46, Oct. 2014. Disponível em: https://www.ies.gov.in/pdfs/CII%20EM-october-2014.pdf. Acesso em: 14 abr. 2023.

SRIMATHI, H.; KRISHNAMOORTHY, A. Higher education system in India: challenges and opportunities. *International Journal of Scientific & Technology Research*, v. 8, n. 12, p. 2.213-2.217, Dec. 2019a. Disponível em: http://www.ijstr.org/final-print/dec2019/Higher-Education-System-In-India-Challenges-And-Opportunities-.pdf. Acesso em: 23 dez. 2022.

SRIMATHI, H.; KRISHNAMOORTHY, A. The complex structure of higher education system in India. *International Journal of Innovative Technology and Exploring Engineering*, v. 8, n. 9, p. 103-107, July 2019b. Disponível em: https://www.ijitee.org/wp-content/uploads/papers/v8i9/I7528078919.pdf. Acesso em: 24 nov. 2022.

SRINIVAS, P. N. The merit privilege: examining dubious claims of merit in public health and public policy. *BMJ Global Health*, v. 6, n. 8, Aug. 2021. Disponível em: https://gh.bmj.com/content/bmjgh/6/8/e006601.full.pdf. Acesso em: 20 ago. 2023.

SRIVASTAVA, A. K.; MONDAL, S. R. Role of self-help group in socio economic development of India. *Elementary Education Online*, v. 20, n. 6, p. 3.052-3.059, 2021. Disponível em: https://ilkogretim-online.org/index.php/pub/article/view/4807/4663. Acesso em: 12 out. 2023.

SRIVASTAVA, M. *Status of the state open universities in India (report)*. New Delhi: Commonwealth Educational Media Centre for Asia, 2016. Disponível em: https://www.cemca.org/ckfinder/userfiles/files/Status%20of%20The%20State%20Open%20Universities%20in%20India(1).pdf. Acesso em: 5 dez. 2022.

STANDING, G. From cash transfers to basic income: an unfolding Indian agenda. *The Indian Journal of Labour Economics*, v. 57, n. 1, p. 111-137, 2014. Disponível em: https://core.ac.uk/download/pdf/42548177.pdf. Acesso em: 10 abr. 2023.

STEIN, B. *A history of India*. 2nd ed. Malaysia: Blackwell Publishers, 2010. Disponível em: https://hkrdb.kar.nic.in/documents/Downloads/Good%20Reads/A%20History%20of%20India%202nd%20ed.pdf. Acesso em: 3 abr. 2023.

STEPHEN, C. The history of reservations in India from the 1800s to the 1950s. *Integral Liberation*, v. 10, n. 2, p. 17-25, June 2006. Disponível em: https://www.academia.edu/7827406/THE_HISTORY_OF_RESERVATIONS_IN_INDIA_FROM_THE_1800s_TO_THE_1950s. Acesso em: 20 set. 2022.

STEWART, F. Approaches towards inequality and inequity: concepts, measures and policies. *UNICEF Office of Research*, Oct. 2013. Disponível em: https://www.unicef-irc.org/publications/pdf/stewart%20inequality_inequity_layout_fin.pdf. Acesso em: 6 abr. 2023.

SUBEDI, M. Some theoretical considerations on caste. *Dhaulagiri Journal of Sociology and Anthropology*, v. 7, p. 51-86, 2013. Disponível em: https://www.cmi.no/file/2733-.pdf. Acesso em: 9 ago. 2022.

SUBRAMANIAN, A. Making merit: the Indian Institutes of Technology and the social life of caste. *Comparative Studies in Society and History*, v. 57, n. 2, p. 291-322, 2015. Disponível em: http://www.piketty.pse.ens.fr/files/Subramanian2015.pdf. Acesso em: 20 ago. 2023.

SUBRAMANIAN, A. *The caste of merit*: engineering education in India. Cambridge, MA: Harvard University Press, 2019. Disponível em: https://dokumen.pub/download/the-caste-of-merit-9780674987883.html. Acesso em: 15 ago. 2023.

SUJATHA, K. *Distance education at secondary level in India*: The National Open School. Paris: IIEP Publications, 2002. Disponível em: https://unesdoc.unesco.org/ark:/48223/pf0000126210/PDF/126210eng.pdf.multi. Acesso em: 3 nov. 2022.

SUNAM, R.; PARIYAR, B.; SHRESTHA, K. Does affirmative action undermine meritocracy? Meritocratic inclusion of the marginalized in Nepal's bureaucracy. *Development Policy Review*, v. 40, n. 1, Jan. 2022. Disponível em: https://onlinelibrary.wiley.com/doi/epdf/10.1111/dpr.12554. Acesso em: 13 ago. 2023.

SUNDER, C. S. The meaning of Dalit and its true perceptions by Indian society and Dalit writers through translations: an analytical study. *International Journal on Studies in English Language and Literature*, v. 3, n. 2, p. 83-86, Feb. 2015. Disponível em: https://www.arcjournals.org/pdfs/ijsell/v3-i2/9.pdf. Acesso em: 31 ago. 2022.

SUPREME COURT OF INDIA. *Ashoka Kumar Thakur vs. Union of India and Others*. Apr. 2008. Disponível em: file:///C:/Users/wferr/Downloads/Ashoka_Kumar_Thakur_vs_Union_Of_India_Ors_on_10_April_2008.PDF. Acesso em: 21 abr. 2023.

SUPREME COURT OF INDIA. *Indra Sawhney vs. Union of India and Others*. Nov. 1992. Disponível em: file:///C:/Users/wferr/Downloads/Indra_Sawhney_Etc_Etc_vs_Union_Of_India_And_Others_Etc_Etc_on_16_November_1992.PDF. Acesso em: 21 abr. 2023.

SUTRADHAR, R. Dalit Movement in India: in the light of four dalit literatures. *IOSR Journal of Dental and Medical Sciences*, v. 13, n. 4(5), p. 91-97, Apr. 2014. Disponível em: https://www.iosrjournals.org/iosr-jdms/papers/Vol13-issue4/Version-5/U013459197.pdf. Acesso em: 31 ago. 2022.

TABASUM, H.; VENKATESH, S. Role of commerce education on growing India's economy. *International Journal of Education*, v. 9, n. 2, p. 127-131, Mar. 2021. Disponível em: https://files.eric.ed.gov/fulltext/EJ1287510.pdf. Acesso em: 8 nov. 2023.

TANAKA, A.; NAGAMINE, Y. *The International Convention on the Elimination of All Forms of Racial Discrimination*: a guide for NGOs. London: Minority Rights Group International, Jan. 2001. Disponível em: https://minorityrights.org/wp-content/uploads/old-site-downloads/download-60-ICERD-A-Guide-for-NGOs.pdf. Acesso em: 30 abr. 2023.

TARIQ, A. Indology and indologist: conceiving India during eighteenth and nineteenth centuries. *Journal of India Studies*, v. 5, n. 1, p. 17-28, Jan./June 2019.

Disponível em: http://pu.edu.pk/images/journal/indianStudies/PDF/2_v5_1_19.pdf. Acesso em: 19 jul. 2023.

TAWIL, S.; AKKARI, A.; MACEDO, B. Beyond the conceptual maze: the notion of quality in education. *UNESCO Education Research and Foresight*, Mar. 2012. Disponível em: https://unesdoc.unesco.org/ark:/48223/pf0000217519. Acesso em: 29 jan. 2023.

TAYLOR, B.; BARLOW S.; CUNNINGHAM, R. Market system development in education? An experimental case from Nigeria. *Enterprise Development and Microfinance*, v. 27, n. 1, p. 53-73, Mar. 2016. Disponível em: http://www.springfieldcentre.com/wp-content/uploads/2017/11/Education-Taylor-et-al.pdf. Acesso em 22 fev. 2023.

TAYYAB, M. M. A. Positions of Dalits in Indian social system. *International Journal of Pure and Applied Researches*, v. 1, n. 1, p. 127-146, 2015. Disponível em: http://ijopaar.com/files/CurrentIssue/D15103.pdf. Acesso em: 31 ago. 2022.

TEIXEIRA, S. M.; SMITH, K. E. I. Core and periphery relations: a case study of the Maya. *Journal of World-Systems Research*, v. 14, n. 1, p. 22-49, 2008. Disponível em: https://jwsr.pitt.edu/ojs/jwsr/article/view/346/358. Acesso em: 21 set. 2022.

THAIPARAMBIL, B. X. *et al.* Importance and impediments of education in India: proposition of a merit-based and social stratification insensitive approach. *Journal of Education and Social Sciences*, v. 6, n. 2, p. 195-203, Feb. 2017. Disponível em: https://www.jesoc.com/wp-content/uploads/2017/04/KC6_208.pdf. Acesso em: 20 ago. 2023.

THE CONSTITUTION OF INDIA (as on May 2022). New Delhi: Ministry of Law and Justice (Legislative Department), 2022. Disponível em: https://164.100.161.116/sites/default/files/COI_English.pdf. Acesso em: 21 abr. 2023.

THE HARVARD LAW REVIEW ASSOCIATION. Trading action for access: the myth of meritocracy and the failure to remedy structural discrimination. *Harvard Law Review*, v. 121, n. 8, p. 2.156-2.177, June 2008. Disponível em: https://harvardlawreview.org/wp-content/uploads/2008/05/myth_of_meritocracy.pdf. Acesso em: 16 ago. 2023.

THE INTERNATIONAL MONETARY FUND (IMF). World economic outlook update: near-term resilience, persistent challenges. *The International Monetary Fund*, July 2023. Disponível em: https://www.imf.org/-/media/Files/Publications/WEO/2023/Update/July/English/text.ashx. Acesso em: 8 nov. 2023.

THE WORLD BANK (TWB). Fundamental of purchasing power parities. *Development Economics Data Group*, Washington, DC, 2023a. Disponível em: https://thedocs.worldbank.org/en/doc/332341517441011666-0050022018/original/PPPbrochure2017webformatrev.pdf. Acesso em: 20 mar. 2023.

THE WORLD BANK (TWB). Gross national income 2022: atlas method. *World Development Indicators Database*, 2023b. Disponível em: https://databankfiles.worldbank.org/public/ddpext_download/GNI.pdf. Acesso em: 15 out. 2023.

THE WORLD BANK (TWB). *Poverty and inequality platform*. 2023c. Disponível em: https://pip.worldbank.org/home. Acesso em: 13 mar. 2023.

THE WORLD BANK (TWB). Secondary education in India. *South Asia Human Development Sector*, Nov. 2003. Report n. 2. Disponível em: https://openknowledge.worldbank.org/bitstream/handle/10986/17809/378330PAPER0SA1y0Education01PUBLIC1.pdf?sequence=1&isAllowed=y. Acesso em: 3 nov. 2022.

THOMAS, J. J. Labour market changes in India (2015-18): missing the demographic window of opportunity? *Economic & Political Weekly*, v. 55, n. 34, p. 57-63, Aug. 2020. Disponível em: https://web.iitd.ac.in/~jayan/publications/Labour-market_2005-18_EPW_JayanJoseThomas_Aug2020.pdf. Acesso em: 18 abr. 2023.

THORAT, A. *et al.* Persisting prejudice: measuring attitudes and outcomes by caste and gender in India. *Global Journal on Social Exclusion*, v. 1, n. 2, Oct. 2020. Disponível em: https://www.jstor.org/stable/48643561. Acesso em: 10 maio 2023.

THORAT, A.; JOSHI, O. The continuing practice of untouchability in India: patterns and mitigating influences. *Economic & Political Weekly*, v. 55, n. 2, p. 36-45, Jan. 2020. Disponível em: https://socy.umd.edu/sites/socy.umd.edu/files/pubs/Thorat%20and%20Joshi%202019_The%20Continuning%20Practice%20of%20Untouchability%20in%20India.pdf. Acesso em: 16 out. 2022.

TILAK, J. B. G. Dilemmas in reforming higher education in India. *Higher Education for the Future*, v. 7, n. 1, p. 54-66, Jan. 2020. Disponível em: https://journals.sagepub.com/doi/pdf/10.1177/2347631119886417?download=true. Acesso em: 18 dez. 2022.

TOWNSEND, P. *Poverty in the United Kingdom*: a survey of household resources and standards of living. England: Penguin Books, 1979. Disponível em: https://www.poverty.ac.uk/system/files/townsend-book-pdfs/PIUK/piuk-whole.pdf. Acesso em: 21 set. 2022.

TRABOLD-NÜBLER, H. The human development index: a new development indicator? *Intereconomics Review of European Economic Policy*, v. 26, n. 5, p. 236-243, 1991. Disponível em: https://www.econstor.eu/bitstream/10419/140315/1/v26-i05-a06-BF02928996.pdf. Acesso em: 8 mar. 2023.

TRAPEZNIKOVA, I. Measuring income inequality. *Institute World of Labor*, London, July 2019. Royal Holloway University of London. Disponível em: https://wol.iza.org/uploads/articles/495/pdfs/measuring-income-inequality.pdf. Acesso em: 6 abr. 2023.

TRILOKEKAR, R. Higher education systems and institutions: India. *In*: SHIN, J. C.; TEIXEIRA, P. N. (org.). *Encyclopedia of international higher education systems and institutions*. Jan. 2018. Disponível em: https://www.academia.edu/44038217/Higher_Education_Systems_and_Institutions_India. Acesso em: 8 jan. 2023.

UNITED KINGDOM (UK) (Government). *Constitutional Reform and Governance Act* 2010. London: The Stationery Office, 2010. Disponível em: https://civilservicecommission.independent.gov.uk/wp-content/uploads/2019/03/01b_Constitutional-Reform-Governance-Act.pdf. Acesso em: 3 ago. 2023.

UNITED NATIONS (UN). Concepts of inequality. *Department Strategy and Policy Analysis Unit*, n. 1, Oct. 2015a. Disponível em: https://www.un.org/en/development/desa/policy/wess/wess_dev_issues/dsp_policy_01.pdf. Acesso em: 5 abr. 2023.

UNITED NATIONS (UN). *Declaration on the Rights of Persons Belonging to National or Ethnic, Religious and Linguistic Minorities*. Resolution n. 47/135. New York, Dec. 1992. Disponível em: https://www.ohchr.org/sites/default/files/Documents/Publications/GuideMinoritiesDeclarationen.pdf. Acesso em: 21 set. 2022.

UNITED NATIONS (UN). *Global multidimensional poverty index* 2022: unpacking deprivation bundles to reduce multidimensional poverty. New York: United Nations Development Programme, 2022a. Disponível em: https://hdr.undp.org/system/files/documents/hdp-document/2022mpireportenpdf.pdf. Acesso em: 11 mar. 2023.

UNITED NATIONS (UN). *Global population growth and sustainable development*. New York: Department of Economic and Social Affairs, 2021. Disponível em: https://www.un.org/development/desa/pd/sites/www.un.org.development.desa.pd/files/undesa_pd_2022_global_population_growth.pdf. Acesso em: 26 jul. 2023.

UNITED NATIONS (UN). *Guide on poverty measurement*. New York: United Nations Economic Commission for Europe, 2017a. Disponível em: https://unece.org/DAM/stats/publications/2018/ECECESSTAT20174.pdf. Acesso em: 11 mar. 2023.

UNITED NATIONS (UN). *Human development indices and indicators*: 2018 statistical update. New York: United Nations Development Programme, 2018a. Disponível em: https://hdr.undp.org/system/files/documents/2018humandevelopmentstatisticalupdatepdf.pdf. Acesso em: 7 mar. 2023.

UNITED NATIONS (UN). *Human development report* 2015: work for human development. New York: United Nations Development Programme, 2015b. Disponível em: https://hdr.undp.org/system/files/documents/hdr15standaloneoverviewenpdf.pdf. Acesso em: 7 mar. 2023.

UNITED NATIONS (UN). *Human development report* 2021/2022: uncertain times, uncertain lives: shaping our future in a transforming world. New York: United Nations Development Programme, 2022b. Disponível em: https://hdr.undp.org/system/files/documents/global-report-document/hdr2021-22pdf_1.pdf. Acesso em: 7 mar. 2023.

UNITED NATIONS (UN). *India overtakes China as the world's most populous country*. Department of Economic and Social Affairs, policy brief n. 153. Apr. 2023a. Disponível em: https://www.un.org/development/desa/dpad/wp-content/uploads/sites/45/PB153.pdf. Acesso em: 3 nov. 2023.

UNITED NATIONS (UN). Key challenges and strategic approaches to combat caste-based and analogous forms of discrimination. *Office of the High Commissioner for Human Rights*. 2017b. Disponível em: https://www.ohchr.org/Documents/Issues/Minorities/GuidanceToolDiscrimination.pdf. Acesso em: 29 abr. 2023.

UNITED NATIONS (UN). *Minorities rights*: international standards and guidance for implementation. New York: UN Office of the High Commissioner, 2010. Disponível em: https://www.ohchr.org/sites/default/files/Documents/Publications/MinorityRights_en.pdf. Acesso em: 21 set. 2022.

UNITED NATIONS (UN). *The sustainable development goals*: report 2018. New York: United Nations Development Programme, 2018b. Disponível em: https://unstats.un.org/sdgs/files/report/2018/thesustainabledevelopmentgoalsreport-2018-en.pdf. Acesso em: 8 mar. 2023.

UNITED NATIONS (UN). *Time for equality*: the role of social protection in reducing inequalities in Asia and the Pacific. Bangkok: United Nations Publication, 2015c. Disponível em: https://www.unescap.org/sites/default/files/SDD%20Time%20for%20Equality%20report_final.pdf. Acesso em: 20 set. 2023.

UNITED NATIONS (UN). *World economic situation and prospects 2023.* Department of Economic and Social Affairs, 2023b. Disponível em: https://unctad.org/system/files/official-document/wesp2023_en.pdf. Acesso em: 3 nov. 2023.

UNITED NATIONS (UN). *World population prospects 2022*: summary of results. New York: Department of Economic and Social Affairs, 2022c. Disponível em: https://www.un.org/development/desa/pd/sites/www.un.org.development.desa.pd/files/wpp2022_summary_of_results.pdf. Acesso em: 10 mar. 2023.

UNITED NATIONS DEVELOPMENT PROGRAMME (UNDP). Human development in India: analysis to action. *Planning Commission* (Government of India), New Delhi, Oct. 2010. Disponível em: https://www.undp.org/sites/g/files/zskgke326/files/migration/in/human_development_analysis_to_action.pdf. Acesso em: 8 nov. 2023.

UNITED NATIONS DEVELOPMENT PROGRAMME (UNDP). *Meritocracy for public service excellence.* Singapore: Global Centre for Public Service Excellence, 2015. Disponível em: http://www.undp.org/sites/g/files/zskgke326/files/publications/Meritocracy-PSE.pdf. Acesso em: 17 ago. 2023.

UNITED NATIONS EDUCATIONAL, SCIENTIFIC AND CULTURAL ORGANIZATION (UNESCO). Escritório Regional de Educação para a América Latina e o Caribe. Educação de qualidade para todos: um assunto de direitos humanos. 2 ed. Brasília: Orealc, 2008. Disponível em: http://www.dhnet.org.br/dados/livros/edh/a_pdf/livro_educa_qualidade_assunto_dh.pdf. Acesso em: 29 jan. 2023.

UNITED NATIONS EDUCATIONAL, SCIENTIFIC AND CULTURAL ORGANIZATION (UNESCO). International Bureau of Education. *Quality education for all young people.* International Conference on Education of UNESCO, 2004, Geneva. Disponível em: https://unesdoc.unesco.org/ark:/48223/pf0000141072. Acesso em: 29 jan. 2023.

UNITED NATIONS INTERNATIONAL CHILDREN'S EMERGENCY FUND (UNICEF). *The investment case for education and equity.* New York: UNICEF Education Section, 2015. Disponível em: https://www.unicef.org/media/50936/file/Investment_Case_for_Education_and_Equity-ENG.pdf. Acesso em: 11 set. 2023.

UNITED NATIONS POPULATION FUND (UNFPA). *India ageing report 2023*: caring for our elders (institutional responses). New Delhi: UNFPA India, 2023a. Disponível em: https://india.unfpa.org/sites/default/files/pub-pdf/20230926_india_ageing_report_2023_web_version_.pdf. Acesso em: 3 nov. 2023.

UNITED NATIONS POPULATION FUND (UNFPA). *State of world population* 2023: 8 billion lives, infinite possibilities (the case for rights and choices). New York: Division for Communications and Strategic Partnerships, 2023b. Disponível em: https://www.unfpa.org/sites/default/files/swop23/SWOP2023-ENGLISH-230329-web.pdf. Acesso em: 2 nov. 2023.

UNIVERSITY GRANTS COMMISSION (UGC). *Consolidated list of all universities (total n. of universities in the country as on 25.01.2023)*. 2023. Disponível em: https://www.ugc.ac.in/oldpdf/consolidated%20list%20of%20all%20universities.pdf. Acesso em: 28 nov. 2022.

UNIVERSITY GRANTS COMMISSION (UGC). *The University Grants Commission Act (1956) and rules and regulations under the act*. New Delhi: Secretary UGC, 2002. Disponível em: https://www.ugc.ac.in/oldpdf/ugc_act.pdf. Acesso em: 28 nov. 2022.

UNIVERSITY OF MUMBAI (Institute of Distance and Open Learning). *Indian education system*: structure and problems. Nov. 2019. Paper n. 4. Disponível em: https://old.mu.ac.in/wp-content/uploads/2020/01/Paper-4-TY-Edu-Indian-Education-System-E-Rev.pdf. Acesso em: 1 nov. 2022.

UNZ, R. The myth of American meritocracy: how corrupt are Ivy League admissions? *The American Conservative*, p. 14-51, Dec. 2012. Disponível em: http://www.theamericanconservative.com/pdf/The%20Myth%20of%20American%20Meritocracy-Unz.pdf. Acesso em: 16 ago. 2023.

URRY, J. *Sociology beyond societies*: mobilities for the twenty-first century. London: Routledge, 2000. Disponível em: https://edisciplinas.usp.br/pluginfile.php/4410560/mod_resource/content/0/John%20Urry-Sociology%20Beyond%20Societies_%20Mobilities%20for%20the%20Twenty%20First%20Century%20%28International%20Library%20of%20Sociology%29%20%282000%29.pdf. Acesso em: 30 ago. 2023.

VAID, D. An empirical exploration of the relationship between caste, class and mobility in India. *Department of Sociology*, 2007. Yale University, paper n. RC28. Disponível em: https://www.mcgill.ca/iris/files/iris/Panel8.2Vaid.pdf. Acesso em: 3 set. 2022.

VALENTINE, J. R. Toward a definition of national minority. *Denver Journal of International Law & Policy*, v. 32, n. 3, p. 445-473, Jan. 2004. Disponível em: https://digitalcommons.du.edu/cgi/viewcontent.cgi?article=1376&context=djilp. Acesso em: 22 set. 2022.

VARATHARAJAN, D. India's human development: gaps and prospects. *Health and Population Perspectives and Issues*, v. 29, n. 1, Jan. 2006. Disponível em: https://www.researchgate.net/publication/234057638. Acesso em: 13 mar. 2023.

VARGHESE, N. V. Challenges of massification of higher education in India. *Centre for Policy Research in Higher Education*, Sept. 2015. Working paper n. 1. Disponível em: https://www.researchgate.net/publication/292275215. Acesso em: 18 dez. 2022.

VARIKAS, E. *A escória do mundo*: figuras do pária. Tradução de Nair Fonseca e João Alexandre Peschanski. São Paulo: Editora UNESP, 2014.

VARIKAS, E. The outcasts of the world: images of the pariahs. *Estudos Avançados*, v. 24, n. 69, p. 31-60, jan. 2010. Universidade de São Paulo. Disponível em: https://www.scielo.br/j/ea/a/4Yn6WvZNKZjGyDm5Ddxyg3N/?format=pdf&lang=en. Acesso em: 31 ago. 2022.

VARSHNEY, N. Equality and social justice: are affirmative actions in India justified? *International Journal of Sustainable Development*, v. 6, n. 11, p. 81-90, 2013. Disponível em: https://papers.ssrn.com/sol3/papers.cfm?abstract_id=2392767. Acesso em: 30 out. 2022.

VERBA, S. Fairness, equality, and democracy: three big words. *Social Research*, v. 73, n. 2, p. 499-540, Summer 2006. Disponível em: https://dash.harvard.edu/bitstream/handle/1/2640592/verba_2006.pdf. Acesso em: 3 set. 2023.

VERICK, S. S. The puzzles and contractions of the Indian labour market: what will the future of work look like? *Institute of Labor Economics*, Bonn, Germany, Feb. 2018. Paper n. 11376. Disponível em: https://docs.iza.org/dp11376.pdf. Acesso em: 19 abr. 2023.

VISHWANATH, J.; PALAKONDA, S. C. Indian Constitution and the reservation policies in India: a review of the position with special reference to the OBC creamy layer criteria. *KLE Law Journal*, v. special, p. 51-74, Oct. 2016. Disponível em: http://docs.manupatra.in/newsline/articles/Upload/45F002BF-1903-4EC-4-8E44-D26917909F39.pdf. Acesso em: 24 ago. 2022.

VISION INSPIRING INNOVATION. *Governance*: role of civil services in a democracy, 2020. Disponível em: https://s3-us-west-2.amazonaws.com/visionresources/value_added_material/ba4b4-role_of_civil_services_in_a_democracy.pdf. Acesso em: 3 ago. 2023.

VOSKOPOULOS, G. Defining elements of lack of meritocracy and clientelism in transitional societies and less mature democracies: a utilitarianist approach to rights. *Socio Economic Challenges*, v. 1, n. 4, p. 50-58, Dec. 2018. Disponível em: https://papers.ssrn.com/sol3/Delivery.cfm/SSRN_ID3280521_code1357400. pdf?abstractid=3280521&mirid=1 . Acesso em: 27 ago. 2023.

VYAS, A.; PANDA, M. Reification of collective victimhood: dalit narratives, social repositioning and transformation. *Psychology and Developing Societies*, v. 31, n. 1, p. 106-138, 2019. Disponível em: https://journals.sagepub.com/doi/pdf/10.1177/0971333618825056. Acesso em: 31 ago. 2022.

WADE, N. *A troublesome inheritance*: genes, race and human history. New York: Penguin Books, 2015.

WALDRON, J. *A dignidade da legislação*. Tradução de Luís Carlos Borges. São Paulo: WMF Martins Fontes, 2003.

WALDRON, J. The substance of equality. *Michigan Law Review*, v. 89, n. 6, p. 1.350-1.370, May 1991. Disponível em: https://repository.law.umich.edu/cgi/viewcontent.cgi?article=2176&context=mlr. Acesso em: 19 set. 2023.

WATSON, D.; LUNN, P. D. Multiple disadvantage: evidence on gender and disability from the 2006 census. *In*: BOND, L.; McGINNITY; RUSSELL, H. (org.). *Making equality count*: Irish and international research measuring equality and discrimination. Dublin: The Liffey Press, 2010. p. 175-200. Disponível em: https://www.ihrec.ie/app/uploads/download-old/pdf/making_equality_count___full. pdf. Acesso em: 21 set. 2023.

WAYNE, M.; CABRAL, V. N. Capitalismo, classe e meritocracia: um estudo transnacional entre o Reino Unido e o Brasil. *Educação & Realidade*, Porto Alegre, v. 46, n. 3, 2021. Disponível em: https://www.scielo.br/j/edreal/a/QfPgJhMxBvKP-g7YgnMvJwGs/?format=pdf&lang=pt. Acesso em: 18 jan. 2024.

WESTHUIZEN, G. J. Learning equity in a university classroom. *South African Journal of Higher Education*, v. 23, n. 3, p. 623-637, 2012. Disponível em: https://journals.co.za/doi/pdf/10.10520/EJC136735. Acesso em: 11 abr. 2023.

WHITE, L. A. The concept of culture. *American Anthropologist*, v. 61, n. 2, p. 227-251, Apr. 1959. Disponível em: https://anthrosource.onlinelibrary.wiley.com/doi/epdf/10.1525/aa.1959.61.2.02a00040. Acesso em: 3 abr. 2023.

WILKERSON, I. America's enduring caste system. *The New York Times Magazine*, July 2020. Disponível em: https://law.indiana.edu/publications/faculty/2020/dau-schmidt-caste-system-nyt.pdf. Acesso em: 10 maio 2023.

WILKERSON, I. *Casta*: as origens de nosso mal-estar. Tradução de Denise Bottmann e Carlos Alberto Medeiros. Rio de Janeiro: Zahar, 2021.

WILKINSON, D. Rethinking the concept of minority: a task for social scientist and practitioners. *The Journal of Sociology & Social Welfare*, v. 27, n. 1, p. 115-132, Mar. 2000. Disponível em: https://scholarworks.wmich.edu/cgi/viewcontent.cgi?article=2630&context=jssw. Acesso em: 21 set. 2022.

WINANT, H. Race and race theory. *Annual Review of Sociology*, v. 26, p. 169-185, 2000. Disponível em: http://www.csun.edu/~snk1966/Winant%20-%20Race%20and%20Race%20Theory.pdf. Acesso em: 14 out. 2022.

WOO, M. Y. K. Reaffirming merit in affirmative action. *Journal of Legal Education*, v. 47, n. 4, p. 514-523, Apr. 2012. Disponível em: https://ssrn.com/abstract=2034606. Acesso em: 28 ago. 2023.

WORLD BANK GROUP. *Purchasing power parities and the size of world economies*: results from the 2017 international comparison program. Washington, DC: International Bank for Reconstruction and Development, 2020. Disponível em: https://documents1.worldbank.org/curated/en/539081589915285374/pdf/Purchasing-Power-Parities-and-the-Size-of-World-Economies-Results-from-the-2017-International-Comparison-Program.pdf. Acesso em: 13 mar. 2023.

WRIGHT, E. O. Class and occupation. *Theory and Society*, v. 9, n. 1, p. 177-214, 1980. Disponível em: https://www.aacademica.org/erik.olin.wright/53.pdf. Acesso em: 27 jul. 2023.

WRIGHT, E. O. *Classes*. Londres: Verso, 1985. Disponível em: https://www.aacademica.org/erik.olin.wright/54.pdf. Acesso em: 27 jul. 2023.

YANG, L. The relationship between poverty and inequality: concepts and measurement. *The London School of Economics and Political Science*, Nov. 2017. Centre for Analysis of Social Exclusion, paper 2. Disponível em: https://sticerd.lse.ac.uk/dps/case/cp/casepaper205.pdf. Acesso em: 6 abr. 2023.

YERAVDEKAR, V. R.; TIWARI, G. Internationalization of higher education in India: how primed is the country to take on education hubs? *Procedia Social and Behavioral Sciences*, v. 157, p. 165-182, Nov. 2014. Disponível em: https://www.sciencedirect.com/science/article/pii/S1877042814058406/pdf?md5=629c-8c7a4570a9558c244c9bc13897fe&pid=1-s2.0-S1877042814058406-main.pdf. Acesso em: 26 dez. 2022.

YOUNG, I. M. Representação política, identidade e minorias. *Lua Nova*: Revista de Cultura e Política, São Paulo, v. 67, p. 139-190. 2006. Disponível em: https://www.scielo.br/j/ln/a/346M4vFfVzg6JFk8VZnWVvC/?format=pdf&lang=pt. Acesso em: 26 ago. 2023.

YOUNG, M. *The rise of the meritocracy*: an essay on education and equality. Harmondsworth, England: Penguin Books, 1958. Disponível em: https://kuangaliablog.files.wordpress.com/2017/04/michael_young_the_rise_of_the_meritocracy_classbookfi.pdf. Acesso em: 25 ago. 2023.

YUDELL, M. *Race unmasked*: biology and race in the twentieth century. New York: Columbia University Press, 2014.

YUMASHEV, A. *et al.* Global indicators of sustainable development: evaluation of the influence of the human development index on consumption and quality of energy. *Energies MDPI*, v. 13, n. 11, June 2020. Disponível em: https://www.mdpi.com/1996-1073/13/11/2768/pdf?version=1590999648. Acesso em: 7 mar. 2023.

YUMATLE, C. Pluralism. *In*: GIBBONS, M. T. (org.) *The encyclopedia of political thought*. New Jersey: John Wiley & Sons, 2014. Disponível em: https://scholar.harvard.edu/files/cyumatle/files/c.yumatle-pluralism.pdf. Acesso em: 19 ago. 2022.

YUSHUN, H. A critical discussion of Daniel A. Bell's political meritocracy. *In*: THE POSSIBILITY of Political Meritocracy in China. *Journal of Chinese Humanities*, v. 4, n. 1, p. 6-28, Aug. 2018. Disponível em: https://brill.com/downloadpdf/view/journals/joch/4/1/article-p6_2.pdf. Acesso em: 25 ago. 2023.

ZAGREBELSHY, G. *A crucificação e a democracia*. Tradução de Mônica S. Viana. São Paulo: Saraiva, 2011.

ZEJNUNI, X. Social justice a crucial factor in the social equality. *Mediterranean Journal of Social Sciences*, v. 5, n. 27, p. 1.275-1.279, Dec. 2014. Disponível em: https://www.richtmann.org/journal/index.php/mjss/article/download/5206/5023/20223. Acesso em: 20 set. 2023.

ZIYAUDDIN, K. M. Sociology of minorities: from core to periphery. *In*: WAHAB, E. L.; BHOWMICH, A. (org.). *Ingredients of sociology*: themes & paradigms. New Delhi: Serial Publications Pvt., 2020. p. 509-524. Disponível em: https://www.academia.edu/44218253/Sociology_of_Minorities_from_core_to_periphery. Acesso em: 21 set. 2022.

NOTAS DE FIM

[1] "Uma explicação abrangente inclui todas as análises necessárias para satisfazer a um cético agressivo. O teste de uma lei, ou a aplicação dessa lei, pode ser melhorada com mais detalhes sobre a lei e os fatos, com contra-análises adicionadas ou expandidas e com discussões políticas suficientes para dar ao leitor cético a confiança de que os objetivos da lei podem ser alcançados" (Neumann JR., 2005, p. 113-114).

[2] "Os dominantes querem, em geral, ser poderosos e acima de tudo permanecer dominadores, e alguns dos seus súditos também gostariam de ser ricos. Disso, não há nada de se estranhar" (Gellner, 1981, p. 57).

[3] "Espera-se que mais da metade do aumento projetado da população global entre 2022 e 2050 esteja concentrado em apenas oito países: República Democrática do Congo, Egito, Etiópia, Índia, Nigéria, Paquistão, Filipinas e República Unida da Tanzânia. Espera-se que as populações da República Democrática do Congo e da República Unida da Tanzânia cresçam rapidamente, entre 2% e 3% ao ano durante o período 2022-2050. Taxas de crescimento populacional díspares entre os maiores países do mundo mudarão sua classificação por tamanho: por exemplo, a Índia deve superar a China como o país mais populoso do mundo em 2023" (UN, 2022c, p. 5).

[4] "O enfoque nas liberdades humanas contrasta com as visões mais restritas de desenvolvimento, como as que identificam desenvolvimento com crescimento do produto nacional bruto, aumento de rendas pessoais, industrialização, avanço tecnológico ou modernização social" (Sen, 2000, p. 17).

[5] O conceito de Creamy Layer surgiu no âmbito da Suprema Corte. A expressão refere-se às castas atrasadas das SCs, STs, OBCs ou mesmo a qualquer pessoa sem reservas que possa ser considerada intocável ou não possua propriedades (terra) ou os recursos mínimos para viver uma vida saudável e proveitosa. A expressão "Creamy Layer" foi introduzida pela primeira vez pela Sattanathan Commission no ano de 1971, que adotou um relatório no qual definiu que os grupos abrangidos por essa expressão deveriam ser excluídos das reservas, para cargos e serviços civis, concedidos em favor das OBCs e, com isso, o princípio Creamy Layer foi acolhido pela Suprema Corte, que por sua vez determinou a exclusão dos setores avançadas dos grupos das OBCs para fins de obtenção das reservas. No entanto, ao fazer isso, a sociedade foi dividida em classes atrasadas e avançadas (Das; Ahamed, 2019, p. 733).

[6] Art. 366. Definitions. In this Constitution, unless the context otherwise requires, the following expressions have the meanings hereby respectively assigned to them, that is to say: 26-C Socially and Educationally Backward Classes means such Backward Classes as are so deemed under article 342-A for the purposes of the Central Government or the State or Union territory, as the case may be.

[7] Mesmo a religião não é um ponto de ampla convergência. "De fato, os indianos estão divididos sobre se ser um membro de seu grupo religioso (por exemplo, ser sikh ou ser muçulmano) é uma questão de religião, uma questão de cultura ou ancestralidade, ou alguma combinação de religião e cultura/ancestralidade. Não há consenso claro sobre isso em nenhum dos seis grupos religiosos. Entre os hindus não existe uma compreensão única do que significa ser hindu. Por outro lado, há concordância substancial sobre algumas crenças, práticas e atributos que são muito importantes para as identidades religiosas dos indianos. Uma parcela esmagadora entre os grupos vê comportamentos seculares, como respeitar os mais velhos, ajudar os pobres e necessitados e respeitar a Índia, e atributos religiosos mais abertamente, como acreditar em Deus e orar, como cruciais para o que é ser um membro de sua família. Os budistas indianos são a única exceção em algumas dessas medidas, com muito menos dizendo que a crença em Deus e a oração são fundamentais para ser budista" (Sahgal; Evans; Schiller, 2021, p. 108).

[8] A relação binária superioridade-inferioridade está proximamente ligada à noção de estratificação social, cujo conceito se refere "ao fato de que toda sociedade se compõe de níveis inter-relacionados em termos de ascendência e subordinação, seja em poder, privilégio ou prestígio. Em outras palavras, estratificação significa que toda sociedade possui um sistema de hierarquia. Alguns estratos, ou camadas sociais, são superiores, outros são inferiores. A soma desses estratos constitui o sistema de estratificação de uma determinada sociedade" (Berger, 1986, p. 91).

[9] De acordo com os dados censitários apurados entre os anos de 1951 e 2011, o hinduísmo representa 79,8% da população, mulçumanos são 14,2%, cristãos 2,3%, sikhs 1,7%, budistas 0,7%, jainistas 0,4% e outras religiões não especificadas 0,9% (Kramer, 2021, p. 7).

[10] 15th Amendment: Section 1. The right of citizens of the United States to vote shall not be denied or abridged by the United States or by any state on account of race, color, or previous condition of servitude. Section 2. The Congress shall have power to enforce this article by appropriate legislation (The Constitution of India, 2022).

[11] 19th Amendment: The right of citizens of the United States to vote shall not be denied or abridged by the United States or by any state on account of sex. Congress shall have power to enforce this article by appropriate legislation (The Constitution of India, 2022).

[12] Os termos "Insider" e "outsider" geralmente se referem à relação das pessoas com determinados espaços socioculturais. Um insider geralmente é alguém que pertence e está, mental e fisicamente, sintonizado com um espaço sociocultural específico. Seu corpo sente-se em casa dentro desse espaço porque, geralmente, evoluiu historicamente em relação a esse espaço. O outsider é alguém que, geralmente, não vivencia nem o pertencimento sociocultural nem o político. É alguém cujas disposições mentais e corporais evoluíram em outro lugar e, portanto, que se sente culturalmente deslocado. Da mesma forma, o outsider não se identifica ou experimenta a lei como sua lei, mas a lei de outra pessoa (Hage, 2006, p. 1).

[13] A International Labour Organization dedica-se a promover a justiça social e os Direitos Humanos e trabalhistas reconhecidos internacionalmente, seguindo a missão de que a paz no trabalho é essencial para a prosperidade. A ILO ajuda a promover a criação de trabalho decente e as condições econômicas e de trabalho que dão aos trabalhadores e empresários uma aposta na paz, na prosperidade e no progresso duradouros. Foi criada no ano de 1919 como parte do Tratado de Versalhes, que pôs fim à Primeira Guerra Mundial, para refletir a crença de que a paz universal e duradoura só pode ser alcançada se for baseada na justiça social. Em 1946, tornou-se uma agência especializada das Nações Unidas. Sua estrutura tripartida única dá voz igual a trabalhadores, empregadores e governos, proporcionando uma plataforma única para a promoção do trabalho digno para todos os homens e mulheres. Disponível em: https://www.un.org/youthenvoy/2013/08/ilo-international-labour-organization/. Acesso em: 30 jul. 2024.

[14] Dados disponíveis em: http://164.100.161.239/data/datatable/data_2312/comp_data2312.pdf. Consultar p. 311 e p. 312, respectivamente para as Scheduled Castes e as Scheduled Tribes. Acesso em: 30 jul. 2024.

[15] Dados atualizados em 3 maio. 2024. Disponíveis em: https://countrymeters.info/pt/India.

[16] Dados atualizados em 3 maio 2024. Disponíveis em: https://countrymeters.info/pt/United_States_of_America_(USA).

[17] Art. 15(4) Nothing in this article or in clause (2) of article 29 shall prevent the State from making any special provision for the advancement of any socially and educationally Backward Classes of citizens or for the Scheduled Castes and the Scheduled Tribes (The Constitution of India, 2022).

[18] Art. 16(4) Nothing in this article shall prevent the State from making any provision for the reservation of appointments or posts in favour of any backward class of citizens which, in the opinion of the State, is not adequately represented in the services under the State (The Constitution of India, 2022).

[19] Art. 23(2) Nothing in this article shall prevent the State from imposing compulsory service for public purposes, and in imposing such service the State shall not make any discrimination on grounds only of religion, race, caste or class or any of them (The Constitution of India, 2022).

[20] Art. 46 The State shall promote with special care the educational and economic interests of the weaker sections of the people, and, in particular, of the Scheduled Castes and the Scheduled Tribes, and shall protect them from social injustice and all forms of exploitation (The Constitution of India, 2022).

[21] Art. 342-A (1) The President may with respect to any State or Union territory, and where it is a State, after consultation with the Governor thereof, by public notification, specify 6 the socially and educationally Backward Classes in the Central List which shall for the purposes of the Central Government be deemed to be socially and educationally Backward Classes in relation to that State or Union territory, as the case may be (The Constitution of India, 2022).

[22] Para dar uma breve resposta à questão colocada, diremos que uma classe, seja ela social, seja sexual, étnica ou outra, existe quando existem agentes capazes de se impor, como autorizados a falar e a agir oficialmente em seu lugar e em seu nome, àqueles que, ao se reconhecerem nesses plenipotenciários, ao reconhecê-los como dotados de plenos poderes para falar e agir em seu nome, se reconhecem como membros da classe, e ao fazê-lo, conferem a ele a única forma de existência que um grupo pode possuir (Bourdieu, 1987, p. 15).

[23] Art. 15 Explanation: For the purposes of this article and article 16, "economically weaker sections" shall be such as may be notified by the State from time to time on the basis of family income and other indicators of economic disadvantage (The Constitution of India, 2022).

[24] O Report of the Backward Classes Commission (1955) é composto de um volume, contendo 299 páginas. A comissão e a elaboração do relatório foram presididas por Kaka Kalelkar. Ao fim, o relatório foi submetido à apreciação do presidente da Índia.

[25] O Mandal Commission Report (1980) é constituído de duas partes. A primeira parte é composta dos volumes I e II, dispostos em 144 páginas; e a segunda parte, composta dos volumes III ao VII, contendo 282 páginas. A comissão e a elaboração do relatório foram presididas por Bindeshwari Prasad Mandal. Ao fim, o relatório foi submetido à apreciação do presidente da Índia.

[26] "Organizações ou agrupamentos humanos, são unidades sociais intencionalmente construídas e reconstruídas, a fim de atingir objetivos específicos. Incluem-se as corporações, os exércitos, as escolas, os hospitais, as igrejas e as prisões; excluem-se as tribos, as classes, os grupos étnicos e outros" (Etzioni, 1967, p. 9). A organização pode também ser compreendida como "grupo social ou entidade coletiva internamente estruturado para atender a uma necessidade social ou buscar objetivos específicos" (Giddens; Sutton, 2017, p. 131). "Os grupos étnicos são vistos como uma forma de organização social" (Poutignat; Streiff-Fenart, 2011, p. 193).

[27] Indologia é o estudo da Índia, também chamada de estudos do Sul da Ásia. "Esse estudo específico da Índia começou com fortes conotações religiosas com transformações subsequentes em relação ao seu propósito. Múltiplos objetivos emergiram com as mudanças por que passou. Anteriormente, um gênero foi iniciado pelos missionários britânicos no século XVIII, compreendendo principalmente padres e estudiosos britânicos" (Tariq, 2019, p. 17).

[28] "Os primeiros indologistas forneceram muitas observações minuciosas e estudos sobre as línguas nativas, povos e histórias. Eles, no entanto, reuniram uma variedade de estudos indianos, que estavam repletos de muitas contradições e preconceitos, representações de inferioridade racial e a apresentação estereotipada dos nativos de várias maneiras. A esse respeito, a religião estava na premissa mais significativa de todo o seu tratamento" (Tariq, 2019, p. 27).

[29] Modernidade: "período que se estende do Iluminismo europeu de meados do século XVIII a, pelo menos, meados dos anos 1980, caracterizado pela secularidade, racionalização, democratização, individualização e ascensão da ciência. O período da modernidade seguiu-se ao feudalismo europeu e é como um guarda-chuva de todos os aspectos particulares das sociedades pós-feudais. Isso inclui industrialização, capitalismo, urbanização e urbanismo como modo de vida, secularização, estabelecimento e extensão da democracia, aplicação da ciência aos métodos de produção e amplo movimento rumo à igualdade em todas as esferas da vida" (Giddens; Sutton, 2017, p. 22-23).

[30] Modernização: "refere-se a um modelo de transição evolutiva de uma sociedade pré-moderna ou tradicional para uma sociedade moderna. A teleologia da modernização é descrita nas teorias do evolucionismo social, existindo como um modelo que tem sido geralmente seguido pelas sociedades que alcançaram a modernidade. Os historiadores vinculam a modernização aos processos de urbanização e industrialização, bem como à

difusão da educação. Na teoria crítica sociológica, a modernização está ligada a um processo abrangente de racionalização. Quando a modernização aumenta dentro de uma sociedade, o indivíduo se torna muito mais importante, eventualmente substituindo a família ou comunidade como a unidade fundamental da sociedade" (Chaudhary, 2013, p. 35).

[31] Globalização (1): "combinação da livre movimentação do capital com o progresso nas tecnologias de informação, comunicação e transporte, e uma mudança ideológica da estatização e democracia social para o neoliberalismo e o espírito libertário" (Desai, 2003, p. 395). Globalização (2): "os diversos processos pelos quais populações humanas geograficamente dispersas são levadas ao contato mais próximo e imediato entre si, criando uma comunidade única ou sociedade global" (Giddens; Sutton, 2017, p. 17).

[32] É precisamente nesse ponto que se fixou a ideologia que levou à dominação. O hinduísmo e as relações de casta foram empregados dentro de um contexto social geral, que forneceu um conteúdo ideológico útil, e não apenas em busca de privilégio exploratório, indefinido e vago. Casta, religião e valores foram definidos e, até certo ponto, caíram sob a custódia da pequena burguesia maciça da Índia, e casta e hinduísmo foram adotados pelo regime colonial como uma análise sociológica útil para apoiar a subjugação da Índia. Essa estrutura de significado útil foi passada intacta para o regime sucessor da Índia independente (Stein, 2010, p. 31).

[33] Nesse debate, é importante destacar que "os indivíduos colocados nas posições inferiores podem ser convidados para participar de discussões democráticas, que levam a aceitar a decisão, quando, na verdade, as decisões já estão tomadas e o verdadeiro propósito da conferência é fazer com que as posições inferiores as aceitem. Ou os de posições inferiores têm permissão para resolver questões relativamente pouco importantes, cujos resultados são indiferentes para a administração geral. O que se cria aqui é um sentido falso de participação e autonomia, intencionalmente provocado, a fim de despertar a cooperação dos operários e seu compromisso para com a iniciativa da organização" (Etzioni, 1967, p. 74).

[34] "Em um primeiro momento, o termo minoria foi empregado no vocabulário da Filosofia e depois pela Ciência Política a partir do contraponto entre maioria e minoria numérica na disputa pelo poder político. Posteriormente, a Sociologia utilizou o conceito de minoria para referir-se aos grupos ético e raciais em situação de não dominância em relação à cultura e aos valores dominantes em um país. Os conceitos de diferença e de diversidade característicos da Antropologia Cultural como elementos constitutivos da identidade de grupos específicos passou a ser importante para a definição das minorias sociais, étnicas, linguísticas e culturais" (Ramacciotti; Calgaro, 2021, p. 3-4).

[35] Art. 16. Equality of opportunity in matters of public employment. (1) There shall be equality of opportunity for all citizens in matters relating to employment or appointment to any office under the State (The Constitution of India, 2022).

[36] Jawaharlal Nehru disse: "Sinceramente, gostaria que esta proposta fosse mais longe e acabasse com as reservas que ainda subsistem, mas, mais uma vez, falando francamente, percebo que, na atual situação da Índia, isso não seria uma coisa desejável a fazer no que diz respeito às castas programadas. Tento encarar o problema não no sentido da minoria religiosa, mas sim no sentido de ajudar os grupos atrasados no país" (Jensenius, 2013, p. 33).

[37] "O termo elite começou a ser empregado no século XVII, especificamente na França, designando produtos de qualidade excepcional, a nata das mercadorias oferecidas à venda. Por volta do século XVIII, seu uso ampliou-se, incluindo a ideia de distinção em outros contextos, inclusive no social, denotando assim pessoas e grupos sociais superiores" (Barnabé, 2007, p. 2).

[38] Com referência à perspectiva comportamental, convém observar que "os cientistas sociais acreditam que os membros dos grupos minoritários frequentemente reagem à discriminação e ao preconceito tentando dissociar-se do grupo discriminado, chegando até mesmo ao ponto de adotar as atitudes negativas da maioria em relação à minoria" (Ely, 2010, p. 222).

[39] A Índia britânica era regida pelo Government of India Act (1935), considerado a última constituição da Índia pré-independência (Jensenius, 2013, p. 29).

[40] "As pessoas muitas vezes reclamam que os grupos sociais dos quais fazem parte ou com os quais têm afinidade não são devidamente representados nos organismos influentes de discussões e tomada de decisões, tais como as legislaturas, comissões e conselhos, assim como nas coberturas dos meios de comunicação. Essas demandas evidenciam que em uma sociedade ampla e com muitas questões complexas, os representantes formais e informais canalizam as influências que as pessoas podem exercer. Por essas razões, muitas propostas recentes de maior inclusão política nos processos democráticos defendem medidas que propiciem maior representação dos grupos sub-representados, especialmente quando esses grupos são minorias ou estão sujeitos a desigualdades estruturais. Ativistas dos movimentos de mulheres de muitos cantos do mundo, por exemplo, apontam que legislaturas ocupadas majoritariamente por homens não podem representar devidamente as mulheres. Em resposta a isso, alguns governos têm decretado medidas voltadas a proporcionar maior presença feminina nos órgãos legislativos, geralmente determinando que os partidos incluam uma certa proporção de mulheres nas suas listas de candidatos" (Young, 2006, p. 140-141).

[41] Estereótipos de gênero: "A visão tradicional de que o lugar das mulheres é o lar baseou-se, normalmente, em alguma afirmação de que elas naturalmente ou constitucionalmente não eram adequadas ao domínio público ou político, o qual era, portanto, marcadamente masculino. As mulheres eram consideradas inata e inerentemente incompetentes quando a questão era de ordem política" (Chanter, 2011, p. 22).

[42] É importante mencionar o papel que o processo de industrialização pode exercer para o desenvolvimento social, uma vez que ele permite a mobilidade profissional, a articulação de empregos e de competências diversas, que por si próprias presumem a possibilidade de uma comunicação elaborada e não estritamente dependente do contexto entre os diferentes setores da estrutura social (Poutignat; Streiff-Fenart, 2011, p. 47).

[43] O Quality Council of India (QCI) foi criado na Índia, em conjunto pelo governo e pela indústria, como um órgão autônomo para estabelecer uma estrutura nacional de acreditação no campo da educação, saúde, proteção ambiental, governança, setores sociais, infraestrutura, treinamento vocacional e outras áreas que têm influência significativa na melhoria da qualidade de vida. Desse modo, todas as instituições, governamentais e privadas, que buscam afiliação formal devem primeiro obter o credenciamento com o referido conselho (Konrad Adenauer Stiftung, 2015, p. 12).

[44] Art. 21-A. Right to education. The State shall provide free and compulsory education to all children of the age of six to fourteen years in such manner as the State may, by law, determine (The Constitution of India, 2022).

[45] Art. 41. Right to work, to education and to public assistance in certain cases. The State shall, within the limits of its economic capacity and development, make effective provision for securing the right to work, to education and to public assistance in cases of unemployment, old age, sickness, and disablement, and in other cases of undeserved want (The Constitution of India, 2022).

[46] Art. 45. Provision for early childhood care and education to children below the age of six years. The State shall endeavour to provide early childhood care and education for all children until they complete the age of six years (The Constitution of India, 2022).

[47] Art. 350-A. Facilities for instruction in mother-tongue at primary stage. It shall be the endeavour of every State and of every local authority within the State to provide adequate facilities for instruction in the mother-tongue at the primary stage of education to children belonging to linguistic minority groups; and the President may issue such directions to any State as he considers necessary or proper for securing the provision of such facilities (The Constitution of India, 2022).

[48] "O desenvolvimento requer que se removam as principais fontes de privação de liberdade: pobreza e tirania, carência de oportunidades econômicas e destituição social sistemática, negligência dos serviços públicos e intolerância ou interferência excessiva de estados repressivos" (Sen, 2000, p. 18).

[49] Feminização da força de trabalho: "Ocorreu como decorrência de as mulheres exercerem cada vez mais empregos remunerados e obterem o ensino superior. Parece que aí está um exemplo claro de benefício decorrente da educação formal" (Giddens; Sutton, 2017, p. 85).

[50] Disponível em: https://www.indiabudget.gov.in/budget2013-2014/es2012-13/estat1.pdf.

[51] "Línguas e religiões têm sido os dois principais marcadores culturais de identidade coletiva na história da humanidade, particularmente na Europa e no mundo ocidental. A etnia pode ser adicionada como outro marcador relevante, mas frequentemente se sobrepõe às diferenças religiosas ou linguísticas e é mais difícil definir quando se refere a elementos culturais concretos. Há algumas décadas, a filiação a um estado-nação tornou-se tão forte quanto os marcadores mencionados acima. Embora o estado tenha se difundido como a forma política formadora da maioria dominante em um estágio tardio em outros continentes, hoje ele opera como o marcador de identidade mundial mais sólido. No entanto, a língua e a religião desempenharam um papel fundamental, possivelmente exclusivo, na configuração do estado e, portanto, da identidade nacional" (Ruiz Vieytez, 2021, p. 1-2),

[52] "Os bens sociais, enumerando-os em categorias amplas, são direitos, liberdades, oportunidades, renda e riqueza" (Rawls, 2008, p. 110).

[53] Propõe-se que as políticas públicas se orientem por princípios éticos, para que se obtenham resultados socialmente justos. Esses princípios são: i) Security Difference Principle (com base em John Rawls). A política será socialmente justa, desde que contribua para diminuir a insegurança dos grupos mais desassistidos. Se uma política ajuda os outros, mas não os mais desassistidos, é improvável que seja justa. ii) Paternalism Test Principle: é socialmente injusto impor controles ou diretivas a alguns grupos, que não são impostos aos grupos mais livres. iii) Rights-not-Charity Principle: a política que amplia o poder discricionário de burocratas ou outros intermediários, enquanto limita os direitos dos destinatários é socialmente injusta. iv) Dignified Work Principle: uma política é socialmente justa, se permite aos destinatários buscar uma vida profissional mais digna (Standing, 2014, p. 113).

[54] Utilitarismo: "A crença que aceita a utilidade, ou o Princípio da Maior Felicidade, como fundamento da moralidade, defende que as ações estão certas na medida em que tendem a promover a felicidade e estão erradas na medida em que tendem a produzir o reverso da felicidade" (MILL, 2014, p. 98). Princípio Utilitarista: "O trabalho do legislador é utilizar todo o seu conhecimento sobre a natureza humana para criar leis que maximizem a felicidade de seu povo" (Mulgan, 2012, p. 17).

[55] Amartya Sen: ganhador do Prêmio Nobel na área de Economia. Autor de Glória incerta: a Índia e suas contradições, publicado no Brasil pela editora Companhia das Letras, no ano de 2015, em coautoria com Jean Dreze.

[56] "O que as pessoas conseguem positivamente realizar é influenciado por oportunidades econômicas, liberdades políticas, poderes sociais e por condições habilitadoras, como boa saúde, educação básica, incentivo e aperfeiçoamento de iniciativas" (Sen, 2000, p. 19).

[57] "As liberdades políticas, na forma de liberdade de expressão e eleições livres, ajudam a promover a segurança econômica. As oportunidades sociais, na forma de serviços de educação e saúde, facilitam a participação econômica. As facilidades econômicas, na forma de oportunidades de participação no comércio e na produção, podem ajudar a gerar a abundância individual, além de recursos públicos para os serviços sociais. As liberdades de diferentes tipos podem fortalecer umas às outras" (Sen, 2000, p. 25-26).

[58] Dados atualizados em 3 maio 2024. Disponíveis em: https://www.macrotrends.net/countries/WLD/world/population-growth-rate.

[59] Dados atualizados em 3 maio 2024. Disponíveis em: https://population-pyramid.net/pt/pp/%C3%8Dndia.

[60] Um lakh vale 100.000 e um crore vale 10.000.000. Logo, um lakh crore vale 1 trilhão.

[61] Purchasing Power Parities: "medem a quantidade total de bens e serviços que uma única unidade da moeda de um país pode comprar em outro país. As PPPs entre os países A e B medem a quantidade de moeda do país A necessária para comprar uma cesta de bens e serviços no país A em comparação com a quantidade de moeda do país B para comprar uma cesta semelhante de bens e serviços no país B. As PPPs podem ser usadas para converter o custo de uma cesta de bens e serviços em uma moeda comum, ao mesmo tempo em que eliminam as diferenças de nível de preços entre os países. Em outras palavras, as PPPs igualam o poder de compra das moedas" (The World Bank, 2023a).

[62] Esses dados podem ser visualizados na Poverty and Inequality Platform (PIP) do World Bank. Disponível em: https://pip.worldbank.org/.

[63] O United Nations Development Programme mantém sítio ativo na rede mundial de computadores, sendo franqueado o acesso aos relatórios com versões disponíveis em dez idiomas. Também estão disponibilizadas informações adicionais, como correções e adendos, acessível de forma on-line. Disponível em: http://hdr.undp.org.

[64] Expectativa de anos de vida (Life Expectancy at Birth): número de anos que um recém-nascido poderia esperar viver, se os padrões predominantes das taxas de mortalidade específicas por idade no momento do nascimento permanecerem os mesmos durante toda a vida do recém-nascido.

[65] Expectativa de anos de escolaridade (Expected Years of Schooling): número de anos de escolaridade que uma criança em idade de entrada na escola pode esperar receber, se os padrões predominantes das taxas de matrícula específicas, por idade, persistirem ao longo da vida da criança.

[66] Média de anos de escolaridade (Mean Years of Schooling): número médio de anos de educação recebidos por pessoas com 25 anos ou mais, convertidos conforme os níveis de escolaridade, usando as durações oficiais de cada nível.

[67] Coeficiente de desigualdade humana (Coefficient of Human Inequality): refere-se à média das três dimensões básicas do desenvolvimento humano, ou seja, vida longa e saudável, educação e padrão de vida decente.

[68] Coeficiente de desigualdade na expectativa de vida (Inequality in Life Expectancy): desigualdade na distribuição da expectativa de vida com base em dados de tabelas de vida estimadas usando o índice de desigualdade de Atkinson.

[69] Desigualdade na Educação (Inequality in Education): desigualdade na distribuição dos anos de escolaridade com base em dados de pesquisas domiciliares estimadas pelo índice de desigualdade de Atkinson.

[70] Desigualdade de renda (Inequality in Income): desigualdade na distribuição de renda com base em dados de pesquisas domiciliares estimadas pelo índice de desigualdade de Atkinson.

[71] Coeficiente de Gini (Gini Coefficient): medida do desvio da distribuição de renda entre indivíduos ou famílias em um país em relação a uma distribuição perfeitamente igual. O valor de 0 representa igualdade absoluta; e o valor de 100, desigualdade absoluta.

[72] Renda nacional bruta estimada (Estimated Gross National Income Per Capita): renda estimada dos salários pagos às parcelas feminina e masculina da população economicamente ativa em relação ao rendimento nacional bruto, medida em termos de paridade do poder de compra do ano de 2017.

[73] Taxa de participação na força de trabalho (Labour Force Participation Rate): proporção da população em idade ativa com 15 anos de idade ou mais que se engaja no mercado de trabalho, trabalhando ou procurando trabalho ativamente, expressa em percentagem da população em idade ativa.

[74] As mudanças tecnológicas e as inovações são fontes essenciais para as mudanças estruturais. Schumpeter mencionava que as inovações conduzem à destruição criativa, um processo pelo qual setores e empresas associados a tecnologias antigas declinam e novos setores e empresas emergem e crescem. Os setores e empresas mais produtivos e rentáveis substituem os menos produtivos e menos rentáveis (Kniivilä, 2007, p. 296).